L'ÉCONOMIE DE LA PAUVRETÉ

Les incertitudes du monde rural des pays du Sud

5-7, rue de l'Ecole-Polytechnique, 75005 Paris

http://www.harmattan.fr
diffusion.harmattan@wanadoo.fr

ISBN : 978-2-343-08436-7
EAN : 9782343084367

Jean-Baptiste Ferrari

L'ÉCONOMIE DE LA PAUVRETÉ

Les incertitudes du monde rural des pays du Sud

Préface d'André Ségura

L'Harmattan

À mes parents et à Radjha

Remerciements

Je tiens à exprimer ma gratitude envers Maurice Catin, Doyen de la Faculté de Sciences économiques et de Gestion de l'Université de Toulon, pour m'avoir permis de publier ce livre dans la Collection Emploi, Industrie et Territoire qu'il dirige, pour ses nombreux conseils et sa très grande disponibilité.

Mes remerciements s'adressent également à Valérie Bérenger, Professeure à la Faculté de Sciences économiques et de Gestion de l'Université de Toulon, pour m'avoir fait bénéficier de ses compétences dans le domaine de l'économie de la pauvreté et du développement.

Nicholas Huchet, Maître de conférences à la Faculté de Sciences économiques et de Gestion de l'Université de Toulon, a accepté de lire une ébauche de cet ouvrage. Il m'a apporté à ce stade de ma réflexion une aide précieuse. Je l'en remercie.

Je tiens aussi à exprimer ma gratitude envers Robert Kast, Directeur de recherche émérite (CNRS) pour avoir accepté d'écrire la postface, pour m'avoir soutenu durant ces années et pour ses nombreuses remarques qui m'ont permis d'amender et de compléter le contenu de ce livre.

Je suis très reconnaissant envers André Ségura, Président d'EPIG et Maître de conférences honoraire, et le remercie vivement pour avoir accepté de préfacer ce livre. Grâce à nos nombreux échanges, j'ai pu à travers lui me faire une idée plus concrète de la pauvreté rurale dans les pays non développés.

Sans tous ces précieux concours, ce livre n'aurait pas vu le jour.

L'auteur revendique néanmoins la responsabilité pleine et entière des erreurs ou omissions qui pourraient subsister.

Avant-propos

Le monde a véritablement changé par rapport à ce qu'il était lors de l'adoption en 2000 de l'agenda des Objectifs du Millénaire pour le Développement à l'horizon 2015. Sur le plan environnemental en particulier, le développement des phénomènes climatiques extrêmes, la fréquence des catastrophes naturelles et l'instabilité des prix des denrées alimentaires ont eu de graves répercussions sur le niveau de vie des populations et sur la sécurité alimentaire dans les pays en développement.

Bien que le nombre de personnes vivant dans la pauvreté absolue ait diminué au niveau mondial et que des progrès significatifs aient été accomplis sur différents Objectifs du Millénaire, il n'en reste pas moins que la pauvreté extrême persiste et que les progrès accomplis dans de nombreux pays masquent de profondes disparités sociales et régionales. La majorité de la population en situation de pauvreté reste concentrée dans les régions rurales où les petits agriculteurs représentent près de deux-tiers de la population.

Ainsi, le rapport 2015 de la FAO dénombre 570 millions de petites exploitations agricoles formées pour l'essentiel d'exploitations familiales. Les crises alimentaires récentes ont contribué à réhabiliter la place et le rôle essentiel des petits agriculteurs (ou de l'agriculture paysanne) dans la lutte contre la pauvreté, l'insécurité alimentaire et le changement climatique.

D'ailleurs, parmi les nouveaux Objectifs du Développement Durable de l'après 2015 à atteindre pour l'horizon 2030, deux objectifs (ODD2 et ODD13) visent à relever le défi de la pauvreté rurale en accordant une attention particulière aux petits exploitants agricoles. Les petits agriculteurs, du fait de leurs faibles dotations en capital humain et de leur faible accès aux marchés, sont les plus vulnérables aux risques liés à des facteurs environnementaux. La majorité d'entre eux est touchée par la pauvreté extrême et l'insécurité alimentaire.

De manière générale, les pauvres sont souvent les plus exposés aux risques. Les risques qui menacent leur vie quotidienne les poussent à adopter des stratégies de survie parfois très coûteuses contribuant ainsi à entretenir leur situation de pauvreté. Or, la notion de risque est souvent restée à la périphérie de la définition des stratégies de lutte contre la pauvreté.

Les mesures pour réduire les risques gagnent actuellement de l'importance dans l'agenda du Développement et il est reconnu qu'une réduction des risques et de la vulnérabilité des pauvres est une composante essentielle d'une croissance pro-pauvre et un moyen de permettre leur pleine participation au processus de croissance.

Cet ouvrage a l'insigne mérite d'explorer ces questions. Jean-Baptiste Ferrari y développe une approche théorique et formalisée de la dynamique et des causes de la pauvreté dans les petites communautés rurales. La pauvreté en milieu rural est appréhendée dans sa relation au risque et à l'incertitude qui caractérisent l'activité des petits fermiers confrontés aux effets du changement climatique. L'analyse menée par l'auteur permet d'identifier les leviers sur lesquels il est possible d'agir pour sortir des trappes à pauvreté. Dans ce contexte, où la réduction de la pauvreté nécessite une protection contre les chocs climatiques, Jean-Baptiste Ferrari explore les potentialités, comme levier de développement, de l'assurance climatique, nouveau produit financier en cours d'expérimentation dans certains pays en développement [1].

La particularité et l'originalité de ce travail est d'avoir rassemblé de manière pédagogique l'ensemble des travaux de la littérature la plus récente dans un cadre unifié tout en questionnant l'adaptation des outils de l'analyse économique standard aux contextes particuliers des petites communautés rurales. Le lecteur y trouvera une analyse très fine et très rigoureuse de la complexité des mécanismes sous-jacents de la pauvreté. En outre, l'auteur ne se limite pas à livrer une construction théorique, mais propose systématiquement au lecteur des illustrations issues des expériences de terrain et de la littérature empirique qui permettent de valider, de nuancer ou d'invalider certaines des hypothèses qui sous-tendent les analyses économiques, et de proposer de nouvelles hypothèses. Le trait marquant de cet ouvrage réside dans la richesse des outils que Jean-Baptiste Ferrari mobilise au fil des cinq chapitres de son ouvrage qui montre que la pauvreté est non seulement multiforme, mais que son analyse peut être appréhendée à différents niveaux.

Les niveaux macroéconomique, mésoéconomique et microéconomique sont ainsi retenus.

1. Et à la suite de son ouvrage précédent, publié en 2011 dans cette même collection, « Économie de la prévention et de l'assurance : Des risques bénins aux risques majeurs ».

Cette analyse se situe en outre au croisement de différentes spécialités de l'analyse économique, que celles-ci relèvent de la croissance et du développement, de la théorie de la décision dans un contexte de risque et d'incertitude, de l'économie des transferts sociaux, de l'économie de l'assurance, de l'économie financière, mais également de la psychologie comportementale.

Ce livre est à notre connaissance le seul ouvrage en français qui traite avec des méthodes rigoureuses de l'économie de la pauvreté dans les pays du Sud de manière aussi complète et aboutie.

Cet ouvrage est un outil indispensable destiné aux étudiants de master en économie du développement, en économie rurale et agricole et en économie des risques et de l'assurance. Il s'adresse également aux chercheurs et aux praticiens du développement qui y trouveront une analyse approfondie des causes et des facteurs structurels de la pauvreté ainsi qu'une approche originale des ressorts de la prise de décision des petits agriculteurs face aux risques.

Valérie Bérenger et Maurice Catin

Professeurs à l'Université de Toulon
Laboratoire d'Économie Appliquée
au Développement

PRÉFACE

La saison sèche touchait à sa fin ; j'arrivais à Peña Blanca en milieu d'après-midi d'un jour d'avril 1996. José María m'attendait devant sa choza aux murs de planches se dressant sur un sol en terre battue et surmontés d'un toit de tôle ondulée. Il m'invita à entrer et m'offrit un bol de cacao.

Nous venions à peine de commencer à converser lorsque le premier orage de la saison des pluies s'abattit avec une violence inouïe sur cette communauté maya k'ekchi de la cinquième région indienne du Municipio de Cobán [2] qui en compte une trentaine. Nos paroles se perdaient parfois dans le vacarme assourdissant de la pluie martelant la tôle ondulée, mais je l'entendis distinctement lorsqu'il me dit son désespoir en une phrase qui était aussi un appel : « estamos aquí, abandonados de todos [3]

Rien d'autre dans cette communauté que des chozas, semblables à celle de la famille de José María, dispersées sur le territoire de la communauté.

Les quelques habitants de la communauté parlant l'espagnol, avec lesquels j'eus la possibilité de m'entretenir, accueillirent avec un scepticisme courtois mon acceptation de proposer à EPIG [4] le financement de la construction de la sécheuse de cardamome [5] qu'ils appelaient de leurs vœux ; il faut dire que j'étais le deuxième blanc arrivé jusque dans cette communauté [6]et que, d'une manière générale, ceux qu'ils appelaient les Espagnols furent plus sources de problèmes que de solutions.

EPIG valida ma proposition et les paysans de Peña Blanca purent sécher une partie de leurs récoltes.

Dans un des longs discours prononcés en 2001 devant l'assemblée générale de la communauté de Peña Blanca, José María reprit sa phrase de 1996 « Nous étions là, abandonnés de tous » pour ajouter « et vous nous avez donné l'espoir ». Cet espoir, ils ont su le transformer en réalité grâce

---

2. Capitale du département de l'Alta Verapaz, Guatemala.

3. « Nous sommes ici, abandonnés de tous »

4. Ensemble Pour les Indiens du Guatemala, association Loi 1901, créée en 1994 par l'auteur de ces lignes. (http ://segura.epig.free.fr/index.htm)

5. La cardamome est une épice dont les communautés du Municipio de Cobán tirent l'essentiel de leurs revenus monétaires.

6. Située à ¾ d'heure de marche du Camino real, piste reliant Cobán à Playa grande.

à leur esprit d'initiative et à leur conscience que la prise de risque conditionnait leur sortie de la pauvreté, appuyés par l'aide financière apportée par EPIG.

Ils auraient pu répartir l'intégralité de leurs bénéfices tirés du séchage entre tous les paysans qui apportaient leur cardamome à la sécheuse communautaire[7] ; leur niveau de vie s'en serait trouvé significativement amélioré immédiatement ; ils ont préféré en investir une grande partie dans l'acquisition d'une deuxième sécheuse pour pouvoir sécher toute la cardamome produite dans la communauté.

En demandant les moyens de sécher, les paysans manifestaient leur volonté de sortir du confort offert par la routine pour innover dans l'espoir que l'innovation les extirperait de la pauvreté. Le bénéfice de la sécheuse démontrait sa rentabilité ; l'injecter dans l'activité productive sous forme d'une nouvelle sécheuse était une démarche moins risquée que de l'investir dans un support organique ; c'est pourtant ce qui fut fait dans certaines communautés, où l'activité d'élevage se limite généralement à la volaille. À Chumila II, les paysans osèrent l'innovation, démontrant ainsi la force de cette volonté : le bénéfice des deux sécheuses de cardamome finança l'achat d'un premier troupeau de veaux pour l'engraissement. Le produit de la vente des bovidés adultes permit d'acquérir un plus grand nombre de têtes de bétail. C'est le même choix que firent les femmes de Peña Blanca ayant en charge la gestion de la « tienda » communautaire[8]. C'en est un autre que firent les femmes de Chaktela : les fonds engendrés par le moulin à maïs financèrent la réalisation d'une « tienda » ; puis, ceux des deux structures leur donnèrent les moyens d'acheter un deuxième moulin car le premier seul ne suffisait pas pour répondre à la demande. Ces nouveaux gestionnaires[9] de structures productives inédites dans les communautés privilégiaient le risque du réinvestissement plutôt que le confort d'un accroissement immédiat de la consommation.

Les habitants de Laguna chiquita s'engagèrent un peu plus avant dans la voie de l'investissement risqué défrichée par EPIG. Dans cette communauté, les paysans vendaient la cardamome fraîche jusqu'à ce que

7. Toutes les réalisations dont il sera fait état furent financées par EPIG.

8. Magasin commercialisant des produits de vie quotidienne dont la communauté était jusqu'à présent dépourvue.

9. C'est l'assemblée générale de la communauté qui définit le cadre à l'intérieur duquel le comité, élu par elle, gère au quotidien la structure dont il a la charge.

EPIG y finance une sécheuse communautaire. Mais la capacité de transformation était insuffisante pour traiter toute la cardamome produite sur le territoire de Laguna chiquita ; la sécheuse communautaire ayant démontré sa rentabilité, quatre sécheuses privées virent le jour, financées par le crédit. La communauté de Kuxpemech fut le cadre d'un scénario du même type. Ces deux cas montrent que l'hypothèse selon laquelle le (paysan) pauvre est averse au risque n'est pas (toujours) vérifiée.

Mais il est un risque dont les paysans n'eurent probablement pas conscience lorsqu'ils demandèrent à EPIG de financer des magasins communautaires et des moulins à maïs pour améliorer la vie quotidienne de leurs femmes : celui découlant de la modification des rapports entre sexes dans la communauté et dans la famille.

Sur la base de la division du travail entre sexes, les hommes géraient les sécheuses de cardamome et les femmes les « tiendas » comme les moulins à maïs qui les affranchissaient d'une grande partie de la corvée quotidienne de préparation de « tortillas », base de leur alimentation. Les femmes sortaient de la choza pour devenir des acteurs de la vie économique de la communauté. À Chajlaab, lors de l'inauguration d'un moulin à maïs et d'une « tienda », un homme prit la parole et, dans son discours, souligna que ces réalisations avaient non seulement transformé la vie de leurs femmes mais aussi les relations qu'ils entretenaient avec elles. La modification du comportement des femmes au cours des assemblées générales communautaires était la « pointe de l'iceberg » de cette transformation. Elles ont toujours assisté auxdites assemblées mais seuls les hommes intervenaient ; à partir du moment où elles eurent en charge la gestion de réalisations financées par EPIG, elles s'y exprimèrent. Sans doute était-ce la première fois que la présidente du comité de gestion de la « tienda » de Yabaal' Hix prenait la parole en assemblée ; elle me faisait face, assise à moins d'un mètre de moi ; je pus voir la tension qui crispait les traits de son visage pendant que ses mains pétrissaient nerveusement la tête de son jeune enfant, niché entre ses jambes. Une autre, tourna le dos à l'assemblée pour s'adresser à elle ; c'était une réunion intercommunautaire qui se tint en 2013 dans le centre éducatif K'amol Be.

Avec ce centre éducatif intercommunautaire, qui dispense une formation du niveau collège et lycée combinant un enseignement théorique et professionnel, les paysans mayas ont franchi une étape nouvelle. Le terrain sur lequel s'élèvent les constructions, financées par EPIG depuis 2010, fut acheté avec des bénéfices de structures productives communautaires. Jusqu'alors, les bénéfices étaient investis dans des réalisations dont la finalité était d'en produire de nouveaux. Avec ce centre éducatif, le but de l'investissement n'était plus le bénéfice financier immédiat mais l'élévation du niveau de formation des jeunes pour jeter les bases d'un développement durable des communautés ; c'était un pari osé pour deux raisons. La première est que ce pari ne sera gagnant pour les communautés parties prenantes que si les jeunes y restent après leur formation. La seconde est que, au départ, la viabilité du centre n'était pas assurée. Le financement de son fonctionnement n'est garanti que jusqu'en 2015 par des subventions provenant d'une puissante association suisse ; au-delà de cette limite, l'association indienne qui gère le complexe éducatif ne devra compter que sur les contributions des familles des enfants qui y sont scolarisés, et sur les revenus engendrés par l'articulation de la formation pratique des élèves à des activités productives [10].

En demandant à EPIG d'orienter ses investissements en direction des structures productives, sources d'autofinancement du centre éducatif, l'association indienne partenaire minimisait les risques : en cas d'échec lesdites structures pourraient continuer de fonctionner dans un nouveau cadre.

À propos de ce centre éducatif, il me faut revenir sur un point qui me semble essentiel : le financement de l'achat de l'assise foncière dudit centre par des bénéfices engendrés par des structures productives communautaires.

Or, la capacité financière de telles structures à procéder à ce type d'investissements dont la rentabilité n'est pas (immédiatement) évaluable à l'aune du supplément de revenu engendré est menacée par la privatisation des terres.

Jusqu'au 29 décembre 1996, la propriété foncière communautaire n'était pas reconnue par le droit guatémaltèque ; c'était un état de fait.

Chaque famille se voyait attribuer une surface à cultiver sur la terre communautaire en fonction de ses besoins, donc de sa taille. C'était un excellent critère puisque la capacité d'une famille à travailler la terre dépendait du nombre de bras de ladite famille ; le travail salarié était inconnu dans les communautés.

10. Séchage de cardamome, tissage, ainsi que restauration populaire, production de mélasse et élevage.

Un tel rapport de propriété était adapté au régime des cultures. Les sols s'épuisant rapidement (entre 1 et 3ans), il fallait que les familles abandonnent régulièrement la surface cultivée pour défricher la forêt primaire ou des surfaces en jachère longue. La propriété communautaire autorisait une telle migration des surfaces cultivées.

Une des clauses des accords de paix du 29 décembre 1996, conclus entre la guérilla et le gouvernement guatémaltèque, concernait la reconnaissance de la propriété communautaire. En 1998, j'arrivai à Peña Blanca en même temps que les géomètres envoyés par le gouvernement pour borner les terres de la communauté.

Comme Janus, cette reconnaissance de la propriété communautaire avait deux faces : avancée sociale et ferment de dissolution de la solidarité communautaire.

Certaines communautés ont opté pour le maintien de la propriété communautaire sur la terre, comme à Peña Blanca ; d'autres ont préféré la privatisation, comme à Kuxpemech. Dans cette dernière communauté, une partie des terres fut parcellisée et distribuée gratuitement aux familles. Les lots étant d'inégale fertilité et facilité d'accès, ils furent attribués par tirage au sort. L'autre partie fut vendue à des familles suffisamment audacieuses pour emprunter afin de financer leurs acquisitions.

Les surfaces cultivées n'étant plus nécessairement en rapport avec le nombre de bras de la famille, le rapport salarial fit son apparition dans la communauté, rapport dans le cadre duquel des paysans, sans terre ou dont les terres étaient trop pauvres pour faire vivre la famille, louent leurs forces de travail à la journée.

Il faut dire que bien souvent les communautés se sont créées par le biais de l'occupation de portions de terres de fincas (grandes exploitations terriennes) laissées en jachère par leurs propriétaires ; dans de très nombreux cas, il s'agissait de terres peu fertiles situées loin du centre de la finca. Par la suite, les paysans négociaient le rachat des terres occupées.

Les ressources tirées de ces terres de médiocre qualité ne permettant pas, dans certains cas, de faire face aux besoins de la famille et au remboursement du prêt contracté pour le rachat de la terre [11] les paysans devaient

11. Les deux sécheuses de Chumila II furent financées par EPIG pour que les paysans puissent tirer plus de revenus de la culture de la cardamome et qu'ainsi ils disposent de plus de moyens pour le rachat de la terre communautaire au propriétaire de la finca.

se louer à l'extérieur de la communauté pour gagner un supplément de revenu.

Il est fort possible que la question de la privatisation des terres ait eu une part de responsabilité dans la partition du groupement humain constituant la communauté de Peña Blanca. La minorité, n'ayant pas réussi à imposer son point de vue, alla fonder une communauté-fille portant le nom de Peña Blanca II ; dans la communauté-mère, qui s'appelle désormais Peña Blanca I, la propriété de la terre est restée communautaire. Ces partitions ne sont pas rares. Les communautés de Chumila II et de Gancho Caoba II, bénéficiaires de l'aide d'EPIG, sont constituées de familles issues de communautés du même nom, désormais suivi du numéro « I ».

Il est bien évident que la privatisation des terres, qui induit ou aggrave une différenciation sociale au sein de la communauté, est un élément dissolvant de la solidarité communautaire.

En limitant la rotation des surfaces cultivées pour certaines familles, la privatisation impose le recours aux engrais dont l'effet immédiat est le renchérissement des coûts de production, facteur d'approfondissement de l'appauvrissement. Cette innovation que constitue le recours aux engrais rompt le lien entre innovation agricole et amélioration de la situation économique, du moins pour les plus pauvres qui sont contraints d'y avoir recours.

Par contre, ceux qui ont pu « s'enrichir » du fait de la privatisation, ont une capacité d'emprunt augmentée qui leur permet, par exemple, d'acheter une sécheuse de cardamome ; ils peuvent, de ce fait, s'approprier le surplus résultant du séchage. Si la sécheuse privée concurrence la sécheuse communautaire, financée par EPIG, les ressources de cette dernière décroissent ; or, généralement ces dernières sont consacrées au financement d'investissements d'intérêt collectif, comme le centre éducatif K'amol Be ; l'un des champs dans lesquels s'exerce l'action communautaire peut s'effriter.

À terme, la privatisation des terres pourrait provoquer une sorte d'effet d'éviction de l'investissement communautaire par l'investissement privé. Le centre éducatif, facteur de consolidation du développement économique et social des communautés amorcé par les investissements d'EPIG, aurait-il pu voir le jour si la privatisation des terres s'était généralisée ? On est en droit de se poser la question.

Mais qu'il s'agisse des investissements privés ou communautaires, l'exemple offert par ces communautés paysannes met à mal l'aphorisme associant l'esprit d'initiative et l'acceptation du risque, qui seraient des marques des sociétés développées, et la pensée rationnelle. Dans ces communautés mayas k'ekchis l'esprit d'initiative et le comportement risqué coexistent avec des schémas culturels dans lesquels la rationalité a peu de place. Les indices sont forts qui attestent que la culture préhispanique imprègne fortement les mentalités.

Constatant l'absence d'élevage de lapins dans les communautés, j'interrogeai José María sur les raisons pour lesquelles ils se privaient d'une source de protéine animale abondante et peu coûteuse. Il répondit à ma question en me disant : « No tenemos la costumbre » [12]. Je supposais que le fondement de l'absence de lapins dans les basse-cours des paysans mayas renvoyait à la cosmogonie préhispanique [13] . C'est par leur action que les deux Héros Jumeaux, Hunahpú et Ixbalamqué, donnèrent le coup d'envoi du Quatrième Âge de l'Univers dans lequel vit l'homme tel que nous le connaissons, l'homme de maïs. Cette action consista, notamment à s'affronter aux forces de l'Inframonde.

Dans un des épisodes de cet affrontement, un lapin s'impliqua du côté des Héros en apportant son aide précieuse à Ixbalamqué. Ayant fini par vaincre les forces obscures, Hunahpú et Ixbalamqué connurent l'apothéose, respectivement, sous la forme du Soleil et de la Lune du Quatrième Âge.

À la surface de cette dernière, les ombres dessinent la forme d'un lapin en mémoire de cet épisode de la lutte contre les seigneurs de l'Inframonde. Un soir, au sortir d'une réunion, alors que la Lune était pleine et le lapin bien visible, j'interrogeai German, Président de l'association indienne partenaire d'EPIG, sur la présence de cet animal à la surface de la Lune ; tout en posant la question je pointai mon index en direction de l'astre nocturne.

D'une manière qui ne supportait aucune forme de discussion, il m'intima l'ordre de rabattre ma main (sacrilège ?). Je sus qu'à mon hypothèse, quant à l'explication de l'absence d'élevages de lapins dans les communautés, était associée une probabilité très élevée.

12. « Nous n'avons pas l'habitude. »

13. Économiste, j'avais cessé toute recherche dans ce domaine en 2002 pour me consacrer uniquement à l'anthropologie maya (http ://andre.segura1.free.fr/index.htm).

Pour déroutante qu'elle soit, tout en étant une véritable gourmandise pour l'esprit [14] , cette vivacité de traits culturels hérités des temps anciens commande une grande prudence dans la contribution qu'EPIG tente d'apporter à la définition de la politique de développement fixée par les instances des communautés.

Avec le livre « L'économie de la pauvreté, *les incertitudes du monde rural des pays du Sud* » dans lequel il s'essaye à l'identification des outils permettant de mieux comprendre les dynamiques socio-économiques des communautés paysannes, Jean-Baptiste FERRARI offre aux ONG impliquées dans l'aide au développement, en général, et à EPIG, en particulier, une précieuse aide à l'orientation (prudente) d'une telle contribution.

André Segura

Président d'EPIG
Maître de conférences
honoraire des universités

14. À l'occasion d'un séjour à Peña Blanca, je dormis dans un local scolaire destiné à accueillir les grands élèves. Lorsque j'y pénétrai, il faisait nuit noire et la flamme vacillante de la bougie qui m'avait été remise me permit à peine de suspendre le hamac. Quel ne fut pas mon émerveillement, le matin, de découvrir sur les murs en planches du local, en direction de chacun des points cardinaux, l'image brodée par les femmes des porteurs d'années, concept qui appartenait au système calendaire des Mayas préhispaniques dont faisait partie le Tzolkín, almanach divinatoire, toujours usité de nos jours.

Introduction générale

C'est un lieu commun de dire que pour le théoricien la pauvreté est un phénomène complexe qu'il faut appréhender sous ses différentes facettes. La pauvreté est multidimensionnelle et d'ailleurs le Programme des Nations Unies pour le Développement (PNUD) et la Banque mondiale ont pris en compte cette réalité en proposant différents indicateurs de pauvreté.

Celle-ci en effet ne peut être mesurée par un seul indicateur monétaire traduisant un seuil en deçà duquel les ressources manquent pour assurer les besoins alimentaires essentiels. À cet égard, le PNUD distingue la « pauvreté extrême », celle définie par ce seuil, la « pauvreté générale » lorsque le ménage ne dispose pas des ressources suffisantes pour satisfaire les besoins alimentaires et non alimentaires essentiels (logement décent, eau courante…) et la « pauvreté humaine » qui se caractérise par un ensemble de calamités, telles que la maladie, l'analphabétisation et la malnutrition, qui limitent l'autonomie et empêchent les personnes de prendre leur destin en main.

Les travaux d'A. Sen ont inspiré la construction d'un indicateur de pauvreté humaine (IPH) fondé sur l'espérance de la durée de vie, l'accès au savoir et des conditions de vie acceptables. Il est en effet évident que le seul revenu monétaire ne saurait mesurer la pauvreté qui peut varier en fonction des infrastructures publiques mises à la disposition des personnes, de la solidarité au sein de la famille ou du groupe et du poids des phénomènes d'exclusion.

La Banque mondiale, quant à elle, distingue la « pauvreté absolue » de la « pauvreté relative ».

La première est définie par un seuil de revenu en deçà duquel la vie des personnes est menacée.

La seconde fait référence au niveau de revenu nécessaire pour vivre dans une société donnée compte tenu du niveau moyen des revenus de ladite société. La Banque mondiale élargit son approche monétaire de la pauvreté en mettant aussi l'accent sur la santé, l'invisibilité des pauvres, c'est-à-dire sur leur absence de pouvoir (*powerlessness*) et d'expression (*voicelessness*), ainsi que sur leur vulnérabilité face aux aléas qui les menacent.

Mais au quotidien, le principal sujet d'inquiétude des pauvres est celui de subvenir à leurs besoins vitaux. Un grand nombre de petits agriculteurs, qu'il faut distinguer des travailleurs sans terre plus vulnérables encore, n'ont en effet pas bénéficié de la Révolution verte et de la traction animale.

Ils ne disposent souvent que de quelques outils manuels et de terres cultivables peu fertiles, de quelques ares, juste suffisantes pour l'autoconsommation. Ils n'ont alors souvent pas d'autres recours que de rechercher des revenus complémentaires en proposant leurs services aux grandes exploitations.

Le quotidien est souvent occupé à faire face à l'imprévu. Les fluctuations des cours des produits alimentaires sur les marchés et les chocs météorologiques adverses peuvent réduire leurs revenus. La poursuite de l'activité dont le revenu tombe en dessous du seuil de renouvellement les oblige à vendre les quelques actifs qu'ils possèdent ou à sacrifier une part de leur consommation. La sous-alimentation réduisant les capacités physiques les contraint à concentrer leurs efforts sur les tâches immédiatement productives et à négliger l'entretien des terres cultivables. La dégradation des sols peut ainsi conduire ces petits agriculteurs à choisir des cultures moins exigeantes en apports minéraux et en eau. Ce repli sur des cultures dites « pauvres » implique une baisse de la qualité des biens consommés et une augmentation des risques sanitaires à cause des carences en protéines, minéraux et vitamines. Ces petits agriculteurs se rapprochent dangereusement du seuil de pauvreté et n'ont plus alors d'autres possibilités que de compter sur les migrations temporaires ou définitives des membres actifs de leur famille pour trouver des revenus de substitution. Mais ces départs affaiblissent un peu plus leurs capacités de production. Il faut alors songer à l'exode. Mais à défaut de compétences pour exercer une nouvelle activité, au bout du chemin le chômage et la pauvreté urbaine menacent le plus grand nombre.

L'Encadré n°1 retrace l'indice de pauvreté multidimensionnelle.

Encadré n°1 : L'indice de pauvreté multidimensionnelle (Multidimensional Poverty Index)

Cet indice de pauvreté (IPM) est utilisé par le PNUD dans son Rapport sur le développement humain (2010). Il pallie les insuffisances de l'indice de pauvreté monétaire mesuré exclusivement à partir généralement du revenu monétaire.

Il est calculé à partir des dix indicateurs de pauvreté dont la liste est la suivante.

— La mortalité infantile,
— La nutrition,
— Les années de scolarité,
— La sortie de l'école,
— L'électricité,
— L'eau potable,
— Les sanitaires,
— La nature du sol de l'habitation,
— Les combustibles utilisés pour la cuisine,
— Le nombre de biens mobiliers (radio, téléphone…) ;

Un foyer est identifié comme étant victime d'une pauvreté multidimensionnelle si au moins un tiers des indicateurs reflétant une forme aiguë de privation dans les domaines de la santé, de l'éducation et des conditions de vie est atteint.

Cet indicateur peut être calculé pour des pays, des régions, des ethnies ou d'autres communautés encore. En ce sens, il peut efficacement contribuer à définir le contenu des politiques de lutte contre la pauvreté à partir des besoins fondamentaux à satisfaire dans les domaines précités. Il favorise ainsi une répartition plus efficace des aides en ciblant plus précisément les populations.

L'utilisation de cet indice fait ressortir une estimation d'un plus grand nombre de personnes en situation de pauvreté que lorsque celle-ci est estimée à partir du seuil de 1,25$ par jour.

Notons au passage que cet indice est en accord avec nos convictions selon lesquelles la lutte contre la pauvreté pour être efficace doit tenir compte autant que possible de la diversité des situations personnelles.

Cette chronique imaginaire est facilement transposable dans d'autres lieux et d'autres temps. Notre petit fermier pourrait en effet être incarné par Tom Joad, le personnage central du roman *Les raisins de la colère* de John Steinbeck.

Cette tranche de vie est certes édifiante, mais il est pour nous nécessaire de prendre de la hauteur pour comprendre les mécanismes généraux de la pauvreté et ainsi la combattre. Néanmoins, il ne faut jamais perdre de vue les causes plus spécifiques des vulnérabilités locales, mais aussi le potentiel dont disposent les petits paysans pour améliorer leurs conditions d'existence pour peu qu'on leur « mette le pied à l'étrier ».

Dans la préface de ce livre, A. Segura met l'accent sur les blocages anthropologiques pour expliquer le refus par les paysans mayas de l'élevage des lapins pourtant réducteur des menaces qui peuvent peser sur leur santé.

Dans le même esprit, il évoque aussi le statut juridique des terres cultivables issu des accords de paix entre la guérilla et le Gouvernement du pays ; la privatisation des sols pouvant entraîner un conflit entre l'action collective et les initiatives privées source d'externalités sociales négatives. Il peut en effet en résulter une dissolution des liens communautaires nécessairement préjudiciable au développement socio-économique.

A contrario, il met en relief l'esprit d'entreprise des paysans mayas, le refus du *statu quo* et de la préférence pour le présent à propos de l'adoption par les communautés d'une nouvelle technique de séchage de la cardamone.

La prise de risque, c'est-à-dire décider sans certitude de gains, mais en espérant une bonne étoile, est souvent le quotidien des paysans pauvres qui luttent pour leur survie.

La pauvreté est le plus souvent associée à la notion de risque et celle-ci sera omniprésente dans ce livre. Il nous faut donc dès à présent faire un effort de clarification. Usuellement, le risque, comme nous venons de le dire, implique des gains ou des pertes auxquels sont associées des probabilités.

Mais dans des environnements hostiles, les petits fermiers sont souvent confrontés au seul risque de pertes que l'on peut désigner sous le terme de danger (*hazard*) ou de menace.

La littérature distingue également la notion de risque de la notion d'incertitude. Cette dernière nous renvoie à deux interprétations alternatives. Elle peut désigner un contexte dans lequel les décideurs disposent d'une information probabiliste imprécise. On parle alors d'ambigüité. Elle peut aussi caractériser une situation d'ignorance absolue où le sujet n'est pas en mesure d'écrire un scénario probabiliste. On parle alors d'incertitude radicale. Le sous-titre de l'ouvrage *Les incertitudes du monde rural des pays du Sud* renvoie à ces différents contextes.

Il y a probablement dans toutes les communautés rurales, comme partout ailleurs, des forces conservatrices et novatrices qui s'opposent et qui *in fine* conditionnent le processus de développement.

La participation récente des femmes à la vie sociale des communautés mayas a transformé les rapports entre les sexes au sein des familles et contribue, on ne peut en douter, à un mieux-être collectif.

Ces quelques exemples montrent très clairement que les causes de la stagnation, mais aussi les raisons d'espérer une vie meilleure pour ces populations, s'inscrivent dans les particularismes culturels, historiques, politiques et idéologiques, même si des causes communes émergent : la faiblesse des actifs physiques, humains et fonciers, l'absence de marché du crédit...

L'adoption de nouvelles cultures et techniques de production est au cœur de la problématique sur la pauvreté, même si de nombreux fermiers sont aujourd'hui encore les oubliés de l'innovation agricole.

On ne peut pas comprendre le refus de l'adoption de nouvelles technologies, ou son acceptation, si l'on n'a pas une conscience claire que tous ces facteurs influent sur les comportements. Les options choisies *in fine* dépendent de la façon dont le décideur conçoit la prise de risque et l'importance du temps présent.

Comment concilier l'analyse des causes générales de la pauvreté rurale et ses déterminants locaux ? L'exercice est délicat car il requiert un double niveau d'analyse. Par ailleurs, il faut au niveau méthodologique adapter nos propres outils d'analyse aux contextes particuliers que sont les petites communautés rurales.

N'a-t-on pas appliqué naguère le critère standard de l'utilité espérée en supposant que les pauvres sont intrinsèquement averses au risque et qu'en conséquence ils manquent d'audace dans leurs choix.

Nous venons de voir que ce comportement ne peut être, loin s'en faut, généralisé. Pire, cette hypothèse comportementale nous semble très réductrice. De nombreuses études menées sur le terrain le confirment.

Il en est de même des préférences intertemporelles des pauvres. Leur impatience supposée est loin de caractériser toutes les décisions qu'ils sont amenés à prendre.

Par ailleurs, on ne peut pas comprendre les choix qui sont faits si on ne les met pas en perspective avec la faiblesse des institutions.

La plupart du temps, les pauvres n'ont pas accès au crédit et leurs faibles moyens de subsistance les privent de la possibilité de financer de nouvelles activités plus rentables en moyenne.

Toujours dans sa préface, A. Segura précise que le financement par le crédit de l'acquisition des parcelles cultivables a pu bénéficier aux familles, dit-il les plus audacieuses, et sans doute les moins vulnérables.

De même, l'absence d'une couverture assurancielle peut entraver la prise d'initiative et donner plus d'importance au temps présent. L'assurance commerciale des risques est très souvent évoquée pour aider les ménages pauvres à surmonter leurs difficultés. La couverture des risques par l'assurance est un souci majeur dans les pays occidentaux, mais celui-ci est-il vraiment partagé par tous les petits fermiers des pays du Sud ? Nous pouvons en douter.

Pour revenir aux communautés mayas [15] leur histoire sacrée leur a légué une vision cyclique du temps qui conditionne leurs comportements d'aujourd'hui. À notre vision linéaire du temps, s'oppose cette dimension cyclique qui peut, nous semble-t-il, rendre obscure la notion même d'assurance et ainsi ou aussi constituer un frein au processus du développement socio-économique.

Il faut prendre en considération les nombreux facteurs spécifiques, mais aussi, au-delà de la simple monographie, rechercher les causes générales de la pauvreté rurale. C'est le but que nous nous sommes fixé.

Par ailleurs, l'étude de la pauvreté nécessite de faire appel à différentes disciplines des sciences économiques et sociales et des sciences comportementales (Les comportements diffèrent selon les contextes). À ce titre, la théorie de la croissance économique et du développement, ainsi que

15. Entretiens avec notre préfacier

la théorie de la décision, l'économie de l'assurance, la psychologie comportementale et sociale...doivent être mobilisées tout en prenant le plus grand soin à les adapter aux contextes locaux. De plus, la pauvreté peut être analysée à différents niveaux d'échelle : le niveau macroéconomique (chapitre 1), le niveau mesoéconomique (chapitre 2) et le niveau microéconomique (chapitres 3 et 4).

Devant l'ampleur de la tâche, il faut synthétiser les différents facteurs communs de la pauvreté et donc procéder par regroupement pour rendre l'approche intelligible.

Nous avons retenu trois thèmes : les facteurs institutionnels, tels que les marchés, les externalités ou les Pouvoirs publics, les facteurs comportementaux, notamment vis-à-vis du risque et du temps, et des facteurs plus spécifiques, les écosystèmes, l'organisation sociale et les facteurs anthropologiques.

Il n'y a pas et il ne peut y avoir en la matière une théorie générale de la pauvreté car il faudrait alors supposer qu'elle a en tout lieu les mêmes origines et la même forme.

• Comment saisir la pauvreté dans sa dimension dynamique et aléatoire en relation avec les institutions, c'est-à-dire les marchés, les externalités, mais aussi les dotations initiales en actifs productifs, c'est-à-dire le capital physique, le capital humain et le capital foncier ?

Les modèles stochastiques d'essence macroéconomique sont à cet égard très utiles au plan méthodologique pour répondre à cette question. Dans ce cadre, la pauvreté est la destination ultime des nations qui ne peuvent bénéficier de facteurs favorables à leur développement.

Nous consacrerons le premier chapitre intitulé « Les dynamiques économiques et la trappe de pauvreté : méthodologie » à cette littérature.

La théorie économique contemporaine de la croissance et du développement souligne avec force l'existence de phénomènes de non convergence entre les nations. Celle-ci met en cause en s'appuyant sur les faits la vision optimiste d'une convergence à long terme de l'ensemble des pays vers un état stationnaire unique.

La dynamique de long terme peut au contraire selon cette approche donner lieu à des équilibres stationnaires multiples et donc au maintien, voire à l'accroissement des inégalités.

En termes techniques, la pauvreté correspond à l'attracteur le plus faible vers lequel des entités peuvent converger. De ce fait, elle peut constituer un mécanisme auto-entretenu qui cause une pauvreté géographique persistante quand on déplace le projecteur sur les petites communautés rurales.

• Des dynamiques semblables et des causes sous-jacentes communes sont en effet aussi à l'œuvre dans ces communautés. L'étroitesse des marchés financiers peut tout autant rendre compte de la stagnation d'un pays que de celle d'une communauté de petits agriculteurs. En effet, pour sortir de l'aire d'attraction de la trappe de pauvreté, les ménages vulnérables doivent adopter des projets d'investissement (nouvelles semences, fertilisants, outils de production...) en moyenne plus rentables que leurs cultures endémiques. Mais l'imperfection du marché du crédit ou leur niveau de compétences ne leur permettent pas de réaliser ces projets.

L'analyse des effets de seuil sur la dynamique des communautés rurales occupera le deuxième chapitre intitulé « Les dynamiques de la pauvreté rurale ». Il y sera également montré que d'autres formes de dynamiques de la pauvreté peuvent être à l'œuvre dans ces communautés. Les bifurcations des trajectoires du bien-être ne sont pas généralisables.

Cependant, les modèles économiques ont des limites. Ils font appel aux critères de décision standards et l'utilisation du critère de l'espérance d'utilité se fait aux dépens d'une prise en compte plus réaliste des comportements individuels dans des contextes particuliers. C'est la raison pour laquelle, il faut relâcher cette hypothèse au prix du renoncement à la rigueur trop réductrice de la théorie économique.

• Quels sont les éléments qui peuvent influencer le choix des petits fermiers prisonniers d'un environnement lourd de menaces. La proximité du naufrage surdétermine-t-elle les comportements et dans quel sens ?

De nombreuses études expérimentales récentes montrent que les petits producteurs dans une telle situation manifestent plus d'aversion pour les pertes que de propension pour les gains et préfèrent opter pour des choix dont ils peuvent estimer l'issue que pour des choix incertains.

Ce qui peut les conduire parfois par peur ou conservatisme à refuser ce qui est nouveau et ambigu.

Ce qui n'exclut pas cependant l'ingéniosité et l'audace dont ils peuvent faire preuve dans certaines circonstances.

Il semble évident que le comportement des petits fermiers ne peut se limiter à la simple notion d'aversion au risque. Ils ne refusent pas nécessairement des paris risqués, et même si tel était le cas, la mesure de l'aversion au risque n'est adaptée que pour des « petits » risques de faible variance. Les décisions individuelles sont motivées par des considérations bien plus complexes que cela. Il faut donc envisager d'autres outils d'analyse, non seulement en invoquant la nouvelle théorie normative de la décision, mais aussi en s'appuyant sur la théorie positive et consulter à ce sujet les apports des nombreuses approches expérimentales. C'est ce que nous ferons dans le troisième chapitre intitulé « Risque, incertitude et dynamiques de la pauvreté ».

Ce chapitre que nous consacrons aux modèles économiques de la décision ne répond pas à toutes nos questions. Nous devons faire grand cas des facteurs anthropologiques sur les choix individuels et collectifs des petits agriculteurs, notamment en ce qui concerne les options agrotechnologiques. Le quatrième chapitre intitulé « Anthropologie et psychologie : la perception du risque et du temps » vient dans le prolongement du précédent et l'enrichit.

Mais il faut aussi penser au long terme et s'interroger dès à présent sur les conséquences possibles du réchauffement de la planète sur l'évolution de la pauvreté rurale.

L'adaptation aux nouvelles conditions climatiques dépend en partie de l'adoption par les petits fermiers de techniques de production et de nouvelles cultures qui atténuent pour partie les conséquences du changement climatique sur le rendement des récoltes. Pour limiter les risques alimentaires et sanitaires, il faut tout faire pour les inciter à transgresser un comportement qui leur serait à terme préjudiciable.

• Comment agir pour que les petits fermiers du Sud les plus exposés dans leur quotidien aux conditions météorologiques, mais aussi aux conséquences diffuses du changement climatique, puissent faire face à cette double menace ? Quand les personnes sont proches du piège de la pauvreté, elles peuvent redouter qu'un choix audacieux les y pousse.

Si les comportements traduisent une aversion aux pertes potentielles, la couverture assurancielle pourrait favoriser la prise de risque et réduire la vulnérabilité. Mais l'assurance agricole multirisques est peu présente et en tout cas inaccessible au plus grand nombre. Dès lors, les regards se tournent aujourd'hui vers les expériences menées auprès des communautés rurales de nombreux pays du Sud pour promouvoir une assurance collective en principe moins coûteuse que l'assurance ordinaire. Mais son expansion se heurte à des problèmes pour l'heure non résolus, tels que l'existence d'un risque de base qui fait planer un doute sur l'adéquation entre les dommages subis et les indemnités versées.

Ce n'est pas le seul problème car le calcul de la prime pour la couverture des risques collectifs extrêmes dont les probabilités ne sont cependant pas négligeables constitue un challenge technique pour les assureurs. Ce problème va devenir encore plus compliqué à résoudre à cause des mutations climatiques. Cette question fera l'objet du dernier chapitre intitulé « La gestion des risques par l'assurance commerciale ».

Il faut apporter par ailleurs une précision d'ordre sémantique. Nous avons retenu l'expression « Les pays du Sud » pour désigner les pays pauvres. Il y a en effet une forme de consensus sur cette analogie dans la littérature consacrée à l'analyse du sous-développement. Mais celle-ci est discutable. Il y a en effet (un peu de) Nord dans le Sud et (un peu de) Sud dans le Nord.

Il y a dans l'hémisphère sud de la planète des pays riches comme la Nouvelle-Zélande et l'Australie et des pays émergents comme l'Argentine et le Chili. La pauvreté existe aussi à différents niveaux dans les pays du nord. Mais les pays pauvres se situant principalement dans l'hémisphère sud (Afrique, Asie, Amérique centrale et Amérique du sud), nous avons conservé cette ligne de séparation nord-sud entre les pays riches et les pays pauvres.

Pour finir, nous devons réaffirmer que ce livre est plus particulièrement consacré à une analyse théorique de la pauvreté. Notre apport se veut essentiellement méthodologique.

Notre objectif est clairement d'apprécier la contribution de la théorie économique, mais pas seulement puisque l'économie et la psychologie expérimentales, ainsi que l'approche socio-culturelle, seront également sollicitées pour comprendre autant que possible les comportements dans un environnement anthropologique donné.

Il n'est pas de notre ressort d'étudier concrètement la pauvreté à partir d'une immersion dans les communautés rurales qui la subissent de plein fouet, et ce n'est d'ailleurs pas notre but. Cependant, le terrain ne sera pas oublié pour autant car nous nous sommes nourris d'un grand nombre d'études expérimentales menées auprès de certaines communautés rurales des pays du Sud et des discussions avec des personnes engagées dans l'aide humanitaire qui ont pu ainsi nous transmettre leurs expériences du terrain qui sont irremplaçables, en particulier au travers des échanges avec notre préfacier. Nous pensons sincèrement avec lui que l'approche théorique conjuguée avec des études plus circonstanciées peut servir la cause de la lutte contre la pauvreté.

Il faut aussi rapprocher l'objet de cette étude des réflexions en cours menées dans le cadre de l'Agenda du Développement post-2015 (*Millennium Development Goals* – MDG – post-2015). Celui-ci est destiné à gommer les insuffisances du « Millénaire pour le Développement » eu égard aux objectifs poursuivis en refondant le paradigme de la lutte contre les inégalités. Ce programme de long terme est destiné à améliorer le sort des populations démunies et à préserver la planète pour les générations futures. Mettre un terme à la pauvreté et à la malnutrition, promouvoir la santé et l'éducation, lutter contre le réchauffement climatique et maintenir la biodiversité des forêts et des océans sont les objectifs ambitieux de cet Agenda. L'objectif pour 2030 est d'éradiquer la pauvreté partout dans le monde, de favoriser l'autonomie des personnes dans le besoin tout en protégeant la planète des conséquences du changement climatique.

Ces conséquences, pouvant à terme se traduire par des épisodes accrus de sècheresse, la déforestation, l'aridité des sols, l'exode massif du monde rural vers les centres urbains… si des mesures très ambitieuses ne sont pas prises dès aujourd'hui, vont bouleverser en profondeur les écosystèmes.

Comprendre les mécanismes sous-jacents à l'évolution de la pauvreté doit contribuer à mieux atteindre les objectifs qui seront fixés par l'agenda post-2015. Nous aurons par exemple l'occasion de souligner à plusieurs reprises dans ce livre que l'exclusion de certaines catégories de la population en hiérarchisant socialement les communautés constitue un obstacle majeur à leur développement. L'éloignement des marchés et le manque d' infrastructures routières, par exemple, érigent d'autres obstacles à l'élévation du bien-être.

Ne « laisser personne de côté » (*leave no one behind*) en écho avec la notion de développement inclusif est un des objectifs du nouvel Agenda pour la réalisation duquel tout doit être mis en œuvre.

Plus généralement, en mettant en relief les facteurs [16] de blocage, ou à l'inverse les éléments favorables au développement, ce livre peut modestement contribuer à améliorer le contenu des politiques visant à atteindre les objectifs fixés par le nouvel Agenda. Celui-ci se propose en effet d'aller bien au-delà de la couverture des seuls besoins sociaux de base pour mettre l'accent sur le développement endogène au travers de la construction d'infrastructures, de la promotion du secteur agricole et de la diversification des activités. À ce titre, en identifiant les facteurs généraux ou locaux qui font obstacle à ces opportunités de mieux-être, ce livre peut à sa juste place contribuer modestement à définir le contenu des politiques de lutte contre la pauvreté.

Devant comporter des indicateurs infra-nationaux de pauvreté, ce nouvel Agenda nous conforte dans l'idée que la pauvreté doit être, mais certes pas seulement, abordée au niveau local pour tenir compte des diversités d'ordre anthropologique ou environnemental.

Mais ce n'est pas tout.

Il faut se donner les moyens d'anticiper les dynamiques sociales afin d'en renforcer le cours si elles sont favorables aux personnes ou de les contrarier dans le cas contraire. Comprendre et traiter la pauvreté dans un cadre dynamique constitue le principal motif de réflexion qui a donné naissance à ce livre.

Les conséquences du changement climatique qui vont aggraver la pauvreté dans les pays du Sud si on ne s'y prépare pas exigent dès maintenant la mise en place de stratégies d'adaptation au profit des plus démunis. Comprendre les facteurs de pauvreté peut aider à la mise en place des politiques de réduction de la vulnérabilité des systèmes de petite agriculture de subsistance.

Raison de plus pour nous de tenter d'apporter notre modeste contribution à cette grande cause.

---

16. En toute rigueur, il faudrait distinguer les notions de « cause » et de « facteur ». La première renvoie à l'origine d'un problème tandis que la seconde contribue à ce que ce problème perdure après son apparition. On pourrait parler d'une « cause structurelle ». La réalisation d'une menace peut nuire un temps au bien-être de l'individu. C'est une cause de la chute (passagère) de son niveau de vie. Si l'absence de solidarité dans le groupe ne permet pas la résilience, alors la nouvelle situation de la personne devient chronique. Le manque d'entraide dans le groupe est un facteur d'appauvrissement. Toutefois, nous ne tiendrons pas compte dans ce livre de cette subtile nuance.

Cependant, tout ce qui est fait pour lutter contre la pauvreté ne doit pas compromettre le fragile équilibre des écosystèmes et les fondements culturels et religieux des petites communautés rurales dont le besoin de repères anthropologiques est essentiel. Il nous semble en effet que les actions en faveur du développement durable, et donc du développement humain à long terme, doivent être menées dans le respect des coutumes et des traditions locales lorsque celles-ci ne sont pas des facteurs rédhibitoires. Les politiques destinées à faire reculer la pauvreté ne peuvent en effet rencontrer un réel succès que si leur contenu s'ajuste aux conditions anthropologiques des communautés rurales auxquelles elles sont destinées.

Il faut aussi que la notion de durabilité, au demeurant mise en relief par l'Agenda post-2015, soit au centre des débats sur les politiques menées en faveur de la sécurité alimentaire et de la réduction de la pauvreté. Il est impératif de trouver un équilibre entre d'une part, la préservation des écosystèmes en limitant l'usage des pesticides et des engrais minéraux et d'autre part, l'augmentation de la production et des revenus. Cette orientation vers une petite agriculture préservant la fertilité des sols et plus généralement le patrimoine naturel est amorcée dans un certain nombre de pays (Brésil, Philippines, Inde, Indonésie ...), mais pour l'heure de façon encore trop ponctuelle et localisée (FIDA, 2012).

Nous avons voulu aller plus loin encore et mettre le petit fermier et sa famille au centre de notre problématique, c'est-à-dire retenir l'approche microéconomique des déterminants de la pauvreté, à rebours d'un grand nombre d'études menées sur cette question.

Nous savons que le sexe et l'age du chef de ménage, ainsi que la taille de la famille, influencent la pauvreté en milieu rural. Il en est de même du niveau d'instruction, de la superficie des terres cultivables et de la taille des troupeaux détenus en propre par les familles. C'est la raison pour laquelle les préférences individuelles vis-à-vis des risques et du temps ont aussi attiré notre attention. Cependant, cette approche menée au plus près des individus ne doit pas négliger l'influence des relations interpersonnelles qui peut s'avérer prépondérante au sein même de ces petites communautés.

Anticiper la pauvreté, trouver les solutions adaptatives ciblées sur la notion de développement durable préservant le rapport des ménages ruraux à leur environnement et à leur culture pour leur permettre d'accéder à « une liberté d'être » constituent, selon nous, les principes qui doivent inspirer les politiques de lutte contre le dénuement humain, matériel et physique.

Cette émancipation passe aussi par la protection des activités marchandes sources de revenus quand elles sont menacées par la convoitise des gros exploitants et des négociants [17]. À cet égard, la gestion collective des terres agricoles peut participer à cet objectif. *A contrario*, une fois la terre communautaire parcellisée et privatisée, plus rien ne s'oppose alors à ce que les propriétaires vendent les parcelles à des allogènes dont les intérêts divergent de ceux de la communauté.

Comme nous l'avons déjà écrit, ce livre comportera donc cinq chapitres articulés de la façon suivante. Le premier est dédié à une incursion dans la théorie économique contemporaine de la pauvreté. Dans le deuxième chapitre, ladite théorie par essence macroéconomique sera transposée à un niveau infranational : celui du monde rural des pays du Sud. L'influence des risques et des menaces – notamment climatiques – sur la dynamique anticipée de la pauvreté y sera mise en évidence. C'est pourquoi, les deux chapitres suivants seront consacrés à l'étude des comportements des décideurs pauvres vis-vis des *aléas* et du *temps physique* dans des contextes géographiques et anthropologiques donnés. Enfin, dans le dernier chapitre, nous étudierons comment il est possible de mettre à la disposition des ruraux pauvres des dispositifs de sauvegarde leur permettant de faire face aux chocs qu'ils subissent ou aux risques auxquels ils sont exposés. La protection sociale dans sa globalité peut inclure l'assurance commerciale des dommages. Les programmes d'assurance – notamment l'assurance indicielle – initiés dans les pays pauvres ou émergents témoignent de l'intérêt accordé à la notion de couverture par les organismes internationaux et les gouvernements nationaux.

17. Dans les communautés mayas de Coban, la culture de la cardamone procure traditionnellement des ressources aux petits paysans des montagnes. Les acheteurs (los beneficios) de cette denrée ont pris le prétexte de l'existence d'un insecte nuisible – introduit selon la rumeur volontairement – affectant superficiellement les récoltes pour peser sur les prix de vente. Les petits fermiers en difficulté sont alors contraints de vendre leurs terres aux entreprises produisant la palme africaine déjà cultivée à la périphérie. Ainsi, les intérêts à court terme des acheteurs de cardamone et ceux des entreprises cultivant la palme ont convergé. Ces petits fermiers désormais sans terre n'ont le choix qu'entre le déracinement ou l'embauche dans lesdites entreprises. Les conséquences de l'insecte nuisible ont été dramatiquement amplifiées par la chute des cours mondiaux. Les craintes d'une plus grande misère dans les campagnes et d'une aggravation de la délinquance sont bien réelles (tournée-bilan du premier programme de sècheuses de cardamone financées par EPIG).

Chapitre 1

Les dynamiques économiques et la trappe de pauvreté : méthodologie

La pauvreté passée et présente est un phénomène que l'on peut quantifier. Même si les mesures dont elle fait l'objet sont imprécises, elles sont néanmoins utiles pour apprécier les résultats des politiques sociales.

Au préalable, il s'agit de définir une mesure de type monétaire (un certain niveau de consommation, par exemple) ou non monétaire (un certain niveau d'éducation, par exemple). Ensuite, il faut calculer une ou plusieurs lignes de pauvreté qui permettent de discriminer les pauvres des non pauvres en fonction des critères choisis. On utilise couramment deux lignes de pauvreté : les lignes de pauvreté relatives et les lignes de pauvreté absolues.

• Les lignes de pauvreté relative. Elles sont définies par rapport à la distribution des revenus ou de la consommation d'un pays ou d'une communauté. Est alors qualifié de pauvre, tout individu qui reçoit un revenu égal au tiers, par exemple, du revenu médian.

• Les lignes de pauvreté absolue. S'agissant des mesures monétaires, celles-ci sont fondées, par exemple, sur le coût d'un panier de consommation juste suffisant pour assurer le minimum vital d'une famille.

Une fois définies, ces lignes de pauvreté peuvent donner lieu à différentes mesures statistiques.

• L'incidence de la pauvreté. Elle mesure la part des ménages dont le revenu ou la consommation se situant en dessous de la ligne de pauvreté ne peuvent en conséquence bénéficier du minimum vital.

• La profondeur de la pauvreté. Elle mesure la distance qui sépare le ménage considéré de la ligne de pauvreté. Cette notion peut s'étendre à une mesure non monétaire, telle que l'écart entre le nombre d'années de scolarisation requises et la situation des enfants d'un ménage.

• La sévérité de la pauvreté. Elle mesure, non seulement la distance qui sépare le ménage de la ligne de pauvreté, mais aussi sa situation par rapport aux autres ménages.

Par agrégation de ces mesures, on obtient ainsi différents indicateurs de pauvreté pour une entité donnée, pays ou communauté.

Ces indicateurs sont évidemment précieux pour définir le contenu des politiques d'aide au développement. Ainsi, un programme peut-il cibler les personnes les plus vulnérables, celles qui se trouvent à une très faible distance de la ligne de pauvreté, ou cibler les plus pauvres, ceux dont la vie est en danger faute d'un apport alimentaire suffisant.

Mais l'analyse de l'évolution future de la pauvreté et des facteurs qui peuvent expliquer cette trajectoire est encore bien plus utile. Au-delà des aides d'urgence au coup par coup, certes indispensables, il faut se donner les moyens de prévenir si possible la chute dans le piège de la pauvreté.

En somme, réfléchir sur l'évolution future de la pauvreté des personnes vivant dans les communautés rurales revient à se poser la question de la convergence ou de la divergence de leurs trajectoires respectives. Est-ce que les pauvres restent pauvres ou est-ce qu'ils peuvent sur le long terme espérer rejoindre les moins défavorisés ? Est-ce que ceux qui ont été jusqu'ici épargnés par le « mauvais sort » peuvent bifurquer vers un état de grande précarité ? Aussi bien l'hétérogénéité des facteurs institutionnels, économiques, politiques, sociaux...que les différences dans les conditions initiales portant sur les stocks d'actifs productifs et les capacités individuelles, par exemple, sont de nature à expliquer les écarts persistants, voire croissants, entre les niveaux de vie au sein des communautés rurales.

La perception des risques et les chocs subis conjugués aux facteurs précédents, peuvent renforcer les inégalités. Les plus pauvres peuvent redouter les pertes et faire des choix en conséquence inefficients.

De même, ils ne disposent pas personnellement des moyens nécessaires pour réparer les dommages des chocs adverses. Il faut alors imaginer dans ce cas des concours extérieurs.

Dans ce premier chapitre nous proposons une méthodologie pour formaliser la dynamique anticipée de la pauvreté. La première section 1.1 est consacrée à une rapide évaluation quantitative de la pauvreté dans le monde, ainsi qu'à l'énoncé des trois problématiques, au demeurant complémentaires, qui guident notre recherche sur l'analyse des principaux facteurs de pauvreté : les facteurs institutionnels, les facteurs comportementaux et les facteurs socio-culturels.

La deuxième section 1.2 est dédiée à un rappel du débat, qui a aujourd'hui perdu de sa vigueur, entre les défenseurs de la convergence et de la réduction des inégalités, d'une part et les tenants de la divergence et du maintien, voire de l'accroissement, des inégalités, d'autre part.

La troisième section 1.3 est consacrée aux facteurs institutionnels qui expliquent les dynamiques de la pauvreté. Les défaillances du marché du crédit, le niveau de capital humain et les externalités négatives sont à ce titre étudiés dans le cadre de modèles macroéconomiques.

1.1 La pauvreté : un premier aperçu

Dans la première partie, nous présentons quelques chiffres sur la pauvreté dans le monde (1.1.1). Dans la partie suivante (1.1.2), nous voulons souligner la difficulté de l'exercice consistant à analyser la pauvreté anticipée. Celle-ci obéit en effet à une dynamique complexe. Est-elle déterministe ou aléatoire, conduit-elle à un état permanent ou transitoire ? La réponse à ces questions conditionne les politiques d'aide sociale.

1.1.1 La pauvreté en quelques chiffres

Le nombre de personnes vivant sous le seuil d'extrême pauvreté a diminué. Cependant, 22,4% de la population mondiale vivrait aujourd'hui avec moins de 1,25 dollar par jour [1]. Ce même pourcentage était de 52,2% au début de la décennie 80. Malgré cette évolution favorable, près de 1,2 milliard de personnes seraient encore aujourd'hui en situation d'extrême pauvreté. Par ailleurs, rien ne permet malheureusement d'affirmer que cette évolution se poursuivra dans les prochaines années.

1. Le seuil de pauvreté a été récemment relevé à 1,90 dollar.

Les crises économiques en Occident, les crises politiques en Orient, les conséquences du réchauffement climatique et l'instabilité des prix des matières premières font planer de sérieux doutes sur la poursuite de cette évolution. Il faut dire par ailleurs qu'avec un seuil d'extrême pauvreté de 2 dollars par jour, le nombre de personnes très pauvres dans le monde passe alors à 2,5 milliards, soit 43% de la population mondiale [2].

Si l'on observe un très net recul de la pauvreté en Asie de l'Est, en particulier grâce à la Chine, la pauvreté en Afrique subsaharienne n'a en revanche pas véritablement reculé. On peut même affirmer qu'elle a augmenté en valeur absolue (386 millions de personnes aujourd'hui contre 204,9 millions au début de la décennie 80). L'optimisme n'est donc pas de mise, *a fortiori* lorsque nous savons que la collecte des statistiques n'est pas exhaustive. À titre d'exemple, les données sont manquantes pour près de 30% des pays d'Afrique subsaharienne et pour plus de 50% des pays d'Afrique du Nord et du Moyen-Orient.

Faire reculer le nombre de personnes en situation d'extrême pauvreté et *a minima* agir pour éviter à d'autres d'y tomber est sans nul doute un des défis majeurs que nous devons relever.

De nombreuses statistiques sur la pauvreté sont également présentes dans le Millénaire pour le développement (2013).

Nous l'avons déjà mentionné plus haut, trois types de problématiques pour analyser les différentes causes communes de la pauvreté ont été retenus.

• La première met plus particulièrement l'accent sur la faiblesse des institutions. Sans minimiser l'impact des dangers (*hazard*) sur le bien-être, un grand nombre d'études expliquent la dynamique de la pauvreté par l'imperfection des marchés : les marchés du crédit et de l'assurance, mais aussi les marchés d'intrants ou de produits agricoles.

Plus généralement, la faiblesse des institutions économiques, politiques et sociales constitue un obstacle majeur à l'élévation des niveaux de vie.

• La deuxième se concentre sur les dotations en actifs (capital physique, humain et financier) dont le niveau initial conditionne à son tour l'évolution à long terme des revenus et du bien-être des personnes.

---

2. Ces données sont fournies par l'Observatoire des inégalités (mai 2012).

Conjuguée aux dangers et à l'imperfection des marchés, l'approche par les actifs productifs permet au travers des effets de seuil une analyse dynamique de la pauvreté. Nous la retrouvons au niveau microéconomique (Barrett et Smallow, 2006).

• Enfin, la troisième est construite autour de la question sur la nature des comportements face aux menaces. Celles-ci pèsent lourdement sur l'activité des communautés agricoles des pays du Sud et renforcent sans aucun doute les causes structurelles de pauvreté.

Un choc adverse (une menace qui s'est concrétisée) sur les actifs productifs peut avoir pour conséquence un recul durable du niveau de vie et compromettre la résilience des populations pauvres, y compris sur le long terme.

De même, la perception d'un risque de gains ou de pertes et les comportements qu'elle peut susciter, tels que l'aversion aux pertes, peuvent constituer un obstacle à l'adoption d'une technique potentiellement plus efficace et à l'amélioration des moyens d'existence.

Pour y faire face, la mise en œuvre de filets de sécurité pour prévenir ou corriger les conséquences de ces chocs sur les actifs productifs, les revenus, les dépenses de consommation, de santé et d'éducation peut s'avérer efficace.

Ces trois approches sont simultanément requises pour expliquer la pauvreté. La plupart des contributions mettent en effet l'accent sur l'interdépendance de ces facteurs. Ils se renforcent mutuellement et peuvent conduire à une aggravation de la pauvreté.

Les faibles dotations en actifs productifs (bétail, outils de production, terres cultivables...) dont disposent les petits fermiers, l'absence des marchés du crédit et de l'assurance, ainsi que des choix limités par la rareté, se renforcent les uns les autres pour expliquer l'existence des trappes de pauvreté endémique (Mendola, 2007).

1.1.2 La pauvreté rurale : une dynamique anticipée complexe

Une étude rétrospective de la pauvreté est certes éclairante. Elle permet d'apprécier les effets des politiques économiques menées jusque là et s'il le faut d'en corriger le contenu.

Mais pour mettre en place des filets de sécurité et prévenir ainsi la chute dans le piège de la pauvreté, une analyse prospective est indispensable. Mais alors, si l'on souhaite aller au-delà d'un simple constat, l'étude est évidemment plus compliquée.

La dynamique de la pauvreté est-elle déterministe ? Si tel est le cas, le sort à long terme des personnes est scellé. Certaines convergeront vers la pauvreté, si elles ne s'y trouvent déjà, tandis que d'autres convergeront vers un état plus enviable.

Il est aussi possible que toutes les personnes convergent vers un seul état, celui de pauvreté chronique.

La dynamique de la pauvreté est-elle aléatoire ? Si tel est le cas, la misère n'est pas une fatalité. Du moins pour certaines personnes ou groupes de personnes qui peuvent espérer une évolution favorable de leur niveau de vie à long terme.

Si l'on se penche sur les nombreuses communautés rurales des pays pauvres, on peut imaginer que toutes ces dynamiques socio-économiques sont possibles. Elles dépendent étroitement des caractéristiques locales : les conditions environnementales, la nature et l'importance des menaces, l'organisation sociale, les infrastructures et les concours extérieurs qui conditionnent ce que sera à long terme l'évolution des moyens d'existence des ménages ruraux. Les positions dans l'échelle sociale ne sont pas nécessairement figées dans le temps. La pauvreté, tout comme un état plus enviable, peuvent être des statuts sociaux transitoires. Mais le point d'aboutissement peut parfois prendre plusieurs générations.

La pauvreté est au demeurant un état de fait plutôt qu'une caractéristique individuelle. *Les personnes ne sont pas intrinsèquement pauvres, elles sont dans une situation de pauvreté.*

Lorsque les séries temporelles sont disponibles, on peut distinguer les personnes qui sont pauvres à chaque période de celles qui sont pauvres sur quelques périodes seulement [3]. Même si globalement la pauvreté reste inchangée, certains ménages peuvent se hisser hors du piège de la pauvreté pendant que d'autres ne sont pas en mesure de l'éviter (Dercon, 2005). Certes réduite, il ne faut cependant pas mésestimer la mobilité sociale.

3. Nous renvoyons le lecteur aux articles de Dercon et Baulch et de Hoddinott, qui ont été publiés dans un numéro spécial de la revue *Journal of Development Studies* (36, 6, - 2000 -) consacré à cette question de la mobilité sociale.

L'analyse *ex ante* (*forward-looking*) du passage de la vulnérabilité à la pauvreté permet de fournir aux praticiens des informations prévisionnelles sur les caractéristiques propres aux ménages ou aux communautés qui sont susceptibles de converger vers la trappe de pauvreté et leur donne ainsi les moyens d'agir en conséquence.

Les ménages vulnérables, nous y reviendrons, sont pour nous ceux dont la probabilité de tomber au-dessous d'une ligne de pauvreté est élevée ; en quelque sorte il s'agit de calculer une mesure dite (sans cynisme évidemment !) de « la pauvreté espérée ».

L'exposition aux menaces et à leurs possibles conséquences peut expliquer une augmentation brutale de cette « probabilité d'extrême pauvreté ». Les effets de seuil peuvent donc avoir un rôle crucial sur les dynamiques socio-économiques.

La question des dynamiques de la pauvreté sera tout d'abord abordée dans le cadre théorique que nous propose la théorie contemporaine de la croissance et du développement. Celle-ci s'appuie sur des modèles avec effets de seuil et équilibres multiples, mais aussi sur la notion de convergence conditionnelle et de « clubs de convergence ».

Elle prend le contre-pied de la théorie standard en fondant sa légitimité sur des faits avérés contredisant la convergence de l'ensemble des pays vers un unique état stationnaire qui rendrait ainsi transitoires les écarts de développement momentanément observés.

Contrairement à ce qui est prédit par l'orthodoxie, les dynamiques économiques de long terme sont susceptibles de conduire les pays vers des états stationnaires multiples et participent donc au maintien, voire à l'accroissement des inégalités. En cela, la théorie contemporaine s'oppose à la vision optimiste du rattrapage inéluctable des pays riches par les pays pauvres.

Cependant, l'évolution à long terme ne peut pas être uniquement décrite par l'existence de bifurcations et de dynamiques multiples. Il est en effet possible d'observer des dynamiques déterministes qui témoignent de trajectoires inéluctables vers des états stationnaires de niveau faible ou plus élevé.

Pour expliquer la persistance des inégalités, la littérature récente sur la croissance économique s'appuie également sur la notion de convergence conditionnelle qui donne naissance à des « clubs de convergence ».

L'idée générale est de dire que la convergence peut concerner différents groupes de nations ou « clubs de convergence » avec des différences, voire des divergences, entre ces clubs.

L'approche par la convergence conditionnelle vise donc à expliquer pourquoi certains membres d'un club restent à un faible niveau de développement, alors que d'autres convergent vers un niveau de bien-être plus élevé. Ces dynamiques distinctes s'expliquent par les conditions initiales qui peuvent durablement affecter la dynamique socio-économique.

L'analyse économique de la pauvreté au sein des communautés rurales s'est largement inspirée de cette littérature.

Les modèles à états stationnaires multiples au niveau infranational définissent la trappe de pauvreté géographique comme étant formellement l'attracteur le plus faible vers lequel certains groupes de personnes peuvent converger.

L'existence des effets de seuil et des dynamiques socio-économiques locales qui en résultent permet de mettre l'accent sur les mécanismes sous-jacents qui peuvent expliquer que les trajectoires distinctes suivies par les ménages les font converger vers la trappe de pauvreté ou à l'inverse s'en éloigner.

Ces mécanismes permettent de faire une distinction entre la pauvreté transitoire et la pauvreté chronique ou structurelle. Ils nous fournissent une interprétation théorique de la mobilité sociale au sein des petites communautés de paysans.

Bien que l'analyse de la pauvreté présente de sérieuses différences entre les niveaux macroéconomique et microéconomique, les notions de convergence conditionnelle et d'équilibres multiples sont cependant des concepts très utiles pour analyser les dynamiques de la pauvreté rurale.

C'est pourquoi, nous consacrons la suite de ce chapitre à la théorie macroéconomique de la croissance et du développement, la première à avoir produit ces concepts pour expliquer la dynamique des inégalités.

1.2 Convergence *versus* divergence des nations

Dans les modèles stochastiques exhibant des états stationnaires multiples, le processus aléatoire est le plus souvent représenté par une chaîne de Markov.

Ces modèles prennent en compte à la fois un choc aléatoire exogène qui est le plus souvent formalisé par une suite de variables aléatoires indépendantes et identiquement distribuées et une séquence d'actions (optimales) choisies par le décideur qui sont destinées à contrôler l'évolution du système.

Ces dernières débouchent sur un problème de programmation dynamique et stochastique. Pour une bonne compréhension de la dynamique économique de long terme (1.2.2), nous devons au préalable nous intéresser successivement aux chaînes de Markov non contrôlées, aux chaînes de Markov bruitées et aux chaînes de Markov contrôlées. La section 1.2.1 est consacrée à ces notions dont le lecteur peu rompu aux méthodes de la programmation stochastique peut s'affranchir, du moins dans un premier temps.

1.2.1 Processus stochastique et chaînes de Markov

Un processus stochastique se définit comme une famille de variables aléatoires $\{X_t\}_{t \in T}$ indexées par le temps t.

Nous indiquons par S l'ensemble des états de la nature.

Alors qu'une variable aléatoire X associe à chaque élément $s \in S$ une réalisation $X(s)$, un processus stochastique $\{X_t\}_{t \in T}$ associe à chaque élément $s \in S$ une fonction (ou trajectoire) $X_t(s)$.

Un système dans lequel l'évolution future dépend de l'état présent et du hasard est une chaîne de Markov. Par conséquent, la probabilité que le système ou un individu dans ce système soit dans un état donné ne dépend pas de toute l'évolution passée du système jusqu'à la date présente.

1.2.1.1 Les chaînes de Markov non contrôlées

Un processus en temps discret de Markov est désigné par une chaîne de Markov lorsque l'espace des états est fini. Soit S l'ensemble fini de ces états du système, $S = \{s_1, \dots, s_i, \dots s_l\}$, et $\mathscr{P}(S)$ l'ensemble de tous les sous-ensembles de S.

On définit une mesure de probabilité sur l'ensemble probabilisable $(S, \mathscr{P}(S))$. Cette mesure de probabilité est représentée par un vecteur p appartenant au simplexe unitaire de dimension l, soit :

$$\triangle^l = \left\{ p \in \mathbb{R}^l \, : \, p \geq 0 \, \text{et} \, \sum_{i=1}^{l} p_i = 1 \right\}$$

On définit une matrice de transition Π entre les états du système.

Il s'agit d'une matrice de dimension $(l \times l)$, avec $\pi_{ij} = Pr\left[s_i, s_j\right]$, la probabilité d'atteindre l'état s_j à partir de s_i. Tous les éléments de la matrice Π sont positifs ou nuls et leur somme sur les colonnes est égale à 1. Il s'agit donc d'une matrice stochastique, encore appelée une matrice de Markov.

1.2.1.2 Propriétés et définitions

Soit $\{X_{n=0,1,2,\ldots}\}$ une chaîne de Markov. La loi initiale de X est dégénérée, c'est-à-dire que X_0 est fixé.

Cette chaîne vérifie la propriété suivante. La loi conditionnelle de X_n sachant $X_0, X_1, \ldots, X_{n-1}$ est la même que la loi conditionnelle de X_n sachant X_{n-1}. En d'autres termes, la probabilité associée à la réalisation de l'état futur ne dépend que de l'état présent. On parle à cet égard d'absence de mémoire.

Définition : une chaîne de Markov est dite homogène si $\forall s_i$ et $\forall s_j$ appartenant à S, $Pr\left[X_n = s_j | X_{n-1} = s_i\right]$ ne dépend pas de n.

La matrice de transition est constante. La loi conditionnelle de X_n sachant X_{n-1} ne varie pas dans le temps.

Prenons un exemple très simple en guise d'illustration : le lancer de ballon. Lorsque A a le ballon, il l'envoie à B. Lorsque B a le ballon, il l'envoie à C. Quand C a le ballon, il l'envoie à A ou à B de façon équiprobable.

Personne ne garde le ballon pour lui-même. L'espace des états est dans cet exemple $\{A, B, C\}$. La matrice de transition est la suivante :

$$\Pi = \begin{pmatrix} 0 & 1 & 0 \\ 0 & 0 & 1 \\ 1/2 & 1/2 & 0 \end{pmatrix}$$

Si la distribution de probabilité après n transitions est donnée par $p^{(n)} \in \triangle^l$, la distribution de probabilité après $n+1$transitions $p^{(n+1)} \in \triangle^l$ est donnée par : $p_j = \sum_{i=1}^{l} p_i \pi_{ij}$, $j = 1, \ldots, l$, soit en écriture matricielle :

$$\widetilde{p} = p\Pi$$

Par conséquent, la distribution de probabilité sur les états au bout de deux transitions est donnée par :

$$(p\Pi)\Pi = p\Pi^2$$

En procédant par induction, il vient :

$$p^{(1)} = p^{(0)}\Pi,\, p^{(2)} = p^{(1)}\Pi = p^{(0)}\Pi^2, \ldots, p^{(n)} = p^{(0)}\Pi^n$$

Revenons à notre premier exemple. Le système se trouve par hypothèse initialement dans l'état C, soit $p^{(0)} = (0,0,1)$.

Après une transition, nous avons $p^{(1)} = (\frac{1}{2}, \frac{1}{2}, 0)$.

Après deux transitions, les probabilités pour que le système soit en A, B ou C sont respectivement $(0, \frac{1}{2}, \frac{1}{2})$.

Les probabilités $p^{(3)}$ pour que les joueurs aient le ballon au bout du troisième lancer sont $(\frac{1}{4}, \frac{1}{4}, \frac{1}{2})$ [4].

Pour connaître la dynamique à long terme du système, nous devons donc étudier le comportement de la suite $(\Pi^n)_{n=0}^{\infty}$, où $\Pi^{(0)}$ est la matrice identité.

Si la suite $\{\Pi, \Pi^2, \Pi^3, \ldots\}$ des puissances de Π converge vers une matrice Q dont toutes les lignes sont identiques, alors celle-ci représente la distribution stationnaire [5] ou invariante p^*.

Les équations $p\Pi = p$ sont des équations de stationnarité et un vecteur de probabilité p^* qui en est solution est appelé une distribution stationnaire. La suite $p^{(n)}$ définie par la relation de récurrence $p^{(n+1)} = p^{(n)}\Pi$ a pour limite un point fixe p^*.

Une distribution stationnaire p^*est un vecteur de probabilité qui est aussi vecteur propre [6] à gauche de Π associé à la valeur propre 1 [7].

Revenons à notre premier exemple.

---

4. Il faut noter que tous les processus de Markov génèrent des distributions marginales qui vérifient la formule des probabilités totales, soit :

$$Pr[E] = \sum_{i \geq 1} Pr[E|F_i]Pr[F_i]$$

avec $\{F_1, F_2, \ldots\}$ les évènements formant une partition de S, tels que $F_i \cap F_j = \emptyset$, si $i \neq j$ et $Pr[\cup_i F_i] = 1$ avec $Pr[F_i] > 0$, $\forall i$ et E un élément de cette partition.

5. Une distribution stationnaire est une distribution pour laquelle, si X_n suit cette distribution, il en est de même pour X_{n+1}.

6. Par définition, nous avons : $p^*(\Pi - rI) = p^*\Pi = p^*$, avec r une valeur propre de Π égale à 1 et I la matrice identité.

7. Si la matrice de Markov est régulière, 1 est toujours une valeur propre. Une matrice Π de Markov est régulière s'il existe un entier k tel que Π^k ne contient que des éléments strictement positifs.

Soit $p^* = (x, y, 1-x-y)$. Le système :

$$(x,y,1-x-y)\begin{pmatrix} 0 & 1 & 0 \\ 0 & 0 & 1 \\ 1/2 & 1/2 & 0 \end{pmatrix} = (x,y,1-x-y)$$

admet pour solution $(\frac{1}{5}, \frac{2}{5}, \frac{2}{5})$.

Après un très grand nombre de transitions, l'état A a 20% de chances de se réaliser, l'état B 40%, et ainsi de suite...

On observe que cette distribution stationnaire ne dépend pas des conditions initiales (de la distribution initiale).

Intéressons nous donc à présent de plus près au comportement à la limite de la matrice Π.

Nous donnons à présent quelques définitions et propriétés.

• Une chaîne de Markov est dite irréductible si et seulement si pour tout état $s_j \in S$ la propriété suivante est vérifiée : $\forall i \in \{1,\ldots,l\}$, il existe $n \geq 1$ tel que $\pi_{ij}^{(n)} > 0$. Une chaîne est donc irréductible lorsqu'il est toujours possible au cours de son évolution de passer d'un état à un autre.

Notons qu'une condition suffisante d'irréductibilité est que Π ne contienne aucun 0.

Nous proposons une illustration de cette propriété dans la Figure suivante.

FIGURE 1.1 – ***Les chaînes de Markov***

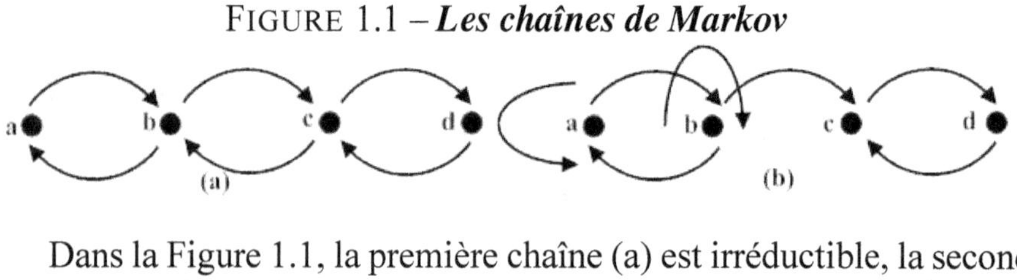

Dans la Figure 1.1, la première chaîne (a) est irréductible, la seconde (b) comporte deux classes irréductibles (de communication) : $\{a, b\}$ et $\{c, d\}$.

Plus spécifiquement, nous dirons que les états s_i et s_j communiquent si s_i est accessible à partir de s_j et si s_j est accessible à partir de s_i.
Nous notons $s_i \longleftrightarrow s_j$ la relation de communication ($\longleftrightarrow$) qui est une relation d'équivalence vérifiant la réflexivité, la symétrie et la transitivité.

Elle engendre une partition de l'ensemble des états du système S en classes d'équivalence appelées dans ce cadre des classes de communication.

• Un état s_j est dit transient (transitoire) lorsque $\forall s_i \neq s_j, \pi_{ij} = 0$. Un état est donc dit transient quand une fois que la chaine l'a quitté, elle n'y revient plus.

• Un état s_i est dit absorbant lorsque $\pi_{ij} = 0, \forall s_j \neq s_i$. Par conséquent, un état est absorbant quand la chaîne étant passée par cet état, elle ne le quitte plus.

Ces deux définitions peuvent être généralisées à un ensemble d'états.

Si un ensemble A d'états vérifie :

$$Pr[X_n \in A | X_{n-1} \notin A] = 0$$

il est appelé transient.

Si un ensemble d'états A vérifie :

$$Pr[X_n \notin A | X_{n-1} \in A] = 0$$

il est appelé absorbant.

Définition : un ensemble $E \subseteq S$ est appelé un ensemble ergodique si $Pr[s_i, E] = 1, \forall s_i \in E$, et si aucun sous-ensemble de E ne vérifie cette propriété. En d'autres termes, quand le système est dans cet ensemble, il n'en sort plus. Ce qui nous amène au théorème suivant.

Théorème : Soit $S = \{s_1, \ldots, s_l\}$un ensemble fini d'états et une matrice Π représentant les probabilités de transition sur S. La matrice Π a un unique ensemble ergodique E lorsque la chaîne est irréductible. Alors, Π a une distribution invariante p^*et chaque ligne de la matrice limite Q est égale à p^*.

Soit l'exemple suivant emprunté à Stockey et Lucas (1989) :

$$\Pi = \begin{pmatrix} 3/4 & 1/4 \\ 1/4 & 3/4 \end{pmatrix}$$

Dans cet exemple, l'ensemble ergodique est $E = S$. La suite (Π^n) est convergente :

$$lim_{n \longrightarrow \infty} \Pi^n = \begin{pmatrix} 1/2 & 1/2 \\ 1/2 & 1/2 \end{pmatrix}$$

et la distribution sur les états converge vers $p^* = (1/2, 1/2)$ pour toutes les distributions de probabilité initiales $p^{(0)}$.

Proposons nous à présent un autre exemple, encore emprunté à Stockey et Lucas.

Soit la matrice stochastique suivante :

$$\Pi = \begin{pmatrix} 1-\gamma & \gamma/2 & \gamma/2 \\ 0 & 1/2 & 1/2 \\ 0 & 1/2 & 1/2 \end{pmatrix}$$

avec $\gamma \in (0,1)$. Si le système part du premier état, il reste à l'étape suivante dans cet état avec la probabilité $1-\gamma$ et il le quitte avec la probabilité γ.

Dans ce cas, les deux autres états sont équiprobables. Nous observons que si le système quitte le premier état, il ne peut pas y retourner.

Rappelons qu'un tel état est appelé transient (transitoire). Il existe une probabilité non nulle de le quitter et une probabilité nulle d'y retourner.

Après calcul, on obtient :

$$\Pi^n = \begin{pmatrix} (1-\gamma)^n & \delta_n/2 & \delta_n/2 \\ 0 & 1/2 & 1/2 \\ 0 & 1/2 & 1/2 \end{pmatrix}$$

avec $\delta_n = 1 + (1-\gamma)^n$. Alors :

$$lim_{n\to\infty}\Pi^n = \begin{pmatrix} 0 & 1/2 & 1/2 \\ 0 & 1/2 & 1/2 \\ 0 & 1/2 & 1/2 \end{pmatrix}, \text{ avec } \gamma \in (0,1)$$

Le système quitte le premier état avec la probabilité égale à 1, et rejoint le deuxième et le troisième au bout d'un grand nombre de transitions avec une probabilité identique et égale à $\frac{1}{2}$. Dans cet exemple, le seul ensemble ergodique est constitué des états 2 et 3. Au bout d'un grand nombre de transitions, le système quitte définitivement l'état s_1 pour rentrer dans le sous-ensemble ergodique $E = \{s_2, s_3\}$. L'ensemble S des états du système peut toujours être partitionné entre $M \geq 1$ ensembles ergodiques E et un ensemble transient.

Prenons un dernier exemple.

$$\Pi = \begin{pmatrix} \Pi_1 & 0 \\ 0 & \Pi_2 \end{pmatrix} = \begin{pmatrix} 3/4 & 1/4 & 0 & 0 \\ 1/4 & 3/4 & 0 & 0 \\ 0 & 0 & 3/4 & 1/4 \\ 0 & 0 & 1/4 & 3/4 \end{pmatrix}$$

où Π_1 et Π_2 représentent les matrices de Markov du premier exemple. Au bout de n transitions, la matrice s'écrit :

$$\Pi^n = \begin{pmatrix} \Pi_1^n & 0 \\ 0 & \Pi_2^n \end{pmatrix} \text{ et } lim_{n \longrightarrow \infty} \Pi^n = \begin{pmatrix} 1/2 & 1/2 & 0 & 0 \\ 1/2 & 1/2 & 0 & 0 \\ 0 & 0 & 1/2 & 1/2 \\ 0 & 0 & 1/2 & 1/2 \end{pmatrix}$$

La suite (Π^n) va en effet converger si les suites (Π_1^n) et (Π_2^n) convergent également.

On observe que si le système part de $E_1 = \{s_1, s_2\}$ il y reste pour toujours. C'est la même chose si le système part de $E_2 = \{s_3, s_4\}$. Il y a donc dans ce cas deux ensembles ergodiques et deux distributions invariantes $p_1^* = (1/2, 1/2, 0, 0)$ et $p_2^* = (0, 0, 1/2, 1/2)$. La distribution sur les états converge vers l'une ou l'autre des deux distributions invariantes. Cela dépend des conditions initiales.

1.2.1.3 Les chaînes de Markov bruitées

Dans les modèles de croissance à long terme, les dynamiques stochastiques sont décrites par une équation différentielle dans laquelle intervient un choc aléatoire exogène.

Soit $(z_t)_{t \geq 1}$ une suite de variables aléatoires indépendantes et identiquement distribuées [8] (*iid*) à valeurs dans un espace Z.

Désignons par S un ensemble fini et dénombrable d'états et une fonction $g : S \times Z \longrightarrow S$.

L'équation différentielle stochastique où k_t désigne par exemple le capital unitaire à la date t s'écrit :

$$k_{t+1} = g(k_t, z_{t+1})$$

8. Si les $z(t)$ sont indépendantes, la loi de $z(t)$ conditionnellement aux variables passées est celle de $z(t)$. Si ces variables sont distribuées selon la même loi, le processus est dit stationnaire indépendant.

Elle définit une chaîne de Markov dont les probabilités de transition de l'état i à l'état j sont données par :

$$\pi_{ij} = Pr\left[k_{t+1} = j | k_t = i\right] = Pr\left[g(i, z_{t+1}) = j\right]$$

Cette chaîne de Markov est homogène puisque le second membre de l'égalité ci-dessus ne dépend pas de t.

Il faut à présent considérer que cette dynamique stochastique est de plus contrôlée par une séquence de décisions.

Les individus influencent en effet cette dynamique par le choix de leurs actions motivé par la recherche d'une « récompense » optimale.

Il faut noter au passage que la terminologie économico-mathématique courante peut heurter car une « stratégie dite optimale » peut placer l'individu sur une trajectoire qui le conduit dans la trappe de pauvreté.

1.2.1.4 Les modèles de décision de type markovien : une introduction

Ces modèles ont en commun d'associer l'existence d'un agent, d'un ensemble de décisions, d'une matrice de probabilités de transition et d'un indicateur de satisfaction défini par une fonction d'utilité. Il faut donc à présent introduire une notion de « récompense » formalisée par la maximisation d'une fonction objectif. Les choix s'effectuent de $t = 0$ à $t = \infty$. Cette fonction à maximiser s'écrit alors :

$$\sum_{t=0}^{\infty} \beta^t u(k_t, v_t) \qquad (1.1)$$

où $\beta \in (0,1)$ indique le coefficient d'actualisation, k un état du système endogène et v la variable de contrôle endogène également. La fonction objectif (1.1) se définit comme la somme actualisée des utilités instantanées. Il faut supposer que la fonction u est bornée et que la suite (β^t) converge. Pour chaque état du système, une action (décision ou contrôle) est choisie par le décideur parmi un ensemble dénombrable d'actions admissibles. Ces modèles sont donc définis par un ensemble d'états et un ensemble d'actions choisies pour atteindre cet objectif de maximisation. Le but est de déterminer la suite des contrôles qui satisfont ce critère de maximisation.

Ces actions définies par une règle de politique optimale modifient évidemment l'évolution non contrôlée du modèle.

Si le processus est non contrôlé, la fonction de transition qui définit la probabilité d'atteindre un état du système à partir d'un état donné de celui-ci s'écrit :

$$P : S \times S \longmapsto [0,1]$$

avec :

$$\pi_{ij} = Pr\left[s_i, s_j\right], \text{ où } s \in S$$

À présent, si le processus est contrôlé, la dynamique markovienne est régie par une fonction de transition P qui définit la probabilité d'atteindre un état du système à partir d'un état donné de celui-ci, de l'action choisie et, nous le verrons un peu plus loin, d'un choc aléatoire exogène. Soit :

$$P : S \times S \times V \longmapsto [0,1]$$

où V indique l'ensemble fini des contrôles.

La probabilité de transition s'écrit alors :

$\pi_{ij} = Pr\left[s_i, v(i), s_j\right]$ où $v(i)$ désigne l'action optimale associée à l'état s_i.

Pour illustration, prenons l'exemple économique suivant.

Supposons un bien ayant une double destination : être consommé ou utilisé comme semence pour la production de l'année suivante. Celle-ci dépend de la quantité des intrants et des conditions météorologiques. La seule décision que doit prendre l'agriculteur porte sur la quantité de graines à stocker en vue d'une plantation et d'une production futures.

Cette décision est prise avant que l'incertitude – un taux de pluviométrie compromettant la croissance de la plante, par exemple – ne soit levée. Ce taux est formalisé par une variable aléatoire supposée exogène. Les variables d'état sont représentées par k, c'est-à-dire la quantité des semences plantées au printemps. La décision, à savoir la quantité de semences conservées durant l'hiver et l'automne, est dans notre exemple indiquée par y. L'aléa météorologique, ici supposé multiplicatif, est indiqué par z.

Cette décision est prise après la récolte que nous indiquons par $zf(k)$. Ces chocs exogènes (z_t) sont représentés par une séquence de variables aléatoires que nous supposons indépendantes et identiquement distribuées selon une loi Q. Dans de nombreux modèles, Q est supposée log-normale pour synthétiser le produit d'un grand nombre de risques indépendants.

Comme il n'y a pas d'incertitude entre le moment de la récolte (en été) et celui de la plantation (au printemps prochain), c'est-à-dire pendant la période de stockage, la décision prise définit aussi l'état du système à la date suivante. La récolte de l'année suivante $f(k)$ dépend de y et de z', le choc inconnu au moment du choix.

Autrement dit, le choc courant sur les cultures est connu au moment où la décision y est prise, mais un choc futur peut affecter la prochaine récolte et les valeurs de y disponibles, c'est-à-dire la quantité de semences stockées en vue d'une prochaine plantation.

Comment déterminer une séquence de décisions conduisant à maximiser la fonction objectif ?

Le principe de base de l'optimisation dynamique (déterministe et aléatoire) repose sur une équation fonctionnelle, encore appelée équation de Bellman. Dans cette illustration, elle peut s'écrire :

$$V(k,z) = sup_{y\in[0,f(k)]}\left\{u(zf(k)-y)+\beta E[V(k')|y,k]\right\}$$

La valeur associée à l'état k et au choc z est égale au maximum (supremum [9]) de l'utilité instantanée apportée par la consommation $zf(k)-y$ et de l'espérance actualisée de la valeur associée à l'état futur k' conditionnellement à l'action choisie et à l'état courant du système.

Un programme séquentiel nécessite le choix d'une séquence infinie d'actions. Il peut être utile de le transformer en un problème récursif décomposé en deux parties comme ci-dessus : les paiements courants (l'utilité instantanée) et les paiements espérés actualisés correspondant à l'état futur atteint par le chemin optimal. Dès lors, la solution de ce problème peut être calculée récursivement [10].

Comment interpréter cette équation ? La séquence des décisions optimales conduisant en k_t à l'instant t en t étapes de 0 à t et passant par k_{t-1} en $t-1$ étapes contient la séquence des décisions optimales ayant conduit jusqu'en k_{t-1}. Il n'y a aucune raison de penser en effet que si le décideur

9. Le supremum est la valeur la plus élevée possible que la fonction objectif peut atteindre. Rien ne garantit en effet que la valeur maximale soit atteinte à partir d'une stratégie de décisions réalisable.

10. Une illustration : pour calculer $n!$, il suffit de savoir calculer $(n-1)!$, puis de multiplier par n. Le sous-problème du calcul de $n-1!$ est identique au problème initial, mais posé plus simplement.

est rationnel du point de vue de son calcul maximisateur jusqu'en k_{t-1}, il ne le sera plus au-delà.

Si ce programme admet une solution, il existe alors une stratégie (réalisable) qui permet d'atteindre $V(k,z)$; c'est-à-dire une règle de politique g déterminant le choix optimal de y comme une fonction [11] de (k,z).

Par conséquent, nous posons :

$$y^* = g(k,z)$$

De façon générale, les dynamiques de ce système sont données par :

$$k_{t+1} = \phi\left(k_t, g(k_t,z_t), z_{t+1}\right)$$

où ϕ désigne la loi d'évolution du système. Si la dynamique est déterministe, il n'est pas utile de préciser dans quel état s'exerce le contrôle à la date t puisque les contrôles aux dates antérieures déterminent précisément l'évolution des états.

En revanche, dans un contexte stochastique, le contrôle à l'instant t est pris par rapport à l'état k_t qui s'est réalisé. La variable de choix à t n'est pas la valeur de la variable de contrôle, mais une fonction (stratégie) qui fait dépendre le choix du contrôle de l'état qui s'est réalisé, et éventuellement, comme ici, d'un choc aléatoire exogène.

Si l'action choisie, la quantité d'intrants, définit l'état du système à la période suivante [12], on peut simplifier l'expression de la loi d'évolution ci-dessus par l'équation différentielle stochastique suivante :

$$k_{t+1} = g(k_t, z_t)$$

L'état atteint à la date future ne dépend que de la stratégie qui définit le contrôle choisi par rapport à l'état qui s'est réalisé. Ici, le choix de

11. L'ensemble des états de la période suivante qui satisfont à la valeur maximum est de façon générale une correspondance $g(k,z) \in G(k,z)$. Quand cette correspondance a une seule valeur, $g(k,z)$ est définie de manière unique.

12. La logique serait un peu différente si par exemple dans un autre contexte d'incertitude le stockage des semences était exposé à un risque de conservation entre le moment de la récolte et celui postérieur de la plantation. Dans ce cas, la quantité d'intrants définie par la règle de politique optimale pourrait en être affectée. En d'autres termes, la part optimale de la production affectée aux intrants et décidée au moment de la récolte ne sera pas nécessairement celle qui sera utilisée plus tard comme semences au moment de la plantation. On ne peut plus alors identifier l'état futur à la décision courante.

l'action ne détermine pas l'état futur, mais seulement sa loi de probabilité. L'état futur k_{t+1} est une variable aléatoire.

Nous savons que la suite $(s_t) = (k_t, z_t)$ obéit à une chaîne de Markov associée à une fonction de transition P qui dépend de Q et de g.

Les propriétés des chaînes de Markov, en particulier l'existence ou pas d'une unique distribution stationnaire sur les états, permettent alors de caractériser les trajectoires suivies sur le long terme par les dynamiques socio-économiques.

Nous savons que si les dynamiques ne sont pas ergodiques, les différentes trajectoires dépendent étroitement des conditions de départ.

Les méthodes de résolution de la programmation dynamique peuvent être étudiées à partir de Stockey et Lucas (1989), Demange et Rochet (1992), Acemoglu (2009), notamment.

La formalisation de l'évolution des systèmes socio-économiques par des dynamiques markoviennes nous sera particulièrement utile.

Si l'état stationnaire du plus faible niveau est un état absorbant, les actions choisies par un individu qui le conduisent vers cet état le piègent dans une trappe de pauvreté structurelle dans laquelle il restera pour toujours.

Si un état stationnaire est transient, il correspond à un état du système où les dynamiques doivent bifurquer sans possibilité de retour vers celui-ci. Il s'agit donc d'un état à partir duquel les personnes convergent vers des états de niveaux différents.

1.2.2 Les dynamiques économiques à long terme

L'incursion dans les modèles macroéconomiques de croissance à long terme nous fournira des éléments pour construire notre problématique autour de notre questionnement sur les dynamiques à long terme de la pauvreté rurale.

Quant on part de très bas, est-ce que nous pouvons rattraper sur le long terme ceux qui sont devant nous ? Ou à l'inverse, les écarts dans les niveaux de vie ne cessent-ils de s'accroître ?

La dynamique socio-économique est-elle déterministe ou existe-t-il une probabilité non nulle d'enclencher un processus vertueux de sortie du piège de la pauvreté ?

Nous abordons à présent les notions de convergence absolue et de convergence conditionnelle.

• La notion de convergence absolue des systèmes économiques est simple à comprendre.

Nous partons du constat que le capital humain et le capital physique sont initialement rares dans les pays pauvres ou peu développés. Cette rareté combinée à l'hypothèse des rendements factoriels décroissants implique que dans ces pays le rendement (marginal) du stock de capital doit être élevé. Même si seule une fraction constante de ces rendements est réinvestie, le taux de croissance dans ces pays doit donc être logiquement plus élevé que dans les pays avancés. Des rendements élevés doivent encourager un taux de réinvestissement plus élevé, sauf si la préférence pour le présent est telle qu'elle entrave le processus d'accumulation. Les pays pauvres ou peu développés doivent donc en principe croître plus rapidement et converger sur le long terme vers les pays plus industrialisés.

Cette idée générale et exagérément optimiste est donc en substance la suivante : les pays peuvent temporairement exhiber des différences qui reflètent les disparités dans les conditions initiales. Cependant, ces différences devraient progressivement s'estomper.

Les modèles de croissance standards (Solow, 1956 et Diamond, 1965) débouchent ainsi sur l'existence d'un sentier unique de croissance équilibrée.

Les travaux empiriques et économétriques ont très largement contribué à nuancer ces conclusions. Pour tenter d'expliquer une réalité sans doute plus complexe, la théorie économique de la croissance a donné naissance à de nouvelles interprétations de la notion de convergence (Islam, 2003). Nous allons y revenir.

La notion de convergence absolue est donc évoquée lorsque les pays riches sont rattrapés sur le long terme par les pays pauvres parce que ces derniers ont un taux de croissance par tête plus élevé.

Dans le modèle de Solow, le taux de croissance national est d'autant plus élevé qu'il est éloigné de son sentier d'équilibre de long terme. Si les pays ont le même sentier d'équilibre, alors la convergence de chacun d'eux vers ce sentier coïncide nécessairement sur le long terme avec celui de tous les autres.

Mais pour qu'il en soit ainsi, ne faut-il pas faire l'hypothèse que ces pays disposent initialement des mêmes caractéristiques structurelles, telles que le taux de croissance démographique ou le taux d'épargne ? Si celles-ci diffèrent, la convergence absolue peut-elle encore être évoquée ?

Avec la convergence absolue, il y a un seul état d'équilibre stationnaire de long terme vers lequel les pays doivent nécessairement converger indépendamment des conditions initiales.

• Avec la convergence conditionnelle, les équilibres sont différents et chaque pays – ou groupe de pays (« club de convergence ») – converge vers son propre (et unique) état d'équilibre.

La convergence est admise entre les pays d'un même groupe, alors qu'elle est peu probable entre des pays de groupes différents. Les pays ayant des conditions initiales semblables ou présentant les mêmes caractéristiques structurelles doivent converger vers un état d'équilibre stationnaire unique.

Ceux où le niveau d'éducation et de formation est élevé peuvent adopter des technologies modernes et performantes. Ces mêmes pays où le système bancaire est développé peuvent offrir à leurs habitants les moyens de financer des projets à haut rendement. Les mêmes où le système des assurances est développé peuvent encourager des projets à fort rendement et à risque (couvert) élevé.

Pour ces raisons, et pour bien d'autres encore, ceux-ci disposent d'un avantage comparatif sur les pays qui ne bénéficient pas de ces atouts et qui ne peuvent dès lors espérer les rattraper.

Est-ce que l'appartenance à un « club de convergence » est définitive ou transitoire ?

La question fait débat et renvoie à celle de savoir pourquoi et à quel moment un pays peut saisir des opportunités lui permettant de rejoindre un club situé sur un sentier de croissance plus élevé. La convergence conditionnelle peut alors par exemple être formalisée par une distribution stationnaire bimodale correspondant à deux « clubs de convergence ». Dans ce cas, la dynamique est ergodique puisque la probabilité de passer d'un club à un autre n'est pas nulle (Cetorelli, 1998).

Pour expliquer les divergences observées entre les pays sur le long terme, la littérature économique récente nous propose donc deux approches.

Celle de la convergence conditionnelle et la notion de « club de convergence », d'une part et d'autre part, celle de seuils en deçà ou au-delà desquels les dynamiques bifurquent vers des états stationnaires différents.

On devine sans difficulté que ces concepts [13] devraient s'avérer pertinents pour comprendre les dynamiques de la pauvreté au sein des communautés rurales. On s'attend donc à ce qu'il nous apporte un éclairage théorique sur la question de la mobilité sociale à long terme des ménages au sein de ces communautés.

Nous consacrons les pages qui suivent à une présentation rapide du modèle standard de Solow.

1.2.2.1 Un survol du modèle néo-classique standard : la convergence stochastique

Les modèles stochastiques, comme leur nom l'indique, font intervenir un choc aléatoire affectant la dynamique de long terme des économies nationales. Nous allons ainsi introduire la notion de convergence stochastique qui enrichit celle de convergence déterministe.

FIGURE 1.2 – ***Une dynamique déterministe convergente***

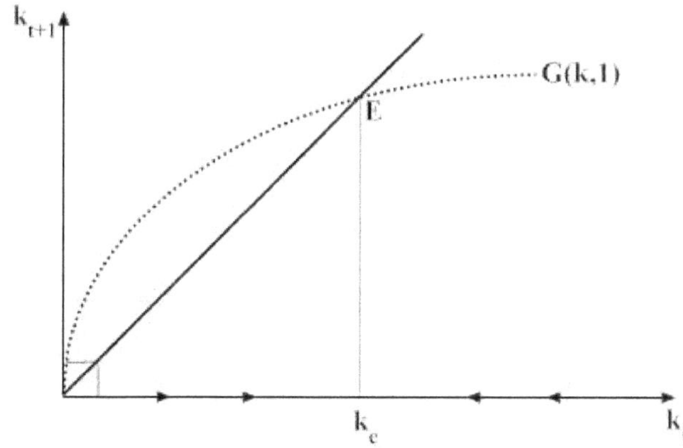

Source : Azariadis et Stachurski (2005).

Nous pouvons présenter succinctement le modèle convexe de croissance néo-classique standard de la façon suivante (Azariadis et Stachurski, 2005). Il repose sur la fonction de production de Coob-Douglas.

13. Une analyse intéressante des différences conceptuelles entre convergence absolue, convergence conditionnelle et effets de seuil avec états stationnaires multiples peut être trouvée dans Carter et Barrett, 2006.

$$Y_t = K_t^{\alpha}(A_t L_t)^{1-\alpha}\varepsilon_{t+1},\ \alpha \in (0,1) \tag{1.2}$$

où Y, K, L indiquent respectivement la production d'un bien composite, le stock de capital (matériel et immatériel) et de travail. La productivité supposée pour l'instant exogène est indiquée par $A_{t\geq 0}$. Un choc d'innovation technologique [14] est représenté par $\varepsilon_{t\geq 0}$. On suppose que les $(\varepsilon_t)_{t\geq 0}$ sont indépendants et distribués selon une loi log-normale, $ln\varepsilon \sim \mathcal{N}(\mu, \sigma)$.

Ce modèle repose en particulier sur les hypothèses de marchés concurrentiels, de convexité des ensembles de production et d'absence d'indivisibilités, telles que les externalités. Notons au passage que la productivité marginale des facteurs est décroissante, d'où cette hypothèse de convexité des ensembles de production.

La reproduction du capital dans le temps à partir de l'output et du capital courant est donnée par l'expression :

$$K_{t+1} = sY_t + (1-\delta)K_t,\ \delta \in (0,1) \tag{1.3}$$

où s et δ indiquent respectivement le taux d'épargne, ici supposé constant, et le taux de dépréciation du capital.

Nous désignons par $k_t = \frac{K_t}{A_t L_t}$ le capital agrégé par unité de travail effectif. Si la quantité de travail augmente au taux exogène n et si la productivité exogène croît au taux γ, la loi d'évolution de k_t est donnée en combinant 1.2 et 1.3 par :

$$k_{t+1} = \frac{sk_t^{\alpha}\varepsilon_{t+1} + (1-\delta)k_t}{1+n+\gamma} = G(k_t, \varepsilon_{t+1}),\ \gamma n \sim 0$$

Dans la mesure où la fonction de production exhibe des rendements marginaux décroissants, les pays initialement mal dotés en capital auront donc des rendements plus élevés pour chaque unité supplémentaire de capital investi.

L'hypothèse de convexité conduit dès lors à une convergence stochastique de l'ensemble des pays sur la longue période. Nous pouvons dire alors que la dynamique est ergodique.

14. En l'absence de ce choc ε, la convergence déterministe porte sur les k_t, le capital agrégé par unité de travail effectif. En revanche, lorsque ce choc est pris en compte, la convergence est stochastique et renvoie à la notion de chaîne de Markov ergodique. La convergence des k_t est alors remplacée par la convergence en lois de probabilité. Ce ne sont pas les variables d'états, les k_t, qui sont stationnaires, mais leur distribution de probabilité.

La Figure 1.2 représente une dynamique déterministe ($\varepsilon = 1$) qui converge vers un équilibre stable de long terme E correspondant à un niveau de capital par tête k_e.

En prenant en considération le choc d'innovation technologique, la dynamique stochastique de ce même modèle est représentée dans la Figure 1.3.

FIGURE 1.3 – ***Une dynamique stochastique convergente***

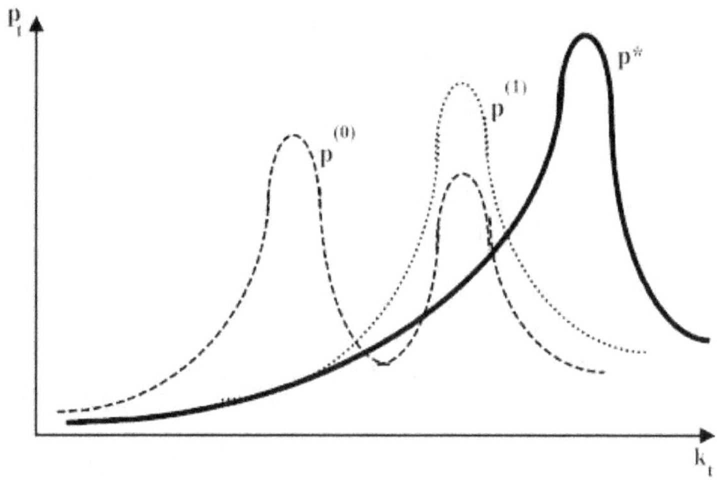

Source : Azariadis et Stachurski (2005).

La suite des distributions marginales $p^{(n)}$ converge vers la distribution stationnaire p^* sur les états k_t du système.

Avec le processus d'accumulation, il est par ailleurs fort probable que la valeur des k_t soit plus élevée que la valeur correspondant à la date initiale.

Nous nous proposons à présent d'étudier une version plus réaliste de ce modèle en faisant l'hypothèse de la non convexité des ensembles de production. Cette propriété s'explique par le fait que la productivité dépend à présent du niveau de capital engagé dans le processus de production synonyme d'externalités positives.

1.2.2.2 Une variante du modèle standard

Le modèle que nous présentons succinctement à présent est proche du modèle standard à une différence fondamentale près. En effet, celui-ci ne conclut pas nécessairement, contrairement au précédent, à une convergence des trajectoires de long terme (Azariadis et Stachursky, 2005).

FIGURE 1.4 – ***Une dynamique non ergodique***

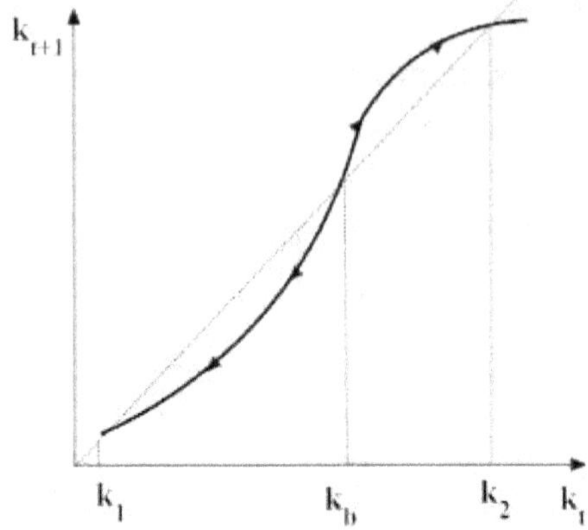

Source : Azariadis et Stachurski (2005).

Nous posons $\varepsilon = 1$ pour ne pas tenir compte du choc de productivité et nous désignons encore par $s > 0$ le taux d'épargne, par γ le taux de progrès technologique exogène et par n le taux de croissance démographique fixé ici à 0.

Le travail supposé indifférencié est normalisé à 1 de telle sorte que k représente à la fois le capital agrégé K et le capital unitaire.

La principale différence dans cette variante du modèle précédent vient de l'endogénéisation de la productivité A.

Celle-ci dépend à présent du stock de capital. L'état de la connaissance technique et son efficacité sont fonction du capital physique.

Les rendements du capital s'écrivent donc à présent :

$$Y_t = A(k_t)k_t^{\alpha}$$

Les rendements marginaux peuvent ici être croissants à cause précisément de l'endogénéisation de la productivité.

Tel est le cas si de nouvelles connaissances générées par les investissements matériels privés bénéficient également aux autres firmes, ou encore si on tient compte des retombées positives de la formation du capital humain.

De façon générale, les investissements en capital matériel et en capital humain sont à l'origine d'externalités positives qui améliorent la productivité.

Nous verrons que les externalités sont également à l'œuvre dans les petites communautés de fermiers.

La loi d'évolution de k dans ce modèle est donnée par l'expression suivante :

$$k_{t+1} = sA(k_t)k_t^{\alpha} + (1-\delta)k_t$$

La spécification de la relation fonctionnelle $k_t \longrightarrow A(k_t)$ entre le stock de capital et la productivité, par exemple $A(k) = k^{\beta}$, $\beta > 1$, rend possible l'existence de plusieurs dynamiques de long terme.

La Figure 1.4 décrit une dynamique non ergodique en forme de S où les trajectoires bifurquent au voisinage d'un seuil de capital.

L'appartenance à long terme à l'un des deux états stables dépend des conditions initiales. Il y a dans cet exemple deux attracteurs locaux déterministes k_1 et k_2 à partir de l'état instable k_b. L'état stationnaire stable de faible niveau k_1 correspond à la trappe de pauvreté.

En deçà du seuil k_b, l'économie converge vers un état stationnaire k_1. Au-delà de ce seuil, elle converge vers un état stationnaire de niveau plus élevé k_2. Dans ce cas, l'état k_1 est un état absorbant et la pauvreté y est chronique. Cette dynamique dépend étroitement ici des conditions initiales.

En revanche, en présence d'un choc exogène de productivité, ce modèle de croissance non convexe peut devenir ergodique.

Prenons un exemple simple.

Soit les matrices de transition suivantes :

$$\Pi_1 = \begin{pmatrix} & k_1 & k_b & k_2 \\ k_1 & 1 & 0 & 0 \\ k_b & \frac{\gamma}{2} & 1-\gamma & \frac{\gamma}{2} \\ k_2 & 0 & 0 & 1 \end{pmatrix} \text{ et } \Pi_2 = \begin{pmatrix} & k_1 & k_2 & k_b \\ k_1 & \frac{1}{2} & \frac{1}{2} & 0 \\ k_2 & \frac{1}{2} & \frac{1}{2} & 0 \\ k_b & \frac{\gamma}{2} & \frac{\gamma}{2} & 1-\gamma \end{pmatrix}$$

avec $0 < \gamma < 1$.

La matrice de transition Π_1 élevée à la puissance n s'écrit :

$$\Pi_1^n = \begin{pmatrix} & k_1 & k_b & k_2 \\ k_1 & 1 & 0 & 0 \\ k_b & x & y & x \\ k_2 & 0 & 0 & 1 \end{pmatrix} \text{ avec } \begin{cases} x = \frac{\gamma}{2}\Sigma_{i=0}^{n}(1-\gamma)^n \\ y = (1-\gamma)^n \end{cases}$$

$$\text{Avec : } lim_{n\to\infty}\Pi_1^n = \begin{pmatrix} & k_1 & k_b & k_2 \\ k_1 & 1 & 0 & 0 \\ k_b & \frac{1}{2} & 0 & \frac{1}{2} \\ k_2 & 0 & 0 & 1 \end{pmatrix}$$

La dynamique représentée par Π_1 n'est pas ergodique.

Elle dépend des conditions initiales. Il y a deux états absorbants k_1 et k_2 dont celui correspondant à la trappe de pauvreté et un état transient k_b.

En revanche, avec la dynamique représentée par Π_2, il y a un sous-ensemble ergodique (k_2, k_1) et un état transient (transitoire) k_b.

Après calcul [15], on obtient :

$$lim_{n\to\infty}\Pi_2^n = \begin{pmatrix} & k_1 & k_2 & k_b \\ k_1 & \frac{1}{2} & \frac{1}{2} & 0 \\ k_2 & \frac{1}{2} & \frac{1}{2} & 0 \\ k_b & \frac{1}{2} & \frac{1}{2} & 0 \end{pmatrix}$$

Notre illustration témoigne d'un grand optimisme. Sur le long terme, les ménages pauvres ont une chance sur deux d'atteindre l'état k_2.

Un modèle non ergodique peut donc devenir ergodique avec l'hypothèse d'un choc aléatoire. Si celui-ci est défini sur un large support de $\mathbb{R}$, il y a une possibilité, même faible, d'échapper à un bassin d'attraction, *a fortiori* si celui-ci est de faible dimension. Cela implique que certains états du système peuvent communiquer et que similairement les pays (ou les communautés) ne sont pas nécessairement et définitivement confinés dans un bassin d'attraction.

La possibilité de transition entre les états revêt un caractère plus général que les dynamiques déterministes où il est impossible de sortir de la trappe de pauvreté (l'état stationnaire k_1).

Cependant, si le choc aléatoire est de faible importance, la probabilité de transiter vers un attracteur de niveau plus élevé est faible, et il en est donc de même de la probabilité de sortir de l'aire d'attraction de la pauvreté.

Inversement, la probabilité de passer d'un état de niveau élevé à un état de niveau faible suite à un choc négatif est négligeable. Sauf, si ce choc

15. Pour faciliter le calcul de la puissance énième de la matrice de transition, nous avons renuméroté les états de telle façon que ceux qui communiquent soient regroupés.

devait se répéter ; ce qui semble assez peu probable dans la mesure où les chocs sont supposés *iid*.

Ce cadre d'analyse va nous permettre d'identifier certains des facteurs parmi les plus marquants qui sont à l'origine des effets de seuil et des dynamiques multiples.

In fine, ils peuvent expliquer l'existence de trappes de pauvreté transitoire ou structurelle.

1.3 Effets de seuil et dynamiques multiples

Nous étudions successivement l'influence des dotations en capital humain (1.3.1) et celle des défaillances des marchés (1.3.2).

L'influence des externalités sur la dynamique de la pauvreté est étudiée dans la section 1.3.3.

Enfin, dans la section 1.3.4, nous évoquerons succinctement et de manière non exhaustive les autres causes de la pauvreté. La liste est longue. Nous pouvons entre autres citer les barrières technologiques, les facteurs socio-culturels, la préférence pour le présent et la pression démographique.

1.3.1 Le rôle du capital humain

Le modèle que nous présentons ici est emprunté à Acemoglu (2009) qui s'inspire lui-même du modèle de Galor et Zeira (1993).

La structure intertemporelle du modèle est représentée dans la Figure 1.5.

Nous raisonnons dans le cadre d'un modèle à générations imbriquées.

Chaque individu est supposé vivre deux périodes correspondant à l'adolescence et à l'âge adulte.

Au cours de sa jeunesse, celui-ci a le choix entre travailler ou acquérir une formation.

La fonction d'utilité de chaque individu i s'écrit de la façon suivante.

Soit :

$$U_i(c,b) = (1-\delta)lnc_i(t) + \delta lnb_i(t)$$

où $c_i(t)$ et $b_i(t)$ indiquent respectivement la consommation à la fin de la vie de l'individu et le montant du legs constitué au profit de sa descendance.

Le taux d'épargne constant est indiqué par $\delta = \frac{b_i(t)}{y_i(t)}$.

L'utilité de ce parent altruiste dépend donc de sa consommation et du legs. Le legs reçu est utilisé pour investir dans les dépenses d'éducation.

La contrainte budgétaire s'écrit :

$$c_i(t) + b_i(t) \leq y_i(t)$$

où $y_i(t)$ indique le revenu de l'individu i en t lorsqu'il est adulte.

FIGURE 1.5 – ***La structure du modèle à générations imbriquées***

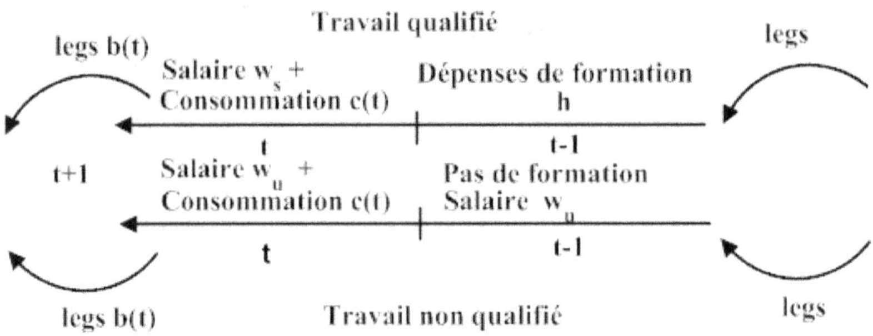

Nous distinguons deux sortes de travailleurs : les travailleurs qualifiés qui reçoivent un salaire w_s et les non qualifiés qui reçoivent un salaire w_u. Les dépenses de formation requises pour devenir qualifié sont indiquées par h. Pendant la période de formation (la première période de la vie), les individus ne sont pas rémunérés.

L'hypothèse selon laquelle l'individu peut souhaiter suivre une formation ou pas introduit un phénomène de non convexité dans le processus d'accumulation du capital humain qui va expliquer la multiplicité des états stationnaires.

Nous reviendrons sur cette propriété du modèle à l'occasion des commentaires de la Figure 1.6.

Le marché financier est supposé imparfait. L'épargne est rémunérée à un taux r.

Compte tenu des coûts de monitoring supportés par le prêteur, le taux d'emprunt ρ qu'il propose est supérieur à r.

Soit la fonction d'utilité indirecte :

$$V(x) = ln(x+w) + ln(1-\delta)^{1-\delta}\delta^{\delta}$$

où x indique la richesse de l'individu, c'est-à-dire la somme monétaire qui lui a été transmise par ses parents.

Si $x \geq h$, l'individu investit dans les dépenses d'éducation.

Si $x < h$, deux cas sont alors possibles.

Le choix d'investir ou de ne pas investir dans les dépenses d'éducation dépend du taux d'emprunt.

Nous envisageons les deux options et les fonctions d'utilité qui leur correspondent.

Lorsque l'individu opte pour la formation, sa fonction d'utilité indirecte s'écrit :

$$\begin{cases} V_s(x) = ln\,(w_s + (1+\rho)(x-h)) + ln(1-\delta)^{1-\delta}\delta^{\delta} \\ b_s(x) = \delta y = \delta\,(w_s + (1+\rho)(x-h)) \end{cases}$$

Lorsque l'individu choisit de ne pas investir dans le capital humain, sa fonction d'utilité indirecte est la suivante :

$$\begin{cases} V_u(x) = ln\,(1+r)(w_u + x) + w_u)\,ln(1-\delta)^{1-\delta}\delta^{\delta} \\ b_u(x) = \delta y = \delta\,((1+r)(w_u + x) + w_u) \end{cases}$$

Lorsque : $x(\rho - r) + w_s - (1+\rho)h > w_u(2+r)$,
nous obtenons après calcul : $V_s(x) > V_u(x)$

En d'autres termes, l'individu investit dans le capital humain lorsque la richesse dans sa période d'adulte, compte tenu de l'emprunt, est supérieure à celle obtenue sans qualification, c'est-à dire lorsque :

$$x \geq \frac{w_u(2+r) + (1+\rho)h - w_s}{\rho - r} = f$$

Les dynamiques de la richesse individuelle peuvent être obtenues à partir du legs selon les trois options suivantes.

À savoir, l'absence de formation (u), un investissement éducatif financé par l'emprunt (s) et un investissement éducatif auto-financé (a).

$$x(t+1) = \begin{cases} b_u\,(x(t)) = \delta\,(1+r)\,(w_u + x(t)) + w_u) & si\, x(t) < f \\ b_s\,(x(t)) = \delta\,(w_s + (1+\rho)\,(x(t) - h)) & si\, h > x(t) \geq f \\ b_a\,(x(t)) = \delta\,(w_s + (1+\rho)\,(x(t) - h)) & si\, x(t) \geq h \end{cases} \tag{1.4}$$

Ces dynamiques et les bifurcations vers des états stationnaires de niveau différent sont représentées dans la Figure 1.6.

Au passage, on peut clairement observer sur le graphique la non convexité dans le processus d'accumulation du capital humain à l'origine d'états stationnaires multiples.

Lorsque le taux débiteur est assez élevé et que le taux créditeur ne l'est pas trop, la droite b_s intersecte la droite à 45% [16]. Le point d'intersection x^* représente un état stationnaire instable, alors que les deux autres états x_u et x_s correspondent à des états asymptotiquement et localement stables.

Les individus avec $x(t) < x^*$ convergent vers x_u, tandis que ceux avec $x(t) > x^*$ convergent vers x_s. Le bassin d'attraction de x_u est $(0, x^*)$ et celui de x_s est (x^*, x_s).

Tous les individus ou les communautés appartenant au premier bassin vont converger vers l'état stationnaire le plus bas correspondant à la trappe de pauvreté.

La dynamique de la richesse dans cette économie peut être qualifiée de markovienne. Celle qui est représentée dans la Figure 1.6 est non ergodique. La loi d'évolution dépend étroitement des conditions initiales, elles mêmes définies par rapport au seuil x^*.

L'accumulation en capital humain des individus pauvres est trop faible pour qu'ils puissent espérer devenir « riches » sur le long terme.

Dans la terminologie propre aux chaînes de Markov, nous dirons alors que nous sommes en présence de deux états absorbants x_u et x_s et d'un état transient x^*.

Cependant, l'ajout d'un choc aléatoire ε peut sous certaines conditions générer une dynamique ergodique et donc sur le long terme une unique distribution stationnaire du niveau de richesse à la place de la multi-stationnarité. Tel est le cas, si le salaire versé aux travailleurs non qualifiés est égal à $w_u+\varepsilon$, où ε représente un choc aléatoire de moyenne nulle.

---

16. Il faut que sa pente vérifie $\rho > \frac{1-\delta}{\delta} > r$ à partir de l'équation 1.4 en posant respectivement $\delta(1+r) < 1$et $\delta(1+\rho) > 1$). Si le marché financier pour l'investissement en capital humain était plus efficient, l'écart entre le taux débiteur et le taux créditeur aurait tendance à se réduire. On observe que le piège de la pauvreté pourrait même disparaître en présence d'une seule intersection entre l'équation 1.4 et la droite à 45°.

FIGURE 1.6 – ***Capital humain et équilibres multiples***

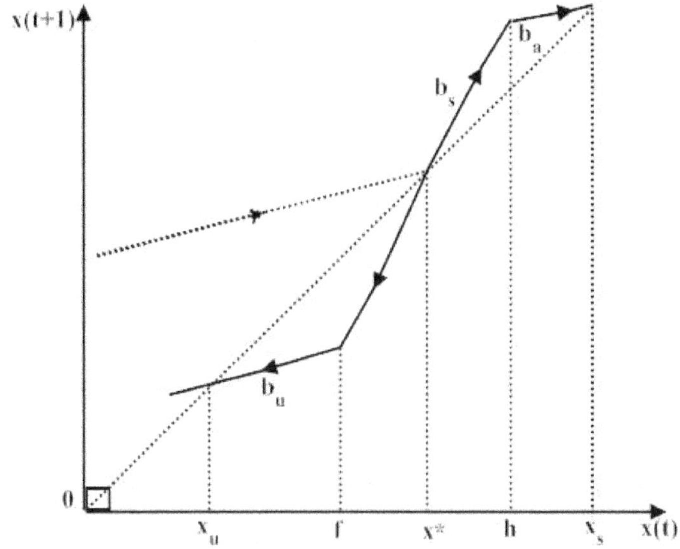

Source : Acemoglu (2009).

Dans de telles conditions, la pauvreté n'est pas une fatalité malgré la faiblesse des conditions initiales. Si cette variable aléatoire est définie sur un support suffisamment étendu, l'existence d'une trappe de pauvreté structurelle peut éventuellement disparaître.

Ce modèle macroéconomique peut être transposé à un niveau inférieur pour étudier le statut des trappes de pauvreté géographique.

Faut-il interpréter ces trappes comme un piège qui se referme définitivement sur les individus ? La pauvreté est alors une fatalité que rien ne semble pouvoir déjouer. On parle à cet égard d'une pauvreté chronique, structurelle ou inter-générationnelle. Ou au contraire, faut-il les voir avec une certaine dose d'optimisme comme une situation éventuellement passagère ? La pauvreté rurale peut alors être transitoire si les pauvres peuvent bénéficier « d'un coup de pouce » du destin.

Ces questions sont difficiles car le statut de la pauvreté géographique dépend largement de facteurs spécifiques qui peuvent influer sur la dynamique des niveaux de vie.

Si la pauvreté dont certains membres d'une communauté rurale sont victimes résulte essentiellement des rapports ethniques de domination-dépendance, personne ne peut exclure aujourd'hui qu'un renversement

de ces rapports au bénéfice du groupe dominé n'ait lieu dans un futur plus ou moins proche[17].

En revanche, si la pauvreté est expliquée par un environnement bio-écologique particulièrement hostile, celle-ci peut être chronique, sauf peut-être à imaginer une hypothétique émigration, au demeurant pas nécessairement souhaitable malgré la dureté des conditions de vie.

Le capital humain joue aussi un rôle important dans la dynamique de la pauvreté rurale. Les humanitaires qui déploient des efforts considérables pour la scolarisation des enfants ne s'y sont pas trompés.

Les défaillances des marchés peuvent aussi expliquer pourquoi les trajectoires de long terme bifurquent et conduisent à des états stationnaires multiples.

1.3.2 Les défaillances du marché du crédit

Les défaillances du marché du crédit limitent les investissements dans le capital physique, mais aussi dans le capital humain (S. Dercon, 2004). Pour financer un projet coûteux, mais potentiellement rentable, le prêt ne sera accordé au mieux qu'en contrepartie du paiement d'un taux d'intérêt élevé ou d'un dépôt de garantie. La présence de la prime de risque qui s'ajoute au taux de base pour expliquer le coût réel de l'emprunt a plusieurs causes.

L'une d'entre elles s'explique par l'asymétrie d'information entre les deux parties contractantes. Cette asymétrie peut avoir pour conséquence des phénomènes, bien connus des économistes, de sélection adverse et de risque moral qui sont susceptibles de pénaliser le prêteur. L'existence de coûts de transaction est une autre cause de la défaillance possible du marché. Nous verrons plus loin que, faute d'avoir accès au marché du crédit, les pauvres ne peuvent investir dans le capital humain et, comme le montre le modèle précédent, ils ne pourront échapper au bassin d'attraction du piège de la pauvreté.

Nous étudions à présent les conséquences de l'imperfection du marché du crédit sur la dynamique économique (Azariadis et Stachurski, 2005 et Acemoglu, 2009).

---

17. Dans la seconde moitié du siècle passé au Sahara, l'introduction du rapport salarial a eu pour conséquence que les descendants d'esclaves étaient devenus plus riches que leurs anciens maîtres propriétaires des palmeraies (entretien avec notre postfacier).

Nous considérons une économie qui produit un seul bien composite. Les agents vivent une seule période et pour la simplicité de l'exposé chacun d'eux est supposé avoir un seul enfant.

Celui-ci reçoit de ses parents un legs indiqué par b. Au début de la période, chaque agent a le choix entre deux sortes d'activité (de type I et de type II).

La première repose sur une technologie à rendements constants.

$$Y = \overline{w}L$$

où $L, \overline{w}$ et Y indiquent respectivement la quantité de travail, un paramètre de productivité unitaire et le produit. L'agent offre sa dotation en travail indiquée par l_t.

Nous définissons par :

$$w_t = \overline{w}l_t$$

le rendement associé à ce choix d'activité.

L'agent peut aussi opter pour un projet dont le coût fixe est indiqué par F. Le rendement brut de ce projet est indiqué par Q_t.

Les agents dont la richesse initiale x_t est inférieure à F ont la possibilité d'emprunter pour financer le coût fixe au-delà de leur capacité d'autofinancement.

Ce projet peut offrir aux ménages pauvres l'opportunité de sortir de la pauvreté. Cependant, son coût peut aussi les inciter à opter pour la première activité.

Dans cette économie, le risque porte sur les dotations en travail l_t et par conséquent w_t est aussi une variable aléatoire. Il porte également sur Q_t. Nous posons :

$$E[l_t] = 1 \, \text{et} E[w_t] = \overline{w} < E[Q_t - F]$$

En moyenne, la mise en œuvre du projet d'investissement permet de dégager un rendement net plus élevé que celui de l'activité salariée.

1.3.2.1 La dynamique déterministe

Pour isoler les conséquences du risque sur le choix de l'activité, nous supposons pour l'instant que les ménages observent les chocs idiosyncratiques (w_t, Q_t) avant de prendre leurs décisions.

Si la richesse initiale x_t est inférieure à F, les ménages peuvent néanmoins opter pour l'activité de type II en recourant à l'emprunt.

Mais son coût, si le prêt leur est accordé, peut plus que compenser la différence de rendement entre les deux types d'activité.

Le choix entre les deux repose sur la fonction d'utilité que l'on peut écrire :

$$u(c,b) = (1-\theta)lnc + \theta lnb, \theta \in [0,1]$$

où c et b indiquent respectivement la consommation et le legs. En supposant qu'ils sont tous deux définis par une certaine proportion θ du revenu y, nous pouvons les écrire de la façon suivante.

Soit :

$$b = \theta y \, \text{et} \, c = (1-\theta)y$$

Nous pouvons alors exprimer la fonction d'utilité indirecte :

$$v(y) = \delta lny + \gamma$$

où δ et γ sont des constantes.

Le revenu sur la durée de vie de l'individu est par conséquent :

$$\begin{cases} y = x + w & \text{si l'activité est de type I} \\ y = (x-F)(1+i) + Q & \text{si l'activité est de type II,} x < F \\ y = (x-F) + Q & \text{si l'activité est de type II,} \, x \geq F \end{cases}$$

Les agents disposant de $x \geq F$ opteront pour l'activité de type II si et seulement si $Q - F > w$. Les agents ayant $x < F$, choisiront cette même activité si et seulement si :

$$(x-F)(1+i) + Q \geq x + w$$

Ou encore, si et seulement si :

$$x \geq \hat{x} = \frac{w - Q + F(1+i)}{i}$$

Par conséquent, les dynamiques de la richesse pour chaque ménage sont données par les expressions :

$$x_{t+1} = S_t(x_t), S_t(x_t) = \theta \begin{cases} x_t + w_t, \, \text{si} \, x_t \leq \hat{x}_t \\ (x_t - F)(1+i) + Q_t, \, \text{si} \, x_t \in]\hat{x}_t, F)[\\ x_t - F + Q_t, \, \text{si} \, \hat{x}_t \geq F \end{cases}$$

Un cas particulier de ces dynamiques déterministes (non ergodiques) est représenté dans la Figure 1.7.

FIGURE 1.7 – ***Imperfection du marché du crédit et dynamiques multiples***

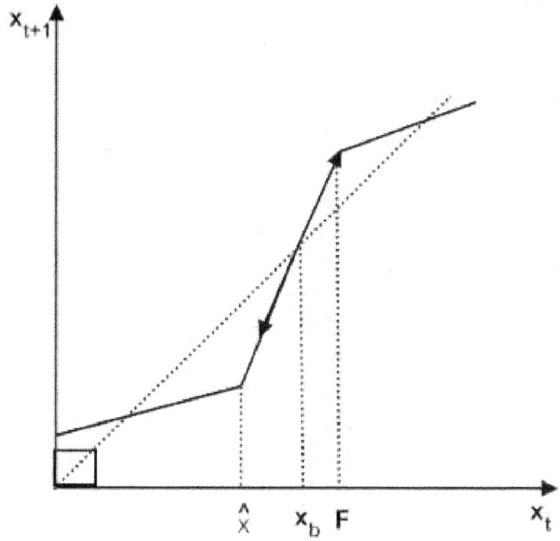

Source : Azariadis et Stachurski (2005).

Les ménages dont la richesse initiale est inférieure au seuil critique x_b convergent vers le plus faible attracteur, en l'occurrence la trappe de pauvreté.

C'est l'inverse pour les ménages qui se situent au-dessus. Ces derniers convergent vers l'attracteur le plus élevé.

Les conditions initiales ont ici une influence prépondérante sur la dynamique de long terme des différentes dynasties. Si la part des ménages pauvres dans la population totale est élevée, le niveau du revenu moyen de long terme de la population sera alors très faible.

Ici encore, la transposition aux petites communautés rurales est facile à faire.

Les imperfections du marché du crédit, voire son absence dans un grand nombre de zones rurales des pays à faible revenu, sont une des causes de la pauvreté persistante. Malgré l'essor des institutions, le crédit, en dehors des arrangements informels locaux, est souvent inaccessible. Le risque de défaut de l'emprunteur conduit en effet le prêteur à exiger un collatéral et/ou à demander des taux d'intérêt trop élevés à des populations au voisinage du seuil de pauvreté qui sont de la sorte privées de financement extérieur.

En dépit du développement du marché du microcrédit, la contrainte financière empêche les fermiers pauvres d'investir et ainsi d'accumuler des actifs pour sortir de l'aire d'attraction de la trappe de pauvreté.

Cette dynamique est-elle irréversible ? Les risques et des « coups du sort » favorables, ne peuvent-ils pas changer les trajectoires et faire de la pauvreté un état transitoire, du moins pour les plus chanceux ?

À l'inverse, les ménages situés sur une trajectoire ascendante ne pourraient-ils pas être victimes d'un choc adverse qui les conduirait vers le piège de la pauvreté ?

1.3.2.2 La dynamique ergodique

La question qui se pose à présent est donc la suivante : quelle peut être l'influence d'un choc aléatoire sur la dynamique socio-économique lorsque le marché du crédit est imparfait ?

Nous prolongeons le modèle pour tenter de répondre à cette importante question.

Nous supposons que pour chaque agent et à chaque date les chocs affectant w_t et Q_t sont représentés par des variables aléatoires distribuées selon une loi log normale et définies par leur distribution jointe.

En présence d'un agent représentatif, la règle de transition, à savoir :

$$x_{t+1} = S_t(x_t)$$

peut être vue comme une chaîne de Markov.

Les prêteurs ne pouvant pas non plus observer ces chocs au début de la période, le taux d'intérêt $i = i(x)$ comprend le risque de défaut de l'emprunteur dont l'importance dépend de sa richesse initiale x, avec $i'(x) < 0$.

En conséquence, plus l'individu est pauvre, plus le coût de l'emprunt est élevé car son risque de défaut augmente.

Celui-ci apparaît quand :

$$Q_t < (F - x)(1 + i(x))$$

Le revenu sur la durée de vie de l'individu en fonction de son choix d'activité est par conséquent :

$$\begin{cases} y = x + w & \text{si l'activité est de type I} \\ y = max\{0, (x - F)(1 + i(x) + Q\} & \text{si l'activité est de type II}, x < F \\ y = (x - F) + Q & \text{si l'activité est de type II}, x \geq F \end{cases}$$

En d'autres termes, si pour un agent ses dotations initiales sont inférieures au coût fixe, celui-ci emprunte $F-x$.

Il s'engage alors à rembourser :

$$(F-x)(1+i(x))$$

Si le rendement du projet est inférieur au remboursement, c'est-à-dire si :

$$Q-(F-x)(1+i(x))<0$$

l'emprunteur rembourse ce qu'il peut et son revenu est alors nul.

Les dynamiques économiques peuvent donc s'écrire de la façon suivante :

$$\begin{aligned}
x_{t+1} &= \theta(x_t+w_t).I\{x_t \in D\}+\theta(x_t-F+Q_t)I\{x_t \notin D\} \\
D &= \{x : E[v(x+w_t)] \geq E[v(x-F+Q_t)]\}
\end{aligned}$$

où I indique la fonction indicatrice [18].

Les ménages pauvres qui n'ont pas accès au crédit ne peuvent s'engager dans une activité plus risquée qui leur offrirait en moyenne des revenus plus élevés ou investir dans des techniques de production – l'irrigation, par exemple – plus efficaces.

Cette contrainte financière peut les confiner dans la trappe de pauvreté. L'absence d'un marché du crédit est donc préjudiciable à l'ascension sociale et au mieux-être.

Cependant, des chocs distribués selon la loi log normale garantissent aux individus pauvres une probabilité non nulle de devenir moins pauvres à chaque transition.

Les états du système peuvent communiquer permettant ainsi un petit degré de liberté dans l'évolution des niveaux de vie. Les situations personnelles ne sont pas dans ce cas totalement figées.

18. La fonction indicatrice I définie sur un ensemble E explicite l'appartenance ou pas à un sous-ensemble F de E de tout élément x de E. Formellement, nous avons :

$$I : E \longrightarrow [0,1], \text{ telle que :}$$

$$x \longrightarrow \begin{cases} 1, & \text{si } x \in F \\ 0, \text{ si} & x \notin F \end{cases}$$

Encadré n°2 : La loi log normale

Avec des chocs distribués selon la loi log normale, $x < F$ et la fonction de répartition de cette loi, nous avons :

$$Pr[Q \leq (F-x)(1+i(x))] = Pr[y=0] > 0$$

Il en résulte que $E[v(y)] \longrightarrow -\infty$ puisque $lim_{y \to 0} lny = -\infty$. Les ménages pauvres, ceux dont les dotations initiales sont les plus faibles, n'opteront donc pas pour le projet le plus profitable en moyenne et se priveront ainsi de la possibilité de sortir de la trappe à la pauvreté. Si $x \geq F$, les individus peuvent néanmoins également opter pour l'activité de type I dans la mesure où ils sont supposés averses au risque.

Si une variable aléatoire X suit une distribution log normale, à savoir $X \sim \mathscr{L}\mathscr{N}(\mu, \sigma^2)$, de support $\mathbb{R}^+$la fonction de répartition Φ s'écrit :

$$Pr[X \leq x] = F_X(x) = \begin{cases} \Phi\left(\frac{lnx-\mu}{\sigma}\right), & \text{si} x > 0 \\ 0, \text{sinon} \end{cases}$$

Malgré des chocs favorables, il est cependant fort peu probable que les catégories les moins favorisées puissent enclencher une dynamique de sortie de la trappe de pauvreté à cause de la faiblesse de leurs dotations initiales.

À l'inverse, les ménages mieux lotis qui subissent des chocs négatifs répétés sur le rendement Q_t de leur activité pourraient régresser.

Cependant, ces chocs étant supposés indépendants, cette chute dans la trappe de pauvreté est assez peu probable.

1.3.3 Les externalités

De façon générale, les externalités sont avec l'imperfection et l'incomplétude des marchés une autre cause d'inefficience des allocations d'équilibre. Celles-ci naissent des interactions économiques ou sociales qui génèrent des bénéfices (des externalités positives) ou des coûts sociaux (des externalités négatives) supérieurs aux bénéfices et aux coûs privés. Nous savons que leur présence dissocie les allocations d'équilibre des allocations pareto-optimales.

L'étude de l'accumulation du capital humain est utile pour étudier le rôle de l'éducation au travers des externalités positives qu'elle génère au bénéfice du développement.

Les externalités géographiques ou spatiales, qui nous intéressent tout particulièrement, peuvent également donner lieu à des dynamiques multiples et à des trappes de pauvreté. Bien que ce type d'externalités soit plus spécifiquement évoqué pour expliquer la dynamique de la pauvreté rurale, nous y consacrons néanmoins quelques lignes dans cette partie.

1.3.3.1 Capital humain et externalités positives

Dans le modèle que nous étudions à présent (Azariadis et Drazen, 1990), l'investissement dans le capital humain peut à son tour déboucher sur des dynamiques non ergodiques.

La théorie du capital humain souligne avec force que les compétences dépendent certes de l'éducation et de la formation reçues par les individus, mais aussi des interactions sociales, et donc *in fine* de l'environnement humain.

Des non convexités dans l'accumulation du capital humain apparaissent lorsque les rendements individuels dépendent étroitement du capital humain agrégé.

On devine que dans les communautés rurales pauvres, l'absence d'un environnement propice à l'élévation des performances de chacun rend quasiment impossible toute sortie de la trappe à la pauvreté.

Les auteurs considèrent une petite économie ouverte avec une population constante comprenant des ménages supposés identiques et vivant deux périodes. Leurs dotations initiales en termes de temps sont données par $(1, e \geq 0)$ à chaque période.

L'hypothèse d'une petite économie ouverte implique que les prix sont exogènes. Le facteur de rendement des prêts est désigné par $R > 0$ et le salaire par unité de travail efficace par $w > 0$. Le rapport du capital au travail est désigné par une constante $k > 0$. Le capital humain x_i d'un individu $i = 1, \ldots, I$ sur les deux périodes, en l'occurrence l'efficacité du travail, est indiqué par $(x_{i,t}, x_{i,t+1})$.

Le revenu à chaque période est indiqué par :

$$y_{i,t} = [w(1-\tau_{i,t})x_{i,t}, wex_{i,t+1}] \tag{1.5}$$

où $\tau_{t,i} \in [0,1]$ exprime la fraction du temps de la première période consacrée par le jeune individu à l'éducation ou à la formation. La fraction du temps utilisée dans un emploi rémunérateur est donnée par $1-\tau_{t,i}$.

L'accumulation du capital humain pour la période $t+1$ est représentée par l'expression suivante :

$$x_{i,t+1} = A_t x_{i,t} h(\tau_{i,t}) \tag{1.6}$$

où la fonction de production du capital humain $h : [0,1] \longrightarrow \mathbb{R}_+$ est croissante et concave.

Nous posons :

$$A_t = A(x_t) \, \text{et} x_t = \frac{1}{I}\sum_i^I x_{i,t}$$

Le facteur d'échelle A_t supposé croissant avec x_t dépend de la moyenne du capital humain de la première période.

Ce facteur exhibe un seuil d'externalités $\tilde{x}$ défini par :

$$A(x) = \begin{cases} A_0 > 0, & si x_t < \widetilde{x} \\ A_1 > A_0, & si x_t > \widetilde{x} \end{cases}$$

Les individus choisissent leur niveau d'investissement en capital humain qui maximise le revenu de la première période et celui actualisé au taux R de la seconde période, soit :

$$max_{\tau_{i,t}} w(1-\tau_{i,t})x_{i,t} + \frac{1}{R} weA_t x_{i,t} h(\tau_{i,t})$$

que l'on obtient en remplaçant $x_{i,t+1}$ par 1.6 dans 1.5. La condition de premier ordre donne après calcul :

$$\tau_{i,t} = \tau\left(\frac{R}{eA_t}\right) \Longrightarrow \tau_{i,t} = \tau(A_t)$$

où $\tau = h'^{-1}$ est la fonction inverse de la fonction de productivité marginale du capital humain. La fraction du temps $\tau_{i,t}$ consacrée à l'acquisition de compétences dépend positivement du facteur d'échelle A par la concavité de h.

Les sentiers de croissance équilibrée dans cette économie sont définis par l'expression ci-après.

$$\text{Soit} : \frac{x_{t+1}}{x_t} = \begin{cases} A_0 h(\tau_0) & \text{si} x_0 < \widetilde{x} \\ A_1 h(\tau_1) & \text{si} x_0 > \widetilde{x} \end{cases}$$

en posant $x_{i,t} = x_t, \forall i$.

On observe que le capital humain agrégé (une externalité positive) stimule la croissance des revenus quand les conditions initiales sont favorables ($x_0 > \widetilde{x}$). *A contrario,* une trappe de pauvreté apparaît lorsque le stock de capital humain initial est insuffisant, c'est-à-dire lorsque $A_0 h(\tau_0)$ est inférieur à l'unité. Ces dynamiques pourraient de nouveau être représentées par une courbe en S.

On peut en effet imaginer deux états stationnaires, c'est-à-dire deux attracteurs autour de $\widetilde{x}$, l'un qui attire l'individu vers la trappe de pauvreté et l'autre vers un état stationnaire d'un niveau plus élevé. Ce seuil d'externalités fait naître des dynamiques non ergodiques de long terme.

Ces résultats nous donnent à penser que les conditions initiales dans le domaine de l'éducation, de la formation, ainsi que les interactions sociales (learning by social interactions), expliquent pour partie les inégalités de niveau de vie que l'on peut observer au sein des communautés rurales des pays du Sud ou entre lesdites communautés.

1.3.3.2 Les externalités géographiques

Les disparités au sein même des pays (en Chine rurale, en Inde et en Afrique, par exemple) s'expliquent pour partie par la présence d'externalités géographiques positives ou négatives (Dercon, 2004).

La faiblesse des dotations en biens publics dans certaines zones géographiques peut expliquer l'existence d'externalités négatives. Le mauvais état des infrastructures routières et de communication, voire leur absence, isole les communautés et les confine dans la trappe de pauvreté.

L'éloignement des marchés des intrants ou des extrants est souvent évoqué comme une cause rédhibitoire d'une pauvreté endémique.

La faiblesse des structures sanitaires et le plus souvent leur éloignement géographique expliquent un taux de mortalité infantile très élevé et corrélativement un taux de fécondité compensateur lui même très élevé. Or, avec des ressources limitées, la poussée démographique peut générer des externalités négatives qui engendrent un appauvrissement général.

Les interactions locales et les externalités positives qui pourraient en découler sont sélectives et fragilisent les personnes très pauvres qui ne peuvent en bénéficier.

Jalan et Ravaillon (2002) montrent l'importance des dotations en capital physique et humain en relation avec les effets de voisinage pour expliquer les disparités dans le niveau de vie de ménages pourtant intrinsèquement identiques. Le capital socio-géographique peut influencer positivement la productivité des actifs détenus en propre par un ménage.

En l'absence de telles externalités positives, des trappes de pauvreté géographique, selon la propre terminologie de ces auteurs, sont susceptibles de voir le jour, comme celles qu'ils ont pu observer dans la Chine rurale à partir de l'exploitation des données d'un panel de petits fermiers.

1.3.4 Les autres facteurs de pauvreté

Nous évoquons brièvement d'autres facteurs susceptibles d'expliquer des niveaux de développement différents. Certains d'entre eux (les barrières technologiques, les facteurs socio-culturels, la préférence pour le présent...) rentrent aussi en ligne de compte dans l'explication des trappes de pauvreté rurale.

• Les barrières technologiques. Le niveau technologique est un des déterminants essentiels du montant des revenus distribués. Au niveau macroéconomique, Parente et Prescott (2005) expliquent les écarts persistants entre les niveaux de vie par tête par les barrières à l'adoption de techniques plus efficaces.

De nombreuses raisons peuvent être évoquées pour expliquer l'existence de ces barrières technologiques. Les défaillances des marchés du crédit et de l'assurance, le niveau des compétences, la présence de coûts irrécupérables (*sunk cost*), la faiblesse des interactions sociales et les obstacles à la diffusion de l'information, sont parmi les principales.

Nous analyserons tout particulièrement dans le troisième chapitre les freins à l'adoption technologique d'origine comportementale.

Le refus d'adopter une nouvelle technologie plus rentable peut s'expliquer, par exemple, par la peur de l'incertitude qu'elle inspire au petit fermier ou par son conservatisme et rendre compte ainsi d'une stagnation des niveaux de vie.

Les pays avancés ou les communautés favorisées peuvent opter pour des techniques de production à rendements d'échelle croissants. Les obstacles à la présence de coûts fixes sont nécessairement plus faciles à surmonter lorsque les marchés sont de grande taille et que le savoir-faire et les connaissances sont localement partagés.

En retour, la production de connaissances exerce des externalités techniques positives qui renforcent la loi des rendements croissants.

• Les facteurs socio-culturels. L'analyse, que l'on pourrait qualifier « d'approche de la pauvreté par la psychologie collective », consiste à considérer que l'évolution du bien-être dépend pour partie de la confiance que les sociétés placent dans le futur, leurs attentes et leurs espoirs d'une vie meilleure.

A contrario, les personnes pauvres peuvent être paralysées par la peur de se trouver demain dans un état de plus grande pauvreté encore.

Les facteurs culturels et religieux peuvent également avoir une influence sur la pauvreté. Les représentations mentales et les croyances religieuses, aussi légitimes qu'elles puissent être, peuvent aussi constituer un frein au développement (chapitre 4).

• La préférence pour le présent (Azariadis, 1996 et Azariadis et Stachurski, 2005). Les sociétés sont plus disposées à lisser leur consommation dans le temps, et donc à épargner et à investir, quand elles ont atteint un certain niveau de développement (chapitre 2).

Une trappe d'impatience à la pauvreté chronique, selon les termes mêmes des auteurs, peut a *contrario* exister lorsque les revenus situés au seuil critique peuvent au mieux garantir une consommation de subsistance. La satisfaction des besoins vitaux empêche les sociétés de se projeter dans le futur (chapitre 4).

• Les facteurs politiques. Les institutions politiques et économiques peuvent également jouer un rôle non négligeable dans l'existence de trappes à la pauvreté et la paupérisation. Lorsque ces institutions sont au service des intérêts de ceux qui détiennent le pouvoir, les « gouvernements kleptocratiques », elles peuvent renforcer la pauvreté du plus grand nombre au profit d'une minorité politique ou économique. Les révolutions récentes dans certains pays du Maghreb sont là pour témoigner de la volonté du plus grand nombre des citoyens de rompre avec le système du clientélisme et de la corruption.

La corruption à grande échelle en préemptant la richesse nationale décourage les investissements dans des technologies efficaces et réduit ainsi les opportunités d'emploi des travailleurs compétents ou les incite à l'exil. Ce qui peut décourager l'effort de formation, réduire à terme la masse des salariés formés et *in fine* ériger des barrières à l'adoption de nouvelles techniques.

• Les défaillances du marché de l'assurance. L'asymétrie d'information et les coûts de transaction se traduisent par une prime élevée.

Les ménages pauvres des communautés rurales sont exclus de ce marché. Ils sont pourtant confrontés à de très nombreux risques, tels que les risques météorologiques, sanitaires et économiques. Ces risques non couverts pèsent indirectement sur les ressources, déjà très faibles, de ces ménages. Lorsqu'ils se produisent, leurs effets négatifs peuvent se faire sentir pendant de nombreuses années (Dercon, 2006). Les stratégies de gestion ex ante des risques et les réponses aux chocs lorsque les menaces se concrétisent engendrent des coûts économiques, humains et sociaux qui font obstacle à toute sortie possible du piège de la pauvreté.

Ces questions seront abordées dans le cinquième chapitre.

• Les causes démographiques. Dans un modèle de fertilité endogène, Azariadis (1996) aboutit au résultat suivant : un taux élevé de morbidité ou de mortalité infantile peut expliquer la grande taille des fratries. Or, un taux de fertilité très élevé et un rapport capital/travail très faible définissent ce que l'auteur appelle une « trappe de pauvreté démographique ».

Tous ces facteurs interagissent, se renforcent les uns les autres et expliquent la persistance, sinon le renforcement, des inégalités entre certains groupes de pays.

Bien que nous situant à un niveau macroéconomique, il est aisé de faire des rapprochements avec les déterminants des pauvretés locales. Les facteurs que nous avons passés en revue pour expliquer les inégalités de développement entre les pays sont en effet également à l'œuvre au niveau infranational. En conséquence, cette incursion dans la théorie économique de la croissance à long terme va pouvoir nous guider dans l'analyse des *causes générales* de la pauvreté qui sévit dans les communautés de petits fermiers.

Si nous employons les termes de *causes générales*, c'est parce qu'il y a aussi des *causes spécifiques* propres à chaque communauté ou ensemble de communautés. La fertilité des sols, les conditions météorologiques, les systèmes d'irrigation, les religions… ne sont pas partout semblables.

Cette diversité fait la richesse de l'analyse de la pauvreté dans les milieux ruraux des pays du Sud, mais aussi sa complexité.

Pour Dercon (2006), une des causes principales de la pauvreté chronique parmi les fermiers pauvres des pays du Sud réside dans la faiblesse des institutions, et notamment celle du marché du crédit et de l'assurance.

À cause des nombreux risques qui menacent les activités de production, l'absence de couverture en cas de choc défavorable peut inciter les pauvres à la prudence.

Les externalités spatiales positives constituent un autre facteur discriminant de pauvreté dès lors qu'elles sont sélectives. Celles-ci ne bénéficient pas aux exclus qui de ce fait ne peuvent entrevoir une sortie du piège de pauvreté.

Dans leur introduction à l'ouvrage collectif, Bowles et *alii* (2006) soulignent à leur tour la faiblesse des institutions, les effets de voisinage et l'absence des marchés pour expliquer la persistance de la pauvreté .

Ces auteurs mettent aussi l'accent sur les inégalités du point de vue de l'éducation. Par exemple, un très faible niveau d'éducation au sein d'une communauté peut constituer « un équilibre de pauvreté » à long terme quand le comportement de chacun des membres est dicté par le souci de reproduire les standards de son groupe.

Ils insistent aussi sur les infrastructures publiques et la protection des droits de propriété bien que leur exercice puisse parfois s'opposer à l'action collective et nuire au mieux-être.

Dans ce premier chapitre, nous avons mis l'accent sur ce que nous avons appelé les *causes générales* de la pauvreté. Chacune d'elles combinée aux autres expliquent pourquoi les dynamiques à long terme du bien-être peuvent suivre des trajectoires différentes : ergodique ou non ergodique.

L'une de ces causes, l'absence de marché du crédit et de l'assurance, associée à de faibles dotations initiales en actifs productifs (terres agricoles, outillage, intrants, bétail…) est une source de pauvreté rurale et peut expliquer l'existence de dynamiques multiples au sein même des communautés de petits fermiers.

D'autres formes de dynamique – un seul état stationnaire stable de pauvreté ou des « groupes de convergence » – peuvent être à l'œuvre dans ces communautés en relation avec leur écosystème, l'organisation sociale, le poids du passé...

Elles peuvent donner naissance à des communautés structurellement pauvres ou à d'autres dans lesquelles coexistent des groupes de personnes pauvres et exclues et des groupes constitués de ménages plus favorisés. Ce dualisme trouve ses origines dans le degré d'adhésion aux réseaux sociaux, le contrôle des terres arables, les discriminations ethniques... Le deuxième chapitre est consacré à ces questions.

Mais la théorie économique contemporaine de la croissance et du développement nous invite à garder espoir. Un « coup de pouce » qui peut prendre la forme de transferts sociaux est susceptible de substituer à une dynamique qui conduit à une pauvreté inévitable une évolution qui peut à long terme déboucher sur une amélioration des conditions d'existence. Cette théorie, nous l'avons vu, pointe en effet du doigt qu'une « bonne étoile » peut atténuer l'influence des conditions de départ et contribuer à placer les ménages situés dans le bassin d'attraction du piège de la pauvreté sur un sentier d'expansion à long terme. En termes techniques, nous disons alors que cette chance à saisir peut rendre la dynamique ergodique. La pauvreté n'est pas une fatalité. C'est bien évidemment cette allégation niant le caractère rédhibitoire de la pauvreté qui renforce la conviction des praticiens de l'aide humanitaire. Son recul sur le long terme partout où elle sévit est leur seule source de motivation et leur espoir. Personne ne doit conjecturer que le sort des pauvres est scellé à jamais.

Chapitre 2

Les dynamiques de la pauvreté rurale

Dans le prolongement du premier chapitre et par transposition de la problématique, nous étudions à présent les conditions d'existence des effets de seuil et des dynamiques multiples au sein des communautés rurales. Celles-ci sont expliquées dans ce cadre par les différences dans les dotations d'actifs productifs que les ménages ont initialement à leur disposition.

Nous présentons pour cela le modèle d'accumulation des actifs productifs dans la première section (2.1).

Après un examen critique des dynamiques multiples de la pauvreté géographique, nous serons en mesure de montrer que d'autres dynamiques socio-économiques peuvent aussi être à l'œuvre dans les communautés de petits fermiers (2.2).

2.1 L'approche basée sur les actifs productifs

Nous consacrons la partie 2.1.1 à la présentation de l'approche par les dotations d'actifs. La partie suivante (2.1.2) est dédiée à l'interprétation de la ligne de pauvreté dynamique qui constitue l'un des principaux apports de ce modèle. Dans la dernière partie (2.1.3), nous étudions comment les seuils de pauvreté conditionnent, d'une part la politique sociale et d'autre part, les stratégies de subsistance retenues par les ménages ruraux pour faire face aux chocs adverses.

2.1.1 Le cadre d'analyse

Le point de départ de cette étude [1] repose sur l'hypothèse que le niveau des actifs, c'est à dire les stocks possédés par les ménages, est un critère plus fiable que les revenus (flux) pour analyser la dynamique de la pauvreté (Barrett et Carter, 2006). Chez les ménages ruraux, les revenus peuvent en effet fluctuer en fonction du cycle des récoltes. En conséquence, ce sont ces actifs productifs, et indirectement les revenus, qui seront affectés par des chocs défavorables.

La littérature microéconomique sur la pauvreté basée sur les dotations en actifs s'inscrit aussi dans le cadre des modèles avec effet de seuil et états stationnaires multiples. Le souci qui guide les auteurs est de mettre ici encore l'accent sur la notion de pauvreté dynamique [2] pour distinguer la pauvreté chronique (de long terme) de la pauvreté transitoire (de court terme) (Barrett, 2005). La pauvreté a donc une double dimension dynamique et stochastique puisque les actifs productifs peuvent être affectés par des chocs adverses exogènes.

Il faut distinguer les risques des chocs aléatoires sur les actifs pour étudier tout à la fois les conséquences de la perception (*ex ante)* du risque et de sa réalisation (*ex post)* sur la dynamique de la pauvreté des communautés rurales.

Ces modèles exhibent généralement trois états stationnaires, deux états stables dont un de niveau faible (la trappe de pauvreté) et l'autre de niveau plus élevé, et un état instable à partir duquel les ménages vont converger vers l'un ou l'autre des deux premiers états.

On suppose que les ménages vivent indéfiniment et qu'il n'y a ni épargne, ni crédit, d'où l'expression MFMF (*Multiple Financial Market Failures*) pour désigner ce type de modèle.

---

1. Une variante de ce modèle désignée sous l'acronyme BCI (Barrett-Carter-Ikegami) suppose que les ménages sont dotés d'un stock de capital initial et d'un niveau inné (exogène) de compétences. Comme une faible dotation en actifs peut être compensée par un niveau de compétences élevé, elle n'est pas un obstacle à une dynamique positive (Carter et Ikegami, 2007)

2. Alors que la pauvreté reste sensiblement autour de 40% parmi les populations rurales en Éthiopie entre 1994 et 1995, chaque année un tiers des pauvres n'étaient plus les mêmes (Dercon, 2005). Ces mécanismes transitoires concernent essentiellement les ménages situés juste au-dessus ou en dessous de la ligne de pauvreté.

Comme il est courant dans les modèles de trappe de pauvreté, les ménages ont à chaque date la possibilité de choisir entre deux techniques de production. Il faut noter que la diversification entre les deux types d'activité est exclue. Ce qui limite évidemment la portée des conclusions.

L'une des deux techniques, disons la plus capitalistique (H), est soumise à des coûts fixes (*sunk costs*) indiqués par E, l'autre (L) ne l'est pas.

Pour chaque ménage i, le revenu f associé aux deux types de technologie dépend du stock k de capital par tête.

Il est donné par les deux expressions suivantes :

$$f(k_{it}) = \begin{cases} f_L(k_{it}) = k_{it}^{\gamma_L} \\ f_H(k_{it}) = k_{it}^{\gamma_H} - E \end{cases}$$

où $0 < \gamma_L < \gamma_H < 1$.

On observe sur la Figure 2.1 que chacune des deux techniques de production exhibe des rendements marginaux décroissants.

Mais au voisinage de $\hat{k}$, le saut technologique implique alors des rendements croissants.

Nous définissons ce seuil de capital critique $\hat{k}$ par :

$$\hat{k} = \{k | f_L(k) = f_H(k)\}$$

Dans cette économie, chaque ménage i dispose d'une dotation initiale d'actifs indiquée par k_{i0}.

Supposons qu'à chaque date $t = (0, \ldots, \infty)$ les individus répartissent leur revenu entre la consommation C_t et l'investissement I_t, lequel donne lieu à l'accumulation d'actifs productifs. Soit en omettant l'indice i :

$$C_t + I_t \leq f(k_t) = k_t^{\gamma}$$

L'accumulation du capital obéit à la règle suivante :

$$k_{t+1} = \theta_t \left(I_t + (1 - \delta)k_t\right)$$

où δ indique le taux de dépréciation du capital existant.

Le risque (*hazard*) sur les actifs, indiqué par θ_t, est représenté par une variable aléatoire *iid*. Il est supposé idiosyncratique et multiplicatif.

Nous posons $0 \leq \theta \leq 1$. La fonction de répartition (cumulative) de θ_t est indiquée par $F_{\theta}(.)$.

FIGURE 2.1 – ***Des rendements localement croissants***

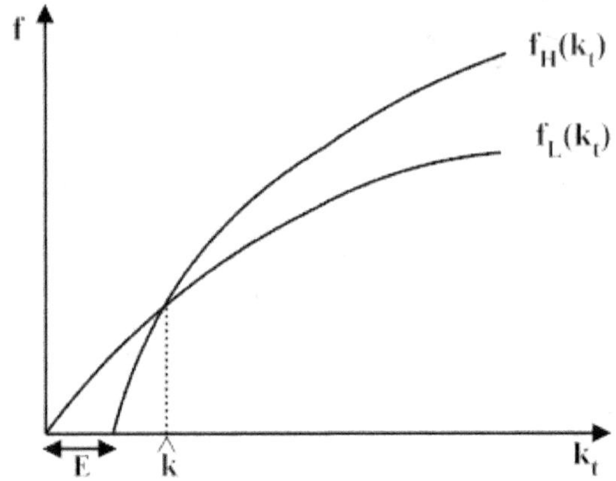

Source : Carter et Barrett (2006).

Elle est supposée connue de chaque ménage.

Notons au passage que le risque étant multiplicatif, son impact augmente quand le stock de capital accumulé s'accroit.

Ces risques sont susceptibles de se réaliser après la décision prise à la période courante et avant celle de la période suivante.

Le choix optimal de chaque ménage est solution du programme de maximisation intertemporelle de son utilité espérée.

Ce programme de maximisation est le suivant :

$$max_{c_t} E_\theta \sum_{t=0}^{\infty} \beta^t u(C_t) \text{ tel que :}$$

$$\begin{cases} C_t + I_t \leq f(k_t) \\ k_{t+1} = \theta_t \left(I_t + (1-\delta)k_t\right) \\ f(k_t) = max\left[f_H(k_t) - E,\ f_L(k_t)\right],\ k_0 \text{ étant donné} \end{cases}$$

où E_θ indique l'espérance mathématique des utilités instantanées calculée à partir de $t - 0$. Le coefficient $\beta < 1$ est le facteur d'actualisation et la fonction u a les propriétés habituelles de la fonction de von Neumann et Morgenstern (monotone croissante et concave).

L'équation de Bellman s'écrit :

$$V(k_t) = max_{I_t} \left\{u\left(f(k_t) - I_t\right) + \beta E_\theta \left[V(k_{t+1}|C_t, k_t]\right\}$$

L'arbitrage intertemporel entre la consommation et l'investissement est donné par la condition de premier ordre :

$$u'(C_t) = \beta E_\theta \left[V'(k_{t+1}) \right]$$

Le ménage consommera donc jusqu'à ce que l'utilité de sa consommation courante soit égale à l'espérance de la valeur marginale actualisée des actifs transférés à la période suivante.

La fonction (règle) de politique optimale déduite de l'équation de Bellman est donnée par :

$$I^* = I(k_t | \theta)$$

En conséquence, le stock de capital espéré du ménage en $t+1$ est donné par :

$$E_\theta \left[k_{t+1} \right] = I^* + (1 - \delta) k_t$$

Le recours à l'emprunt étant exclu par hypothèse, on devine que la contrainte de subsistance va jouer un rôle important dans la dynamique des ménages.

Si le revenu de leur activité se situe au voisinage du seuil de subsistance, aucune épargne ne pourra être dégagée pour amorcer un processus d'accumulation, *a fortiori* lorsqu'un risque de destruction pèse sur leurs actifs. Par la menace qu'il représente, ce risque incite les ménages vulnérables à la prudence. Si le choc adverse est effectivement subi, alors ils devront procéder à la reconstitution de tout ou partie de leurs actifs en réduisant leur consommation ou vendre une partie des actifs que le mauvais sort a épargnés pour maintenir leur consommation.

Nous reviendrons plus longuement en 2.1.3 sur les arbitrages entre consommation et stocks d'actifs productifs que les ménages pauvres doivent faire lorsqu'ils sont victimes d'un choc adverse.

2.1.2 Une ligne de pauvreté dynamique : la « frontière de Micawber »

Une des applications numériques du modèle donne lieu à la Figure 2.2 où les dynamiques sont représentées sous la forme d'un *S* inversé. Le seuil du niveau d'actifs où l'accumulation bifurque correspond à la ligne de pauvreté dynamique, encore désignée sous le terme de « frontière de Micawber[3] » (Zimmerman et Carter, 2003).

FIGURE 2.2 – ***La « frontière de Micawber »***

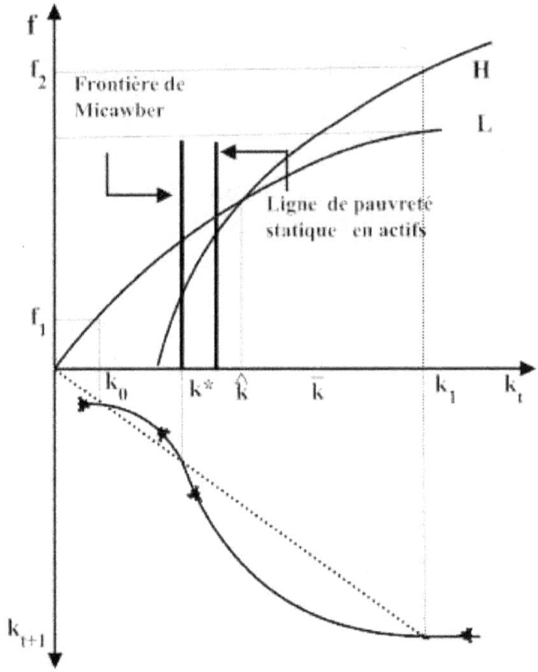

Source : Carter et Barrett, 2006.

Cette frontière est définie de façon endogène car elle a un fondement comportemental. Si elle se déplace vers la droite, elle indique par là qu'échapper à la pauvreté devient plus difficile parce que face au risque les ménages vulnérables craignent de s'engager dans un processus d'accumulation.

Une pauvreté anticipée plus grande encore les immobilise dans le bassin d'attraction de la pauvreté.

Les dotations en actifs qui pourraient faire en sorte que cette crainte soit dissipée sont de ce fait à un niveau plus élevé.

Les stratégies de subsistance qui sont mises en œuvre pour faire face aux chocs destructeurs conditionnent en conséquence la position de

3. La « frontière de Micawber » fait référence au personnage Wilkins Micawber dans le roman David Copperfield de Charles Dickens (1850). Celui-ci est présenté comme un débiteur honnête, mais incapable de rembourser ses dettes.

la « frontière de Micawber » dans le plan $[k_t, f]$. C'est la raison pour laquelle le seuil de Micawber peut ne pas coïncider avec le seuil de capital critique. Les ménages selon leur dotation en actifs peuvent alors converger vers des états stationnaires différents.

Il y a deux états stationnaires stables k_0 et k_1 et un état stationnaire instable k^*. Cet état est ici inférieur à $\hat{k}$. Le seuil critique de la pauvreté dynamique en actifs productifs est situé au-dessous du seuil d'adoption de la technique H.

Les ménages disposant d'un niveau d'actifs supérieur à k^* peuvent souhaiter faire un effort d'accumulation malgré le recours à la technique L pour atteindre $\hat{k}$ et adopter alors la technique plus efficace. Leur dynamique à long terme convergera vers k_1. En revanche, d'autres ménages devront poursuivre une dynamique inverse et converger vers la trappe de pauvreté correspondant à l'état k_0. Dans la terminologie markovienne, l'état k^* est un état transient. Pour les ménages dont le montant des actifs est inférieur à k^*, leur « stratégie optimale » les conduit à terme vers la trappe de pauvreté.

Ces dynamiques dépendent donc de la distance des ménages par rapport au seuil de pauvreté. Cette distance mesure la « profondeur de la pauvreté » (indices de Foster, Greer et Thorbecke) dont l'incidence est forte sur la destinée des populations.

Dans cette Figure 2.2, la ligne de pauvreté statique entre les pauvres et les non pauvres est située à droite de la « frontière de Micawber ». Mais des études empiriques ont pu montrer que cet ordre pouvait être inversé dans des contextes géographiques particuliers. Les conséquences d'un choc adverse ou la simple menace de ce choc sont bien illustrées dans ce contexte théorique. Si une famille se trouve juste au-dessus de k^*, une dépréciation de ses actifs doit la conduire inéluctablement dans le piège de pauvreté. La menace d'un risque peut conduire au même résultat.

Nous l'avons déjà dit, la vulnérabilité des ménages, c'est-à-dire leur proximité avec l'état de pauvreté, peut les inciter à opter pour une technique peu risquée au prix d'un rendement espéré moins élevé pour limiter leur exposition au risque.

On observe ainsi, comme un grand nombre d'études empiriques et théoriques en témoignent – Lybbert et Barrett, 2007 et 2010, Santos et Barrett, 2011, Hoddinott, 2006 – que les stratégies des ménages en réponse aux risques peuvent influencer la localisation de la « frontière de Micawber ».

Il y a un déplacement vers la droite de cette frontière lorsque le risque destructif qui menace les actifs est inhibant. Il leur faudrait des dotations plus élevées pour que les fermiers adoptent un comportement plus audacieux. Un tel déplacement traduit une augmentation de la vulnérabilité puisque le seuil d'actifs k^* en deçà duquel la dynamique est appauvrissante s'élève.

Autrement dit, la présence d'un risque destructif a pour conséquence d'élargir le bassin d'attraction de la trappe de pauvreté. Plus ce bassin est étendu, moins les individus ont des chances d'y échapper. La présence des risques dans l'environnement se traduit donc par une augmentation des personnes vulnérables.

À l'inverse, Janzen et *alii* (2012) montrent qu'un contrat d'assurance indicielle subventionnée (chapitre 5) déplace la « frontière de Micawber » vers la gauche. Elle se traduit donc par une contraction du bassin d'attraction de la trappe de pauvreté.

Ce phénomène s'explique par le fait que les ménages vulnérables étant à présent couverts sont prêts à mieux accepter le risque qui menace leurs actifs.

Une simulation du modèle stochastique MFMF avec un marché de l'assurance décrit en effet un déplacement vers la droite des deux états stationnaires stables de niveau faible (la trappe de pauvreté) et de niveau plus élevé suggérant ainsi la contribution de l'assurance subventionnée à l'amélioration du niveau de vie sur le long terme.

La Figure 2.2 ci-dessus fait aussi apparaître trois catégories de populations en relation avec leurs dynamiques de long terme respectives.

- Les ménages de type UM (*Upwardly Mobile*) dont le stock d'actifs excède $\hat{k}$. Leur stratégie d'accumulation fondée sur l'adoption de la technique H les place sur un sentier d'expansion qui les mène vers un état stationnaire de niveau élevé.

- Les ménages de type DM (*Downwardly Mobile*) dont le stock d'actifs est en deçà de k^*. Leur stratégie les place sur un sentier de régression qui les mène, faute de pouvoir constituer une épargne, dans la trappe de pauvreté où ils sont piégés [4].

4. Une des composantes des actifs productifs, le capital humain, joue un rôle essentiel dans la dynamique de la pauvreté. Le risque sanitaire auquel ce capital est exposé

- Les ménages de type UM ou DM dont le stock d'actifs est situé entre k^*et $\hat{k}$. Leur stratégie les conduit, soit vers k_1 après avoir adopté la technique plus performante, soit vers k_0, la trappe de pauvreté s'ils optent pour le *statu quo* technologique.

On les désigne sous l'expression de « ménages à équilibres multiples » (*Upwardly versus Downwardly Mobile Households*).

Le prolongement logique de ce modèle est de s'interroger sur les politiques publiques de lutte contre la pauvreté dont le contenu peut s'inspirer de cette typologie. En substance, quels sont les moyens susceptibles d'empêcher « les ménages à équilibres multiples » de se retrouver piéger dans la pauvreté et quels sont ceux qui sont susceptibles de consolider la dynamique des ménages de type UM ? Comment venir en aide aux ménages de type DM sachant que ces derniers sont appelés à devenir chroniquement pauvres s'ils ne le sont déjà ?

On devine que les politiques à mettre en place doivent avoir pour principal objectif d'anticiper les différentes trajectoires, soit en les consolidant lorsqu'elles sont vertueuses, soit en renversant leur cours lorsqu'elles sont appauvrissantes.

Il faut noter au passage que les auteurs de ce modèle font l'hypothèse contestable que les préférences vis-à-vis du risque des petits fermiers sont représentées par le critère standard de l'utilité espérée. Nous étudierons cette question en détail dans le chapitre suivant où nous tenterons de voir si d'autres critères de décision, parmi tous ceux que la littérature propose, ne sont pas plus pertinents.

2.1.3 Seuils de pauvreté : protection sociale et chocs adverses

L'existence de seuils, s'ils sont avérés, doit permettre de définir le contenu des politiques de protection sociale. Par ailleurs, ces seuils sont susceptibles d'expliquer la stratégie d'arbitrage entre consommation et actifs productifs des ménages ruraux lorsqu'ils sont victimes de chocs adverses.

---

est un facteur important dans l'évolution des moyens d'existence des personnes pauvres car elles ne disposent que de leur force de travail pour subvenir aux besoins de la famille. Par ailleurs, le capital humain est complémentaire d'autres formes de capital (terres, troupeaux...) qui sont sources de revenus. Enfin, le capital humain est soumis à d'importantes irréversibilités (Barrett et Peak, 2006).

2.1.3.1 Seuils et protection sociale : *cargo nets* et *safety nets*

Distinguer les deux dimensions de la pauvreté s'avère essentiel pour définir le contenu d'une politique de protection efficace et ciblée. Deux sortes de préoccupations doivent guider les décideurs publics et privés (Gouvernements, ONG et Institutions internationales) en relation avec la pauvreté chronique et la pauvreté transitoire : aider les personnes chroniquement pauvres à sortir du piège de la pauvreté (*cargo nets*) et faire en sorte que les personnes vulnérables n'y tombent pas (*safety nets*).

Le premier volet de la protection sociale doit porter sur des mesures structurelles, telles que les réformes agraires, des programmes de scolarisation et des systèmes de subvention.

Le second doit cibler l'assurance des récoltes, les aides d'urgence en situation de crise. Les filets de sécurité dont les plus pauvres ne peuvent pas bénéficier sont souvent remplacés au sein même des communautés par les solidarités locales et les systèmes d'assurance informelle (Barrett, 2005).

Nous avons ci-dessus identifié trois groupes de ménages : les ménages chroniquement pauvres, les ménages stochastiquement pauvres et les ménages moins défavorisés.

Les premiers dotés d'un faible niveau d'actifs (et de compétences) sont piégés pour très longtemps dans la trappe de pauvreté. Leur « décision optimale », en l'absence d'autres options à portée de la main, les amène faute de pouvoir faire mieux dans cet état.

Les seconds sont au voisinage du seuil critique et peuvent basculer d'un côté ou de l'autre selon les hasards de la vie et les décisions prises.

Enfin, la troisième catégorie de ménages doit converger vers un état stationnaire de niveau plus élevé, sauf accident de parcours [5].

Les ménages pauvres doivent bénéficier des aides à long terme (*cargo nets*) pour leur permettre d'atteindre le seuil critique, puis ensuite des transferts de sécurité *ex ante* (*productive safety nets*) pour leur éviter d'être pris à nouveau dans une dynamique du déclin à la suite d'un choc adverse.

Mais les filets de sécurité, comme tout autre transfert de ressources, sont à l'origine d'un double phénomène que Barrett et *alii* (2008)

5. Parmi les nombreuses publications consacrées à ce sujet, on peut citer Barrett et Carter, 2007 ; Barrett et *alii*, 2008, Barrett et Carter, 2007 ; et pour une approche critique, Dercon, 2007.

qualifient de « risque moral positif » et de « risque moral négatif ». Dans la mesure où ces filets de sécurité peuvent aider les ménages à adopter une technologie plus rentable, ils peuvent contribuer à réduire la pauvreté. D'un autre côté, les ménages qui souhaitent bénéficier de ces transferts sociaux aussi souvent que possible peuvent privilégier leur consommation courante aux dépens de l'accumulation des actifs. Pour limiter ce second effet, ces mêmes auteurs préconisent des transferts temporaires sur une période juste suffisante pour permettre aux ménages vulnérables de retrouver un sentier d'expansion durable.

Dans un monde où les ressources financières sont rares et les besoins immenses, quelle politique d'aide sociale doit être prioritaire et quel(s) groupe(s) de personnes doit en bénéficier ?

Carter et Barrett (2006) privilégient les filets de sécurité sur les aides humanitaires. Soumises à de fortes contraintes budgétaires, les aides en direction des plus pauvres se feraient aux dépens des familles vulnérables. Sans filets de sécurité, un plus grand nombre encore de personnes tomberaient dans l'extrême pauvreté. *In fine*, le montant des aides individuelles déclinerait. Les aides sociales ciblant les plus pauvres n'offriraient pas une protection suffisante contre un glissement vers la pauvreté structurelle ou un moyen efficace d'en sortir. Les bénéficiaires devraient donc être en priorité les ménages vulnérables à « états stationnaires multiples ».

Mais alors, comment venir en aide aux plus démunis ? C'est l'objet des nombreuses associations caritatives qui œuvrent un peu partout dans le monde auprès des déshérités.

Allant dans le même sens, une des critiques faite à l'encontre des Objectifs du Millénaire pour le Développement (OMD) est que ces derniers ont conduit à une concentration des moyens sur les personnes très vulnérables en situation critique ou se trouvant dans un état d'extrême pauvreté. Ce ciblage des politiques sociales fondées sur des critères relatifs (la profondeur de la pauvreté) serait de fait préjudiciable aux ménages qui sont plus éloignés du seuil de pauvreté. Si cette politique est menée au plus près du terrain, ces réserves ne sont évidemment pertinentes que si les personnes au sein d'une communauté ne partagent pas le même destin. Nous verrons que certaines dynamiques de la pauvreté conduisent toutes les personnes vers un état de misère endémique. Ce qui est remis en cause ici est la définition même des objectifs, tel que par exemple celui de réduire de moitié l'extrême pauvreté.

Dans le cadre du nouvel Agenda post-2015, il s'agirait de renouer avec le paradigme sur la réduction des inégalités des années 50 avec des objectifs, non pas relatifs, mais absolus et universels : réduire la pauvreté partout dans le monde et sous toutes ses formes.

Ce principe est louable. Il faut se fixer comme objectif d'inclure tous les individus dans le processus du développement, ne laisser personne au bord du chemin.

Nous aurons à de nombreuses reprises (chapitre 4) l'occasion d'insister sur le fait que les sociétés hiérarchiques et exclusives portent en elles des facteurs de blocage préjudiciables au mieux-être collectif.

C'est la raison pour laquelle les programmes de lutte contre la pauvreté nécessitent la participation citoyenne de toutes les personnes concernées au travers de l'intégration des groupes sociaux exclus et érigés alors au rang de partenaires à part entière. Nous pensons tout particulièrement à la promotion des femmes au sein des communautés rurales.

Réduire le niveau absolu de la pauvreté demande aussi de considérer les différentes formes qu'elle peut revêtir. Ce qui milite en faveur d'un ciblage précis des politiques de transferts sociaux.

Les dynamiques de la pauvreté géographique sont multiples et en conséquence les moyens d'y faire face doivent être différents selon les régions et les communautés considérées.

2.1.3.2 Seuils et stratégies alternatives des ménages face aux chocs adverses

L'existence de seuils de pauvreté conditionne-t-elle la stratégie des ménages qui ont été victimes d'un choc adverse ou qui sont potentiellement exposés à subir des dommages ?

Dans un monde idéal où le système des marchés serait complet, les pauvres n'auraient pas à mettre en œuvre des stratégies en autarcie très consommatrices de ressources personnelles pour faire face aux chocs adverses. Si les marchés de l'assurance et du crédit étaient présents et accessibles financièrement, ils pourraient sans doute leur permettre de faire face à moindre coût aux dommages subis en proposant une couverture et/ou un crédit affectés à la reconstruction du capital.

Dans un article inaugural, Zimmermann et Carter (2003) apportent des réponses circonstanciées sur la nature des stratégies intertemporelles adoptées par les ménages en fonction de leur position dans la hiérarchie sociale en l'absence de ces marchés.

Ils utilisent pour cela un modèle stochastique d'accumulation des actifs avec des contraintes de subsistance. Les résultats obtenus par simulation numérique montrent que les stratégies optimales de gestion des portefeuilles bifurquent au voisinage du seuil critique. Elles sont en lien direct avec le degré de vulnérabilité des familles.

Face à un choc adverse sur les revenus, les ménages pauvres adoptent une stratégie qui consiste à préserver leurs actifs aux dépens de leur niveau de consommation.

En revanche, les ménages moins défavorisés puisent dans leur stock d'actifs (stock tampon de semences ou têtes de bétail, par exemple) pour préserver leur niveau de consommation standard.

Dans un article plus récent, Carter et Lybbert (2012) confirment l'existence d'une stratégie de préservation des actifs productifs au voisinage du seuil critique.

Ce résultat a été obtenu à partir de données sur les familles rurales vivant au Burkina Faso (ICRISAT, *International Crop Research Institute for the Semi-Arid Tropics*).

Plus précisément, les ménages situés autour du seuil critique acceptent de supporter une forte volatilité de leur consommation pour préserver leur maigre troupeau, tandis que ceux qui en sont éloignés procèdent à la vente de têtes de bétail pour faire face au choc sur la consommation.

On peut raisonnablement penser que les ménages vulnérables situés juste au-dessus de la « frontière de Micawber » seront désireux de protéger leurs actifs productifs afin de ne pas tomber en dessous de ce seuil critique.

Les seuils critiques influenceraient également le comportement des individus face au risque.

Lybbert et Barrett (2010) interprètent ce comportement comme une « réponse dynamique au risque ». Pour ces auteurs, le choix optimal des ménages vulnérables conscients de leur proximité avec le seuil critique et dans l'incapacité de recourir au crédit consisterait à minimiser les prises de risque. Redoutant qu'un comportement risqué ne les entraîne dans la pauvreté, ils adoptent une attitude de prudence. Cette notion de prudence sera précisée et formalisée dans le prochain chapitre (3.3).

Nous partageons avec les auteurs l'idée selon laquelle les pauvres ne sont pas intrinsèquement averses au risque, mais contraints de l'être par leur situation d'extrême précarité.

L'hypothèse d'aversion au risque, si elle se vérifie, doit au mieux pouvoir s'expliquer par l'état de vulnérabilité des personnes. Mais dans des environnements chargés d'incertitude, cette hypothèse peut néanmoins s'avérer trop restrictive (chapitre 3).

Beaucoup d'autres études confirment les résultats que nous venons de présenter.

La plupart d'entre elles montrent en effet que les ménages parmi les moins démunis utiliseraient leurs actifs productifs et leur épargne comme des variables d'ajustement pour limiter la variabilité de leur consommation et de leur niveau de vie.

Cette stratégie visant à stabiliser la consommation pourrait s'apparenter à la théorie du revenu permanent (Friedman, 1957).

En revanche, les ménages pauvres conserveraient leurs actifs pour préserver leurs moyens d'existence et leur revenu futurs en acceptant une baisse temporaire de leur niveau de consommation courante.

Les plus pauvres parmi les pauvres excluraient donc toute possibilité de procéder à des « ventes de détresse » pour assurer leur survie.

Carter et *alii* (2007) testent l'existence de seuils au voisinage desquels l'accumulation bifurque. Leur étude est menée à partir de données longitudinales collectées après les deux chocs climatiques covariés : l'ouragan Mitch qui a frappé le Honduras en 1998 et la sècheresse en Éthiopie dans les années 1990 et 2000. Leur étude confirme l'existence d'effets de seuils. Les chocs qui ont poussé les ménages en dessous du seuil critique peuvent avoir des conséquences durables.

Bien que les dynamiques observées entre ces deux pays soient différentes, elles indiquent néanmoins que les ménages les plus pauvres font face aux chocs adverses en adoptant des stratégies coûteuses en termes de bien-être à court terme, mais aussi à long terme. Ces chocs feraient tomber les ménages vulnérables dans le piège de la pauvreté pour une durée indéterminée accroissant ainsi les inégalités de statut.

Dans une autre étude (Santos et Barrett, 2011) consacrée aux marchandages bilatéraux de crédit informel destiné à faire face à des chocs idiosyncratiques, les auteurs testent les dynamiques non linéaires parmi les familles de bergers en Éthiopie australe. Ils observent que le seuil au niveau duquel elles bifurquent favorise la demande de crédit pour répondre aux pertes subies et pour contribuer ainsi à retrouver si possible le niveau de bien-être d'avant le choc.

Barrett (2005) montre qu'à la suite d'une sècheresse en Éthiopie les ménages pauvres ont conservé le peu d'actifs qu'ils possèdent malgré la baisse des revenus et de la consommation. Notons au passage, nous y reviendrons, que cette stratégie de survie repose à la fois sur la prise de risque et la volonté de ne pas hypothéquer le futur par la vente des quelques actifs productifs.

Les mêmes stratégies de conservation des actifs productifs sont à l'œuvre parmi les ménages pastoraux dans le nord du Kenya. Les plus pauvres préservent leurs troupeaux aux dépens de leur consommation.

Dans une étude menée dans le Zimbabwe rural, Hoddinott (2006) aboutit aux mêmes conclusions. Il ressort de cette étude que les ménages situés au-dessus du seuil critique vendent leur troupeau afin de préserver leur consommation quand ils ont à faire face à des pertes de revenus dues à une longue période de sècheresse. En dessous de ce seuil, les ménages ne désirent pas vendre leurs actifs et préfèrent faire face aux pertes en sacrifiant une partie de leur consommation.

Cependant, la distinction entre ces deux stratégies alternatives de lissage prête à discussion.

On abuse semble-t-il de l'hypothèse que la consommation et la dotation en actifs seraient deux variables d'ajustement indépendantes. Si la volonté de préservation des actifs productifs se fait aux dépens de la consommation, cette stratégie peut avoir des conséquences indirectes indésirables car la consommation rentre comme input dans la reproduction de la force de travail. Or, cette force de travail est le principal, voire l'unique, facteur de production.

Dans le cas des ménages ruraux zimbabwéens, Hoddinott (2006) a pu observer que la conservation des actifs productifs s'est faite aux dépens de la santé des femmes et probablement aussi de celle des enfants. À défaut des marchés du crédit et de l'assurance, les stratégies d'adaptation en autarcie adoptées par les plus pauvres conduisent à l'augmentation des risques alimentaires et sanitaires qui pèsent sur la famille.

Quelles que soient les stratégies mises en œuvre, les chocs défavorables ne peuvent être aisément amortis et leurs effets peuvent se faire longtemps sentir après leur apparition. Les familles sont durablement plongées dans la pauvreté parce que le retour à la situation prévalant avant la crise – la résilience –, s'il a lieu, prend nécessairement beaucoup de temps.

Nous devons à présent apprécier la capacité des modèles à effets de seuil exhibant des dynamiques multiples à rendre compte de l'évolution anticipée de la pauvreté dans n'importe quel environnement biophysique.

N'y a t-il pas des contextes dans lesquels ces dynamiques n'ont pas cours ? En réalité, les effets de seuil sur les dynamiques non linéaires ne seraient observés que dans des contextes socio-économiques bien particuliers, tels que celui d'une économie fondée sur la seule activité pastorale.

Dans les communautés pastorales, le seuil autour duquel les dynamiques bifurquent a un fondement ethnographique (2.2.1.1).

Il est en effet plus simple de calculer un seuil lorsque la dynamique de la pauvreté est supposée produite par une seule cause (le niveau des actifs productifs ou des compétences, la fertilité ou l'aridité des sols, le capital humain…) dans des environnements où les marchés sont inexistants.

En revanche, ce seuil est plus difficile à mesurer dans des contextes où les possibilités d'aide sociale ou d'embauche précaire, d'accès au microcrédit ou au crédit informel, de bénéfier de l'aide des ONG ou encore de celle des Pouvoirs publics… sont réelles.

Dans d'autres situations encore où les ménages disposent de plusieurs sortes d'actifs productifs et exercent diverses activités, les bifurcations au voisinage d'un seuil critique ne peuvent plus être la règle.

2.2 Les dynamiques multiples à l'épreuve des faits

L'approche de la trappe de pauvreté rurale à partir des effets de seuil et des dynamiques multiples est techniquement séduisante. Elle est aussi humainement stimulante puisqu'elle ne condamne pas définitivement les ménages vulnérables à rester indéfiniment dans une situation de précarité. La probabilité d'accéder à de meilleures conditions d'existence est non nulle. Mais pour autant est-elle robuste aux tentatives de vérification empirique dont elle a pu faire l'objet au cours de ces dernières années ?

Les études empiriques menées sur ces questions apportent des enseignements contrastés.

Mais les résultats doivent toujours être pris avec précaution à cause notamment des données statistiques exploitées et de la fiabilité même des méthodes économétriques utilisées. Les données microéconomiques longitudinales sur les revenus, les actifs productifs et les conséquences des chocs sont souvent indisponibles ou en quantité insuffisante pour estimer précisément les dynamiques du système.

On peut se référer à Barrientos (2007) pour se faire une idée claire des challenges que les approches expérimentales de la pauvreté doivent relever au niveau méthodologique.

Une autre difficulté s'exprime dans le choix et l'application des diverses méthodes économétriques disponibles : semi-paramétrique, non paramétrique et paramétrique [6].

2.2.1 Les dynamiques multiples : une vérification empirique limitée

Le bilan des études expérimentales menées jusqu'à ce jour est mitigé.

Certaines d'entre elles suggèrent que l'évolution à long terme du bien-être vérifie l'existence d'effets de seuil et de bifurcations alors que d'autres n'observent pas une telle dynamique de la pauvreté.

Ce qui nous conduira à nous interroger sur une approche alternative à celle que nous avons exposée jusqu'ici.

2.2.1.1 Pastoralisme et dynamiques multiples

En exploitant des données longitudinales obtenues sur les bergers pauvres habitant dans les zones arides et semi-arides du sud de l'Éthiopie (ICRISAT), Lybbert et *alii* (2004) suggèrent l'existence de dynamiques multiples. Ces dynamiques multiples dans le système pastoraliste s'expliquent facilement par les différentes affectations du bétail. Celui-ci contribue à l'alimentation de la famille, il fournit de l'aide pour les transports, il est source de statut social et un moyen de conservation de la richesse pour faire face aux « coups du sort ».

6. Sur cette question, on peut se reporter à Barrett (2005), Naschold (2012) ou encore à Barrett et Carter (2013).

On comprend alors que les chocs de mortalité sur le bétail puissent très largement conditionner la dynamique des moyens d'existence.

Ces chocs sont certes de nature covariée, spécialement la sècheresse, mais ils sont le plus souvent idiosyncratiques (le vol, par exemple).

Les dynamiques économiques apparaissent ici étroitement associées à la taille du troupeau. Plus le troupeau est de grande taille, plus les individus disposent de moyens pour faire face aux chocs adverses, en particulier la transhumance.

À l'inverse, plus la taille du troupeau est réduite, plus la famille en se sédentarisant court le risque de tomber dans l'extrême pauvreté et sans réelles chances de pouvoir s'en extraire. La dégradation des sols liée à la sècheresse fait que les individus doivent s'accommoder d'un troupeau de plus en plus petit.

Le nombre de têtes du cheptel définirait donc un seuil critique au voisinage duquel les dynamiques bifurquent.

Dans une étude un peu plus récente menée également en Éthiopie du sud (Negele Boran), Santos et Barrett (2006) confirment les résultats précédents. Pour expliquer les dynamiques de la richesse, ils analysent les conséquences des chocs météorologiques et les moyens dont les bergers disposent pour y faire face.

Ils ont pu observer que les bergers avec des capacités plus faibles convergent vers un état stationnaire unique correspondant à un troupeau de petite taille, tandis que ceux avec des capacités plus élevées exhibent des états stationnaires multiples de niveau plus élevé.

Barrett et *alii* (2004) suggèrent également à partir d'une étude menée au Kenya et à Madagascar l'existence d'états stationnaires multiples en relation avec une trappe de pauvreté structurelle.

En accord avec le modèle théorique, ils apportent aussi la preuve de l'hypothèse de rendements marginaux localement croissants, du moins sur certains sites géographiques. Les dynamiques que ces auteurs semblent déceler sont semblables à celles observées dans les communautés pastorales d'Éthiopie.

Le contexte local exhiberait trois états stationnaires : un état stationnaire instable et deux états stables.

La méthode de régression non paramétrique utilisée suggère que l'évolution de la taille du troupeau bifurque au voisinage de l'état instable vers l'un ou l'autre de ces états selon que les ménages sont d'un côté ou de l'autre du seuil critique [7].

Cependant sur d'autres sites géographiques où l'activité agricole bénéficie de la diversification des cultures, les chercheurs n'aboutissent pas aux mêmes conclusions.

Nous reviendrons dans cette section sur l'influence des conditions productives – utilisation des engrais et diversification des cultures – sur la dynamique du bien-être.

2.2.1.2 Société hiérarchisée et dynamiques multiples

Dans une enquête menée en Afrique du sud, Adato et *alii* (2006) ont aussi pu relever l'existence de dynamiques multiples qui s'expliqueraient par l'héritage de l'apartheid.

De façon générale, les sociétés hiérarchisées/polarisées autour de la couleur de la peau, de l'appartenance à une classe (caste) sociale ou encore des croyances religieuses exhiberaient des effets de seuil et des dynamiques contrastées. La défiance vis-à-vis du groupe, l'inexistence de la coopération, l'absence de diffusion de l'information... au sein même des communautés seraient autant d'obstacles qui empêcheraient toute forme d'ascension sociale pour les familles dominées, ou pire qui les entraîneraient dans le déclin. À l'inverse, le groupe dominant peut prétendre à une valorisation de son statut.

Cependant, les effets de seuil et les trajectoires multiples ne semblent pas pouvoir expliquer la dynamique de la pauvreté dans n'importe quel type d'environnement.

Les notions de convergence absolue et de convergence conditionnelle qui sont au centre du débat sur la dynamique à long terme des inégalités entre les nations peuvent à leur tour être convoquées pour expliquer l'évolution de la pauvreté dans des contextes régionaux particuliers.

C'est l'objet de la partie suivante où ces notions sont transposées aux communautés rurales des pays du Sud.

---

7. Les spécialistes d'ethnographie animale expliquent que ce seuil correspond à la taille minimum du troupeau qui satisfait les besoins nutritionnels des bergers vivant de leur seule activité pastorale dans les zones arides.

2.2.2 Pauvreté structurelle et convergence conditionnelle

Si les effets de seuil ne sont pas observables, le débat sur la dynamique de la pauvreté se déplace et porte alors sur la notion de convergence.

Les notions de convergence absolue et de convergence conditionnelle sont représentées de façon stylisée dans la Figure 2.3.

La convergence absolue **I** est représentée par la dynamique qu'on suppose ici arbitrairement convexe des dotations en actifs.

Celle-ci conduit à un seul état stationnaire k_1 qui représente la trappe de pauvreté.

Les familles sont alors durablement piégées dans la trappe de pauvreté. Cette convergence absolue vers la misère endémique peut s'expliquer par un écosystème très dégradé, mais pas seulement (2.2.2.1).

FIGURE 2.3 – ***Convergence absolue et convergence conditionnelle***

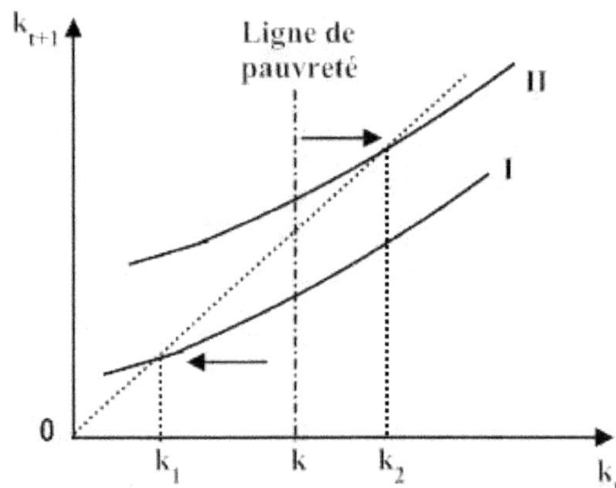

La convergence conditionnelle suppose une dynamique spécifique à chaque sous-groupe (« clubs de convergence » **I et II**) qui est déterminée de façon exogène par des caractéristiques personnelles, telles que le niveau d'éducation, le degré d'insertion sociale, le statut privatif ou collectif des terres, la qualité des sols, les initiatives personnelles, la taille de la famille, le niveau des compétences…

Lorsque les ménages partent avec des dotations situées en dessous de k, ils convergent vers l'état stationnaire de faible niveau k_1, tandis que ceux situés au-dessus convergent vers un état stationnaire de niveau plus élevé k_2.

Si ces états ne communiquent pas, les statuts sociaux sont figés pour très longtemps. Nous pouvons dire dans ce cas que la dynamique n'est pas ergodique. Toutefois, des transferts redistributifs, un « coup de pouce » (*nudge*, Thaler et Sunstein, 2008) ou une « bonne étoile » par exemple, peuvent permettre d'échapper à la pauvreté.

Nous disons alors que les états communiquent et que la dynamique des actifs productifs devient ergodique.

2.2.2.1 Une pauvreté endémique

Le rejet des dynamiques multiples au profit de la simple convergence absolue vers un état de pauvreté endémique est une hypothèse vérifiable dans certaines zones géographiques caractérisées par un écosystème [8] particulièrement hostile.

Quisumbing et Baulch (2013) observent à partir d'une enquête menée auprès de fermiers vivant au Bangladesh que la population converge vers un seul état stationnaire de faible niveau qu'il faut assimiler à une trappe de pauvreté structurelle.

La dynamique des actifs fonciers et non fonciers (terres cultivables, bétail, biens durables...) ne coïncide pas avec la forme en *S* caractéristique des dynamiques multiples. L'analyse économétrique révèle en fait une trajectoire légèrement concave.

Dans une des trois régions rurales en Éthiopie qui ont été sélectionnées en fonction de leurs différences dans leurs systèmes d'exploitation, Kwak et Smith (2013) décèlent l'existence d'une trappe de « pauvreté géographique [9] » stagnante. Les obstacles à la migration et les menaces climatiques pesant sur les dotations foncières contribuent à perpétuer la pauvreté.

On peut donc penser que les dynamiques du bien-être varient selon les contextes géographiques. Nous l'avons dit, les effets de seuil et les dynamiques multiples qui en résultent semblent plutôt à l'œuvre dans les communautés pastorales non sédentarisées. Dans beaucoup d'autres petits systèmes agropastoralistes, de telles dynamiques ne peuvent être observées.

8. Les systèmes de production agricole s'appuient sur les fonctionnalités offertes par les écosystèmes.

9. Jalian et Ravallion (2002).

Cependant, la présence d'un seul état stationnaire vers lequel toutes les personnes convergent traduit une dynamique sociale qui peut être interprétée comme un cas particulier des dynamiques plus complexes (Barrett et Carter, 2013).

Les dynamiques simples s'inscrivent le plus souvent dans des écosystèmes très dégradés (sècheresse et désertification), tels que la région du Sahel où l'on constate un phénomène de déforestation, une diminution de la biodiversité animale et végétale, l'augmentation de l'effet de serre et une dégradation continue des sols.

Ces poches de pauvreté chronique peuvent aussi être spécifiques à des communautés frappées par l'exclusion. On pense notamment à ce que nous appelons une « trappe de pauvreté de guerre » qui résulte souvent du déplacement forcé des personnes. Elle est encore plus terrible, si l'on ose hiérarchiser la pauvreté, parce qu'elle détruit les liens sociaux et familiaux, les rapports avec l'environnement biophysique et provoque de la détresse émotionnelle. La perte des repères socio-culturels et la disparition du système d'assistance mutuelle viennent renforcer encore un peu plus cette pauvreté résultant des conflits armés.

2.2.2.2 Convergence conditionnelle et « groupes de convergence »

Une étude expérimentale (Naschold, 2012) a été menée auprès d'un échantillon de ménages habitant dans trois villages situés dans une zone semi-aride de l'Inde rurale. Elle repose sur une analyse économétrique menée à partir de données statistiques fournies par ICRISAT pour la période 1975-2003.

Les résultats obtenus par l'auteur ne vérifient pas non plus l'hypothèse de dynamiques multiples. En l'absence de chocs importants, les ménages restent au cours du temps au même niveau de dotation en actifs. Leur processus d'accumulation quasiment statique peut être formalisé par une marche aléatoire autour de la ligne à 45° dans l'espace des actifs. Sans accumulation, les ménages situés au départ sous la ligne de pauvreté restent pauvres. Leur immobilité est structurelle car aucun d'entre eux ne peut bénéficier d'un effet de seuil qui lui permettrait d'enclencher une dynamique vertueuse. Mais lorsque le processus d'accumulation est étudié plus finement au niveau des sous-groupes de l'échantillon, l'auteur constate une dynamique propre à chacun avec un seul état stationnaire de niveau plus ou moins élevé.

On peut alors évoquer, et l'auteur ne manque pas de le faire, la notion de convergence conditionnelle et de « club de convergence » dont nous avons déjà parlé dans le chapitre précédent pour rendre compte de ces dynamiques spécifiques.

Nous les avons représentées dans la Figure 2.4.

La convergence conditionnelle propre à chaque sous-groupe est déterminée de façon exogène (groupes ethniques, castes, propriétaires terriens, ménages éduqués...).

Si les états stables communiquent, les statuts sociaux ne sont alors pas figés « pour l'éternité ».

L'hypothèse d'une évolution lente des situations sociales ne doit en effet probablement pas être exclue.

FIGURE 2.4 – ***Convergence conditionnelle et ergodicité***

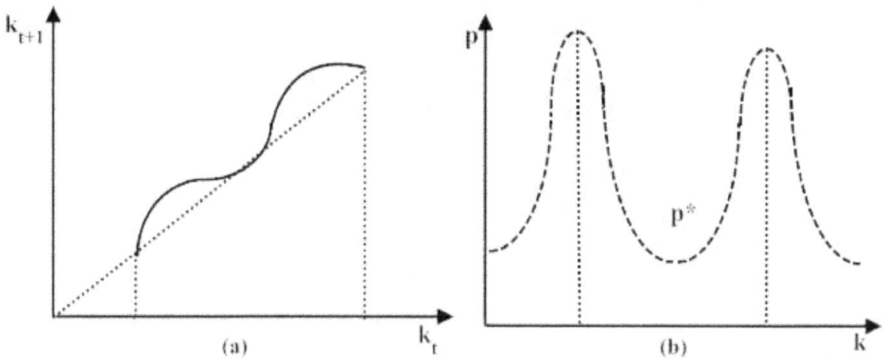

Alors, la dynamique devient ergodique. La distribution stationnaire est indiquée par $p*$ dans la Figure 2.4 (b).

Les ménages vont converger en probabilité vers l'un ou l'autre des deux modes de la distribution. Si les individus bénéficient de rendements croissants au-delà d'un certain niveau d'actifs, la dynamique sous-jacente peut être représentée par la Figure stylisée 2.4 (a).

Ces personnes vont converger en probabilité vers le mode le plus élevé correspondant à l'attracteur déterministe lui aussi le plus élevé.

L'ergodicité n'exclut donc pas ici l'influence durable des conditions initiales à travers la probabilité d'accéder à un statut plus enviable.

Cette influence peut au demeurant persister sur une longue période. La rémanence des conditions de départ dépend de la taille des bassins d'attraction et des propriétés statistiques des chocs aléatoires.

Pour Azariadis et Stachurski (2005), la communication entre les états stables est plus réaliste que les trajectoires déterministes qui font converger certains individus ou groupes d'individus vers le piège de la pauvreté qui se referme sur eux pour toujours.

Nul n'étant prophète, pas plus dans son pays qu'ailleurs, on ne peut affirmer que les personnes ne pourront jamais échapper à cette fatalité. Ce qui ne signifie pas pour autant qu'on est en droit de conjecturer une réduction globale de la pauvreté car d'autres catégories de personnes pourront à leur tour en être victimes. Mais on ne peut fort heureusement pas exclure des périodes transitoires de pauvreté plus ou moins longues avec au bout de celles-ci la perspective d'une vie meilleure.

Quels sont donc les facteurs susceptibles d'expliquer les différences que l'on observe dans les processus d'accumulation des actifs selon les zones rurales considérées et au sein même de celles-ci ?

Pour Quisumbing et Baulch (2013), la forte densité démographique et la rareté relative des parcelles cultivables expliquent la convergence vers un seul état correspondant à la pauvreté structurelle.

Les convergences conditionnelles observées par un grand nombre d'autres auteurs en Asie du sud (Pakistan, Inde et Chine) sont à mettre sur le compte du marché du crédit qui permet de protéger les ménages qui y ont accès d'une perte de leurs actifs. En revanche, ceux qui en sont exclus ne disposent que de leurs propres ressources pour faire face aux chocs adverses.

En fait, les équilibres multiples ne concerneraient que des régions du monde bien spécifiques.

Les dynamiques multiples observées en Afrique subsaharienne (Kenya et Éthiopie) dans les zones pastorales où la densité démographique est faible et les marchés quasi inexistants s'expliqueraient par les différentes stratégies de gestion des chocs adverses. Les bergers qui peuvent bénéficier de l'aide communautaire ont des lendemains moins difficiles que les bergers très pauvres qui ont recours à une stratégie autarcique. Nous verrons que les solidarités locales sont en prises directe avec le recul de la pauvreté.

Kwak et Smith (2013), quant à eux, observent des dynamiques simples en Éthiopie également, mais dans des régions de polyculture.

Pour autant, la question des dynamiques de la pauvreté rurale n'est pas épuisée.

En discriminant les groupes sociaux, les dynamiques du bien-être quelles qu'elles soient ont fait apparaître jusqu'ici *des communautés de destin.* Mais la réalité n'est-elle pas plus complexe encore ?

Dans un environnement défavorable, certaines personnes ne peuvent-elles pas néanmoins « tirer leur épingle du jeu » à partir des atouts dont elles peuvent bénéficier ?

Tous les petits fermiers ne disposent pas nécessairement de parcelles fertiles ou des opportunités en ce qui concerne, par exemple, la diversification des cultures permise par la superficie des terres cultivables. La diversification dépend évidemment des actifs fonciers et sans nul doute d'autres facteurs, tels que les compétences techniques ou l'accès au crédit.

Ces éléments peuvent concourir à forger des *destins personnels* dans un environnement pourtant identique. Les mieux dotés en actifs fonciers pourront entrevoir une vie meilleure pendant que d'autres seront voués au déclin.

L'analyse du bien-être exige souvent de se situer au niveau même des individus ; ce qui nous éloigne encore un peu plus de la possibilité d'entrevoir une théorie générale de la pauvreté.

2.2.3 L'existence de seuils multiples

L'existence de plusieurs seuils où les dynamiques économiques bifurquent a pu être empiriquement observée.

La qualité des parcelles cultivables en relation avec l'utilisation des engrais peut expliquer ces dynamiques.

2.2.3.1 Utilisation des engrais et teneur des sols en carbone

Le but de ces deux études, Marenya et Barrett, 2009a et 2009b, menées auprès de petits producteurs de maïs à l'ouest du Kenya est de montrer la complémentarité entre l'utilisation des engrais et la fertilité *ex ante* des sols mesurée par la teneur en carbone [10]. Il faut savoir que la fertilité des sols influence positivement la demande d'engrais.

10. La séquestration du carbone dans les sols améliore leur fertilité et contribue ainsi à une augmentation de la productivité et à une réduction de la concentration atmosphérique de CO2.

Le rendement marginal de l'engrais conditionnellement à son application sur des sols fertiles est plus élevé que le rendement sans condition. Plus les parcelles ont une teneur en carbone élevée, plus l'utilisation des engrais doit augmenter. Au voisinage du seuil de teneur en carbone, les rendements de l'activité bifurquent car l'utilisation des engrais sur des sols fertiles augmente l'output espéré.

A contrario, sur des sols peu fertiles et sans apport en substances organiques, les petits fermiers pourtant situés dans le même périmètre enregistrent une baisse tendancielle de leurs revenus. Une spirale négative est enclenchée qui les conduit vers une pauvreté persistante. En l'absence de mesures de conservation des sols, leur qualité se détériore plus encore et les rendements agricoles diminuent fortement.

De petites différences dans les conditions biophysiques initiales engendrent ainsi dans le temps des écarts croissants de niveau de vie entre les petits fermiers. Les mieux dotés s'inscrivent sur une trajectoire ascendante, tandis que les plus défavorisés convergent vers la trappe de pauvreté.

Dans la foulée de l'étude précédemment évoquée, Stephens et *alii* (2012) analysent les interactions et les feedbacks positifs et négatifs entre les décisions économiques des petits fermiers et la dynamique à long terme de la qualité des sols.

L'enquête a été menée auprès de petits agriculteurs du Kenya qui partagent, du moins pour une partie d'entre eux, leur temps de travail entre une activité agricole diversifiée et une activité d'élevage. Les résultats ont été obtenus à partir de la simulation d'un modèle dit « bio-économique dynamique ». Les interactions dynamiques entre les différents actifs (culture, bétail, fertilité des sols et taille de l'exploitation) et les moyens de subsistance donnent lieu à des seuils multiples. Ils discriminent les ménages incapables d'échapper à la pauvreté et à l'insécurité alimentaire et ceux qui grâce à l'accumulation peuvent améliorer leur consommation et garantir ainsi leur sécurité alimentaire.

Ces interactions suggèrent un phénomène complexe caractérisé par un ensemble de dynamiques multiples qui bifurquent au voisinage de seuils spécifiques qui dépendent de la structure et de la complémentarité des actifs productifs détenus par les ménages. Un chef d'exploitation de grande taille peut contrebalancer une détérioration de la qualité des sols par la diversification des cultures et l'élevage du bétail.

En revanche, le fermier à la tête d'une exploitation de petite taille ne le peut pas parce qu'il doit concentrer son activité sur la culture vivrière aux dépens d'une culture de rente complémentaire génératrice de revenus. Par ailleurs, la rareté du sol ne lui permet pas d'investir dans la constitution d'un cheptel qui pourrait contribuer à l'amélioration de la qualité du sol par l'apport de matières organiques.

2.2.3.2 Culture vivrière et culture de rente

Lorsque les activités agricoles sont diversifiées, l'existence de plusieurs seuils critiques en termes d'actifs productifs qui dépendent du degré de diversification paraît vraisemblable comme le montre l'étude précédente.

Prenons l'exemple en Chine de la culture traditionnelle du coton et de la culture du coton Bt transgénique (Bacillus thuringiensis). Nous n'entrons pas ici dans le débat sur les craintes qu'inspirent les OGM sur la santé et l'environnement sans pour autant les nier.

La culture du coton Bt réduit l'emploi des pesticides car il est robuste à certaines espèces d'insectes nuisibles. Il contribue aussi à réduire le temps de travail et à augmenter la production. De plus, la quantité de semences Bt par hectare étant plus faible, les petits producteurs peuvent réduire le coût des intrants [11]. Les variétés de coton Bt présenteraient donc des avantages comparatifs en termes de rendement et de réduction des dommages liés aux insectes ravageurs.

Nous sommes avec cette illustration en présence de deux régimes différents d'accumulation des actifs productifs (semences, engrais, pesticides, terres cultivables...) sur des parcelles distinctes dédiées à la culture traditionnelle et à la culture OGM.

Il y a donc tout lieu de penser qu'il y a également deux seuils critiques au voisinage desquels ces deux dynamiques bifurquent.

Pour la culture du coton Bt, le seuil critique exprimé en actifs productifs diminue, la « frontière de Micawber » se déplace vers la gauche. Nous savons que cette translation est synonyme de réduction du bassin d'attraction de la trappe de pauvreté et du stock d'actifs requis pour l'accumulation.

11. Le Gouvernement chinois a su réduire la dépendance des approvisionnements vis-à-vis de l'extérieur et en conséquence il a pu peser favorablement sur le prix des semences Bt.

On pourrait nous objecter, mais alors pourquoi ne pas allouer d'un coup toutes les parcelles à la culture Bt ? Un début de réponse peut être donné. L'adoption de nouvelles semences crée de l'incertitude chez le petit agriculteur qui, faute d'informations ou de compétences suffisantes, peut manifester ses réticences. Il lui faut du temps pour se familiariser avec de nouvelles conditions de production.

Un des moyens selon nous pour lever l'obstacle à l'adoption d'une nouvelle culture est de promouvoir un processus de mise en œuvre gradué pour favoriser l'accoutumance à la nouvelle technologie. Il n'est pas souhaitable que le fermier se trouve face à un choix qui le priverait brutalement de ses repères ancestraux. Nous aborderons cette question dans le troisième chapitre où nous étudierons en détail les conséquences des attitudes vis-à-vis du risque et de l'incertitude sur le refus ou l'acceptation d'une nouvelle technologie (semences, techniques de production...) introduite par la Révolution verte.

Celle-ci repose principalement sur une modification génétique des plantes destinée à une augmentation de la productivité des principales céréales : blé, maïs, riz... Mais ce bond technologique a ses revers. L'utilisation intensive des engrais et des produits phytosanitaires menace les écosystèmes. L'histoire de cette « Révolution agricole » est brièvement retracée dans l' Encadré n°3.

2.2.4 Seuils de pauvreté et préférences vis-à-vis du risque

L'approche de la dynamique de la pauvreté par les actifs productifs et les marchés ne peut évidemment ignorer l'influence des risques et des menaces sur la prise de décision des petits fermiers, *a fortiori* dans un environnement très exposé aux aléas climatiques.

Une fois encore, il faut distinguer le risque de gains ou de pertes sur les rendements agricoles des dangers, tels que des évènements naturels.

À la suite de ce qui vient d'être dit, on doit légitimement se poser à présent la question des préférences vis-à-vis du risque et des réactions face aux menaces selon la place occupée par le décideur dans la structure sociale. Les ménages vulnérables peuvent refuser de s'engager dans de nouvelles activités et conserver leur mode de production ancestral. Le choix du conservatisme peut en effet être dicté par la crainte d'une dégradation durable des conditions de vie induite par une mauvaise décision impliquant des conséquences irréparables.

Encadré n°3 : La Révolution verte

C'est au Mexique, au milieu du 20ème siècle, que la Révolution verte a vu le jour. Celle-ci, fondée sur la recherche agronomique, a eu pour finalité de transformer le système de production du secteur agricole des pays du Sud en promouvant des variétés de culture à plus haut rendement et plus résistantes (par hybridation), en favorisant l'usage des engrais et des produits phytosanitaires et en participant à la diffusion de l'irrigation et de la mécanisation.
Elle a ses défenseurs, mais aussi ses détracteurs. Elle a pour les premiers contribué à une augmentation de la productivité agricole et réduit le risque alimentaire, et pour les seconds, elle a eu pour conséquence une dégradation de la biodiversité. L'Inde fut le deuxième pays à expérimenter la Révolution verte. D'autres régions du monde ont suivi (le Moyen-Orient et l'Afrique du Nord). En revanche, l'Afrique subsaharienne n'a été que peu concernée. Cependant, et malgré les aides des gouvernements et des Institutions internationales, les fermiers les plus pauvres furent exclus de ce mouvement.
Les critiques faites à la Révolution verte à propos de ses impacts sur la gestion de l'eau, et plus généralement sur l'environnement, ont donné lieu à partir de la fin du siècle dernier à une réflexion sur des modes de production plus en accord avec le respect des écosystèmes. Il faut noter, et cela va dans le même sens, que certaines variétés OGM pouvant être rendues stériles (« Terminator ») ne permettent pas l'auto-reproduction des cultures.
Certains appellent de leurs vœux une nouvelle Révolution verte (*evergreen revolution*) fondée sur les progrès de la biotechnologie. Celle-ci peut aider à la culture de variétés plus résistantes à la sècheresse et aux nuisibles sans recourir aux pesticides. Mais elle fait à son tour l'objet de débats contradictoires d'ordre éthique et écologique. Avec les conséquences du réchauffement climatique, notamment sur la prolifération déjà observée des insectes nuisibles[a], ce débat n'est peut-être déjà plus d'actualité.

a. L'aire de répartition de la mouche blanche affectant la culture du manioc s'élargit en Afrique de l'Est.

En sens contraire, les ménages moins démunis qui peuvent préserver leur niveau de consommation en cas d'échec peuvent adopter une stratégie plus offensive qui est susceptible de leur être bénéfique si la Nature est bienveillante (Dercon et Christiaensen, 2011).

Les effets de seuil sont également visibles lorsque des chocs adverses se sont produits. Nous savons que les stratégies adoptées par les ménages face à ces chocs diffèrent selon leur niveau de pauvreté.

Des décisions contraires à une amélioration possible du bien-être peuvent s'expliquer aussi par les préférences intertemporelles. Une partie de la littérature consacrée au sous-développement souligne en effet une relation étroite entre la « myopie » des ménages vulnérables et leur incapacité à relever le défi de la pauvreté. Ainsi, la rareté des ressources (*having too little*) influencerait-elle les choix intertemporels au travers de mécanismes psycho-sociologiques complexes (Shah, Mullainathan et Eldar Shafir, 2012).

Mais la relation souvent évoquée entre l'état de pauvreté et l'impatience manifestée par les plus démunis est loin d'être théoriquement et empiriquement établie (4.2).

Non seulement le niveau des ressources, mais aussi le vécu du décideur, c'est-à-dire les épisodes malheureux (ou heureux) de son existence, peut influencer ses préférences vis-à-vis du risque.

Dans une enquête fondée sur une procédure d'élicitation des préférences vis-à-vis du risque menée auprès de ménages ruraux déplacés et non déplacés, Moya (2012) montre que l'exposition à la violence en Colombie a induit une augmentation de l'aversion au risque. Plus les épisodes de guerre civile sont récents, plus l'aversion au risque est forte. Nous verrons (4.1) que les risques peuvent en effet être perçus différemment en fonction de la propre expérience du décideur et de son histoire personnelle.

À la suite d'un évènement tragique, des changements comportementaux durables peuvent donc apparaître et donner lieu à un comportement frileux. La prudence qui caractérise dès lors les victimes ou simplement les témoins risque de les entraîner durablement dans la pauvreté. Mais il ne faut sans doute pas tirer des conclusions générales et définitives de cette étude car d'autres de même nature ont conduit à des résultats diamétralement opposés.

Les chercheurs en psychologie ont pu montrer que les états d'anxiété et de peur se traduisent par une augmentation de l'aversion au risque, tandis qu'un état de colère peut à l'inverse susciter une prise de risque.

Les décisions vis-à-vis du risque et du temps semblent donc dépendre étroitement de l'état de vulnérabilité et de la crainte de tomber dans le piège de la pauvreté. Les ménages vulnérables peuvent être plus sensibles à leurs pertes qu'à leurs gains potentiels et se focaliser sur le temps présent. Ce qui peut les détourner des investissements risqués qui pourraient à terme s'avérer bénéfiques. En ce sens, ils ne peuvent à travers leurs choix que reproduire et vraisemblablement pour longtemps les mêmes conditions de vie. Nous étudierons dans le chapitre 3 la relation entre le statut social du décideur, c'est-à-dire la place qu'il occupe dans la communauté, et les comportements que celui-ci semble lui dicter.

2.2.5 La pauvreté : une réalité multiforme

L'approche de la dynamique de la pauvreté rurale par les effets de seuil et les bifurcations des trajectoires met l'accent sur le rôle des actifs productifs dans un environnement où les fermiers sont privés du recours à l'emprunt et exposés aux menaces.

Certes, on ne peut nier que les dynamiques dépendent en partie du niveau des actifs détenus par les ménages et des chocs adverses qui entravent leur accumulation. Protéger ces actifs grâce à l'accès aux marchés de l'assurance et du crédit est d'ailleurs un objectif maintes fois évoqué par les Institutions internationales.

Mais on ne peut se limiter à cette vision réductrice qui fait la part trop belle aux seuls mécanismes économiques.

Nous savons que les trappes de pauvreté peuvent aussi avoir bien d'autres causes qui viennent s'ajouter à la faiblesse des dotations ou qui l'expliquent (Dercon, 2007), telles que les phénomènes d'exclusion sociale et d'isolement.

Nous pouvons citer à cet égard l'exclusion des paysans sans terre à cause de la pression foncière et des politiques nationales ou privées d'expropriation, l'exclusion des femmes de la participation aux « activités valorisantes » (*gender bias*), l'absence d'accès aux infrastructures (canaux d'irrigation, par exemple) à cause de l'appartenance au groupe honni, le refus par peur des technologies agricoles plus modernes, la non participation aux réseaux sociaux ...

Le coût d'entrée supporté pour adhérer, puis participer à un réseau social, crée des mécanismes volontaires ou involontaires d'exclusion qui font obstacle à une sortie possible de la pauvreté.

On peut aussi penser à l'exclusion du marché du travail faute de capacités physiques ou professionnelles suffisantes. La relation entre l'apport nutritionnel et ces capacités est non linéaire. Les rendements sont croissants lorsque le niveau de consommation initial est faible. Cependant, les individus pauvres sont trop mal nourris pour pouvoir exercer une activité susceptible de fournir à la famille le niveau de consommation suffisant pour lutter contre la malnutrition.

Tous ces phénomènes entretiennent l'existence d'une « trappe de pauvreté d'exclusion et d'isolement social » (Chantarat et Barrett, 2012).

Les causes de la pauvreté rurale, nous le savons, sont en fait interdépendantes et s'auto-entretiennent.

Prenons un seul exemple. Si les gouvernements nationaux ne sont pas en mesure d'apporter aux petits producteurs l'aide financière pour investir, ces derniers seront dans l'obligation de conserver leurs cultures endémiques à faible rendement et fortement exposées aux dangers et leurs outils manuels. Les faibles revenus tirés de l'activité permettant au mieux de satisfaire les besoins élémentaires des ménages, l'absence d'une épargne privée et du marché du crédit rend impossible l'achat de nouveaux moyens de production. La poursuite d'une activité à faible rendement ne permet pas à ces foyers de saisir l'opportunité d'améliorer leurs moyens d'existence. Pire, ils sont victimes d'une pauvreté de plus en plus grande dont ils ne peuvent s'extirper.

Barrett et Swallow (2006) définissent ces mécanismes autoamplificateurs comme étant à l'origine d'une « trappe de pauvreté fractale », c'est-à-dire une pauvreté dont les facteurs s'emboîtent les uns aux autres. La pauvreté, quel que soit le lieu où elle est présente, ne relève effectivement pas d'une seule explication. C'est ce qui rend très difficile son approche.

Ils insistent particulièrement sur la faiblesse des dotations initiales en actifs physiques, sur la faible productivité des techniques de production disponibles, sur les coûts irrécupérables qu'engendrerait l'adoption de nouvelles technologies, ainsi que sur l'absence de coordination et les conflits, pour expliquer l'émergence de ces « trappes de pauvreté fractale ».

En retour, les défaillances dans l'accumulation du capital humain qui s'expliquent par la sous-nutrition, la maladie, les décrochages scolaires renforcent les facteurs précédents. Dans ce sens, la pauvreté est à la fois cause et conséquence. Elle s'auto-entretient en une spirale auto-régressive.

Tous ces mécanismes donnent lieu à des pauvretés plus ou moins spécifiques, plus ou moins durables, selon les causes qui peuvent les expliquer.

Pour rompre le cercle vicieux de cette pauvreté chronique, nous avons évoqué les *cargo nets*. Les décideurs doivent mettre en œuvre tout un ensemble de mesures structurelles destinées à fournir aux individus (ou aux communautés rurales) les moyens nécessaires dans les domaines, tels que l'éducation, la santé, les marchés [12]de l'assurance et du crédit, l'assistance technique, les infrastructures... pour leur permettre d'engager un processus d'accumulation primitive favorisant sur le long terme une sortie du piège de la pauvreté.

Nous n'ignorons évidemment pas que ces moyens sont depuis longtemps déjà à l'œuvre. Les organisations humanitaires ainsi que les Institutions locales et internationales participent en effet activement à la lutte contre la pauvreté en intervenant dans ces domaines. Leurs interventions ont permis un recul sensible de la pauvreté structurelle dans le monde. On peut citer les programmes humanitaires proposant des actifs combinés avec une formation professionnelle et une promotion de l'épargne, tels que le programme BRAC (*Bangladesh Rural Advencement Committee*) et le programme SKS de microfinance destiné à fournir des services financiers aux pauvres dont a pu bénéficier l'État d'Andhra Pradesh dans le sud de l'Inde. On pourrait bien évidemment multiplier les exemples.

Mais il faut aller plus loin car il faut se préparer à relever un nouveau challenge. Faire en sorte avec des moyens renforcés que les pauvres puissent avec le concours des pays occidentaux répondre aux mutations climatiques qui les menacent (4.3).

Au terme de ce chapitre, nous pouvons dire que la pauvreté est une réalité complexe, impossible à décrypter si l'on n'accepte pas l'inconfort d'une approche forcément fragmentée et ouverte à plusieurs disciplines intellectuelles. Les diverses formes possibles de l'évolution de la pauvreté rurale que nous avons abordées au niveau théorique doivent être mise en relation avec des facteurs plus ou moins spécifiques qui expliquent ici ou là l'existence des pauvretés géographiques.

12. Il faudrait se poser la question de savoir pourquoi le Millénaire pour le Développement n'a pas dans ses huit louables objectifs évoqué la nécessité d'apporter des solutions aux défaillances des marchés (Objectifs du Millénaire pour le Développement, Rapport de 2013, Nations Unies).

Barrett et Carter (2013) résument bien l'état de la recherche académique sur la pauvreté. Ils soulignent à juste titre l'existence de nombreux mécanismes sous-jacents à la constitution des trappes de pauvreté spécifiques.

Certaines dynamiques conduisent à un seul état, celui de pauvreté structurelle, tandis que d'autres donnent naissance à une convergence conditionnelle ou d'autres encore à des équilibres multiples engendrés par des effets de seuil.

La convergence conditionnelle peut expliquer pourquoi différents statuts sociaux peuvent coexister pour longtemps au sein d'une même collectivité. Certains ménages sont dans un état de pauvreté chronique, de malnutrition et de morbidité, tandis que d'autres ont pu accéder à un statut un peu plus enviable ou en passe d'y parvenir. Toutes les formes de discrimination, sociale, religieuse, linguistique ou ethnique peuvent expliquer cette dualité.

En revanche, les effets de seuil et l'existence d'états stationnaires multiples peuvent rendre compte d'une certaine forme de mobilité sociale. Les pauvres d'aujourd'hui ne sont pas nécessairement les pauvres de demain même si au total la pauvreté peut *in fine* ne pas avoir globalement reculé.

On a bien compris, aussi bien à l'échelle des communautés que des ménages, que les trappes de pauvreté constituent une réalité multiforme qu'aucun modèle économique, fut-il sophistiqué, ne saurait à lui seul expliquer.

Même si le quotidien des personnes pauvres se ressemble, les trappes de pauvreté, nous l'avons vu, ont des causes multiples qui souvent s'entremêlent et qui expliquent pourquoi l'analyse de la misère, au-delà du simple constat compassionnel, s'avère difficile.

Des *communautés de destin* et des *destins personnels* se croisent qui donnent lieu à des dynamiques du bien-être contrastées.

Cependant, l'existence de ces poches de pauvreté persistante ne semble pas avoir entravé le développement de certains pays du Sud.

La plus grande partie des pays quel que soit leur niveau de revenu initial ont bénéficié d'une croissance positive sur les cinquante dernières années. Pour 20% des pays les plus pauvres, le revenu par tête a augmenté de 2,2% par an, c'est-à-dire sensiblement plus que la moyenne générale (Kraay et McKenzie, 2014). Depuis le début de ce Millénaire, l'Afrique a enregistré un taux de croissance plus élevé que celui de l'économie mondiale. Pour l'Afrique subsaharienne, les prévisions de croissance pour l'année 2014 sont de 5,8%.

Est-on en droit d'espérer que le décollage économique du continent africain contribuera à faire reculer la pauvreté dans cette région du monde ?

Cette question de la relation entre pauvreté géographique persistante et croissance économique nationale est fondamentale. Mais elle sort du cadre de ce livre.

Nous pouvons dire tout au plus que la réponse dépend largement des politiques macroéconomiques nationales et de la captation ou pas par les « élites » de la richesse produite. S'ils ne peuvent bénéficier de mesures redistributives, les pauvres resteront les laissés-pour-compte de la croissance économique.

Nous avons pu avec l'apport des modèles économiques porter plus particulièrement notre attention sur ce que nous pouvons appeler les *causes extrinsèques* ou *générales* de la pauvreté (dotation en actifs productifs, profondeur des marchés...) par différence avec les *causes intrinsèques* ou *spécifiques* (comportements individuels ou collectifs vis-à-vis des risques, des menaces et du temps physique) en relation avec des environnements socio-géographiques particuliers ; tout en notant que les unes et les autres s'entremêlent. L'absence du recours au crédit peut expliquer la préférence pour le présent tout comme la préférence pour le présent peut expliquer un faible niveau d'actifs productifs.

Nous avons brièvement évoqué l'influence des comportements des fermiers face au risque et à l'adversité sur la dynamique de leur bien-être en postulant leur aversion au risque. Mais nous avons dans le même temps émis de sérieux doutes sur la capacité de la théorie standard de l'utilité espérée (le modèle de von Neumann et Morgenstern) à les représenter correctement.

Cette hypothèse est certes commode pour la formalisation mathématique, mais elle nous semble assez mal adaptée au contexte de l'agriculture de subsistance.

Il est donc absolument nécessaire d'approfondir l'analyse des ressorts de la décision des petits fermiers.

C'est la raison pour laquelle le chapitre suivant sera entièrement dédié à l'analyse des comportements individuels et collectifs dans le risque [13] et l'incertitude [14]. Les critères de décision doivent être repensés pour mieux expliquer les choix effectués dans des contextes particuliers par les individus pauvres ou vulnérables.

Quels sont donc les « véritables motifs » qui guident les décisions individuelles en matière de choix technologique dans des contextes géographiques très difficiles où l'omniprésence des menaces et l'incertitude sur les issues possibles viennent s'ajouter à la rudesse des conditions de vie.

On ne peut pas par ailleurs isoler les comportements du contexte culturel ou religieux. Or, dans les deux premiers chapitres, la dimension anthropologique a été assez largement oubliée. Il en sera de même au demeurant dans le prochain consacré au comportement individuel.

Et pourtant, son influence est considérable. L'exemple qui suit peut en témoigner.

La base alimentaire du paysan maya est le maïs sous forme de tortillas. L'importance de cette denrée depuis les temps préhispaniques jusqu'à aujourd'hui est telle qu'elle est « sacralisée ».

Elle s'inscrit dans la pratique religieuse de l'offrande aux forces surnaturelles. Le retour d'une partie des récoltes à la Terre sous la forme de semences ne s'explique pas uniquement par le désir de réduire les coûts liés à l'achat des semences. On imagine sans peine que l'adoption de semences non-indigènes rencontrerait l'obstacle que constitue la pensée religieuse dans ces communautés (entretiens avec A. Segura).

On le voit, les comportements en matière d'innovations agricoles ou de résistance au changement ont des explications qui ne relèvent pas toutes, loin s'en faut, de la sphère économique. Le destin des individus et des sociétés traditionnelles qu'ils composent est en effet intimement lié aux facteurs religieux, aux systèmes de représentations spatio-temporelles, aux coutumes et à l'organisation sociale qui *in fine* les synthétise.

---

13. Bien que ne connaissant pas le calcul des probabilités, il est concevable de penser que s'agissant des cultures et des techniques ancestrales les fermiers sont en mesure d'estimer les rendements futurs. Ils ne sont pas dans l'ignorance.

14. En revanche, ils ne savent rien (ou très peu de chose) de ce qui peut arriver s'ils doivent adopter de nouvelles semences ou des engrais, par exemple.

Évidemment, ce destin dépend aussi de facteurs exogènes, tels que les politiques économiques menées par les Pouvoirs publics et les Institutions internationales et les initiatives des ONG.

Il nous faut donc procéder par étapes en intégrant progressivement l'influence du contexte géographique et la situation personnelle du décideur sur les choix qui engagent son avenir (chapitre 3), puis celle des valeurs plus ou moins partagées qui rythment depuis des lustres l'histoire de chaque petite communauté (chapitre 4).

Le chapitre suivant est donc consacré aux théories économiques de la décision dans des contextes de risque et d'incertitude qui transcendent la théorie standard. Mais il faut supposer à tout le moins que l'observateur est coupé de ses racines anthropologiques et qu'il est capable d'écrire un scénario probabiliste plus ou moins élaboré à partir duquel il décide. Mais le choix du décideur est sans conteste guidé aussi ou exclusivement par des considérations culturelles, religieuses, ethniques ; *a fortiori,* dans les petites communautés rurales où les traditions pèsent lourdement sur les choix individuels et collectifs.

Autrement dit, le choix de l'individu est influencé par son contexte décisionnel – risque ou incertitude – qui dépend étroitement des conditions environnementales, de son degré de vulnérabilité et de son attitude psychologique – aversion, propension ou indifférence – vis-à-vis de ce contexte. Mais ce choix est également sous l'influence de facteurs culturels, religieux, mais ici aussi psychologiques, qui peuvent expliquer sa propre perception des risques et des menaces.

Chapitre 3

Risque, incertitude et dynamiques de la pauvreté

Les dangers auxquels les populations pauvres des zones agricoles des pays du Sud sont exposées sont nombreux : ceux menaçant les cultures et les troupeaux, les maladies infectieuses, les guerres, les migrations forcées, l'érosion des sols….et plus grave encore les conséquences du changement climatique.

Par ailleurs, ces régions sont plus que toute autre particulièrement exposées à un risque systémique, tel que la crise financière des années 2008. La baisse des cours des denrées alimentaires, de la demande mondiale et de l'activité en général a affecté plus particulièrement ces populations qui ne bénéficient d'aucun dispositif pour ralentir la chute des revenus (Banerjee et Duflo, 2011). Le lecteur peut trouver dans deux rapports récents de la Banque mondiale (2012 et 2013) un ensemble de considérations sur la notion de risque, le risque comme une opportunité, le management des risques ou le rôle des systèmes sociaux, en plus de très nombreuses statistiques.

Toute personne, qu'elle soit pauvre ou riche, est amenée dans sa vie quotidienne à faire des choix entre différents paris aux issues aléatoires. En revanche, ce qui peut les distinguer est le processus mental qui conduit à la décision. Celle-ci dépend de nombreux paramètres qui diffèrent nécessairement selon le statut socio-économique du décideur. La pauvreté ou la richesse influe sur les comportements.

Comment les petits fermiers se comportent-ils donc vis-à-vis des risques qu'ils pourraient prendre ou qui menacent leur vie quotidienne ? Est-ce que la théorie de la décision contemporaine peut nous aider à comprendre le comportement des décideurs pauvres ?

Ce chapitre est composé de cinq sections.

La première (3.1) est destinée à montrer que les risques constituent pour les ménages pauvres une préoccupation majeure dont il doivent gérer les conséquences potentielles avec de très faibles ressources. Il nous faut donc analyser les liens entre risque et pauvreté de façon plus explicite que nous ne l'avons fait jusqu'à présent.

La deuxième (3.2) est consacrée à une analyse de l'articulation entre les notions de vulnérabilité, de risque et de dynamiques de la pauvreté.

Dans la troisième section (3.3), il s'agit pour nous de porter une appréciation sur la validité de la théorie standard pour rendre compte du comportement de ces petits fermiers.

Ces derniers peuvent refuser de prendre le risque de gagner ou de perdre, non pas par aversion au risque, mais parce qu'en raison de leur situation de grande précarité ils redoutent les pertes potentielles. Cette hypothèse nous conduira dans la quatrième section (3.4) à définir la notion d'aversion aux pertes.

Dans la section 3.5, nous abordons la délicate question de la prise de décision dans un contexte d'incertitude mesurable. Celle-ci est plus à même de caractériser l'environnement dans lequel le petit agriculteur doit faire des choix.

3.1 Risques, chocs adverses et pauvreté rurale

L'attitude vis-à-vis des risques doit être placée au cœur de la réflexion des promoteurs des politiques sociales en faveur de la réduction de la pauvreté. Mais en connaître les fondements n'est pas chose facile.

3.1.1 Les comportements face au risque : préambule

Nous savons que si les préférences d'un individu sont représentées par le critère de l'utilité espérée standard, la concavité de sa fonction d'utilité traduit son aversion absolue au risque. Cette hypothèse se vérifie-t-elle pour les petits fermiers ? Nous avons déjà exprimé notre scepticisme à l'égard de ce critère de décision encore largement répandu. L'aversion aux pertes, par exemple, ne serait-elle pas une attitude qui pourrait caractériser les individus qui sont au bord du gouffre ?

Comprendre le comportement des petits fermiers face au risque, tel que celui auquel ils s'exposent en adoptant une nouvelle technique de production, est de la première importance pour la mise en place d'une politique favorable au développement. La littérature économique s'est longtemps contentée, et aujourd'hui encore, de postuler que ce comportement pouvait être capturé par la théorie de la décision standard, celle attribuée à von Neumann-Morgenstern-Savage. Les petits fermiers dans ce cadre théorique manifesteraient de l'aversion absolue au risque. Cette hypothèse est bien trop restrictive. Néanmoins, dans ce même dispositif théorique, il est possible de justifier extrinsèquement cette aversion par la présence de nombreux risques dans l'environnement du décideur ou l'existence d'un seuil de pauvreté. Un pas vers plus de réalisme est alors franchi.

Mais la notion même de risque qui suppose connue une distribution – objective ou subjective – de probabilité a ses limites.

Est-ce qu'une nouvelle technique de production ne génère pas de l'ambigüité, voire de l'incertitude radicale, chez le petit fermier ? Dans ce cas, il faut recourir à un nouveau corpus théorique, celui de la théorie de la décision dans l'incertain.

Mais ne faut-il pas aller plus loin en abandonnant l'hypothèse d'un « décideur abstrait » coupé de ses racines ? Le petit fermier du sud, comme tout un chacun au demeurant, peut percevoir un risque et le caractériser à partir de son vécu ou de sa place dans l'organisation socio-culturelle. Il peut faire alors usage d'heuristiques et il n'est pas à l'abri d'erreurs de jugement (chapitre 4).

Sa propre perception du risque peut aussi être dépendante de la perception dominante de ce même risque dans la collectivité si les heuristiques se diffusent en son sein. Mais nous devons chemin faisant abandonner l'approche économique au profit des approches socio-psychologique et culturelle.

Par ailleurs, les décisions sont inscrites dans la durée et dépendent d'un temps subjectif propre au décideur. La préférence pour le présent manifestée par le petit fermier peut le dissuader d'épargner et d'investir pour une issue à plus long terme et aléatoire. Ici aussi, l'impatience peut s'expliquer par la proximité du seuil de pauvreté. De plus, ce n'est qu'en tenant compte aussi des paramètres locaux, tels que l'écosystème ou l'organisation sociale, que l'on peut raisonnablement espérer comprendre les ressorts psychologiques de la décision individuelle dans des contextes particuliers.

Au fond, la question posée est celle de savoir si le calcul des probabilités peut être invoqué pour rendre compte des choix individuels effectués par les petits fermiers.

On peut douter, sinon de la pertinence de cette hypothèse, du moins de sa généralisation à tous les cas de figure.

Dès lors, nous devons l'affaiblir en admettant de façon plus réaliste que ces décideurs font usage d'une mesure plus générale du degré de vraisemblance d'un évènement, mesure qui ne vérifie pas la propriété d'additivité des probabilités. S'ils affectent une probabilité de 0, 25 à un évènement A, par exemple, on peut imaginer qu'ils affectent aussi une probabilité de 0,25 à son complémentaire, laissant paraître alors leur incertitude sur la réalisation des évènements.

Mais le recours à des mesures plus ou moins générales du degré de vraisemblance des évènements n'est pas indispensable à la prise de décision.

Les petits fermiers peuvent plus prosaïquement exprimer des préférences vis-à-vis des risques à partir de leur propre perception sans recourir aux probabilités. Autrement dit, ils peuvent estimer qu'un évènement A a plus de « chances » de se réaliser qu'un évènement B. Les mesures du degré de vraisemblance des évènements n'interviennent pas explicitement dans le processus de décision. L'estimation du degré d'occurrence des évènements repose alors sur la façon dont le risque est perçu, laquelle peut dépendre d'un grand nombre de facteurs que l'on peut pour l'instant synthétiser sous les termes de facteurs anthropologiques.

Le recours au calcul des probabilités est exigeant en termes d'information et de connaissances techniques.

Au sein des petites communautés rurales, on peut néanmoins admettre que les fermiers sont capables d'estimer les risques qui pèsent sur le rendement de leurs cultures. Si celles-ci sont endémiques, l'expérience transmise au cours des générations leur procure en effet une information de qualité. Mais leur décision ne repose pas sur des algorithmes de calcul qu'ils ne connaissent pas. Leurs prévisions (intuitives) fondées sur l'observation de la migration des oiseaux, par exemple, ne vérifient sûrement pas la propriété d'additivité des probabilités. Au mieux, une mesure plus générale, les capacités de Choquet [1], peut illustrer leurs anticipations sur la réalisation des évènements futurs.

3.1.2 L'agriculture de subsistance

Des millions de familles dans les pays émergents ou peu développés dépendent de l'agriculture et sont donc très vulnérables, notamment aux chocs météorologiques qui représentent une menace permanente pour leur sécurité alimentaire. La productivité et la croissance dans le secteur agricole doivent pourtant contribuer à améliorer le niveau de vie des plus démunis. L'agriculture entretient l'espoir d'une possible sortie de la pauvreté pour un grand nombre de ménages ruraux des pays du Sud (Banque mondiale, 2008). Dans la plupart de ces pays, plus de 80% des ménages ruraux travaillent d'une manière ou d'une autre dans le secteur agricole. Les familles les plus pauvres sont en général celles qui dépendent le plus de cette activité. Au moins 70% des personnes très pauvres dans le monde résident dans les zones rurales. Les ménages pauvres exercent des activités à faible coût d'entrée, comme les cultures traditionnelles, voire la collecte de bois de chauffage, la fabrication du charbon, ou en travaillant comme salarié occasionnel.

Ils ne peuvent pas exercer une activité où le risque de pertes est élevé.

C'est la raison pour laquelle la plus grande partie des parcelles cultivables sont pour les pauvres affectées aux cultures traditionnelles (riz, ricin, maïs, patates douces...). Elles sont destinées à leur propre consommation (culture vivrière), mais aussi à la commercialisation (culture de rente), comme par exemple la culture du maïs ou du café dans la région pauvre du Chiapas (Mexique). Cette activité est partagée entre les petites communautés agraires (*ejidos*) et un secteur agricole plus capitaliste tourné essentiellement vers les marchés internationaux.

Les activités au rendement plus élevé (polyculture, artisanat, négoce) sont réservées aux ménages disposant de meilleures ressources et ayant accès au crédit. Les fermiers pauvres, quant à eux, sont doublement pénalisés par les dangers qui les entourent.

1. Elles définissent un traitement non-additif de la vraisemblance subjective assignée aux évènements et permettent de considérer une plus grande richesse des comportements individuels. Par exemple, une capacité sous-additive peut s'interpréter comme une aversion à l'ambigüité.

D'une part, parce que leurs plantations sont tout particulièrement sensibles aux risques météorologiques et d'autre part, parce que les ressources leur manquent pour mitiger ces risques ou faire face aux pertes agricoles lorsqu'ils se réalisent.

Les petits producteurs disposent en quantité et en qualité plus ou moins variables de plusieurs sortes d'actifs : le capital humain, le capital naturel, le capital financier, le capital physique et le capital social. Nous savons que ces actifs qui conditionnent en grande partie la dynamique de long terme sont exposés à différents types de risque dont la réalisation peut contrarier ou renforcer cette évolution. Pour se fixer les idées, le tableau synthétique suivant présente ces actifs et les risques qui les menacent.

Tableau 3.1 – ***Les risques sur les actifs***

Actifs	**Définitions**	**Risques**
Humains	Capacités techniques et physiques, compétences, connaissances…	Sanitaires
Naturels	Qualité des sols, accès à l'eau…	Environnementaux
Financiers	Actifs liquides, accès aux marchés du crédit et de l'assurance…	d'Illiquidité
Physiques	Outils de production, engrais, semences…	Vols, Incendies
Sociaux	Confiance, coopération, partage…	Exclusion sociale

- Les risques environnementaux, tels que les risques météorologiques (sècheresse, tempêtes, inondations…), l'érosion des sols, l'invasion d'animaux nuisibles, ou encore les feux de brousse peuvent affecter le capital naturel.

- Le capital humain peut être touché par la malnutrition, l'usage de pesticides, la maladie…

- Les risques financiers, tels que la volatilité des prix sur le marché national ou international, les retards de paiement… menacent le capital financier.

- Les risques de vol ou d'incendie, par exemple, peuvent également détériorer le capital physique.

- Enfin, la perte des liens sociaux due aux déplacements géographiques forcés, à des changements socio-culturels exogènes...est une autre menace qui pèse sur les communautés agricoles.

Quel que soit le contexte géographique, il est d'usage de distinguer les risques selon l'incidence de leur impact. On distingue à cet égard les risques collectifs et les risques individuels.

Les premiers sont également désignés sous les termes de risques covariés. Ils peuvent affecter positivement ou négativement tout ou partie d'une région ou d'une communauté. Une dévaluation de la monnaie nationale ou une hausse du prix des denrées alimentaires sur les marchés mondiaux peuvent créer des opportunités de gains pour les communautés rurales. Une longue période de sècheresse, de fortes intempéries, des feux de brousse à répétition ou encore un recul de la demande mondiale de produits agricoles peuvent avoir des conséquences opposées.

Les seconds, également désignés sous les termes de risques idiosyncratiques, affectent seulement un individu ou un ménage (la maladie, des pertes d'actifs dues à un incendie ou à un vol...).

Les communautés pauvres sont exposées à ces deux types de risque même si la variation des revenus semble en grande partie expliquée par les risques idiosyncratiques (Dercon, 2005). Cette distinction n'est pas toujours fondée car des chocs négatifs idiosyncratiques récurrents, tels que les manifestations épisodiques d'une maladie chronique du chef de famille, sont formellement de la même nature que les risques spatialement covariés et peuvent ainsi avoir des effets similaires.

Ces risques sont dits spatialement ou intertemporellement dépendants. Nous donnons une intuition de la notion de dépendance stochastique. Soit :

$$X = (X_1, \dots, X_i, X_j, \dots, X_n)$$

un risque multivarié, où X_i représente les dommages aléatoires pour la famille $i \in [1, \dots, n]$.

La dépendance positive implique que de grandes valeurs de la variable aléatoire X_i doivent être associées à de grandes valeurs de $X_{j=1,\dots,n-1}$.

Il suffit d'ajouter l'indice $t \in [1, \dots, T]$ à X_i pour avoir une intuition de la dépendance intertemporelle. La variable aléatoire X_{it} représente alors les dommages potentiels pour une famille i à la date t. Les risques intertemporellement dépendants caractérisent les familles pauvres. À la suite d'une maladie du chef de famille, à défaut d'une couverture sociale, les enfants doivent le remplacer dans les tâches quotidiennes. Ils sont alors quotidiennement exposés au risque d'accidents du travail, par exemple, en plus de celui à plus long terme de sous-éducation lié à la déscolarisation provisoire ou définitive.

Fort heureusement, tous les risques ne constituent pas une menace contre laquelle il faudrait à tout prix se protéger. Un risque doit être interprété dans de nombreux cas en termes de coûts et d'avantages (Ferrari, 2011). L'importance attribuée subjectivement à ces deux composantes implique *in fine* l'acceptation ou le refus du risque. L'adoption d'une nouvelle culture génère un risque, voire même de l'incertitude, sur les rendements futurs. Dans le même temps, cette nouvelle culture peut contribuer à réduire un autre risque.

Prenons un exemple. La carence en vitamine A en Afrique subsaharienne est la cause de la cécité chez de nombreux enfants et réduit leur résistance à certaines formes d'infections. La teneur en vitamine A de la patate douce cultivée traditionnellement dans cette région est en effet très faible.

Il est aujourd'hui possible de lui substituer de nouvelles variétés de patates douces qui contiennent beaucoup plus de béta-carotène, les patates douces à chair orange (PDCO). De plus, celles-ci améliorent le revenu des femmes rurales, comme au Burkina Faso.

La question posée est celle de l'adoption ou du refus de cette nouvelle variété de culture dont les rendements peuvent être jugés comme incertains par les petits agriculteurs. Pourtant, accepter l'incertitude du choix technologique contribuerait à réduire le risque d'insécurité alimentaire et de mortalité infantile.

Sur la question de l'insécurité alimentaire et les moyens à mettre en œuvre pour l'atténuer, on peut se reporter à Swiss Re (2013).

Compte tenu de la faiblesse des systèmes de protection sociale, voire de leur absence, dans les communautés rurales, nous pouvons assimiler le risque (inassurable) d'insécurité sanitaire à un *background risk*, c'est-à-dire un risque rémanent (3.3.5).

Nous désignons par A l'évènement « le nombre de vies sauvées » et par B « la production par hectare de PDCO » de probabilités non nulles.

Lorsque la quantité produite est élevée, l'insécurité sanitaire diminue grâce à une alimentation plus riche en vitamine A.

A contrario, un faible niveau de production renforce l'insécurité sanitaire. Les évènements A et B sont ici par définition positivement dépendants. Nous avons donc l'inégalité suivante où $Pr[A|B]$ désigne la probabilité de l'évènement A conditionnellement à l'évènement B.

$$Pr[A|B] > Pr[A] \Longrightarrow Pr(A \cap B) > Pr(A)Pr(B)$$

Favoriser l'adoption de nouvelles cultures pour lutter contre les carences en micronutriments constitue un défi majeur pour les décideurs privés et publics (Gouvernements nationaux, ONG, Institutions internationales). Nous aurons à plusieurs reprises l'occasion d'observer que l'adoption d'une nouvelle variété de culture ou de nouvelles semences se heurte au scepticisme des petits fermiers. Ces derniers doutent de leur profitabilité et s'en remettent à leurs cultures traditionnelles pour assurer leur quotidien.

3.1.3 La Révolution génétique : moteur du développement ou miroir aux alouettes ?

L'objectif de réduire l'insécurité alimentaire et sanitaire était celui poursuivi par les promoteurs de la Révolution verte au cours de la période 1960-1990.

Dans un contexte de réduction des terres arables et de forte croissance démographique, la Révolution verte ou génétique a pour objectif *in fine* la stabilisation des revenus des petits fermiers en les incitant à utiliser des variétés de semences plus résistantes aux maladies et aux ravageurs, et donc plus fertiles.

Mais à entendre la FAO (*Food and Agriculture Organization*), les cultures vivrières (manioc, pomme de terre, riz et blé, notamment) n'ont pas véritablement attiré l'attention des agronomes. Il en est de même des cultures dites « orphelines », telles que la dolique, le millet, le sorgho et le teff[2] qui constituent la base alimentaire des laissés-pour-compte.

Les biotechnologies sont à l'origine de la Révolution dite génétique que nous ne devons pas circonscrire à l'importation des seuls organismes

2. La dolique est une variété proche du haricot qui est notamment cultivée en Afrique et en Asie. Le sorgho est une céréale originaire d'Afrique. Le teff est une céréale très présente en Éthiopie et en Érythrée.

génétiquement modifiés[3] [4]qui sont sources de controverses scientifiques et de débats sociétaux. À cet égard, beaucoup de responsables sensibles au maintien de la biodiversité en appellent à une deuxième Révolution verte, dite Révolution agro-écologique (*evergreen revolution*) destinée à réconcilier l'agronomie et l'écologie.

Il s'agirait de promouvoir un système de production privilégiant l'autonomie des exploitations agricoles en réduisant les quantités d'inputs (eau, engrais, produits phytopharmaceutiques...).

Bien que fondamental, nous n'entrerons pas dans ce débat qui nous éloignerait de notre propos. Notons simplement au passage que l'Agenda post-2015 met au rang des objectifs prioritaires celui d'associer la lutte contre la pauvreté et le développement durable.

Toujours selon la FAO, dans les trente prochaines années, il y aura deux milliards d'individus supplémentaires qui devront se nourrir à partir des ressources locales de plus en plus menacées par le changement climatique.

L'enjeu est de taille. Il faut réduire l'insécurité alimentaire et sanitaire tout en respectant un certain nombre de principes légitimes fondés sur le respect de l'environnement et des conditions anthropologiques et pour cela garantir des moyens d'existence durables aux plus pauvres. Pour l'heure, les politiques en faveur des pays pauvres ou en développement ne concernent qu'un petit nombre de variétés végétales (le maïs, le colza, le coton, et le soja). Nonobstant les réserves que l'on peut faire, l'adoption des variétés hybrides ou transgéniques ne s'est pas (encore) généralisée. Les obstacles sont nombreux. En allant vite, nous pouvons les regrouper en deux catégories : un manque d'accès aux marchés du crédit et de l'assurance et une réticence des petits fermiers à changer de cap pour aller dans une direction chargée d'incertitude.

---

3. L'hybridation est une technique naturelle consistant à créer une nouvelle variété par le croisement de deux variétés existantes. La transgénétique consiste à introduire artificiellement un gène d'intérêt dans un organisme vivant pour en créer un nouveau.

4. Ils sont néanmoins très présents dans la Révolution génétique. En Chine, par exemple, une variété de coton résistante aux insectes a été adoptée par plus de quatre millions d'agriculteurs. Leur réussite économique en termes de rendement et de réduction des coûts ne doit évidemment pas occulter les menaces (non avérées, pour l'instant) qu'ils font planer sur l'équilibre de l'écosystème. Il ne faudrait pas qu'aux risques sur les rendements agricoles se substituent d'autres risques, tels que des risques sanitaires et environnementaux.

Avant cela, il s'agit d'analyser les interactions entre le risque, la pauvreté et la vulnérabilité. Elles sont au cœur des dynamiques du bien-être.

3.2 Vulnérabilité, risque et pauvreté

La liste des risques auxquels les communautés rurales doivent faire face est longue. On peut les rappeler : les risques pouvant affecter les récoltes, tels que la sècheresse, les inondations, le gel, les insectes nuisibles, ou encore les risques pouvant diminuer les capacités physiques des personnes, tels que la maladie ou le handicap, les risques affectant le bétail, ou encore les risques de prix sur les intrants ou les extrants.

À ces risques divers, il faut ajouter les risques naturels moins fréquents, mais aux conséquences redoutables, tels que les cyclones, les glissements de terrain, les tremblements de terre, les tsunamis.... Les phénomènes d'origine météorologique deviendront sans doute plus fréquents et plus destructifs encore avec les effets du changement climatique. Les communautés rurales, avec l'aide des Institutions publiques et privées, doivent d'ores et déjà s'y préparer (Banque mondiale, 2009).

Toutefois, il faut aller plus loin dans l'analyse des risques. Nous ne pensons pas que les risques puissent à eux seuls expliquer la chute brutale dans la pauvreté sauf si les chocs adverses sont très violents et/ou s'ils se répètent dans le temps.

Mais de façon incontestable, les risques et les chocs adverses renforcent l'influence des facteurs qui conduisent à la pauvreté, tels que la rareté des ressources ou la faiblesse des marchés. Le risque est un facteur en quelque sorte *aggravant* qui amplifie les conséquences des causes structurelles de pauvreté et qui en retour les exacerbent.

À défaut de pouvoir les gérer, l'exposition des ménages vulnérables aux risques et aux dommages potentiels compromet, nous l'avons déjà vu, leurs chances d'accéder à un niveau de vie un peu plus enviable. Pire, ces risques peuvent les entraîner dans le déclin et causer la chute plus ou moins rapide dans le piège de la pauvreté qui devenant irréversible peut leur être fatale.

3.2.1 Vulnérabilité et dynamique de la pauvreté

Pour Dercon (2005), la vulnérabilité est assimilée à la privation. Les ménages vulnérables redoutent les pertes parce que celles-ci leur causeraient beaucoup de souffrances.

Plus formellement, les ménages vulnérables sont ceux qui appartiennent au bassin d'attraction de la trappe de pauvreté. Ils ne sont pas – ou pas encore – chroniquement pauvres. Nous avons vu que pour certains auteurs ce sont les personnes dans cette situation qui doivent faire l'objet d'une attention particulière.

Une « bonne étoile » peut les éloigner durablement de l'aire d'attraction de la pauvreté. Tout comme une « mauvaise fortune » pourrait les faire basculer dans la misère.

Soyons clair, la vulnérabilité ne peut se définir que par rapport à la force d'attraction qu'exerce l'état (la trappe) de pauvreté. Le degré de vulnérabilité à la pauvreté peut donc être associé à la probabilité (de transition) de tomber demain ou plus tard dans le piège de la pauvreté.

Cependant, le calcul de cette probabilité n'est pas chose aisée.

Il doit faire intervenir l'évolution des revenus et de la consommation passés ainsi que leurs variations, mais aussi des variables non monétaires, comme la taille de la famille, la santé de ses membres, le stock des actifs matériels et humains, les liens de solidarité au sein de la communauté...et des variables comportementales (Pritchett et *alii*, 2000).

La vulnérabilité conduit à la pauvreté au travers des chocs négatifs et de l'incapacité des ménages à y faire face en mobilisant les ressources nécessaires (Barrientos, 2007).

Si des chocs répétés ont conduit les ménages vulnérables dans la trappe de pauvreté, leur capacité à rebondir dépend étroitement de la période de temps passé dans cet état. Plus le temps passé est long, moins ils ont de chances d'en sortir. Il faut donc pouvoir au mieux prévenir la chute dans la pauvreté, au pire, faire en sorte que la période durant laquelle les personnes sont pauvres soit la plus courte possible. Sinon, leurs chances d'échapper un jour à la misère deviennent très faibles.

Les risques de pertes (ou de gains), *a fortiori* les menaces (de pertes), sont partie prenante de l'analyse de la pauvreté car ils ont des conséquences sur l'évolution du bien-être d'une grande partie des populations. Les premiers peuvent se traduire par un comportement frileux des personnes vulnérables dans leur choix d'une activité risquée. Les risques peuvent en effet inciter les personnes à se désengager des nouvelles activités ou en refuser l'adoption (Dercon, 2006). Les pertes potentielles que les menaces, quant à elles, peuvent faire subir aux populations les privent des ressources qu'elles pourraient consacrer à la consommation, à l'épargne et à l'investissement. Les menaces, lorsqu'elles se concrétisent, retardent le processus d'accumulation, ou pire elles l'entravent pour longtemps.

Lorsqu'on tente d'établir un lien entre risque et pauvreté, il faut prendre en compte les deux dimensions du problème : avant et après la réalisation du risque.

La présence d'un risque de gains ou de pertes que l'on perçoit plus ou moins clairement peut influencer les comportements. Il peut susciter de l'appréhension ou au contraire favoriser les initiatives.

Lorsqu'il s'est réalisé, il faut en mesurer les conséquences positives ou négatives sur le niveau de vie des ménages.

Il est assez facile, et de très nombreuses études s'y sont consacrées, d'étudier les conséquences d'un choc adverse sur le rendement des cultures.

En revanche, l'analyse des attitudes face aux conséquences anticipées d'un risque est beaucoup plus délicate car elles sont indicibles. Il faut donc faire appel à une procédure d'élicitation des préférences (3.5.4).

L'hypothèse de travail qui a longtemps été retenue par la recherche académique sur la pauvreté est que l'aversion absolue au risque des fermiers expliquerait en grande partie leur faible niveau de vie dans la mesure où elle les inciterait à écarter tout projet innovant.

Depuis lors, beaucoup d'études ont rejeté fermement cette hypothèse en montrant que les communautés rurales n'utilisent pas souvent des stratégies d'évitement du risque par simple aversion (Fafchamps, 2010).

Mais si les fermiers pauvres ne sont pas averses au risque, comment expliquer alors qu'ils soient réticents à l'adoption d'une nouvelle technologie ?

Duflo et *alii* (2006) ont mené une expérience de terrain auprès de petits agriculteurs dans la partie occidentale du Kenya. Cette étude avait pour objectif de tester un certain nombre d'hypothèses concernant l'adoption ou le refus d'une technologie profitable. Le maïs est la denrée alimentaire de base dans cette région et celui-ci a bénéficié des avancées scientifiques (fertilisants et nouvelles variétés hybrides). Il est désigné sous les termes de maïs transgénique Bt kenyan. Compte tenu de la rareté des sols cultivables, il était souhaitable que les fermiers adoptent un mode de culture plus intensif pour assurer la sécurité alimentaire.

Comment expliquer pourquoi la majorité d'entre eux ne l'ont pas choisi ?

Les auteurs suggèrent deux explications possibles.

Le manque d'expérience (le savoir-faire) auquel l'information et sa diffusion ne peuvent pas nécessairement pallier et l'incapacité à épargner, même sur une courte période, entre le moment de la récolte et le moment de la plantation où l'engrais devrait être acheté et utilisé.

A contrario, l'expérience personnelle ou les différentes formes d'apprentissage social ont un effet positif. Le *learning by watching*, le *learning by doing* et le l*earning from others* peuvent participer favorablement à l'adoption d'une nouvelle technologie. Nous retrouvons ici toute l'importance des liens intracommunautaires.

Pour comprendre les raisons du choix d'une nouvelle technologie, les chercheurs soulignent également l'importance du rôle de l'éducation, les contraintes institutionnelles, les capacités et les compétences individuelles, la concurrence pour l'occupation des sols, les traditions culturelles et religieuses… (Bowles et *alii*, 2006), et assez peu finalement les défiances manifestées vis-à-vis du risque. Déplaçons à présent le curseur.

Lorsque les menaces se sont concrétisées, les dommages qu'elles font subir aux ménages peuvent faire sentir leurs effets longtemps après leur impact.

3.2.2 Les conséquences à long terme des chocs adverses

Les conséquences d'un sinistre sur le niveau de vie des victimes sont d'autant plus redoutables que celles-ci peuvent se faire sentir sur une période extrêmement longue. Or, lorsque la Nature est maléfique, les pauvres ont peu de moyens à leur disposition pour les atténuer.

On ne peut certes pas contrôler la probabilité d'un risque météorologique. En revanche, il est possible de réduire la probabilité qu'il affecte durement et durablement la production et les revenus par la mise en place d'un système d'irrigation, par le choix de semences plus robustes aux conditions météorologiques, par la diversification des cultures… bref, par des mesures de prévention qui sont nécessairement coûteuses. En conséquence, leur mise en œuvre se heurte à des contraintes financières.

Pratiquer la diversification des cultures ou des activités (agricoles et pastorales, par exemple), qui permettrait de réduire les conséquences du choc sur le revenu de l'activité, et partant sur les moyens d'existence, est la plupart du temps impossible.

Plus les ménages sont vulnérables, plus est élevée la probabilité de voir leur niveau de vie affecter durablement par un choc négatif.

Les conséquences non amorties de ces chocs peuvent expliquer la chute dans la pauvreté, puis une pauvreté intergénérationnelle persistante.

On peut en effet douter que les ménages, au-delà d'une période de réaccumulation de leurs actifs, recouvreraient leur niveau de vie antérieur. Dercon (2006 et 2007) réfute cette idée assez répandue que les risques ponctuels seraient potentiellement à l'origine d'effets négatifs transitoires.

Ces chocs seraient au contraire susceptibles d'engendrer des effets persistants sur le long terme et empêcheraient tout retour à l'état antérieur, toute forme de résilience. Le caractère hystérétique de ce phénomène expliquerait que dans un environnement où les chocs destructifs se répètent la pauvreté se soit aggravée.

À tout le moins, on peut dire que plus le choc est brutal, plus la période passée à reconstituer les actifs sera longue.

À la suite du passage du typhon Halyan en novembre 2013 sur les Philippines, les autorités ont estimé à trois millions les cocotiers (« arbres de vie ») déracinés et les cocotiers épargnés par le typhon sont en mauvais état.

Quant on sait que la filière de la noix de coco est un secteur important pour cette économie (20% de la population rurale) et que la production d'un arbre n'intervient qu'au bout de 7 ans, on mesure facilement les conséquences à long terme sur le niveau de vie des petits producteurs dont un grand nombre sont d'ores et déjà ruinés. Reconstruire le capital détruit est un travail de longue haleine malgré les concours extérieurs.

Dans une communauté rurale du Zimbabwe, après la très forte sècheresse de 1992, les petits éleveurs ont perdu 80% de leur bétail. Cinq ans plus tard, ils n'avaient reconstitué en moyenne que la moitié de leurs troupeaux (Banque mondiale, 2008).

Les famines dans la corne de l'Afrique au milieu des années 80 ont eu des conséquences durables. Dix ans après, le nombre de bovins n'était encore qu'au deux tiers de ce qu'était le cheptel avant la famine (Dercon, 2005).

Mais les conséquences à long terme des chocs adverses ne se limitent pas aux chocs covariés très destructeurs. La fratrie constitue souvent une épargne de précaution contre les risques de la vie. À la suite d'un choc négatif sur le revenu ou sur les capacités physiques du chef de famille, les enfants peuvent être retirés de l'école. Même s'ils peuvent y retourner plus tard, le retard scolaire accumulé aura des répercussions à long terme sur leur épanouissement. Une sortie du système scolaire de ces enfants, même pour une durée limitée, peut en effet avoir des conséquences à long terme sur leur état sanitaire et leur capacité à entreprendre.

Les filles seraient au demeurant plus affectées encore que les garçons. Un taux de fécondité élevé, pouvant être à l'origine d'une « trappe de pauvreté démographique », s'explique pour partie par le fait que les enfants sont sollicités pour assurer la continuité des tâches quotidiennes. On pourrait multiplier les exemples (Dercon, 2007).

Par ailleurs, le réchauffement climatique peut avoir une double conséquence : augmenter l'intensité et la durée du choc météorologique, mais aussi la période durant laquelle ses effets se feront sentir.

À défaut de pouvoir bénéficier d'une protection de leurs actifs physiques et humains et donc sans espoir de les reconstituer rapidement, ces ménages avec moins de moyens encore ne pourront espérer accéder à un niveau de vie un peu plus enviable (Banque mondiale, 2008). Que les chocs subis soient covariés ou idiosyncratiques, ils peuvent faire sentir leurs effets sur de longues périodes, voire même sur plusieurs générations.

Comment les familles pauvres se comportent-elles face à des risques qui pèsent potentiellement sur leur activité, leur revenu, leur consommation, leur santé et peuvent contrarier leur propre destin ? Tout en sachant qu'ils peuvent améliorer leur sort si la Nature est bienveillante.

Nous avons déjà ouvert quelques pistes de réflexion dans la partie précédente. Nous allons à présent les explorer dans le détail.

Les questions que l'on est en droit de se poser sont entre autres :

- Comment les ménages se comportent-ils dans un contexte de gains et de pertes avec des petits ou des grands enjeux ?

- L'activité agricole est simultanément exposée à de nombreux risques de diverses origines. Les comportements ne sont-ils pas en conséquence influencés par ce contexte particulier ?

- Est-ce que la proximité de l'état d'extrême pauvreté conditionne les comportements ?

- Est-ce que les petits fermiers ne sont pas plus sensibles aux pertes qu'aux gains possibles ?

- Est-ce que les innovations technologiques ne génèrent pas à leurs yeux de l'incertitude sur les résultats potentiels ?

Bien que le modèle de l'utilité espérée reste muet sur toutes ces questions, nous savons qu'une grande partie de la littérature jusqu'à ce jour s'est construite sur l'hypothèse que combinée à d'autres facteurs de pauvreté l'aversion au risque des personnes pauvres doit probablement contribuer à expliquer la dynamique défavorable de leurs niveaux de vie.

Cependant, certains raffinements de ce modèle canonique permettent d'analyser les conséquences de la sensibilité aux pertes, de l'environnement du décideur, ou encore des seuils de revenu sur les décisions prises par les personnes pauvres. À cet égard, ils ne sont pas dépourvus d'intérêt pour notre étude.

3.3 Le modèle standard : un pouvoir explicatif limité

Il faut pour mener une politique sociale efficace pouvoir comprendre les ressorts qui guident les décisions individuelles dans le risque et choisir parmi les nombreux critères que la théorie nous propose ceux qui sont a même de représenter les comportements.

Pour cela, nous devons passer au crible les critères de décision avant de juger de leur capacité à figurer les préférences individuelles au regard des résultats obtenus par les études menées sur le terrain.

C'est la raison pour laquelle nous consacrons la première sous-section (3.3.1) de cette partie à une définition des attitudes vis-à-vis du risque découlant du modèle d'espérance d'utilité (EU) proposé par von Neumann et Morgenstern (1947) dans le prolongement tardif du célèbre paradoxe de Bernouilli.

La partie suivante (3.3.2) est consacrée pour illustration à une analyse théorique des conséquences de l'aversion au risque sur les dynamiques multiples du bien-être. Par ailleurs, l'aversion au risque doit pouvoir s'expliquer par des effets de seuil de pauvreté.

C'est pourquoi nous présentons dans la partie (3.3.3) le critère *safety-first* qui illustre un renversement des préférences en deçà d'un seuil.

La sensibilité aux pertes des personnes pauvres gouverne sans aucun doute leurs décisions. La notion de *downside risk* permet de formaliser de tels comportements. Elle sera étudiée dans la partie 3.3.4.

Non seulement les situations personnelles, mais aussi les caractéristiques de l'environnement influencent les décisions.

La présence d'un risque non assurable, disons un risque sanitaire par exemple, dans l'environnement du décideur peut contribuer à accroître son aversion à l'égard d'un risque auquel il pourrait volontairement s'exposer, le choix d'une nouvelle technique de production, par exemple.

Nous étudions ce contexte multirisques dans la partie 3.3.5 consacrée à la notion de *background risk.*

Même si les prolongements auxquels le modèle EU a donné lieu nous rapprochent de notre objectif, celui d'une personnalisation et d'une contextualisation du décideur, nous conclurons cette partie sur la nécessité de sortir de ce cadre si l'on veut tenter de mieux comprendre les déterminants de la décision des personnes pauvres dans un contexte où l'information probabiliste est au mieux imprécise et les axiomes de cette théorie non vérifiés. La notion d'aversion au risque, même enrichie, est assez peu adaptée à un environnement qui peut générer de « gros risques » de forte variance.

3.3.1 Les mesures de l'aversion au risque

Soit $u(x)$ une fonction d'utilité de von Neumann et Morgenstern où x indique une conséquence monétaire de la décision prise par l'individu.

Nous définissons tout d'abord le degré d'aversion absolue au risque (ARA, *Absolute Risk Aversion*) :

$$ARA(x) = -\frac{u''(x)}{u'(x)}$$

et le degré d'aversion relative au risque (RRA, *Relative Risk Aversion*) :

$$RRA(x) = xARA(x)$$

L'aversion relative au risque repose sur la présence d'un risque multiplicatif.

Si cette aversion est constante, il faut alors supposer que l'effet risque (négatif) est strictement compensé par l'effet richesse (positif) quand on envisage une augmentation des revenus, et inversement dans le cas d'une diminution.

Nous donnons à présent l'expression de la *Power Risk Aversion Utility* (PRA). Elle nous permet de regrouper en une seule fonction les hypothèses d'aversion absolue et d'aversion relative croissantes, décroissantes ou constantes (Xie, 2000). Soit :

$$u^{PRA}(x) = \frac{1}{\gamma}\left\{1 - exp\left(-\gamma\frac{x^{1-\sigma}-1}{1-\sigma}\right)\right\} \text{ avec } \gamma \geq 0 \text{ et } \sigma \geq 0$$

- Le coefficient d'aversion absolue au risque s'écrit dans ce cas :

$$ARA^{PRA}(x) = \frac{\sigma}{x} + \frac{\gamma}{x^{\sigma}}$$

Celui-ci est non croissant en x.

- Le coefficient d'aversion relative au risque s'écrit :

$$RRA^{PRA}(x) = \sigma + \gamma x^{1-\sigma}$$

Quand $\gamma = 0$, ce coefficient est constant et égal à σ. Le coefficient d'aversion absolue au risque est dans ce cas strictement décroissant. La fonction d'utilité exhibant une aversion relative au risque constante (*Constant Relative Risk Aversion*, CCRA) s'écrit :

$$u^{CRRA}(x) = \frac{x^{1-\sigma}-1}{1-\sigma}$$

Avec ces éléments, nous allons étudier à présent la relation entre l'aversion au risque et les dynamiques du bien-être.

3.3.2 L'aversion relative au risque et la trappe de pauvreté

Nous pouvons démontrer dans un cadre théorique que l'aversion relative au risque constante peut être un facteur contributif de la pauvreté chronique (Banerjee, 2005).

3.3.2.1 Le cadre d'analyse

Nous supposons un bien produit et un agent représentatif ayant un héritier.

Cet agent dispose initialement d'une dotation reçue de ses parents. Dans la première moitié de sa vie, il arbitre entre deux types d'activité possibles. Dans la seconde partie de sa vie, il affecte son revenu à sa propre consommation et au legs qu'il verse à sa descendance.

Ce legs pourrait porter en le généralisant sur les terres cultivables, la santé, l'éducation, la culture... bref, tous les facteurs qui peuvent contribuer à expliquer la dynamique des dynasties.

Soit la fonction d'utilité suivante de type Cobb-Douglas :

$$U(c,b) = \frac{A\left(c^{1-\beta}b^{\beta}\right)^{-\alpha}}{1-\alpha}, \text{ avec } 0 < \beta < 1,\ 0 < \alpha < 1 \text{ et } A > 0.$$

La double affectation de son revenu y est donnée par :

$$c = (1-\beta)y \text{ et } b = \beta y$$

où c et b désignent respectivement la consommation et le legs. On peut dès lors exprimer la fonction d'utilité indirecte.

Celle-ci s'écrit :

$$V(y) = \frac{\overline{A}y^{1-\alpha}}{1-\alpha}$$

Cette fonction exhibe CRRA et une aversion absolue au risque qui décroît (DARA, *Decreasing Absolute Risk Aversion)* lorsque le revenu augmente. Les coefficients respectifs sont $ARA(y) = \frac{\alpha}{y}$ et $RRA(y) = \alpha$.

Le revenu final dépend des dotations initiales ω, des choix optimaux faits en matière d'activité professionnelle, indiqués par C, et d'un choc aléatoire θ. Soit :

$$y = y(\omega, C, \theta)$$

L'individu dispose de deux options possibles.

Soit il place ses dotations dans une institution de microfinance qui sont rémunérées au taux d'intérêt r et exerce alors une activité salariée sans risque en contrepartie d'un salaire w, soit celui-ci opte pour un projet risqué, tel qu'une nouvelle culture plus intensive ou une nouvelle variété de semences.

Bien que nous situant dans un cadre théorique, cette approche souligne bien l'alternative à laquelle le foyer rural doit faire face. On devine que son niveau de richesse et son attitude vis-à-vis du risque vont guider son choix.

S'il choisit la seconde option, il reçoit un intérêt R dans le bon état de la nature associé à la probabilité q et dans le mauvais état de la nature un intérêt R' avec une probabilité $1-q$. Nous supposons $R > r > R'$.

En empruntant $I - \omega$ au taux r, l'agent choisira d'investir dans le projet risqué si :

$$qV\left(I(R-r)+\omega r\right)+(1-q)V\left(I(R'-r)+\omega r\right) \geq V(w+\omega r)$$

où I et $V(w+\omega r)$ représentent le montant de l'investissement et l'utilité indirecte procurée par les revenus de l'activité salariée et du placement.

3.3.2.2 Les dynamiques de la richesse

Le choix entre les deux activités risquée et non risquée en fonction des dotations initiales est représenté dans la Figure 3.1.

FIGURE 3.1 – ***Risque, activités et revenu***

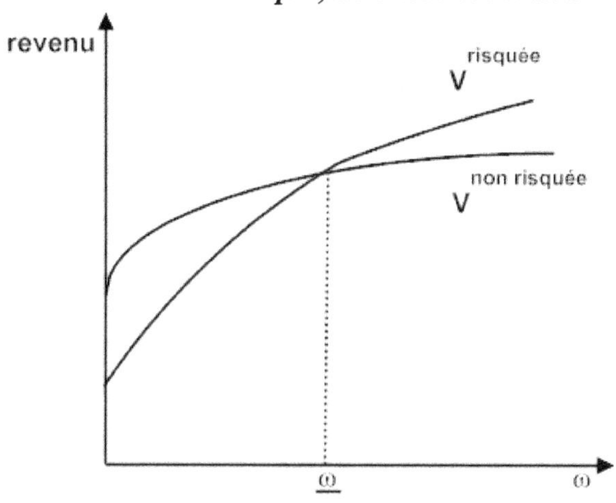

Source : Banerjee (2005).

L'activité salariée sans risque est choisie lorsque les dotations sont inférieures à $\underline{\omega}$. Pour rester au plus près de notre étude, on peut imaginer que le petit fermier offre ses bras à un propriétaire foncier. Au-delà de ce seuil, les individus optent pour le projet risqué. Ils investissent dans une activité agricole aux rendements aléatoires.

Intéressons-nous de plus près à l'influence des revenus et des comportements face au risque sur les choix retenus. Examinons les deux cas suivants.

• Lorsque leur richesse est élevée, les individus se comportent à la limite comme des agents neutres au risque à cause de l'hypothèse CRRA. Lorsque le revenu augmente, l'aversion absolue au risque tend vers 0. Leur choix est alors simplement dicté par l'espérance mathématique des rendements.

Pour une unité d'investissement, nous devons donc naturellement vérifier la condition (de non arbitrage) suivante :

$$qR + (1-q)R' \geq r$$

Ce qui signifie simplement que l'espérance mathématique des rendements du projet risqué doit être au moins égale au taux sans risque sur les placements financiers.

FIGURE 3.2 – ***Les dynamiques de la richesse***

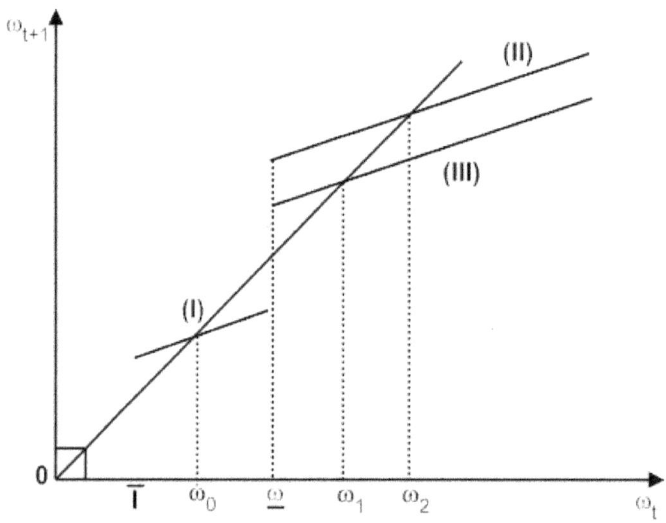

Source : Banerjee (2005).

• Lorsque le niveau de richesse est faible, les agents manifestent une forte aversion au risque.

Par ailleurs, on pourrait montrer que pour un revenu donné, le seuil $\underline{\omega}$ se déplace sur la droite si on envisage un degré élevé d'aversion relative au risque ($\alpha \simeq 1$).

Les individus optant pour l'activité sans risque sont alors plus nombreux. La forte aversion au risque, si elle est partagée par le plus grand nombre, explique la paupérisation de la communauté.

Les dynamiques de la richesse impliquées par ce modèle s'expriment simplement. On peut se référer à la Figure 3.2.

Soit :

$$\omega_{t+1} = \beta\,(\omega_t r + w)\,,\ \text{si}\ \omega_t \leq \underline{\omega}\ \text{(I)}$$
$$\omega_{t+1} = \beta\,[I(R-r) + \omega_t r]\,,\ \text{avec}\ q\ \text{(II)}$$
$$\omega_{t+1} = \beta\,[I(R'-r) + \omega_t r]\,,\ \text{avec}\ 1-q,\ \text{sinon (III)}$$

La dynamique (I) est celle des individus dont la richesse est située au-dessous de $\underline{\omega}$.

Les dynamiques (II) et (III) sont celles des individus dont la richesse est située au-dessus de $\underline{\omega}$.

Les plus pauvres et les plus averses au risque vont converger vers ω_0, tandis que les mieux lotis « presque neutres au risque » vont converger vers une distribution stationnaire de support $[\omega_1, \omega_2]$.

On peut, du moins en théorie, mesurer l'importance du degré d'aversion au risque dans l'évolution du bien-être des dynasties.

Mais il faut, nous l'avons déjà dit, que les individus se comportent conformément aux axiomes du modèle de von Neumann et Morgenstern.

Le comportement face au risque conditionne en partie les dynamiques de la richesse au travers du choix à faire entre une activité dont le rendement est aléatoire et une activité sans risque. On observe en effet que les individus ayant de faibles ressources, ainsi que leur descendance, sont destinés à rester pauvres parce qu'ils redoutent de s'engager dans une activité risquée qui leur permettrait pourtant si le risque leur est favorable de changer sur le long terme le cours de leur existence.

Les chances de transiter d'un état stationnaire de niveau faible vers un état de niveau plus élevé sont nulles.

L'aversion au risque associée au dénuement est rédhibitoire dans le sens où elle a pour conséquence de figer les situations.

L'état de pauvreté doit être vu ici comme un état absorbant que les individus ne peuvent quitter sans intervention extérieure ou une « bonne étoile ».

L'état stationnaire ω_0 correspond à la trappe de pauvreté.

Les individus vulnérables qui par définition se situent dans le bassin d'attraction $(\underline{\omega}, \omega_0)$ vont y converger.

Il faut noter au passage que lorsque le degré d'aversion relative au risque est plus élevé, le bassin d'attraction de l'état de pauvreté tend à s'élargir. Ce qui a pour conséquence de réduire les chances d'une promotion sociale à long terme pour le plus grand nombre.

Ces évolutions s'apparentent donc à une dynamique de Markov avec un état absorbant ω_0, un état transient $\underline{\omega}$ et un sous-ensemble ergodique (ω_1, ω_2).

Mais l'hypothèse d'un degré d'aversion relative au risque constante est-elle acceptable lorsqu'il s'agit de capturer les préférences des petits producteurs ? Nous sommes en droit d'en douter [5] et de relativiser en conséquence les résultats de cette étude. On ne peut pas se contenter de cette hypothèse « *ad hoc* », même si nombre de modèles économiques l'ont adoptée pour intégrer le risque dans l'analyse des dynamiques de la pauvreté.

Il faut s'orienter vers des méthodologies qui au-delà du seul niveau de revenu prennent en compte les influences de la vulnérabilité sous toutes ses formes et de l'environnement sur les comportements face aux risques. Pour cela, nous devons poursuivre nos investigations pour justifier tout d'abord l'aversion au risque des petits fermiers en prenant en considération leur situation personnelle.

Le critère *safety-first* témoigne d'un renversement des préférences en deçà d'un seuil que nous pourrions assimiler par extension à un seuil de pauvreté multidimensionnelle.

3.3.3 Le critère *safety-first*

Bien qu'à notre connaissance ce critère de décision ait été assez peu utilisé dans la littérature récente sur la pauvreté, il nous semble pourtant assez pertinent même si la notion de *pauvreté monétaire* est implicite. Mais il souffre d'un inconvénient non négligeable que nous évoquerons un peu plus loin dans cette partie : celui d'exhiber un résultat contre-intuitif.

Prenons un exemple pour illustrer l'application possible de ce critère dans le contexte de l'agriculture de subsistance. Pour expliquer les

5. Même si des études expérimentales, souvent anciennes, Myers (1989) notamment, auraient décelé des preuves sur l'existence de petits exploitants exhibant des préférences CRRA et DARA par rapport à la richesse initiale. Pour une revue de la littérature récente sur cette question, on peut se reporter à Cardenas et Carpenter (2008), ainsi qu'à Hurley (2010). Dans Hurley, on trouve un tableau synthétique utile page 21 sur les études empiriques.

obstacles à l'adoption de nouvelles technologies, on peut penser que les fermiers qui redoutent de tomber en dessous du seuil de subsistance sont incités à privilégier les semences traditionnelles aux dépens de semences hybrides pourtant plus rentables. Ils jouent en quelque sorte la *sécurité*.

Nous supposons que les décideurs ont des préférences linéaires au-delà d'un seuil et manifestent au contraire de l'aversion au risque en deçà (Eeckhoudt et Gollier, 1992). Nous allons voir que ce critère peut être interprété comme un cas particulier du critère plus connu de l'espérance-variance, à savoir :

$$U(w_f) = f\left(E(w_f), \sigma^2_{w_f}\right) = E(w_f) - k\sigma^2_{w_f}$$

où w_f indique la richesse finale du décideur, $E(w_f)$ et $\sigma^2_{w_f}$ les deux premiers moments de la distribution. La variance est ici considérée comme une mesure du risque et k est une constante positive qui mesure le degré d'aversion au risque.

Soit $\underline{w}$ le seuil de richesse au niveau duquel le décideur modifie ses préférences. Le risque entrainant de possibles réalisations de w_f en deçà de ce seuil suscite de l'aversion. Le risque est alors évalué par les probabilités d'obtenir $w_f < \underline{w}$ et par l'importance des écarts entre ces réalisations et le seuil. Au-delà, il n'intervient plus dans les choix effectués, les variations de w_f ne sont plus prises en considération. L'agent devient indifférent au risque.

L'évaluation du risque en deçà du seuil fait intervenir la notion de semi-variance calculée à partir de $\underline{w}$.

Avec $w_f \in [a, \underline{w}]$ de densité $f(w_f)$, elle s'écrit :

$$\sigma^{2-}(\underline{w}) = \sum_{i=a}^{w} (w_{fi} - \underline{w})^2 f(w_{fi})$$

La richesse finale est ensuite évaluée de la façon suivante :

$$U(w_f) = E(w_f) - k\sigma^{2-}(\underline{w})$$

Bien qu'utile pour rendre compte des renversements de préférence, ce critère s'expose cependant à une critique de bon sens.

Pour le montrer, nous posons :

$$\begin{aligned} &U(w_f) = w_f \text{ pour } w_f \geq \underline{w} \text{ et} \\ &U(w_f) = w_f - k(\underline{w} - w_f)^2 \text{ pour } w_f < \underline{w} \end{aligned} \tag{3.1}$$

Un rapide calcul permet d'obtenir l'expression suivante :

$$E\left[U(w_f)\right] = E(w_f) - k\sigma^{2-}(\underline{w})$$

L'approche en termes d'utilité espérée permet de retrouver le critère *safety-first*.

Si on calcule le coefficient d'aversion absolue à partir de l'équation 3.1 pour $w_f < \underline{w}$, on obtient :

$$ARA = -\frac{U''}{U'} = -\frac{-2k}{1+2k(\underline{w}-w_f)} > 0$$

Ce critère n'a malheureusement pas les bonnes propriétés concernant la relation entre le degré d'aversion au risque et le changement de richesse. Le degré d'aversion absolue augmente en effet avec la richesse.

Plus sa richesse augmente, plus le décideur redoute un risque additif. Pour $w_f > \underline{w}$, ARA est nul puisque $k = 0$, l'agent devient neutre au risque.

Dans notre étude, le seuil $\underline{w}$ pourrait être défini par le seuil du bassin d'attraction. En pratique, les petits fermiers se fixent souvent un objectif de seuil minimum que leur revenu ne doit pas franchir. Mais alors son estimation est évidemment encore plus difficile à établir.

Le rôle des seuils sur les changements d'attitude face au risque comme dans le modèle présenté dans 3.3.2 et formalisé ici par le critère *safety-first* est en phase avec l'idée que l'on se fait de l'influence de la vulnérabilité sur les comportements. En dépit de ses mauvaises propriétés, ce critère met en lumière ce qui pourrait expliquer pour partie les décisions des personnes pauvres. Capturer les comportements au travers de la notion d'aversion absolue ou relative avec un renversement des préférences au voisinage d'un seuil de pauvreté est une première étape qui nous amène dans la bonne direction. À condition d'accepter, non sans réserves, le cadre d'analyse proposé par le modèle standard.

Nous venons de voir que l'appartenance au bassin d'attraction de la trappe de pauvreté peut radicalement changer les comportements – indifférence ou aversion – face au risque.

Mais on est en droit de supposer également que les communautés rurales pauvres sont susceptibles de manifester une *très forte sensibilité au risque de pertes*. Dans ce cas, un projet risqué ne sera pas entrepris si le décideur pense que son activité traditionnelle présente moins de risque sur les pertes et plus de risque sur les gains.

La notion d'aversion au *downside risk* permet de comprendre un tel choix.

3.3.4 Le *downside risk* et l'adhésion technologique

Nous définissons à présent ce critère, puis à la lumière des études expérimentales qui l'ont testé, nous portons un jugement sur sa validité empirique.

3.3.4.1 L'aversion au *downside risk*

Nous commençons l'étude par une généralisation du critère de l'utilité espérée. Ce préalable nous est utile pour définir ensuite l'aversion au *downside risk.*

Soit X_1 et X_2 deux variables aléatoires auxquelles on associe des mesures de probabilité.

En prenant l'espérance mathématique du développement limité de la fonction u respectivement autour de $E(X_1) = \mu_1$ et $E(X_2) = \mu_2$, puis en posant $X_1 = E(X_1) + h$ et $X_2 = E(X_2) + h'$, avec $E(h) = E(h') = 0$, il vient :

$$
\begin{aligned}
E[u(X_1)] &= u(\mu_1) + u'(\mu_1)E(h) + \frac{1}{2!}u"(\mu_1)E(h^2) + \sum_{n=3}^{\infty} \frac{1}{n!}u^{(n)}E(h^n) \\
E[u(X_2)] &= u(\mu_2) + u'(\mu_2)E(h') + \frac{1}{2!}u"(\mu_2)E(h'^2) + \sum_{n=3}^{\infty} \frac{1}{n!}u^{(n)}E(h'^n)
\end{aligned}
$$

Nous pouvons observer facilement que le signe des moments centrés d'ordre supérieur à 2 intervient dans le signe de $E[u(X_1)] - E[u(X_2)]$. Or, nous savons que l'aversion absolue au risque suppose la concavité de u $(u" < 0)$.

Si nous négligeons les moments d'ordre supérieur à 2, nous obtenons :

$$E[u(X_1)] - E[u(X_2)] = \frac{1}{2!}u"(\mu)\left[E(h^2) - E(h'^2)\right]$$

en posant $\mu_1 = \mu_2 = \mu$.

L'expression $E[u(X_1)] - E[u(X_2]$ est du signe opposé à $E(h^2) - E(h'^2)$.

Alors, la variable X_1 est préférée à X_2 si $\sigma^2_{X_1} < \sigma^2_{X_2}$.

Si à présent nous tenons compte du moment centré d'ordre 3, le signe de l'expression ne dépend plus exclusivement de $\sigma^2_{X_1} - \sigma^2_{X_2}$.

Nous observons aisément que si par exemple $E(h^3) - E(h'^3) < 0$ et $u''' > 0$, il n'est plus possible d'affirmer que X_1 est préféré à X_2 quand $E(h^2) < E(h'^2)$.

Une fonction d'utilité dont la dérivée troisième est positive représente les préférences d'un *agent prudent*. Comment expliquer ce comportement qui est à la fois complémentaire et différent de l'aversion au risque ?

La notion de *downside risk* (Menezes et *alii*, 1980) nous permet de répondre à cette question.

Illustration (Figure 3.3). Celle-ci et les commentaires s'inspirent étroitement de Crainich et Eeckhoudt (2005).

Les deux premiers moments des deux distributions des variables aléatoires X_1 et X_2 sont égaux. Soit $E(X_1) = E(X_2)$ et $\sigma^2_{X_1} = \sigma^2_{X_2}$.

Pour un agent dont les préférences sont quadratiques, nous devons avoir $X_1 \sim X_2$.

Montrons à présent comment X_2 est obtenue à partir de X_1.

Les deux plus mauvais résultats de X_1, -6 et 2, associés aux probabilités 1/4, sont remplacés par -2, associé à la probabilité 1/2 dans X_2.

On a effectué sur les deux plus mauvais résultats de X_1 une contraction à moyenne constante (CMC) pour obtenir le moins bon résultat de X_2.

Par contre, le meilleur résultat de X_1,10 avec la probabilité 1/2, est remplacé dans X_2 par ses deux meilleurs résultats, 6 et 14 avec les probabilité 1/4.

On a effectué sur le meilleur résultat de X_1 un étalement à moyenne constante (EMC).

In fine, les variances de X_1 et de X_2 restent donc constantes puisque CMC=EMC.

Un agent qui exhibe un comportement prudent (aversion au *downside risk)* préfèrera X_2 à X_1 parce qu'il souhaite réduire le risque qui pèse sur les moins bons résultats au prix d'une augmentation du risque sur les meilleurs. On pourrait alors démontrer que :

$$u''' \begin{matrix} > 0 \\ = 0 \\ < 0 \end{matrix} \Longrightarrow X_2 \begin{matrix} \succ X_1 \\ \sim X_1 \\ \prec X_1 \end{matrix}$$

Autrement dit, si certains individus risquophobes préfèrent X_2 à X_1, ils manifestent de l'aversion au *downside risk* parce que X_2 présente moins de risque pour les mauvais résultats et plus de risque pour les bons.

La fonction d'utilité u qui définit le comportement de ces individus admet une dérivée troisième positive.

FIGURE 3.3 – ***Le downside risk***

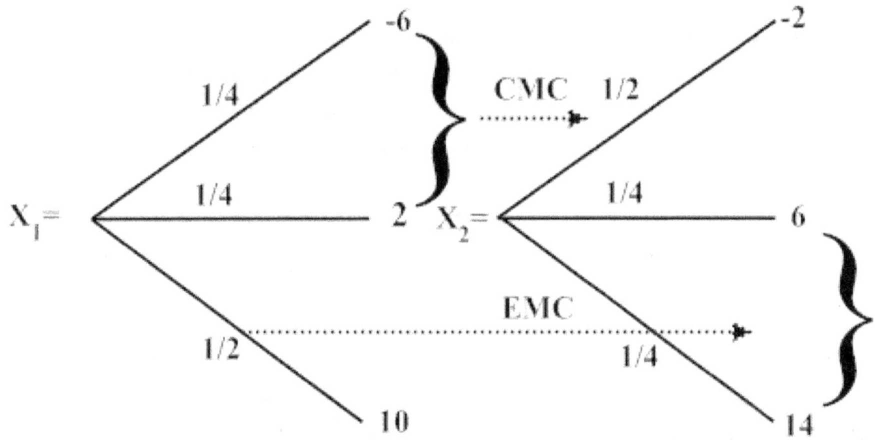

Source : inspirée de Crainich et Eeckhoudt (2005).

Elle traduit ainsi leur aspiration à limiter le risque dans les pertes. Ce comportement pourrait expliquer pourquoi les petits producteurs privilégient leur activité traditionnelle si celle-ci présente moins de risque sur les pertes et plus de risque sur les gains que le nouveau projet même si ces deux options sont équivalentes en termes d'espérance\variance. On ne peut pas exclure que la *prudence* guide les choix des personnes vulnérables. Elle peut ainsi expliquer aussi la constitution d'une épargne de précaution. L'hypothèse d'aversion au risque ne suffit pas en effet pour expliquer l'ajustement de la consommation optimale face à un risque qui peut affecter le revenu. Le motif d'épargne de précaution dépend du signe de la dérivée troisième. L'agent exhibe de la prudence et exprime une demande d'épargne de précaution si sa fonction d'utilité marginale est convexe.

Craignant la chute dans le piège de pauvreté, *sécurité* et *prudence* pourraient gouverner les choix des personnes vulnérables.

Le *background risk* (3.3.5) peut être associé au *downside risk*. Crainich et *alii* (2014) démontrent en effet que l'aversion au *downside risk* et la mesure de son intensité sont des notions appropriées pour analyser l'effet d'un *background risk*. Quelle peut donc être l'influence de l'aversion au *downside risk* sur le choix des cultures et en conséquence sur la réduction de l'exposition au risque météorologique si les nouvelles variétés garantissent *ceteris paribus* moins de risques sur les pertes agricoles ?

3.3.4.2 Aversion au *downside risk* et refus de l'adoption technologique

L'activité agricole, nous le savons, est particulièrement risquée car les cultures sont exposées à un grand nombre d'aléas, tels que les stress abiotiques (sècheresse et inondations) et les stress biotiques (bactéries et insectes nuisibles). L'objectif de toute politique agricole publique est de faire adopter par les petits fermiers des nouvelles semences plus robustes afin précisément de réduire l'exposition à ces risques sans si possible en créer d'autres d'origine environnementale et de garantir la sécurité alimentaire.

Lybbert (2006) a mesuré la réaction des sujets de son expérience face aux changements des trois premiers moments de la distribution de probabilité à la suite de l'introduction de nouvelles semences.

Les petits fermiers dans l'État du Tamil Nadu au sud de l'Inde ont eu en effet l'opportunité d'opter pour une nouvelle variété de coton, une variété hybride, le coton Bt. Ces nouvelles semences (*pro-poor*) stabilisent les rendements et réduisent le *downside risk*. Elles ont pour conséquence de réduire l'asymétrie de la distribution. Le *skewness* S mesure l'asymétrie de la distribution [6]. Si ce coefficient est négatif, la distribution est asymétrique vers la gauche, comme dans la Figure 3.4.

Comme on pouvait s' y attendre, compte tenu de leur manque de familiarité avec le calcul probabiliste, les fermiers réagissent positivement à l'augmentation de l'espérance des rendements, mais semblent indifférents à une augmentation du *skewnesss*, alors même que celle-ci doit être favorablement perçue par un décideur prudent.

---

6. Il est donné par l'expression :

$$S = \frac{E(h^3)}{\left(\sqrt{E(h^2)}\right)^3},$$

qui est le moment centré d'ordre 3 sur le cube de l'écart-type.

Pour l'auteur de cet article, les contraintes institutionnelles d'accès aux marchés du crédit et des inputs semblent une fois encore plus significatives que l'aversion supposée au risque pour comprendre le refus d'adopter de nouvelles semences par les fermiers pauvres des pays du Sud.

Néanmoins, le contexte anxiogène dû à la multiplicité des risques agricoles et environnementaux fait que celui-ci peut influencer les choix des ménages ruraux.

FIGURE 3.4 – ***Le skewnesss***

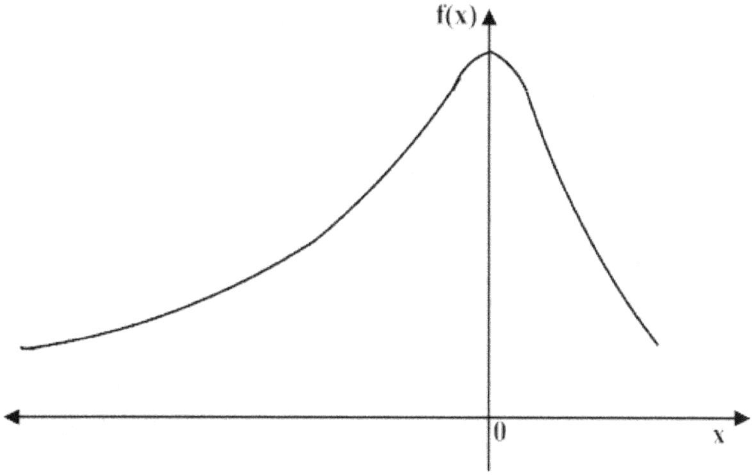

Pourquoi donc étudier à présent le *background risk*, c'est-à-dire un risque exogène non assurable ?

La réponse est simple. La présence d'un tel risque dans l'environnement ajouté à un risque volontaire peut avoir pour conséquence d'augmenter l'aversion absolue au risque des individus.

Il nous semble en effet assez pertinent de justifier cette hypothèse en prenant en considération le contexte particulier dans lequel le décideur fait des choix. La présence d'un ou de plusieurs risques rémanents peut dans le cas d'une petite communauté de subsistance expliquer de façon convaincante pourquoi ses membres manifesteraient un degré d'aversion absolue au risque élevé.

Les préférences vis-à-vis du risque et les décisions qu'elles inspirent sont dès lors influencées par un contexte particulier où un grand nombre de risques demeurent inassurables.

Qu'est-ce donc que le *background risk* ?

3.3.5 Le *background risk*

Dans le monde réel, les menaces ne peuvent se résumer à un risque endogène, tel que celui résultant, par exemple, du choix d'une nouvelle activité agricole ? Ces risques consentis peuvent être en théorie couverts, soit par des contrats contingents passés entre particuliers, soit par l'assurance, même si celle-ci est embryonnaire dans les régions pauvres des pays du Sud.

Mais l'environnement, en particulier dans les zones rurales, est générateur de risques contre lesquels les personnes ne peuvent pas se couvrir. On peut citer par exemple les risques sanitaire ou d'invalidité qui peuvent pénaliser l'activité productive, réduire les revenus de la famille et l'entraîner dans la précarité. On parle alors d'un risque exogène, désigné sous le terme de *background risk*, ou similairement de risque rémanent ou de fond.

Nous pouvons démontrer que la présence de ce risque augmente l'aversion absolue vis-à-vis du risque endogène (volontaire) si certaines conditions portant sur les fonctions d'utilité sont réunies.

L'analyse des comportements dans un contexte multirisques a fait l'objet de très nombreuses recherches. Nous avons à notre disposition plusieurs types d'approches, notamment celle proposée par Gollier et Pratt (1996).

Ces auteurs définissent une classe assez générale de fonctions d'utilité telles qu'un agent averse au risque devient encore plus averse au risque quand on ajoute un second risque indépendant, le *background risk*. La classe des fonctions d'utilité qui permettent d'obtenir ce résultat est désignée sous le terme *risk vulnerability*. Les préférences du décideur sont vulnérables à l'ajout d'un *background risk*. L'ensemble contenant ces fonctions est plus grand que ceux définis un peu avant par Pratt et Zeckhauser (1987) et Kimball (1993).

Soit un agent averse au risque dont la richesse finale peut s'écrire :

$$w_f = w(x) + w_0\varepsilon$$

où w_0, ε et x désignent respectivement la richesse initiale, le risque exogène (le *background risk*) qui porte sur cette richesse, avec $E(\varepsilon) = 0$ et le risque endogène portant, par exemple, sur le rendement futur d'un actif productif.

Soit $v(w(x))$ la fonction d'utilité indirecte, c'est-à-dire l'espérance d'utilité conditionnelle à la réalisation de x.

Nous l'écrivons de la façon suivante :

$$v(w(x)) = E_{\varepsilon}[u(w(x) + w_0\varepsilon)]$$

Nous calculons la dérivée première de $v(w(x))$, soit :

$$v'(w) = E_{\varepsilon}\left[u'(w + w_0\varepsilon)\right] = u'(w - \psi(w))$$

où $\psi(w)$ indique la prime de prudence [7] pour le risque exogène.

Nous calculons la dérivée seconde de $v(w)$, soit :

$$v''(w) = u''(w - \psi(w))\left(1 - \psi'(w)\right)$$

Par conséquent :

$$-\frac{v''(w)}{v'(w)} = -\frac{u''(w - \psi(w))}{u'(w - \psi(w))}\left(1 - \psi'(w)\right)$$

Si nous supposons logiquement que l'aversion absolue au risque décroit avec la richesse, la prime de prudence est alors positive ($\psi > 0$).

Si nous supposons aussi que la prudence décroit avec la richesse $\psi' < 0$, alors :

$$-\frac{v''(w)}{v'(w)} > -\frac{u''(w)}{u'(w)}$$

On obtient la fonction d'utilité indirecte v par une transformation concave à partir de u ; soit $v = \varphi(u)$, avec $\varphi' > 0$ et $\varphi'' < 0$. La courbe de la fonction v est « plus concave ». Ce qui signifie qu'un agent averse au risque l'est encore plus lorsqu'il se trouve face à un deuxième risque, le *background risk*.

Les préférences qui vérifient ce résultat sont représentées par des fonctions d'utilité de von Neumann et Morgenstern exhibant une ARA décroissante et une RRA constante. Mais cette notion de vulnérabilité au *background risk* n'échappe pas aux critiques déjà faites à propos du modèle EU. Seuls de « petits risques » peuvent être considérés. Les risques de forte amplitude sont théoriquement exclus de cette approche.

Que nous disent sur la question du *background risk* les études expérimentales ?

---

7. La prime de prudence (Kimball, 1990) mesure la compensation qui préserve l'espérance d'utilité marginale, alors que la prime de risque mesure la compensation qui préserve l'espérance d'utilité totale.

• Les auteurs (Guiso et Paiella, 2008) utilisent une méthode d'enquête menée en Italie pour mesurer l'aversion absolue au risque à partir du consentement à payer pour un actif risqué en présence d'un *background risk*. Celui-ci est supposé porter sur le revenu ou les contraintes de liquidité.

Ils observent que l'environnement du décideur influence ses préférences vis-à-vis du risque. Les individus qui sont plus probablement exposés à un revenu incertain exhibent un degré d'aversion absolue au risque plus élevé. Leurs résultats corroborent ceux obtenus par la théorie économique.

• L'objet de cette étude (Willinger et *alii*, 2013) porte sur l'analyse des préférences vis-à-vis du risque de villageois vivant sur les pentes du mont Merapi dans la province de Java Central en Indonésie. Ses habitants sont sous la menace récurrente des lahars [8], phénomène typique des régions volcaniques, qui est considérée dans l'étude comme un *background risk* d'origine naturelle.

Les manifestations des lahars au cours de l'année 2011 semblent avoir modifié les préférences vis-à-vis du risque de la plupart des individus. Les auteurs observent en effet qu'ils deviennent moins tolérants au risque lorsque le *background risk* se répète. On définit la notion de tolérance au risque comme l'inverse du degré d'aversion absolue au risque, soit :

$$T_a = \frac{1}{ARA}$$

On observe au passage que la tolérance au risque tend vers l'infini quand ARA décroît.

Le contexte, ici l'environnement biophysique, serait donc bien de nature à modifier les comportements vis-à-vis du risque.

Les auteurs observent également une corrélation négative entre la tolérance au risque et la préférence pour le présent (4.2).

• Dans cette étude (Cavatorta et Pieroni, 2013), le *background risk* est un risque (non assurable) d'insécurité alimentaire. Le but est de vérifier si la présence de ce risque modifie les comportements vis-à-vis de la demande d'assurance santé.

8. Il s'agit de coulées boueuses d'origine volcanique formées d'eau, de cendres et de fragments de roche.

Cette approche expérimentale repose sur des données recueillies auprès de personnes habitant dans les Territoires palestiniens.

Le principal résultat de cette étude qui vient confirmer les conclusions d'un grand nombre d'études théoriques est le suivant. En présence d'un risque non assurable, plus les personnes sont supposées vulnérables à ce risque, plus leur demande de couverture pour des risques assurables augmente.

Le principal enseignement de la théorie et de l'économie expérimentale est donc que la présence d'un *background risk* dans l'environnement du décideur aurait pour conséquence d'augmenter son aversion au risque, c'est-à-dire d'accentuer la concavité de sa fonction d'utilité.

Cette approche nous est particulièrement utile pour comprendre certains choix effectués par les petits fermiers. Elle peut expliquer leur réticence à adopter une nouvelle technologie parce que le *background risk* leur inspire de la *méfiance.* Si par exemple un petit fermier pense qu'en adoptant une nouvelle culture de rente à risque (assurable), il s'expose en plus au risque (non assurable) de fluctuations des cours des denrées alimentaires sur le marché international, l'augmentation de son degré d'aversion au risque peut l'inciter à refuser cette option. Il faut savoir que l'hypothèse d'un risque agricole assurable est étayée par l'existence de nombreux arrangements locaux entre semenciers et petits exploitants (3.4).

Dans le cadre du modèle EU et de ses raffinements, il est donc possible d'avancer dans l'analyse des comportements en évoquant la sensibilité aux pertes (*prudence*), le contexte local (*méfiance*) et le seuil de pauvreté (*sécurité*) pour expliquer le degré d'aversion au risque. Celui-ci est en quelque sorte endogénéisé par la prise en considération *in situ* de paramètres significatifs associés à la vulnérabilité. Nous reviendrons au cours de ce chapitre sur les caractéristiques environnementales lorsqu'il s'agira d'étudier les comportements dans un contexte, non plus de risque, mais d'incertitude qui semble constituer le quotidien des pauvres (3.5).

Dercon (2006) suggère que la sensibilité au risque de pertes qui peut se manifester par l'aversion au *downside risk,* mais aussi l'aversion aux pertes, ou encore une préférence pour la sécurité, caractérisent les ménages pauvres, ceux qui sont en situation de vulnérabilité. On comprend facilement que la perspective de perdre est d'autant plus redoutée qu'ils sont déjà en état de grande fragilité matérielle et psychologique.

Ce qui ferait obstacle à l'adoption de nouvelles technologies serait donc la crainte de subir des pertes élevées qui mettraient en péril la vie de la famille. Comme le dit sans détour Faschamp (2010), les fermiers sont préoccupés par le risque *out-of-pocket*. Il faut donc s'éloigner de la notion d'aversion au risque pour se rapprocher de celle d'aversion aux pertes.

3.4 L'aversion aux pertes

La preuve de l'existence d'arrangements entre particuliers au niveau local témoigne de l'importance de la peur de perdre dans les processus de décision des petits fermiers.

Diverses modalités de fournitures d'inputs peuvent en effet limiter les pertes et donc la peur de l'échec.

Il s'agit en fait de contrats contingents. Ces dispositifs ont en commun d'autoriser le paiement des semences après la récolte et le non remboursement en cas d'échec. Le fournisseur d'inputs s'engage à acheter tout ou partie de la récolte déduction faite du prix des semences. Si l'activité agricole échoue, le fermier ne verse en pratique rien au fournisseur. Le risque sur les pertes est de la sorte éliminé, mais il est remplacé par le risque d'aléa moral auquel s'expose le fournisseur d'intrants (Faschamp, 2010).

Nous décrivons le principe psychologique de l'aversion aux pertes (3.4.1) avant d'en tester la validité au travers d'une étude expérimentale menée en Chine auprès de petits cultivateurs de coton (3.4.2).

3.4.1 Aversion aux pertes et biais de *statu quo*

L'aversion aux pertes (l*oss aversion*) signifie que celles-ci ont un impact psychologique plus important que des gains correspondants (Tversky et Kahneman, 1991 et Rabin et Thaler, 2001). La fonction d'évaluation V tracée dans la Figure 3.5 traduit ce principe psychologique. Elle vérifie $-V(-x) > V(x)$, pour $x > 0$.

Son graphe est plus pentu dans la zone des pertes que dans celle des gains. En conséquence, les pertes sont plus durement ressenties.

L'apport des sciences comportementales se traduit aussi par le fait que la fonction valeur obéit à un autre principe psychologique : celui d'une *sensibilité décroissante à la variation des enjeux*. La valeur marginale attribuée aux gains et aux pertes diminue au fur et à mesure que l'on s'éloigne de l'origine des axes, c'est-à-dire d'un point de référence. Le montant des gains et des pertes est mesuré à partir de cet état dont dépend l'aversion aux pertes. Le point de référence, par définition variable, a une importance capitale dans les choix risqués.

Par ailleurs, le graphe de la fonction en forme de *S* montre qu'elle est concave dans les gains et convexe dans les pertes. L'agent manifeste donc *une propension au risque dans les pertes* et une *aversion dans les gains*.

FIGURE 3.5 – ***La fonction valeur***

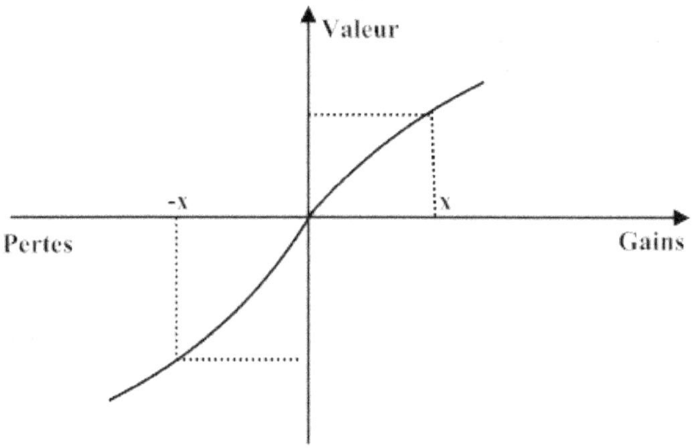

Source : Kahneman et Tversky (1991).

Le renversement des préférences dans les pertes et les gains a pu être observé dans une étude expérimentale célèbre « *asian disease* » (Kahneman et Tversky, 1981).

L'aversion au risque dans le domaine des gains et un penchant pour le risque dans le domaine des pertes peuvent expliquer certains comportements dont la théorie EU ne peut pas rendre compte. Ainsi, les personnes peuvent-elles souhaiter prendre des risques si elles ont le sentiment d'une possible atténuation d'une grande perte. À l'espérance mathématique des pertes (une variable certaine), elles préfèrent la loterie qui leur donne la possibilité, et non la certitude, de perdre une plus petite somme. Elles tentent le tout pour le tout (*risk all for the whole*).

Dans les nombreuses circonstances où la réduction des pertes est vitale, les fermiers pauvres peuvent adopter ce comportement. Nous prenons un exemple simple pour illustrer l'idée que les personnes peuvent manifester un penchant pour le risque dans le domaine des pertes.

Soit :

$$\overline{X} = (-40\$, 1) \text{ et } X = (-50\$, 0,8 ; -2\$, 0.2)$$

Supposons qu'il soit proposé à notre décideur l'alternative suivante.

Il a le choix entre deux loteries représentées par $\overline{X}$ une variable certaine (loterie dégénérée) et une variable aléatoire X.

Elles représentent respectivement une perte modérée certaine et une perte plus grande avec une probabilité élevée ou une très petite perte associée à une petite probabilité.

Si l'agent est adversaire du risque, $\overline{X} \succ X$, car $E(X) \sim -40$. Il préfère perdre 40 de façon certaine que de perdre en moyenne la même somme.

Il manifeste en revanche de la propension pour le risque dans le domaine des pertes s'il espère pouvoir perdre peu, même si la possibilité de perdre beaucoup est grande. Ce comportement a pu être observé lors des crises humanitaires, telles que la famine des années 1984-85 qui a sévi en Éthiopie.

Pendant cet épisode, les bergers ont préféré garder leur troupeau plutôt que de le vendre mettant un peu plus encore la vie de leur famille en danger (Dercon, 2006).

À rebours de la prudence et de la sécurité qui peuvent inhiber les initiatives, les petits fermiers peuvent faire montre d'audace dans certaines circonstances.

Chemin faisant, nous nous sommes éloignés de l'hypothèse selon laquelle les personnes dans le besoin manifestent nécessairement de l'aversion au risque.

La fonction valeur dans le modèle des prospects cumulés (CPT, *Cumulative Prospect Theory*, Kahneman et Tversky, 2000) diffère donc sur un certain nombre de points de la fonction d'utilité de von Neumann et Morgenstern. Son caractère plus général l'élève au rang de candidate pour représenter de façon plus convaincante les préférences dans le risque des petits producteurs.

Au demeurant, un grand nombre d'auteurs ont voulu tester empiriquement sa validité auprès des petits exploitants (3.5.4).

L'aversion aux pertes implique à la fois un effet de dotation et un biais de *statu quo*. L'effet de dotation signifie que la perte d'utilité quand on renonce à un bien est plus grande que le gain d'utilité qui est associé à son acquisition.

L'aversion aux pertes induit un biais qui favorise le *statu quo* (*status quo bias*).

Le *status quo bias* implique une résistance au changement parce que l'on pense que la nouveauté apporte plus d'inconvénients que d'avantages. L'aphorisme « un tiens vaut mieux que deux tu l'auras » résume bien cette attitude.

Ce biais a de nombreuses explications. Il peut par exemple traduire les craintes qu'inspire au décideur un changement de ses habitudes.

Nous proposons dans la Figure 3.6 une illustration des conséquences possibles de l'aversion aux pertes (Tversky et Kahneman, 1991).

• Le biais de *statu quo*. Si le point de référence est *t*, la personne est indifférente entre *x* et *y*. Elle gagne avec *x* sur la dimension 1 et ne perd rien en revanche sur la dimension 2. Elle gagne de façon équivalente avec *y* sur la dimension 2 et ne perd rien sur la dimension 1.

Si le point de référence est à présent *x*, la personne préfère *x* à *y* car en choisissant *y* elle perd sur la dimension 1 et gagne sur la dimension 2. C'est l'inverse depuis *y*.

FIGURE 3.6 – ***Le point de référence***

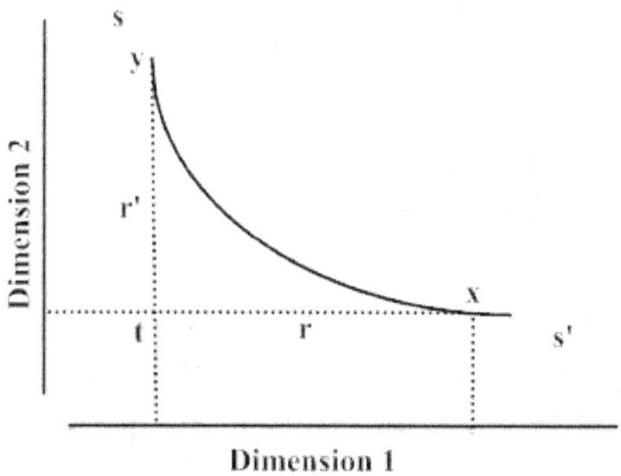

Source : Tversky et Kahneman (1991).

Graphiquement, les gains et les pertes se compensent, mais comme les pertes sont plus vivement ressenties que les gains, la personne garde le *statu quo*.

Il faut noter que le biais de *statu quo* peut avoir d'autres origines que la seule aversion aux pertes. Nous pouvons citer les coûts de transaction, les efforts nécessités par un changement technologique, les coûts financiers, les coûts psychologiques…

Par ailleurs, nous verrons dans le chapitre 4 que le biais de *statu quo* peut influencer les préférences intertemporelles en agissant sur le degré d'impatience des sujets.

• La dépendance des préférences au point de référence. Si le point de référence est r, la personne préfère x à y car elle gagne avec x sur la dimension 1 et ne perd rien sur la dimension 2. Avec y elle gagne sur la dimension 2 et perd sur la dimension 1.

Si le point de référence est à présent r', les préférences sont renversées. Notons au passage que la théorie EU postule implicitement l'indépendance des préférences vis-à-vis de l'état de référence.

• Le compromis entre des pertes et des gains. Si le point de référence est s, la personne préfèrerait probablement y à x. Avec x, elle gagne beaucoup sur la dimension 1 et perd beaucoup sur la dimension 2. Avec y, elle gagne un peu sur la dimension 1 et perd un peu sur la dimension 2.

Ces choix peuvent être commandés par l'aversion aux pertes. Cette attitude peut permettre de capturer le comportement des petits fermiers.

Un projet risqué où les gains et les pertes potentiels sont faibles sera préféré à un projet où les conséquences positives ou négatives sont plus élevées. S'il exhibe une aversion aux pertes, le décideur préfère de petits enjeux à des enjeux plus importants.

• L'effet de dotation. Soit x et y un certain montant monétaire et un bien (resp.). Les acheteurs et les vendeurs font face au même choix : recevoir x ou y. Mais leur point de référence est différent.

Au point de référence t de l'acheteur, x et y dominent t. Depuis leur point de référence y (dotation dans le bien), les vendeurs ont le choix entre garder le bien ou le vendre. Leur aversion aux pertes peut les conduire à garder le *statu quo*.

Le rapport d'échange entre x et y sera donc différent selon le point de vue de l'acheteur et du vendeur La valeur du bien est plus élevée lorsqu'il est incorporé dans une dotation.

Cet effet de dotation peut expliquer pourquoi à la suite d'un choc adverse, le chef de famille préfère garder les rares biens qu'il possède au risque d'exposer dangereusement son entourage aux conséquences du sinistre. Ce qui revient ici à adopter une stratégie de lissage des actifs productifs aux dépens de la consommation courante (2.1.3).

Nous pensons que l'aversion aux pertes et le biais de *statu quo* qu'elle implique peuvent être utiles pour comprendre ce qui motive les décisions des ménages ruraux pauvres. Leur choix optimal est souvent de pérenniser les activités traditionnelles aux dépens d'un nouveau projet. Si le biais de *statu quo* est présent dans les sociétés traditionnelles, comme partout ailleurs au demeurant, on peut expliquer pourquoi les personnes qui les composent sont réticentes à accepter les innovations technologiques. La nouveauté peut être en effet perçue comme apportant avec elle de nouveaux risques plus ou moins élevés. Le *statu quo* peut alors être interprété comme un mécanisme psychologique de défense, de résistance au changement, qui suscite des réactions et des décisions qui peuvent être contraires *in fine* à l'intérêt de la personne qui a fait ce choix.

On peut aussi évoquer le *statu quo* lorsqu'une politique publique visant au changement social se heurte à la mobilisation d'autres forces dont les pouvoirs sont menacés. Modifier les structures socio-économiques peut faire réagir ceux qui bénéficient d'une rente de situation. Les réformes foncières, pourtant indispensables à l'éradication de l'insécurité alimentaire, peuvent être freinées par les gros propriétaires terriens qui peuvent y voir, non seulement une perte de leur revenu, mais aussi une réduction de leur pouvoir social et politique.

3.4.2 Aversion aux pertes, biais de *statu quo* et adoption technologique : une étude expérimentale

Un certain nombre d'études expérimentale récentes portent sur l'analyse de la relation entre l'aversion aux pertes et l'adoption d'une nouvelle technique de production.

Implicitement au moins, le biais de *statu quo* est pris en compte puisque l'aversion aux pertes implique, nous l'avons vu, un effet de dotation et un biais de *statu quo*. Nous évoquons l'une d'entre elles pour souligner l'importance de ces facteurs sur les comportements individuels.

Le lecteur peut trouver dans cet article un certain nombre de références bibliographiques sur ce sujet.

L'objet de cette étude (Liu, 2013) consiste à éliciter les préférences individuelles vis-à-vis à du risque pour comprendre pourquoi des délais plus ou moins longs sont observés entre le moment où une nouvelle variété de semences est proposée et le moment où elle est adoptée par les petits producteurs.

L'étude a été menée auprès de fermiers chinois auxquels la culture du coton génétiquement modifié (Bt cotton, *Bacillus thuringiensis*) a été il y a quelques années recommandée.

Pour la culture du coton, les fermiers avaient le choix entre la variété traditionnelle et la variété génétiquement modifiée.

Cette dernière a été présentée par la communauté scientifique comme étant plus performante, plus robuste à l'invasion des insectes nuisibles, ne présentant pas plus de risque que la culture traditionnelle et bien adaptée aux pratiques agricoles courantes.

Pourquoi le coton Bt n'a t-il pas été adopté rapidement alors qu'il domine stochastiquement (à l'ordre 1) la variété endémique ?

Refuser ce type de culture est *a priori* un choix contre-productif.

Le report de son adoption suggère que les fermiers doutent de l'efficacité de Bt à réduire le risque sur le rendement des cultures, mais aussi sans doute de la parole des Agences d'extension[9].

Le modèle testé dans cette étude est le modèle CPT.

Nous pouvons exprimer la fonction valeur de ce modèle dans les gains et les pertes de la façon suivante :

$$v(x) = x^{\sigma}, \text{ pour } x > 0 \text{ et } \sigma < 1$$
$$v(x) = -\lambda(-x^{\sigma}), \text{ pour } x < 0$$

Le paramètre $\lambda > 0$ mesure le degré d'aversion aux pertes. Il est d'autant plus élevé que le décideur exhibe de l'aversion aux pertes potentielles. Il a été estimé à 3,7 en moyenne dans cette étude. Lorsque $\lambda \neq 1$, la courbe de la fonction valeur est représentée par un *S* comme nous l'avons vu précédemment.

9. L'extension agricole est un terme générique pour désigner l'application de la recherche scientifique et des nouvelles connaissances en vue de former les petits producteurs à ces nouvelles pratiques. Les Agences d'extension agricole dans les pays en développement ont reçu le concours des Institutions internationales, telles que la Banque mondiale et l'Organisation des Nations unies pour l'alimentation et l'agriculture (FAO).

Le paramètre σ traduit la courbure de la fonction valeur. Des valeurs de σ positives, négatives ou nulles impliquent que le décideur est respectivement averse, neutre ou risquophile. Il est estimé à 0,3.

La conclusion de cette étude, qui semble valider le modèle CPT, met l'accent sur le fait que les petits agriculteurs plus averses aux pertes potentielles sont ceux qui ont adopté plus tardivement le coton Bt.

Une explication alternative à ce délai d'adoption pourrait être recherchée dans la théorie de la valeur d'option.

Celle-ci en substance traduit la possibilité de différer une décision dans l'attente de nouvelles informations.

Le décideur a ainsi la possibilité de ne pas choisir initialement l'option et de reconsidérer son choix dans le futur. Cependant, il faut supposer que tout retour en arrière est impossible, c'est-à-dire qu'une fois que l'option est retenue, ses conséquences sont irréversibles. Est-ce le cas ?

Pour Kumbamu (2010), la propagation, en Inde tout particulièrement, des semences génétiquement modifiées (le coton Bt, en l'occurrence) a eu des conséquences irréversibles sur les systèmes du savoir local entraînant la déqualification des fermiers, sur les rapports métaboliques entre la nature et les communautés, mais aussi sur la division du travail au sein de la famille ; les femmes ayant été dépossédées des tâches agricoles qu'elles exerçaient habituellement avant l'introduction de nouvelles cultures.

Si nous suivons cet auteur, les conséquences de l'adoption du coton Bt semblent irréversibles, et alors la théorie de la valeur d'option pourrait s'appliquer à ce cas de figure.

À l'inverse, Duflo et alï (2008) ont pu observer que l'adoption de semences hybrides pour la culture du maïs par les petits fermiers au Kenya pouvait être abandonnée après un temps plus ou moins long.

Bien que cette incursion dans la théorie standard de l'utilité espérée et ses prolongements ne soit pas sans intérêt, l'hypothèse de préférences fondées sur une unique distribution de probabilité semble malheureusement assez peu réaliste. Les innovations, qu'elles concernent le domaine agricole ou, comme nous le verrons dans le dernier chapitre de ce livre, le domaine de l'assurance des risques basée sur un indice, créent de l'incertitude parmi les petits fermiers.

C'est pourquoi, la partie suivante est consacrée à l'importante question des ressorts psychologiques de la décision individuelle dans l'incertitude. Dans ce contexte, le décideur ne disposant pas d'une information probabiliste précise (objective ou subjective) sur les évènements, peut au mieux construire des scénarios probabilistes à partir de sa propre interprétation des futurs possibles.

La théorie de la décision dans l'incertain nous sera utile pour tenter de comprendre le choix des petits fermiers dont on peut légitimement penser que leur information probabiliste est pour le moins incomplète.

3.5 Incertitude et décisions

Après la partie 3.5.1 où nous proposons une définition de l'incertitude, nous dédierons les deux parties suivantes (3.5.2 et 3.5.3) à une incursion dans la théorie de la décision dans l'incertain qui s'est pas à pas construite à partir du paradoxe bien connu de D. Ellsberg (1961). La dernière partie 3.5.4 nous donnera l'occasion d'observer ce que peut être le choix des petits producteurs dans des « conditions réelles » au travers d'un certain nombre d'études expérimentales menées sur le terrain.

3.5.1 Une introduction : le paradoxe de D. Ellsberg

La littérature récente consacrée aux comportements dans l'incertain est extrêmement riche. Nous avons tenté d'en extraire l'essentiel.

Les conséquences qui découlent de l'adoption de nouvelles technologies par les petits fermiers leur inspirent probablement de l'incertitude. Dans cette hypothèse, c'est l'aversion à l'ambigüité, et non pas l'aversion au risque, qui guiderait les choix.

Mais comment doit-on définir un contexte dans lequel les décideurs sont dans une situation d'incertitude ? Contrairement à une situation risquée où la distribution de probabilité est supposée connue du décideur, l'incertitude se caractérise dans le meilleur des cas par un ensemble de distributions sur la réalisation des états de la nature.

Dans le premier tiers du XXe siècle, F. Knight et J. M. Keynes avaient souligné séparément la distinction à faire entre le risque et l'incertitude.

Les travaux de L. Savage (1954), d'une part et de F. Anscombe et R. Aumann (1963) d'autre part, bien que reposant sur une axiomatique différente (*roulette lottery* et *horse lottery*), avaient gommé cette distinction.

Les décideurs seraient en effet toujours en capacité de choisir dans un ensemble de croyances *a priori* celle qu'ils utilisent dans leur calcul de l'utilité espérée.

La théorie de l'utilité espérée subjective (SEU, *Subjective Expected Utility*, Savage, 1954) a ainsi vu le jour impliquant que l'incertitude peut toujours être ramenée à une situation de risque.

Le fameux paradoxe de D. Ellsberg a montré les limites de cette approche.

Cet économiste a pu observer expérimentalement que la majorité des sujets manifestent de l'aversion à des probabilités imprécises.

Nous donnons rapidement une version de cette expérience.

Elle est la suivante : une urne contient 90 boules, dont 30 sont jaunes (J) et 60 sont rouges (R) ou noires (N). Il est demandé aux sujets de choisir entre les deux paris suivants :

$$X = (100€, J\,;\, 0€, R\,;\, 0€, N) \text{ et } Y = (0€, J\,;\, 100€, R\,;\, 0€, N)$$
$$X' = (100€, J\,;\, 0€, R\,;\, 100€, N) \text{ et } Y' = (0€, J\,;\, 100€, R\,;\, 100€, N)$$

1. Choisir entre les variables aléatoires X et Y. C'est-à-dire parier sur J ou sur R avec un gain de 100€.

2. Choisir entre les deux variables aléatoires X' et Y'. C'est-à-dire parier sur $J \cup N$ ou sur $N \cup R$ avec un gain de 100€.

Les probabilités associées aux gains du jeu sont égales à :

$$Pr[X = J] = \tfrac{1}{3},\ Pr[Y = R] \in \left[0,\ \tfrac{2}{3}\right]$$
$$Pr[Y' = R \cup N] = \tfrac{2}{3},\ Pr[X' = J \cup N] = \left[\tfrac{1}{3},\ 1\right]$$

Les choix de la majorité des sujets de l'expérience sont respectivement $X \succ Y$ et $Y' \succ X'$.

Ces choix témoignent de la part des individus d'une aversion à l'ambigüité.

Pour un même gain, ils préfèrent parier sur un évènement dont la probabilité est précise plutôt que sur un évènement dont la probabilité $[p - \varepsilon,\ p + \varepsilon]$ est imprécise.

Le niveau d'incertitude, l'information probabiliste imprécise, est ici simplement capturé par $\varepsilon > 0$.

Les préférences des sujets sont en désaccord avec le modèle SEU (*Subjective Expected Utility*).

L'application d'une mesure de probabilité additive aboutit en effet à une incohérence logique des choix individuels lorsqu'on utilise le modèle EU. Ces résultats sont à l'origine du paradoxe.

Depuis les années 1980, de très nombreux travaux de recherche en économie théorique et expérimentale se sont alors orientés vers l'analyse des comportements individuels dans un contexte d'incertitude non réductible à une situation de risque.

Il s'agira pour nous de savoir si ces comportements sont transposables aux petits fermiers des pays du Sud.

En schématisant un peu, on peut distinguer deux types d'approches, au demeurant non exclusives l'une de l'autre : l'approche expérimentale (3.5.2) et l'approche axiomatique (3.5.3).

3.5.2 L'approche expérimentale

L'objet de cette section est de dégager les principes généraux qui expliqueraient les comportements lorsque les personnes sont amenées à faire des choix dans un contexte d'incertitude.

Le modèle EU est, comme nous l'avons vu, encore largement utilisé dans les modèles économiques bien que sa fiabilité soit remise en cause dans des contextes de risques multiples, d'incertitude, au voisinage de l'impossibilité ou de la certitude d'un évènement...Tout un ensemble de situations dont l'influence directe sur les décisions individuelles peut pourtant s'avérer très forte.

Nous avons déjà vu que le modèle CPT intègre de nombreux apports de l'économie et de la sociologie expérimentales, tels que l'aversion aux pertes, le biais de *statu quo,* l'effet de dotation...Mais jusqu'ici nous avons passé sous silence d'autres apports originaux. Les probabilités peuvent aussi faire l'objet d'une interprétation fondée sur des principes psychologiques.

Nous étudions tout d'abord cette question dans un contexte de risque (3.5.2.1), avant de la généraliser dans un contexte d'incertitude (3.5.2.2).

Les individus interprètent l'incertitude et se comportent face à elle en fonction de leur connaissance de sa source (3.5.2.3).

Par ailleurs, le choix entre différents évènements incertains dépend des compétences de l'individu vis-à-vis de la source de l'incertitude mesurées à l'aune de celles des autres individus (3.5.2.4).

Compte tenu de la richesse de la notion d'incertitude et des comportements spécifiques qu'elle peut susciter, nous consacrerons la partie suivante (3.5.2.5) à un essai de synthèse pour tenter d'y voir clair.

Enfin, nous dédierons la dernière partie (3.5.2.6) à la notion de risque composé que le décideur à défaut de maîtriser une procédure de calcul rationnel peut interpréter comme incertain.

Aborder la question de la pondération subjective des probabilités dans le risque au début d'une partie consacrée à l'incertitude est motivé par un souci d'ordre pédagogique.

3.5.2.1 La transformation des probabilités dans le risque

Le cadre retenu est celui du modèle CPT.

Nous savons que le modèle EU est invalidé si les décideurs n'ont pas des préférences linéaires par rapport aux probabilités et additives par rapport aux issues du pari. Cette linéarité est la conséquence de l'axiome d'indépendance qui est la clé de voûte du théorème de représentation de von Neumann et Morgenstern.

Or, cet axiome est souvent violé (M. Allais, 1953).

Les limites de cette théorie ont incité les chercheurs à imaginer l'existence de fonctions qui transforment subjectivement les probabilités (objectives) et qui donnent lieu à un système de pondérations, pas forcément additives, sur les évènements.

C'est ce qui caractérise le modèle de l'utilité espérée dépendant du rang (RDEU, *Rank Dependent Expectation Utility*, J. Quiggin, 1982) et le modèle dual (DT, *Dual Theory,* M. Yaari, 1987).

Pour tenir compte de l'influence du contexte sur les décisions, la transformation s'applique aux probabilités cumulées ou décumulées. L'autre justification est que celles-ci garantissent la rationalité des choix [10].

Ces modèles permettent de capturer le risque dans ses deux dimensions – probabilité et conséquence – en ajoutant à la fonction d'utilité

10. L'utilisation d'une fonction cumulative ou décumulative permet de vérifier le critère de la dominance stochastique du premier ordre.

habituelle qui transforme subjectivement les conséquences une fonction qui transforme subjectivement les probabilités.

Dans un premier temps, nous définissons formellement un contexte de risque où les probabilités sont donc par hypothèse connues.

Soit la loterie suivante :

$$(x_1, p_1; \ldots; x_i, p_i; \ldots, ; x_n, p_n) \ :$$

où : $0 < x_1 < x_2, \ldots, < x_i, \ldots, < x_n$ représentent les résultats associés aux probabilités objectives $(p_1, \ldots, p_i, \ldots, p_n)$. La conséquence classée en premier est la plus mauvaise.

Le principe psychologique de sensibilité décroissante (*diminishing sensitivity*) que nous avons précédemment étudié à propos de la fonction valeur se décline également dans la transformation subjective des probabilités.

Le principe de sensibilité décroissante.

Soit $w : [0,1] \longrightarrow [0,1]$ la fonction de transformation des probabilités.

Le graphe de cette fonction est le plus souvent représenté sous la forme d'un S inversé. Nous en donnons une première illustration dans la Figure 3.7 (a) et nous faisons quelques commentaires préliminaires.

La sensibilité à un changement des probabilités est forte au voisinage de l'impossibilité ($p \sim 0$) et de la certitude ($p \sim 1$). Cette sensibilité est moins forte dans la zone des probabilités intermédiaires. L'augmentation de la probabilité de gain de 0 à $0,1$ ou de $0,9$ à 1 a un impact plus grand que l'augmentation de $0,3$ à $0,4$, par exemple. En d'autres termes, un évènement a un impact d'autant plus grand que la probabilité se rapproche des extrémités du segment $[0,1]$.

Dans de telles situations de quasi-certitude ou de quasi-impossibilité, l'analyse des comportements individuels pose problème car ils ne vérifient pas l'axiome d'indépendance. Sur ce point, le modèle EU reste muet puisque le postulat d'indépendance implique que la fonction d'évaluation soit linéaire par rapport aux probabilités.

Le problème posé par ce type de situation avait été soulevé en son temps par l'économiste français M. Allais qui avait observé un changement du degré d'aversion au risque des sujets de son expérience au voisinage de 0 et de 1.

Le décideur manifesterait une aversion au risque croissante au fur et à mesure qu'il se rapproche de la certitude (la peur de ne pas obtenir un gain presque acquis) et inversement lorsqu'il se rapproche de l'impossibilité (la proximité de l'échec atténue la frilosité) – *fanning out*.

Dans notre exemple, la courbe (en trait plein), est concave pour des probabilités proches de 0 et convexe au-delà [11].

La courbe en pointillés représente une autre fonction de transformation.

Par ailleurs, la fonction de transformation w n'est pas nécessairement additive. La sous-additivité supérieure et la sous-additivité inférieure ont en effet pu être observées dans de nombreuses études expérimentales.

La Figure 3.7 (b) illustre cette propriété.

FIGURE 3.7 – ***Transformation des probabilités et sous-additivité***

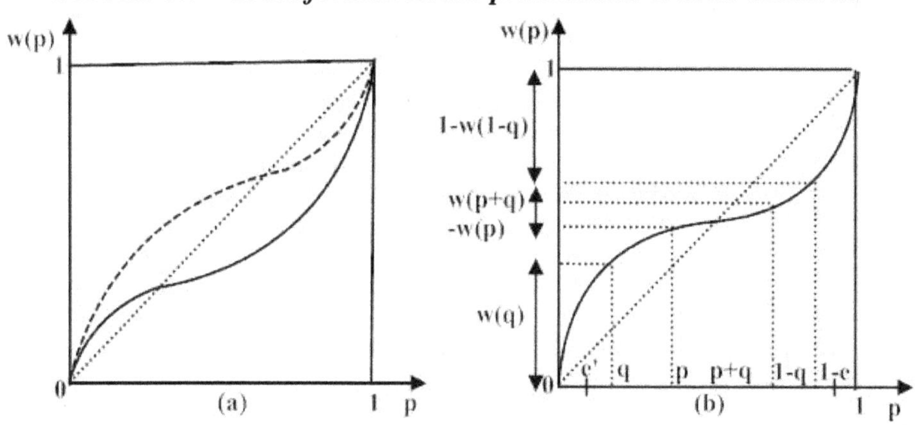

L'intervalle $[0,q]$ a plus d'impact que l'intervalle $[p,p+q]$ à condition que celui-ci soit borné avant l'extrémité supérieure, c'est-à-dire 1. L'intervalle $[1-q,1]$ a plus d'impact que l'intervalle $[p,p+q]$ à condition que ce dernier soit borné avant l'extrémité inférieure, c'est-à-dire 0. Nous avons alors :

$$w(q) \geq w(p+q) - w(p), \, si \, p+q \leq 1-e$$
$$1 - w(1-q) \geq w(p+q) - w(p) \, \text{si} \, p \geq e'$$

11. Il y a donc une sur-pondération des petites probabilités et une sous-pondération des grandes. Ce principe psychologique ne semble cependant pas pouvoir être généralisé. Une enquête menée auprès de petits fermiers en Ouganda conclut à un renversement des transformations subjectives des probabilités (Dercon, 2007), une courbe en *S*.

Dans ce cadre, w est une fonction qui transforme subjectivement les probabilités (décumulées) en poids de décision π de la façon suivante :

$$\pi_i = w(p_i + \cdots + p_n) - w(p_{i+1} + \cdots + p_n), \forall i = 0, \ldots., n-1$$
$$\pi_n = w(p_n)$$

Ils se définissent comme la différence entre la transformation de la probabilité d'obtenir au moins la conséquence x_i et la transformation de la probabilité d'obtenir au moins la conséquence rangée juste après x_i, à savoir x_{i+1}. Nous avons ici utilisé la fonction décumulative, à savoir : $Pr[X \geq x_i]$. Ces poids de décision pondèrent subjectivement les conséquences en fonction de leur rang dans l'ensemble des conséquences. Ils se substituent aux probabilités additives du modèle SEU.

Encadré n°4 : La notion de rang d'une conséquence

Nous définissons le rang d'une conséquence de la façon suivante :

$$r_i = p_{i+1} + \cdots + p_n$$

$Pr[X \geq x_i]$ est alors égale à $p_i + r_i$. Le poids de décision π_i affecté à la la conséquence x_i s'écrit :

$$\pi_i = w(p_i + r_i) - w(r_i)$$

On observe plus clairement en utilisant cette notion que les poids de décision dépendent du rang des conséquences.

Les Figures 3.7 (a) et 3.7 (b) illustrent le fait que la concavité associée aux meilleures conséquences et la convexité associée aux plus mauvaises traduisent de l'optimisme ou du pessimisme probabiliste.

Dans le second cas, le décideur accorde plus de poids aux moins bonnes conséquences ; il manifeste alors de l'aversion au risque probabiliste. Certaines études expérimentales menées auprès des petits fermiers semblent déceler l'existence d'une fonction en S inversé.

Pour une procédure d'estimation non paramétrique des fonctions de transformation des probabilités, le lecteur peut se reporter à Gonzales et Wu (1999).

3.5.2.2 La pondération des probabilités dans l'incertitude

Un comportement, celui de l'aversion, de la propension ou de la neutralité pour des situations incertaines et un principe de nature psychologique, l'insensibilité aux variations des croyances, guident les choix dans l'incertitude. En plus de l'aversion à l'ambigüité, un autre aspect du comportement dans l'incertain, par rapport à un contexte de risque, est en effet capturé par le principe d'insensibilité des croyances générées par l'ambigüité (*ambiguity-generated likelihood insensitivity*).

Le principe d'insensibilité aux variations des croyances

Ce principe, au demeurant conforme à l'intuition, fait référence au comportement des individus lorsqu'ils ne sont pas en mesure de discriminer entre différents niveaux d'ambigüité. À défaut d'une information précise, de fait ils supposent que le degré de vraisemblance des évènements est le même.

Il a pour conséquence une sur-pondération des évènements rares et une sous-pondération des évènements plus fréquents. Les individus manifesteraient donc une préférence pour l'ambigüité si les évènements sont peu probables, et inversement une aversion à l'ambigüité pour des évènements plus probables. Par conséquent, ce principe conduirait à une sur-pondération des évènements situés en queue de distribution, qu'ils soient favorables ou défavorables.

Nous commençons cette partie par une représentation formalisée de l'incertitude.

Celle-ci est décrite par un ensemble S d'états. Cet ensemble est appelé l'évènement universel. Les probabilités associées à ces états ne sont pas objectivement connues du décideur.

Les sous-ensembles de S sont appelés des évènements que nous notons $A \in \Omega$.

Un acte X est formellement une application de Ω dans $\mathbb{R}$, telle que $X(A) = x > 0$ définit le résultat si $A \in \Omega$ se réalise.

L'incertitude peut donc être représentée de la façon suivante par une loterie :

$$(x_1,A_1;\ldots;x_i,A_i;\ldots;x_n,A_n),$$

où$A_1,\ldots\ldots,A_n$ constitue une partition Ω de S et x_i le résultat associé aux états composant l'évènementA_i.

Soit W une fonction de transformation subjective des probabilités, l'analogue de w dans le risque.

Cette fonction W sur S vérifie $W(\emptyset) = 0$ et $W(S) = 1$. Il s'agit d'une capacité au sens de Choquet qui vérifie la condition de monotonie : $W(A) \geq W(B)$ si $B \subset A$. De plus, $W(A \cup B)$ peut être différent de $W(A) + W(B)$ pour A et B deux évènements disjoints.

Dans ce cas, W satisfait les propriétés de sous-additivité (inf. et sup.) si pour deux évènements disjoints A et B, nous avons deux évènements E et E' tels que :

$$W(A) \geq W(A \cup B) - W(B), \text{ si } W(A \cup B) \leq W(S - E) \text{ et}$$
$$1 - W(S - A) \geq W(A \cup B) - W(B) \text{ si } W(B) \geq W(E')$$

Comme dans le risque, ces fonctions de transformation permettent ensuite de calculer les poids de décision.

On peut les définir de la façon suivante :

$$\pi_i = W(A_i \cup \ldots \cup A_n) - W(A_{i+1} \cup \ldots \cup A_n)$$

Leur calcul relève de la même procédure que celle appliquée dans un contexte de risque. Ils se définissent comme la différence entre la capacité d'obtenir au moins la conséquence x_i et la capacité d'obtenir au moins la conséquence rangée juste après x_{i+1}.

Nous pouvons à présent interpréter les deux conséquences de la sous-additivité dans l'incertitude.

La première est qu'un évènement A a un poids plus grand quand il est ajouté à un évènement nul que lorsqu'il est ajouté à un évènement non nul, l'évènement B. En d'autres termes, un évènement a un impact plus grand quand on va du possible à l'impossible. Il s'agit de l'effet de quasi-impossibilité. La seconde signifie qu'un évènement a un poids plus grand quand on le soustrait de l'évènement certain S que lorsqu'il est soustrait d'un évènement $A \cup B$. En d'autres termes, un évènement a un impact plus grand quand on va du possible vers le certain. Il s'agit de l'effet de quasi-certitude.

Est-ce que les poids de décision sont dépendants du signe des conséquences ?

Dans une étude expérimentale, Abdellaoui et *alii* (2005) observent que les poids de décision dans le domaine des pertes sont plus élevés que dans le domaine des gains, et plus particulièrement lorsque les évènements sont plus probables.

Ces résultats sont semblables à ceux observés dans un contexte de risque (Gonzales et Wu, 1999).

Il faut noter aussi que la sous-additivité, c'est-à-dire la sensibilité aux variations des probabilités, aurait des effets plus importants dans l'incertain que dans le risque (Tversky et Fox, 2000).

Les préférences individuelles dépendent, non seulement du degré d'incertitude, mais aussi des sources de l'incertitude.

Dans l'expérience des deux urnes d'Ellsberg, on peut y voir deux sources d'incertitude (Abdellaoui et alii, 2011).

La première a pour origine le fait que dans l'une des deux la part relative des boules de deux couleurs différentes n'est pas connue.

La seconde provient du fait que la part relative est connue, mais pas la couleur de la boule qui est effectivement tirée. L'aversion à l'ambigüité conduit les sujets de l'expérience à préférer la seconde source d'incertitude.

3.5.2.3 Les sources de l'incertitude

Les sources de l'incertitude vont pour un individu donné largement conditionner ses choix. Une source d'incertitude, plus précisément une fonction source qui transforme les probabilités en poids de décision, est définie par un ensemble d'évènements qui sont engendrés par la même incertitude.

Deux évènements A_1 et A_2 sont interchangeables si :

$$(x_1,A_1\,;x_2,A_2\,;\ldots;x_{i,},A_i;\ldots;x_n,A_n) \sim (x_2,A_1\,;x_1,A_2\,;\ldots;x_{i,},A_i;\ldots,;x_n,A_n)$$

Ces deux évènements sont dits interchangeables parce qu'ils ont la même source. L'indifférence entre les deux résulte du fait qu'ils sont considérés comme équiprobables.

Par exemple, dans l'urne non ambigüe d'Ellsberg où les proportions (45/45) des boules de deux couleurs J et R sont connues, pour un même gain la personne est indifférente entre tirer J ou R.

En revanche, il n'est pas disposé à échanger le pari « tirer une boule d'une couleur donnée » dans l'urne non ambigüe contre le même pari dans l'urne ambigüe où les proportions de J et de R sont inconnues.

Nous pouvons reconsidérer à présent le problème en faisant l'hypothèse que les capacités dépendent de la source de l'incertitude et de la distribution de probabilité subjective. En d'autres termes, la croyance (non additive) sur les évènements exprimée par les individus dépend de la source de l'incertitude qui caractérise chacun de ces évènements.

Le principe de la préférence pour la source

L'aversion à l'ambigüité peut différer, non seulement d'un individu à l'autre, mais aussi pour un même individu en fonction de la source (proche ou familière) de l'incertitude. C'est ce que Abdellaoui et *alii* (2011) appellent « le riche domaine de l'incertitude ».

La théorie de la décision dans l'incertain doit s'avérer utile pour notre analyse, et notamment la notion de fonction source. Elle doit en effet contribuer à une meilleure compréhension des décisions individuelles dans un contexte où l'incertitude est la règle.

Le remplacement d'une technique de production ancestrale par une nouvelle technique *a priori* plus efficace mais inspirant toutes deux des résultats incertains se fera plus facilement s'il est montré que la source de l'incertitude est la même, disons par exemple les conditions météorologiques. La nouvelle technologie doit être présentée comme une innovation n'engendrant pas plus d'incertitude que la technique utilisée jusque là. C'est le rôle des experts en agronomie que de faire montre de pédagogie.

A contrario, le refus de l'innovation technologique peut s'expliquer si cette dernière donne naissance à une nouvelle source d'incertitude générée par la technique elle-même (absence de *knowledge*, de *knowhow*...). Les individus sont en effet plus averses à l'ambigüité lorsque la source de l'incertitude ne leur est pas familière.

Si la source de l'incertitude est plus familière pour le premier évènement que pour le second, les individus manifestent de l'aversion à l'ambigüité pour le second.

Prenons un exemple. Parier sur le CAC40$\geq$ 4300 pts ou parier sur le Down Jones$\geq$ 16580 pts pour un gain de 10 euros. Si le second pari est proposé indépendamment du premier, le joueur est peu sensible à l'incertitude qu'il représente.

En revanche, s'il lui est proposé de parier sur l'un ou l'autre des deux évènements, il manifestera alors de l'aversion à l'ambigüité.

Inverser les paris ne modifie pas l'ordre des préférences manifestées par le décideur. On peut expliquer ce choix par l'existence d'un biais cognitif.

$$\begin{bmatrix} \text{Parier}(\text{CAC40} \geq 4300\,\text{pts}) \succ \text{Parier}(\text{DownJones} \geq 16580\,\text{pts}) \\ \text{Parier}(\text{CAC40} < 4300\,\text{pts}) \succ \text{Parier}(\text{DownJones} < 16580\,\text{pts}) \end{bmatrix}$$

Le « biais domestique » (*home bias*) peut conduire les individus de nationalité française à préférer investir sur le CAC 40 plutôt que sur le Down Jones.

Le niveau de compétence vis-à-vis d'une source donnée peut réduire l'aversion à l'ambigüité (Tversky et Fox, 1995 et Tversky et Fox, 2000).

3.5.2.4 L'hypothèse des compétences comparatives

Le niveau de compétences ou de connaissances vis-à-vis de la source de l'incertitude intervient dans le choix entre différents évènements incertains.

Le principe d'ignorance comparative

Ces compétences sont évaluées en fonction des différentes sources de l'incertitude, mais aussi par comparaison avec le niveau de compétences d'autres individus. Dans le premier cas, l'individu compare ses connaissances par référence à deux évènements incertains.

Le décideur peut aussi comparer son niveau de compétences avec celui de personnes plus compétentes que lui. Les individus peu ou pas compétents seraient en quelque sorte inhibés par leur ignorance relativement perçues.

Ce qui doit se traduire par une forte réticence à parier sur un évènement pour lequel d'autres individus apparaissent plus compétents. En l'absence de comparaisons, les individus n'auraient pas conscience de leur ignorance en ce qui concerne la source de l'incertitude.

Il s'agit de comparer entre les sources de deux évènements ou pour un évènement donné entre les différents niveaux de compétences des individus. Dans un contexte non comparatif, l'aversion à l'ambigüité serait réduite, voire même éliminée.

Les poids de décision sur les conséquences pourraient donc être révisés selon que l'évènement est évalué dans un contexte comparatif ou pas.

3.5.2.5 La notion de probabilité correspondante

La notion de probabilité correspondante permet une mesure de l'aversion à l'ambigüité (Dimmock et *alii*, 2014).

Revenons un instant sur le paradoxe d'Ellsberg.

Soit deux urnes contenant 100 boules chacune.

La première, non ambigüe (K), contient des boules jaunes (J) et des boules noires (N) dans les mêmes proportions.

La seconde, ambigüe (U), contient des boules jaunes et noires dans des proportions inconnues. Si une boule jaune est tirée, le gain est x€ et 0€ sinon.

Soit : $x€_A 0$, où A désigne l'évènement « tirer une boule jaune ou une boule noire ».

Les préférences de la majorité des sujets de l'expérience sont données par les relations :

$$x€_{J_K}0 \succ x€_{J_U}0 \text{ et } x€_{N_K}0 \succ x€_{N_U}0$$

Ils préfèrent l'urne K à l'urne U. Ces préférences traduisent l'aversion à l'ambigüité des individus.

Nous avons donc : $p(J_K) > p(J_U)$ et $p(N_K) > p(N_U)$. Par conséquent, $p(J_U) + p(N_U) < 1$.

Ces préférences conduisent à la sous-additivité des probabilités dans l'urne U.

Nous pouvons assigner des probabilités subjectives de $0,5$ aux deux évènements ambigus J_U et N_U.

Mais si le décideur manifeste de l'aversion à l'ambigüité, il faut imaginer une sous-pondération de ces probabilités. Si en revanche l'individu est neutre à l'ambigüité, il interprète ces probabilités subjectives comme étant objectives. Ce sont des probabilités dites « neutres à l'ambigüité ».

Nous avons à présent besoin de définir la notion de probabilité correspondante. Pour cela, nous devons changer le nombre de boules jaunes dans l'urne non ambigüe K. Celle-ci contient à présent un nombre k de boules jaunes J et $100 - k$ de boules noires N.

La question est la suivante : quelle doit être la valeur de k qui rend le sujet indifférent entre les paris $x€_{J_K}0$ et $x€_{J_U}0$?

La probabilité correspondante (équivalente) de la probabilité neutre à l'ambigüité $(0,5)$ est $k/100$. On peut donc écrire $m(0,5) = k/100$.

En présence d'une aversion à l'ambigüité, $m(0,5) < 0,5$. Il y a sous-pondération de la probabilité neutre à l'ambigüité.

FIGURE 3.8 – ***Neutralité, insensibilité et aversion à l'ambigüité***

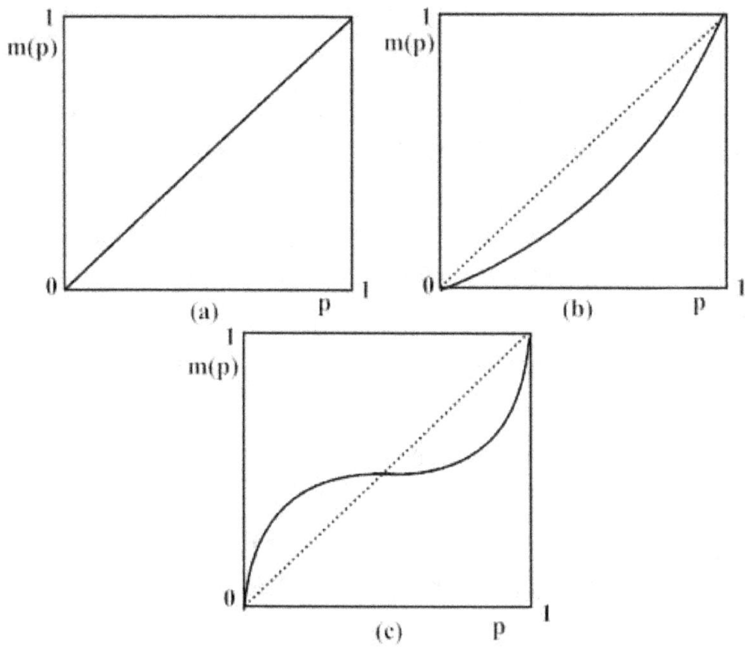

Source : Dimmock et alii, 2015.

En revanche, si $m(0,5) = 0,60$, cela signifie que l'individu est indifférent entre l'urne non ambigüe qui contient 50% de boules jaunes et l'urne ambigüe qui elle est supposée en contenir 60%. Dans ce cas, cet individu manifeste une préférence pour l'ambigüité puisque la probabilité neutre à l'ambigüité est sur-pondérée.

La fonction m permet de capturer les différentes attitudes possibles dans un contexte d'incertitude (neutralité ou aversion vis-à-vis de l'ambigüité, préférence pour l'ambigüité). Elle permet de décrire la diversité des comportements dans l'incertain qui se résument souvent à la seule notion d'aversion à l'ambigüité.

Nous représentons le graphe des différentes fonctions possibles $m(p)$ dans les Figures 3.8.

Dans la Figure 3.8 (a), la fonction $m(p)$ est linéaire et traduit par conséquent la neutralité à l'ambigüité. Les probabilités subjectives (correspondantes) et les probabilités neutres à l'ambigüité exhibent le même poids.

Dans la Figure 3.8 (b), la fonction est convexe et traduit de l'aversion à l'ambigüité.

Dans ce cas, les probabilités dites correspondantes vérifient sur tout l'intervalle $[0, 1]$ $m(p) \leq p$.

Dans le modèle CPT dans le risque, la convexité de la fonction de transformation w traduit du pessimisme probabiliste.

De la même façon, dans l'incertitude, nous pouvons dire que le graphe de la Figure 3.8 (b) représente du pessimisme dans l'ambigüité. Les moins bonnes conséquences sont sur-pondérées, alors que les meilleures sont sous-pondérées.

La Figure 3.8 (c) représente le principe d'insensibilité aux variations de vraisemblance.

Les probabilités correspondantes vérifient $m(p) \geq p$, pour $p \in [0\,;\,0,5]$ et $m(p) \leq p$, pour $p \in [0,5\,;\,1]$.

Ce principe suggère que le décideur est relativement peu sensible à l'ambigüité pour les conséquences et les probabilités intermédiaires.

En d'autres termes, lorsque le décideur s'éloigne de la certitude ou de l'impossibilité, il a tendance à traiter à peu près de la même manière tous les autres degrés de vraisemblance.

Comme dans le risque, la sensibilité aux variations des croyances décroît lorsqu'on s'éloigne de 0 et de 1.

Autrement dit :

$$m(p+\varepsilon) - m(p) < \varepsilon, \text{ avec } \varepsilon > 0.$$

Ce manque de discernement implique que les différences entre les probabilités correspondantes sont inférieures aux différences des probabilités neutres à l'ambigüité.

Soit le pari suivant avec les mêmes notations que précédemment.

$$\alpha€_A\beta€ \; \alpha > \beta > 0$$

Si l'évènement A se réalise, le joueur gagne α€ ou β€, sinon.

Le pari peut être évalué de la façon suivante :

$$W(A)u(\alpha)+(1-W(A))\,u(\beta)$$

ou encore, en utilisant la fonction source et la probabilité correspondante :

$$w(m_s(p))\,u(\alpha)+(1-w(m_s(p))\,u(\beta),\text{ en posant } W=w(m_s(p))$$

où m_s désigne la fonction ambigüité qui dépend de la source s. L'évaluation du pari dépend de la probabilité correspondante estimée à partir de la source. Si par exemple, celle-ci assigne des poids faibles au meilleur résultat α, eu égard à la source de l'incertitude, nous dirons que l'agent manifeste du pessimisme probabiliste. Les conséquences dans l'évaluation du pari sont ici supposées positives.

Mais s'engager dans un projet d'investissement par exemple peut impliquer des gains ou des pertes.

Est-ce que les comportements dans l'incertain diffèrent selon que nous sommes dans la zone des gains ou dans celle des pertes, comme le modèle CPT dans le risque le suggère ?

Comme dans CPT dans le risque, on peut définir des poids de décision dans le domaine des pertes et dans celui des gains de la façon suivante :

Posons : $x_1 \leq \ldots x_k \leq 0 \leq x_{k+1} \leq \ldots x_n$. Nous classons les conséquences monétaires par ordre croissant. Les exposants $(+)$ et $(-)$ indiquent que les fonctions de transformation W et les poids de décision π sont définis dans le domaine des gains et dans celui des pertes.

$$\pi_i^- = W^-(A_i \cup \ldots \cup A_k) - W^-(A_{i+1} \cup \ldots \cup A_k) \text{ et}$$
$$\pi_i^+ = W^+(A_i \cup \ldots \cup A_n) - W^+(A_{i+1} \cup \ldots \cup A_n)$$

Le recours à une probabilité correspondante dans le domaine des gains et dans celui des pertes permet d'enrichir le cadre d'analyse précédent.

Soit $m(p,x)$ la probabilité correspondante à la probabilité neutre à l'ambigüité. Si x désigne un résultat positif ou négatif, celle-ci dépend maintenant du signe de x. Elle peut donc différer en fonction des gains et des pertes. Baillon et Bleichrod (2012) confirment expérimentalement les prédictions du modèle des prospects dans le risque.

Il y aurait aversion à l'ambigüité dans le domaine des gains et préférence pour l'ambigüité dans le domaine des pertes. Plus précisément, le décideur manifesterait de l'aversion à l'ambigüité pour des gains probables et des pertes improbables et de l'attirance pour l'ambigüité pour des gains improbables et des pertes probables.

En revanche, le principe d'insensibilité serait invariant dans les pertes et les gains.

Le lien entre la partie qui s'achève et celle qui suit n'est pas difficile à faire. Étudier à présent l'attitude des décideurs dans un environnement où les risques s'empilent peut également s'avérer fort utile pour comprendre les choix des petits producteurs. Cet environnement où les périls sont nombreux peut en effet générer de l'incertitude. La sujétion à la nature de l'agriculture de subsistance entraîne en effet tout un ensemble de risques – les conditions météorologiques, la qualité des sols, les insectes nuisibles, les feux de brousse... – qui rendent anxiogène l'environnement des petits paysans. Or, l'anxiété peut créer des sentiments de peur, d'inquiétude et de crainte. Dans la terminologie empruntée à la théorie de la décision, nous dirions alors qu'elle peut se traduire par de l'aversion à l'ambigüité.

3.5.2.6 Risques composés et incertitude

Un empilement des risques peut être formellement représenté par une loterie composée. Une loterie composée est une loterie à deux étages, une loterie de loteries en somme, comme la Figure 3.9 le montre.

Le joueur obtient la loterie $(x_1, p_1\,;\, x_2, p_2)$ avec la probabilité α et la loterie $(x_1, q_1\,;\, x_2, q_2)$ avec la probabilité $1-\alpha$, avec $\alpha \in [0,1]$.

Le principe de réduction d'un risque composé (*compound risk*) en un risque simple fait intervenir un simple calcul sur les probabilités aux deux étages.

De façon générale, c'est-à-dire avec n conséquences, nous avons :

$$\alpha \begin{pmatrix} p_1 \\ \vdots \\ p_n \end{pmatrix} + (1-\alpha) \begin{pmatrix} q_1 \\ \vdots \\ q_n \end{pmatrix} = \begin{pmatrix} \alpha p_1 + (1-\alpha) q_1 \\ \vdots \\ \alpha p_n + (1-\alpha) q_n \end{pmatrix}$$

Les probabilités associées à la loterie réduite s'expriment comme des combinaisons linéaires convexes des probabilités associées aux deux étages de la loterie composée. Si une loterie composée peut *a priori* générer de l'incertitude, celle-ci est éliminée si le décideur est capable d'appliquer ce principe de réduction.

Si tel est le cas, il est neutre à l'ambigüité.

Abdellaoui et *alii* (2014) observent que les risques composés ne sont pas évalués de la même manière que les risques simples correspondants.

La non réduction du risque composé, c'est-à-dire la violation du principe de réduction illustré par la Figure 3.9 implique alors la non neutralité vis-à-vis de l'ambigüité.

FIGURE 3.9 – ***Une loterie composée***

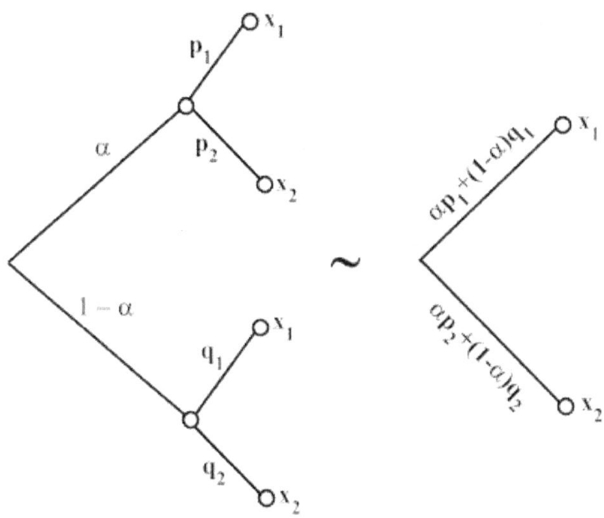

La « sophistication probabiliste » (Machina et Schmeidler, 1992) étant généralement hors de portée des individus, même pour des sujets éduqués, l'incertitude est alors non réductible à un contexte de risque. Le principe d'invariance à différentes présentations du même problème est alors bafoué lorsque les individus ne peuvent pas décider à partir des seules conséquences finales et des probabilités qui leur sont associées.

Les mêmes principes psychologiques qui guident la décision dans l'incertain devraient donc être observés dans un contexte multirisques.

Nous prolongeons les études précédentes par la présentation rapide de trois modèles de décision dans l'incertain pour illustrer la diversité des approches. Il s'agit pour chacun d'eux de proposer un critère de décision fondé sur un problème de maximisation qui tient compte des caractéristiques propres au contexte d'incertitude retenu et à la nature des comportements vis-à-vis de celui-ci.

3.5.3 L'approche axiomatique de l'incertitude

Notre propos vise simplement à donner une idée générale de la modélisation d'autres critères de décision dans l'incertain. Le lecteur intéressé par ce type de recherches est invité à lire les *surveys* (Denant-Boèmont et L'Haridon, 2013 ; Etner, Jeleva, Tallon, 2012, et Gayant, 1998).

Comment choisir dans un ensemble de modèles où chacun apporte une contribution originale ? La réponse est simple.

Le modèle de Gilboa et Schmeidler (1989), le MEU Model (*Maxmin Expected Utility*), est reconnu pour être la première source d'inspiration des travaux scientifiques qui ont suivi (3.5.3.1).

Le choix du second, le αMEU Model de Ghirardato, Maccheroni et Marinacci (2004), est motivé par le fait qu'il englobe le modèle précédent en proposant un critère de décision plus général (3.5.3.2) [12].

Enfin, la classe des modèles de préférences variationnelles complète les deux modèles précédents (3.5.3.3) .

Certains de ces derniers accordent explicitement à la notion de *statu quo* une forte influence sur les décisions individuelles. Ils nous proposent une analyse des facteurs comportementaux susceptibles de se traduire par une attitude conservatrice.

3.5.3.1 Le MEU Model

Soit $\mathscr{P}$ un-sous-ensemble fermé et convexe de l'ensemble de toutes les croyances sur les états de la nature et p un *prior*.

Ce sous-ensemble est défini par les croyances que le décideur juge pertinentes par rapport à son information.

Dans ce modèle (Gilboa et Schmeidler, 1989), les décideurs ne réduisent pas leurs croyances initiales (*priors*) à une seule distribution de probabilité subjective comme dans le SEU Model, sauf si $\mathscr{P} = \{p\}$.

L'incertitude est prise en compte à travers un ensemble non réductible de croyances à un singleton (*multiple priors*). Le critère de maximisation de l'utilité espérée est remplacé par le critère du maxmin.

12. *le Smooth Model* (Klibanoff et *alii*, 2005) avait sa place dans cette partie. Nous avons choisi de le présenter dans la section 5.6.2 pour le rapprocher de son utilisation. Il propose en effet un cadre pertinent pour l'étude de la demande d'assurance indicielle dans un contexte d'incertitude que ses modalités de couverture peuvent générer.

Soit u une fonction d'utilité de vNM. Nous disons qu'un acte X, c'est-à-dire une décision, est préféré à un acte Y, si :

$$min_{P\in\mathscr{P}}\sum_{s}p(s)u(X(s))\geq min_{P\in\mathscr{P}}\sum_{s}p(s)u(Y(s))$$

Le décideur calcule l'utilité espérée d'un acte par rapport à l'ensemble des distributions de probabilité défini par $\mathscr{P}$.

Ensuite, il retient pour chacun d'eux la distribution qui conduit à l'utilité espérée minimale. *In fine*, il sélectionne l'acte qui maximise cette utilité.

L'attitude du décideur dans ce contexte dépend donc de l'opérateur *min* et de l'ensemble $\mathscr{P}$ de ses *priors*.

Le critère du maxmin peut être interprété comme traduisant un grand pessimisme probabiliste.

La décision optimale consisterait donc pour le décideur à choisir entre toutes ses croyances celle qu'il juge « la moins pire des pires ».

L'incertitude ne pourrait inspirer qu'une seule attitude : l'aversion à l'ambigüité. Les détracteurs de ce modèle lui ont reproché de ne pas considérer tous les cas de figure.

Nous avons vu plus haut que les décideurs pouvaient en effet manifester des comportements contrastés vis-à-vis de l'incertitude : aversion, neutralité ou propension.

Le modèle suivant permet de capturer ces différentes attitudes en proposant un critère de décision intégrant un indice d'aversion à l'ambigüité, le coefficient α.

3.5.3.2 Le αMEU Model

Ghirardato, Maccheroni et Marinacci (2004) ont prolongé le modèle précédent en proposant un critère plus général.

Leur idée est de séparer l'incertitude et le comportement qu'elle inspire au décideur.

Le niveau d'incertitude est mesuré par la dimension de l'ensemble $\mathscr{P}$ de ses croyances, c'est-à-dire l'ensemble des scénarios probabilistes qu'il envisage comme possibles.

Le niveau d'incertitude le plus faible est celui où l'ensemble $\mathscr{P}=\{p\}$ est réduit à un singleton p, une seule mesure de probabilité subjective.

Plus la dimension de $\mathscr{P}$ est élevée, plus l'incertitude que le décideur perçoit dans son problème de décision est grande.

Cependant, ce niveau d'incertitude ne présume en rien de l'attitude qu'il adopte face à elle.

La règle de décision pour $\alpha \in [0,1]$ constant est la suivante..

Nous dirons qu'un acte X est préféré à un acte Y, si :

$$\alpha min_{P\in\mathscr{P}} \sum_{s\in S} p(s)u(X(s)) + (1-\alpha) max_{P\in P} \sum_{s\in S} p(s)u(X(s))$$
$$\geq \alpha min_{P\in\mathscr{P}} \sum_{s\in S} p(s)u(Y(s)) + (1-\alpha) max_{P\in P} \sum_{s\in S} p(s)u(Y(s))$$

Dans ce critère de décision, α représente un indice mesurant l'attitude du décideur vis-à-vis de l'ambigüité.

Si $\alpha = 1$, le décideur manifeste un grand pessimisme. Nous retrouvons alors le MEU Model.

Si $\alpha = 0$, le décideur manifeste un optimisme béat. Entre ces deux valeurs, le coefficient α traduit toute une gamme de comportements possibles vis-à-vis de l'incertitude.

Nous savons qu'un des enjeux majeurs des politiques du développement est de faire admettre aux petits producteurs que l'adoption de nouvelles technologies leur serait profitable. Or, si leur succès est fortement probable au dire des experts en agronomie, les fermiers peuvent manifester néanmoins une forte aversion à l'ambigüité vis-à-vis de ce pari. Ils corrigent à la baisse les prédictions savantes (« c'est trop beau pour être vrai »). On peut expliquer ainsi pourquoi ces derniers sont souvent réservés sur l'utilisation de nouveaux intrants. Ce qui les prive de l'opportunité d'améliorer leurs moyens d'existence. On pourrait leur attribuer un $\alpha \sim 1$ pour expliquer leur choix de préserver les cultures traditionnelles aux dépens de nouvelles cultures dont ils considèrent les rendements comme très incertains en dépit de l'affirmation des scientifiques.

3.5.3.3 Les modèles de représentation des préférences ancrées sur les dotations

Les modèles de représentation variationnelle des préférences – Maccheroni et *alii*, 2006(a) ; Maccheroni et *alii*, 2006(b) – prolongent le modèle précédent – Le MEU Model – en introduisant un indice d'aversion à l'ambigüité qui sanctionne les distributions de probabilité dans lesquelles le décideur n'a pas confiance.

En complément, on peut par exemple supposer que l'idée que le décideur se fait de la Nature peut l'amener à renoncer à certaines distributions de probabilité pourtant envisageables.

S'il l'imagine malveillante, il pense qu'en tirant profit de son ignorance elle choisira un *prior* sur tous les états possibles qui minimisera son utilité espérée conditionnellement à son choix.

Nous partons de l'hypothèse que les préférences individuelles dépendent du « prix » que le décideur accorde au renoncement à sa situation présente. Ce « prix » peut traduire les doutes que le décideur peut avoir sur la fiabilité de son propre modèle de décision. Une première façon d'illustrer cette idée est d'imaginer un coût psychologique (*utility pomp*) que l'agent doit supporter s'il abandonne sa situation initiale X.

L'évaluation de X par la fonction d'utilité U est alors définie de la façon suivante (Masatlioglu, 2005).

$$U(X) = \sum_s p(s)\left[u(X(s)) + C(X(s))\right]$$

où $C(X) > 0$ et $p(s)$ indiquent respectivement ce coût et la probabilité sur l'état s.

Le critère ci-dessus prend en compte l'effet de dotation (3.4.1).

Lorsque X n'est pas sa propre dotation, le décideur l'évalue simplement avec $U(X)$.

Lorsque X constitue sa dotation, il l'évalue en ajoutant le coût de « l'échange ». Il attribue par conséquent une « valeur supérieure » à l'objet qu'il possède.

Certains modèles de décision intègrent cette dotation comme étant le *statu quo*.

Le refus possible d'une nouvelle option peut alors être expliqué de diverses façons : l'inertie au changement à cause du regret anticipé, de l'imprécision de l'information probabiliste, de la peur d'une Nature malveillante, du coût psychologique...

Au fond, tout ce qui peut se traduire *in fine* par une attitude conservatrice illustrée par un proverbe bien connu, « ne pas lâcher la proie pour l'ombre » (Ésope), même si « l'ombre » peut être bienveillante.

Le décideur peut donc être incité à garder l'option risquée plutôt que de l'échanger contre un pari ambigu.

L'option retenue par défaut peut lui être familière alors qu'il peut redouter les conséquences de sa décision s'il choisit une nouvelle option qu'il ne peut évaluer avec précision.

Le *statu quo* semble donc jouer un rôle important dans la prise de décision.

Inversement, lorsque les sujets sont au préalable dotés d'un pari ambigu, il a pu être montré expérimentalement qu'ils recherchent alors l'ambigüité. Plus nombreux sont en effet les sujets qui préfèrent conserver leur pari ambigu plutôt que de l'échanger contre un pari risqué (Roca et *alii*, 2006).

Dans cette expérience, le *statu quo* va à l'encontre d'une hypothèse comportementale largement répandue depuis D. Ellsberg, celle de l'aversion à l'ambigüité. Dans l'expérience de « l'urne à deux couleurs », si les sujets disposaient préalablement de l'urne ambigüe, l'effet de dotation pourrait les conduire à préférer l'ambigüité. Mais nous avons vu qu'en situation d'incertitude, l'aversion à l'ambigüité n'était pas la seule attitude possible. Comment formuler la variation des préférences lorsqu'elles dépendent des dotations ?

Nous désignons à nouveau par $\mathscr{P}$, l'ensemble des croyances probabilistes (*priors*) d'un agent sur les états de la nature [13], par p une distribution particulière et par u une fonction d'utilité de vNM.

La relation de préférence pourrait s'écrire (Sagi, 2006) :

$$X \succeq_w Y$$

Elle signifie que l'acte X est (faiblement) préféré à l'acte Y quand l'ancrage est en w.

Un des critères de décision proposé avec des préférences variationnelles ancrées sur la dotation w peut s'écrire de la façon suivante (Dana et Riedel, 2013).

Nous dirons qu'un acte X est préféré à un acte Y, si :

$$min_{P\in\mathscr{P}} \sum_s p(s)\left[u\left(X(s)\right) - u\left(w(s)\right)\right] \geq min_{P\in\mathscr{P}} \sum_s p(s)\left[u\left(Y(s)\right) - u\left(w(s)\right)\right]$$

où $w(s)$ désigne ici l'état de référence.

13. Cet ensemble de croyances peut être assimilé à une vision particulière du décideur concernant les différents modèles possibles du monde.

On peut noter que si $w(s)$ est un acte constant, $w(s) = w$, $\forall s$, ce critère coïncide alors avec le critère maxmin (Gilboa et Schmeidler).

En substance, pour chaque nouvelle option, le décideur calcule la différence entre l'utilité espérée de l'option et l'utilité de référence à partir de son ensemble de distributions de probabilité. Ensuite, il retient pour chacune de ces distributions celle qui conduit à l'utilité espérée minimale. Enfin, il sélectionne l'acte (option) qui maximise cette utilité.

En conséquence, l'individu n'abandonnera le *statu quo* que si, compte tenu des ses croyances, l'utilité espérée d'au moins une de ces nouvelles options est supérieure à l'utilité espérée du *statu quo*.

FIGURE 3.9 – ***Les préférences variationnelles***

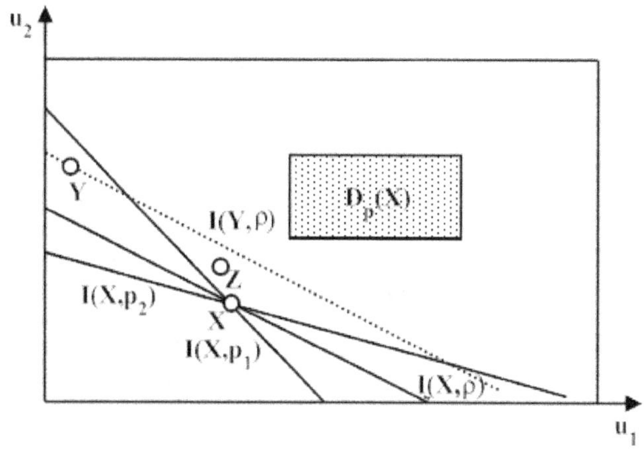

Source : Ortoleva (2010).

En d'autres termes, l'agent compare le *statu quo* w à toutes les options réalisables. Si aucune d'entre elles ne domine w, alors le décideur choisit par défaut le *statu quo*. En revanche, si au moins une de ces nouvelles options domine le *statu quo*, alors l'agent décide de le quitter au profit de celle qui maximise son utilité.

Nous illustrons cette alternative dans la Figure 3.10.

Pour en comprendre sa construction, quelques notations supplémentaires sont nécessaires.

Il y a deux états de la nature et deux distributions p_1 et p_2 situées aux deux extrémités de $\mathscr{P}$. Nous définissons trois actes X, Y et Z et nous désignons par $I(X, p)$ l'ensemble des utilités espérées constantes calculées avec $p \in \mathscr{P}$. Nous définissons aussi $D_p(X)$ comme étant l'ensemble des actes Y qui vérifient $U_p(Y) \geq U_p(X)$, $\forall Y$ et $U_p(Y) > U_p(X)$ pour au moins un Y. Cet ensemble désigne donc l'ensemble des actes qui dominent faiblement X en termes d'utilité espérée U calculée à partir de $p \in \mathscr{P}$.

L'auteur de ce modèle (Ortoleva, 2010) suppose qu'en l'absence de *statu quo* le décideur se comporte comme un « agent bayésien ». Il raisonne à partir d'une seule distribution que nous indiquons par $\rho \in \mathscr{P}$. Celle-ci est supposée être située « au centre » des deux distributions extrêmes p_1 et p_2 de $\mathscr{P}$ et uniforme entre les deux états. Prendre en compte le *statu quo* crée de l'incertitude parce que le décideur redoute alors de faire le mauvais choix en changeant d'option. Il peut avoir, par exemple, le sentiment d'être en face d'une Nature hostile.

Une fois son option choisie, il craint que celle-ci lui associe la distribution de probabilités qui lui fera regretter son choix.

En l'absence de *statu quo*, on peut voir que le décideur préfère l'acte Y aux actes X et Z. Le premier domine les deux autres en termes d'utilité espérée calculée avec le *prior* ρ.

Si X est à présent le *statu quo*, le décideur préfère X à Y puisque l'acte X évalué par le *prior* p_1 domine Y. En conséquence, depuis X, l'agent ne souhaite pas se déplacer jusqu'en Y.

Tout semble donc se passer comme si notre décideur craignait que la Nature choisisse le *prior* p_1 qui lui serait défavorable si son choix se portait sur Y. L'acte Z est choisi puisqu'il appartient à $D_p(X)$. Il domine X pour les deux *priors* p_1 et p_2.

Si l'option Z n'était pas disponible, l'agent resterait en X exhibant ainsi un biais de *statu quo*.

Cette approche nous semble particulièrement séduisante pour analyser les conséquences du *statu quo* sur les décisions en matière de choix technologiques. L'hypothèse d'incertitude non réductible à un contexte de risque est en phase avec la psychologie des petits producteurs sans aucun doute fortement imprégnés des traditions locales.

La théorie de la décision dans l'incertain, en faisant jouer un rôle-clé aux *croyances*, nous propose une grande variété de réactions possibles. Ses apports peuvent s'avérer précieux pour améliorer le contenu et l'efficacité des politiques de lutte contre la pauvreté rurale. Les principes *de sensibilité décroissante*, *d'insensibilité aux variations des croyances*, de *préférence pour la source* et *d'ignorance comparative* sont autant de mécanismes susceptibles d'expliquer les ressorts psychologiques de la décision des petits fermiers dans un contexte d'incertitude. Un environnement où les risques s'empilent, non réductible à un contexte de risque, nous invite ici aussi à faire appel à la théorie de la décision dans l'incertain.

Le *statu quo* et les freins au changement constituent aussi une piste à explorer dans un environnement anthropologique où les superstitions sont très courantes. En Afrique noire, par exemple, la Nature – généreuse ou maléfique – renferme des puissances occultes (totems, mânes, divinités) qu'il ne faut en aucun cas contrarier.

En atténuant l'aversion à l'ambigüité ressentie par le petit fermier à l'égard d'un nouveau projet, il est sans doute possible de le rendre plus facilement acceptable. Il ne s'agit évidemment pas de dire que les décideurs publics et privés ignorent cela. Les enseignements tirés des expériences menées sur le terrain sont irremplaçables. Mais la théorie peut apporter sa caution ou sa contribution. La *préférence pour la source* (de l'incertitude), par exemple, peut conduire à l'acceptation des innovations pour peu que la source de l'incertitude soit rendue plus familière aux petits fermiers.

Nous allons consacrer la partie suivante à la question de savoir comment les petits fermiers se comportent « réellement » dans le risque et l'incertitude dans leur vie quotidienne. Les études expérimentales auxquelles nous allons faire référence dans la partie suivante peuvent nous apporter des réponses significatives.

3.5.4 Un assortiment des choix des petits agriculteurs dans l'incertain

Dans la foulée de la *green revolution* [14], beaucoup de recherches empiriques ont été consacrées à l'analyse des raisons pour lesquelles de nouveaux inputs (engrais, produits phytosanitaires) ou de nouvelles technologies (variétés à haut rendement et systèmes d'irrigation) sont acceptés ou refusés par les petits fermiers.

Les connaissances, l'éducation, les contraintes sur les crédits, ainsi que sur la couverture assurancielle ont retenu l'attention des chercheurs,

14. Malgré des résultats incontestables en termes de productivité agricole, on ne peut pas passer sous silence les effets négatifs de cette politique (pollution, recul de la biodiversité, dégradation et érosion des sols...). C'est pourquoi, la promotion d'une agriculture plus soutenable (agroécologie) est à l'étude.

et depuis peu, les préférences vis-à-vis du risque ou de l'incertitude. Dans le but louable, mais controversé, de faire adopter de nouvelles technologies plus efficaces par les communautés rurales pauvres, la *green revolution* a importé les risques et l'incertitude qui leur sont associés sans toujours apporter les connaissances et le savoir-faire pour gérer de nouveaux risques. C'est pourquoi, les programmes de développement doivent être intimement liés à des structures d'accueil pour les fermiers convertis aux nouvelles technologies, de formation pratique et d'accompagnement, c'est-à-dire d'un suivi technologique.

De très nombreuses études monographiques récentes menées auprès des petits fermiers se sont penchées sur l'analyse des raisons du refus de l'adoption de techniques de production innovantes ou de l'utilisation de nouvelles semences.

Nous pouvons citer entre autres Duflo et *alii* (2008) concernant l'utilisation des engrais au Kenya, Hyman et *alii* (2008) pour les variétés résistantes à la sècheresse, Abdoulaye et Sanders (2006) pour l'adoption de nouvelles technologies concernant la culture vivrière du millet dans une zone semi-aride, Mendola (2007) pour une synthèse des contributions empiriques et théoriques sur le choix des petits fermiers en matière d'activité agricole.

Nous consacrons cette partie à l'analyse des interactions entre l'environnement et les comportements vis-à-vis du risque en relation avec l'adoption de nouvelles technologies.

Pour tenter de comprendre les préférences individuelles vis-à-vis du risque, il faut utiliser des procédures spécifiques d'élicitation (3.5.4.1).

La partie 3.5.4.2 est consacrée à l'influence respective de l'aversion au risque et des contraintes institutionnelles sur le choix des fermiers.

La partie 3.5.4.3 est destinée à comparer les capacités respectives des modèles EU et CPT à prédire les comportements individuels.

La théorie de la décision contemporaine s'est emparée de la notion d'incertitude. Ce changement de cap est pour nous une aubaine car on peut en effet supposer que les nouvelles technologies et/ou de nouvelles variétés de culture produisent un environnement agricole perçu comme incertain par les petits fermiers. Leur aversion à l'ambigüité peut dès lors expliquer le refus du changement des modes de production ancestraux (3.5.4.4).

3.5.4.1 Élicitation et inférence des préférences individuelles vis-à-vis du risque

Il est toujours très difficile et hasardeux de connaître les préférences vis-à-vis du risque car elles ne sont pas directement observables, contrairement aux chocs dont on peut évaluer approximativement les conséquences matérielles et humaines. Il faut donc utiliser des procédures d'élicitation ou d'inférence des préférences individuelles dont les enseignements doivent toujours être pris avec beaucoup de précaution : les enquêtes auprès des ménages ou les expériences menées en laboratoire.

La première présente l'avantage de porter sur un large échantillon représentatif. La seconde procédure, souvent du type Holt et Laury (2002), a l'avantage de pouvoir être accompagnée d'incitations financières.

Il faut noter que ces deux types d'approches peuvent être utilisées conjointement [15].

Après l'élicitation ou l'inférence des préférences, les auteurs peuvent tester économétriquement la relation entre celles-ci et certaines variables socio-économiques d'intérêt, telles que le revenu, l'age, le sexe, la taille de l'exploitation agricole...

La procédure expérimentale n'échappe évidemment pas à des biais cognitifs, notamment les biais de nature stratégique ou hypothétique.

- Le biais stratégique désigne le comportement des sujets qui considèrent que leurs réponses influenceront l'enquêteur et qui apportent en conséquence des réponses volontairement fausses.

- Le biais hypothétique désigne le comportement des sujets qui n'accordent qu'un crédit limité au scénario qui leur est proposé. Ce manque d'implication peut provenir d'une information insuffisante, d'une question mal interprétée ou du flou entourant le scénario lui-même, ainsi qu'à des rapports de causalité qui ne sont pas toujours bien contrôlés (Kast et Lapied, 2006).

Limitons-nous à deux exemples.

Est-ce la richesse qui rend l'individu moins impatient ou l'inverse ?

---

15. Hurley (2010) propose un survey des études anciennes, et aussi des études plus récentes, en les regroupant selon les deux approches : l'utilisation de loteries expérimentales et l'analyse des choix de production à partir des données statistiques collectées auprès des ménages.

Ou encore, est-ce qu'un individu opte pour une option sûre parce qu'il est averse au risque ou parce qu'il est confronté à une contrainte de liquidité due à un manque d'accès au marché du crédit ?

Au demeurant, les chercheurs en économie et en sociologie comportementales ne sous-estiment pas ces problèmes. Ils partagent néanmoins le même souci, celui de comprendre les préférences en observant après incitation les choix qui sont faits en laboratoire par les fermiers entre les divers paris qu'on leur propose ou à partir des données d'enquête.

Une première question se pose : quelle est la part respective des facteurs de pauvreté sur les décisions en matière de choix agricoles. Faut-il mettre en avant les contraintes institutionnelles ou les comportements vis-à-vis du risque ?

Ensuite, il s'agit autant que possible de comprendre ces comportements dans un contexte de risque et d'incertitude. Les études expérimentales se sont aussi données pour objectif de tester empiriquement la validité respective des modèles de décision EU et CPT. Quel est celui qui semble fournir les meilleures prédictions en ce qui concerne le choix des petits fermiers ?

3.5.4.2 Aversion absolue au risque *versus* contraintes institutionnelles

Binswanger (1980) et Binswanger et Sillers (1983) sont parmi les premiers chercheurs sur la pauvreté en milieu rural à avoir adopté une approche expérimentale pour comprendre les comportements des petits producteurs pauvres des pays du Sud en relation avec les contraintes sur le crédit. Binswanger a voulu observer si les différents comportements des fermiers résultent des différences dans leurs attitudes face au risque, compte tenu de leur niveau de richesse, ou des disparités dans l'accès au marché du crédit ou de l'assurance. Cette étude menée auprès de fermiers qui habitent une zone semi-aride de l'Inde a reposé sur une double méthodologie : un interview et une approche expérimentale avec des paiements réels.

L'aversion au risque augmente avec le montant des paris, mais le niveau de richesse n'a pas une influence significative sur cette variation.

Les comportements observés en matière d'investissement dans certains inputs (semences, engrais…) à risque comparable dépendraient principalement des contraintes institutionnelles plus ou moins subies par les fermiers selon notamment la taille de leur exploitation.

Binswanger et Sillers reviennent sur cette question de l'influence respective de l'aversion au risque et des contraintes institutionnelles sur les choix technologiques.

Les résultats qu'ils obtiennent contredisent l'hypothèse selon laquelle les fermiers sont inhibés par une très forte aversion au risque. Ces auteurs mesurent plutôt une aversion modérée pour la plupart des échantillons. Ce qui va dans le sens de notre scepticisme quant à l'hypothèse d'une forte propension des fermiers pauvres à l'évitement des risques.

Ils laissent entendre également que de nouvelles semences ou de nouvelles variétés de cultures peuvent être introduites avec un faible coût d'adaptation. Si des différences de comportement subsistent, elles proviennent pour l'essentiel des contraintes institutionnelles. Ce qui semble confirmer notre hypothèse que le risque est certes un facteur aggravant, mais que l'absence d'un marché du crédit ou de l'assurance est en surplomb. *La personne est pauvre parce que son environnement lui-même est « pauvre » en institutions.*

3.5.4.3 EU *versus* CPT

Cette étude est menée dans le nord du Mozambique auprès de petits agriculteurs (de Brauw et *alii*, 2011).

L'expérience est la suivante. Les auteurs exploitent les données collectées auprès des petits exploitants participant hypothétiquement à un programme de production de OFSP – *Orange-Fleshed Sweet Potatoes* – pour éliciter leurs préférences. Ce programme, quant à lui bien réel [16], est destiné à promouvoir la culture des patates douces à chair orange qui possèdent des vertus nutritionnelles (apport en vitamine A, notamment). L'adoption de cette nouvelle variété de culture constitue un enjeu important pour cette population rurale car elle permet de réduire les risques sanitaires.

Les sujets avaient le choix entre deux variétés de patates dont l'une des deux (OFSP) procure des rendements plus élevés dans le cas de bonnes

16. Les OFSP ont été introduites dans ce pays au cours de ces quinze dernières années. Le succès de ce programme tient aux bonnes récoltes et à la volonté d'impliquer davantage les petits producteurs et d'éduquer les consommateurs aux vertus de cette variété. Il est intéressant de noter que ce succès doit en partie être attribué aux femmes car ces femmes agricultrices savaient comment cultiver les patates douces. Nous verrons dans le prochain chapitre que l'inclusion des femmes dans le processus productif a des retombées positives sur le bien-être de la collectivité.

conditions pluviométriques et des rendements plus faibles dans la situation contraire.

La méthodologie retenue est la suivante. Les auteurs testent la capacité prédictive des modèles EU et CPT dans un cadre unifié. Nous savons que CPT dans le domaine des gains est une généralisation de EU.

Par ailleurs, nous savons aussi que CRRA est un cas particulier de la fonction PRA.

Plusieurs spécifications concernant les préférences vis-à-vis du risque sont donc permises.

Les résultats sont en substance les suivants. De façon générale, CPT dominerait EU. L'hypothèse de préférences CRRA est globalement rejetée par 75% des sujets. En particulier, ceux qui sont les moins averses au risque.

La fonction de pondération des probabilités aurait l'allure d'un *S* inversé. Le principe psychologique de sensibilité décroissante influencerait donc fortement les choix dans le risque.

3.5.4.4 Aversion au risque *versus* aversion à l'ambigüité et diversification des cultures

L'analyse comparative de l'aversion au risque et de l'aversion à l'ambigüité a fait l'objet de nombreuses publications.

Nous en évoquons quelques unes.

• L'objet de cette recherche (Engle-Warnick et *alii*, 2007) est d'étudier le comportement des fermiers péruviens vis-à-vis de l'adoption de nouvelles semences pour tenter d'en extraire leurs préférences. Ces derniers cultivent une variété traditionnelle de pommes de terre à faible rendement. Ils savent estimer du fait de leur longue expérience en la matière la distribution de ces rendements en fonction des conditions météorologiques et des saisons. Les variétés endémiques de pommes de terre auraient été cultivées pour la première fois il y a 8000 ans.

Il existe en plus de cette variété traditionnelle une nouvelle variété importée de la Colombie voisine (papa capiro) plus rentable en moyenne avec des coûts d'adaptation relativement faibles. L'expérience est la suivante. Il est proposé aux sujets plusieurs types de choix binaires associés à des gains équiprobables. Puis des choix binaires où les probabilités sur les mêmes gains sont à présent inconnues.

Enfin, les sujets ont à choisir entre des loteries prises deux à deux dont la seconde est toujours stochastiquement dominée à l'ordre 1.

Les différentes hypothèses qui ont été testées par les auteurs sont les suivantes.

Est-ce l'aversion au risque ou l'aversion à l'ambigüité qui décourage l'adoption d'une nouvelle variété ? Existe-t-il d'autres facteurs susceptibles de conduire aux mêmes conséquences ou à l'inverse d'aboutir à des conséquences opposées ?

Ils observent que le choix des cultures serait plutôt guidé par l'aversion à l'ambigüité que par l'aversion au risque. Comme pour l'urne d'Ellsberg, préférer le risque à l'incertitude expliquerait principalement la réticence des fermiers à adopter une nouvelle variété dont les rendements, faute d'expérience, leur sont inconnus.

L'hypothèse de rationalité, en l'occurrence ici le choix du pari qui vérifie la dominance stochastique du premier ordre, serait souvent mise à rude épreuve. La violation de la dominance (Tversky et Kahneman, 1986) s'expliquerait par la façon dont le problème est présenté aux sujets de l'expérience (*framing effects*).

Le *learning-by-doing* serait un autre facteur agissant cette fois en sens inverse. Plus les fermiers sont informés et expérimentés, plus ils sont enclins à opter pour la nouvelle variété. On pourrait justifier ce choix par le *principe de préférence pour la source*. C'est « en faisant » que l'on peut rendre la source de l'incertitude plus proche et familière.

Enfin, le *learning-by-doing social* favoriserait également l'adoption d'une nouvelle variété dès lors que des individus proches l'ont déjà adoptée. On pourrait expliquer ce choix par l'existence d'externalités sociales positives.

• Une étude similaire (Akay et *alii*, 2012) a été menée auprès de petits fermiers très pauvres habitant les montagnes du nord de l'Éthiopie.

L'objet de celle-ci est de comparer leurs attitudes vis-à-vis du risque et de l'ambigüité à celles d'un échantillon d'étudiants d'une université occidentale.

Les résultats que les auteurs obtiennent confirment ceux obtenus par d'autres études. Le degré d'aversion à l'ambigüité est le même pour l'échantillon des fermiers et celui des étudiants.

Ce qui peut laisser penser que l'attitude vis-à-vis de l'incertitude a peu de rapport avec des variables socio-culturelles, telles que le niveau de formation, la richesse…

• Cette étude (Ross et *alii*, 2012) a ciblé les producteurs de riz habitant dans la partie centrale de la République démocratique populaire Iao (anciennement le Laos).

Les choix qui sont proposés à ces fermiers pauvres portent sur deux variétés de riz, disons pour faire simple, la nouvelle dont les probabilités sur les rendements sont inconnues et la variété traditionnelle par définition plus familière. L'expérience s'inspire de celle de « l'urne à deux couleurs » de D. Ellsberg. Seuls des gains non négatifs sont proposés.

Ce qu'il faut souligner ici est que l'adoption de la nouvelle variété est partielle. Les petits fermiers procèdent en effet à une diversification des rendements au travers de la coexistence des deux cultures dans des proportions variables.

Les résultats que ces auteurs obtiennent sont à méditer.

Ils observent que la probabilité et l'intensité (la diversification) de l'adoption de la nouvelle variété diminuent avec l'aversion à l'ambigüité.

Pour favoriser la rapidité des changements agricoles et la mutualisation des cultures, il faut améliorer l'information concernant la nouvelle variété pour la rendre plus familière et ainsi éliminer si possible l'aversion à l'ambigüité.

Ici encore, les interrelations sociales peuvent contribuer à augmenter la probabilité d'adoption. Si la nouvelle technologie a déjà été expérimentée par certains fermiers, le *learning-by-watching* peut concourir à ce qu'elle soit adoptée par le plus grand nombre à condition que *le principe d'ignorance comparative* n'opère pas.

• L'objet de cette recherche (Engle-Warnick et *alii*, 2008) est d'analyser l'influence de l'incertitude sur les stratégies de diversification des actifs en présence d'un risque idiosyncratique.

La diversification est envisagée ici sous ses deux aspects : la diversification des cultures (pommes de terre et maïs) et la diversification des semences à partir d'une culture endémique (la pomme de terre traditionnelle – la papa –) et la papa capiro qui est une variété plutôt destinée à l'agro-industrie.

Dans les Andes, la culture des variétés endémiques, pommes de terre et maïs, est considérée comme peu risquée.

En revanche, le manque d'expérience des fermiers concernant la nouvelle variété ne leur permet pas d'estimer avec précision les probabilités sur son rendement. L'introduction de la papa capiro crée de l'incertitude.

L'étude reposant à la fois sur une enquête de terrain et l'utilisation de loteries est menée dans deux régions du Pérou, le district de Cãnete et celle du Mantaro Valley.

Les deux principaux résultats à retenir sont les suivants.

L'aversion au risque semblerait expliquer (?) la réticence des fermiers à pratiquer une diversification des cultures. Tandis que l'aversion à l'ambigüité semble expliquer leur réticence à opérer une diversification des semences à partir d'une variété principale endémique [17].

Ce qui semblerait confirmer le principe de *préférence pour la source* (3.5.2.4) ou l'effet de dotation et le biais de *statu quo* (3.4.1).

Au risque d'une généralisation un peu hâtive, on peut tirer de cette étude des conclusions intéressantes.

Les programmes de développement agricole à destination des petites communautés rurales doivent être bien accompagnés. Si de nouvelles variétés de semences d'une même culture sont introduites (la Révolution verte), les décideurs publics et privés doivent faire en sorte de réduire l'aversion à l'ambigüité en portant à la connaissance des fermiers tout ce qui concerne la source de l'incertitude au travers des expériences pilotes, des aides et supports techniques, de l'apprentissage, du recours à des leaders d'opinion ou au conseil des anciens.

De façon générale, ce qui ressort de ces études expérimentales est que les choix des petits producteurs seraient mieux expliqués par CPT que par EU. Ce résultat au fond n'est pas très surprenant. Dans la mesure où CPT est plus général que EU, elle permet de capturer une plus grande diversité des comportements.

---

17. La théorie axiomatique de la décision s'est aussi emparée de la question du lien entre l'aversion à l'ambigüité et la diversification des actifs (financiers). Elle confirme les résultats précédents. L'ambigüité aurait pour conséquence d'accroître l'aversion pour le risque du décideur et de réduire la diversification entre un actif ambigu et un actif sûr (Klibanoff et *alii*, 1995). Le montant de la richesse alloué à un actif ambigu est plus faible.

Ce qui semble admis une fois pour toutes est le rejet de l'hypothèse d'aversion relative constante des petits fermiers au profit de comportements plus en relation avec leur situation personnelle et leur environnement naturel.

On sait que les petits fermiers savent faire preuve d'ingéniosité et d'audace dans le choix de nouvelles variétés de plantes et de nouveaux outils, contrairement aux hypothèses des modèles économiques qui supposent qu'ils seraient réticents à prendre des initiatives. Dans les communautés rurales, la prise de risque n'est pas un choix délibéré comme pour un jeu d'argent, mais imposée par la nécessité de s'adapter à des conditions très défavorables.

Mais l'estimation subjective des rendements agricoles futurs associés à une nouvelle technologie, par exemple, peut amener les fermiers à ne voir autour d'eux que de l'incertitude. Au mieux, peuvent-ils l'appréhender en se proposant une « mesure » très générale du degré de vraisemblance associé aux conséquences possibles de l'adoption technologique, ou encore l'exprimer selon *le principe d'insensibilité aux variations des croyances*. Au fond, ils considèrent alors les issues comme équiprobables. Ce qui peut les amener en fait à sous-pondérer la probabilité (celle des experts) d'une bonne récolte résultant d'une variété plus résistante.

S'il est suggéré au petit fermier d'adopter une variété de semence plus robuste aux conditions climatiques, sa décision repose entièrement sur une étude comparative entre cette nouvelle variété et la culture endémique qui constitue sa référence. Pour la première, le futur qu'il s'agit d'anticiper est inscrit dans le présent au travers de ce qu'en disent les experts. Le passé n'intervient pas puisque cette nouvelle variété n'a jamais été expérimentée auparavant.

Si ces semences engendrent toutes les deux de l'incertitude, le petit fermier peut prendre la décision de poursuivre son activité avec les semences traditionnelles parce que la source de l'incertitude du fait de son vécu lui est plus familière.

Trois principes généraux semblent émerger pour améliorer si possible le contenu de la politique des Agences d'extension : promouvoir des changements technologiques progressifs (pas de gros enjeux !), apporter le plus d'information possible et compréhensible sur la source de l'incertitude et favoriser les interrelations sociales pour « voir, apprendre et faire ».

Nous savons en effet qu'une source d'incertitude devenue plus familière génère moins d'aversion à l'ambigüité. Par ailleurs, la diffusion du savoir par l'action collective peut convaincre le plus grand nombre de petits fermiers d'accepter les innovations agricoles.

Malheureusement, on ne peut accorder aux études expérimentales que nous avons évoquées qu'un crédit limité dans la mesure où étant en dehors du contexte dans lequel ils prennent réellement leur décision les sujets de l'expérience peuvent fournir des réponses biaisées.

Le cadre d'analyse proposé par la théorie standard est trop étroit. La seule *pauvreté monétaire* mesurée par le revenu constitue l'unique variable stratégique. Il faut donc aller plus loin. La théorie de la décision dans l'incertain en faisant jouer un rôle essentiel aux *croyances* est de ce point de vue éminemment plus riche et s'inscrit beaucoup mieux dans notre problématique. Nous la rappelons pour mémoire. Ce sont les *différents attributs quantitatifs, mais aussi qualitatifs, de la pauvreté* qui rendent comptent *in fine* des options retenues par les petits fermiers. Pour autant, l'analyse des comportements n'est pas achevée. Prenons deux exemples.

- Imaginons à présent un petit fermier face, par exemple, à une menace d'ordre climatique, telle qu'un épisode de forte sècheresse. Il faut savoir que dans le Sahel africain, par exemple, les pluviométries ont diminué en moyenne de plus de 20% entre 1970 et le milieu des années 90.

Cette période de déshydratation climatique s'est accompagnée d'un certain nombre d'épisodes de sècheresse très sévères. Dans ce cas, le passé, même revisité, du petit fermier peut être convoqué dans le temps présent pour prendre les dispositions nécessaires à l'amortissement des conséquences futures des aléas climatiques. Son vécu subjectif l'aide tout entier dans sa prise de décision. Ici, le présent contient le passé et le futur. La perception qualitative de cette menace peut alors reposer sur des analogies avec des évènements passés comparables qui lèvent en grande partie le voile sur l'ignorance.

- Par ailleurs, s'il est proposé à ce même petit fermier l'usage de pesticides améliorant certes les rendements agricoles sur sa parcelle, mais qui portent atteinte à son environnement et à celui des générations futures, celui-ci prendra sa décision après un arbitrage entre le « pour et le contre » en fonction de tout un ensemble de facteurs psychologiques et anthropologiques.

Comme l'écologie et le souci de la préservation des équilibres naturels et de la biodiversité ne sont pas l'apanage des personnes riches, notre petit fermier, influencé par sa femme, pourrait refuser l'emploi des pesticides au nom du respect de l'environnement. « Penser le futur » peut dans ce cas influer sur sa décision.

Il faut savoir que les femmes dans les communautés rurales, même si elles sont peu visibles, sont souvent plus sensibles à l'environnement parce qu'elles veillent sur la santé de la famille et en particulier de leur progéniture.

La perception des risques en relation avec leurs attributs qualitatifs et les caractéristiques socio-culturelles des individus influence les décisions. Cette perception nous renvoie aux différents processus cognitifs qui permettent aux individus d'évaluer une situation à partir de l'information dont ils disposent et qu'ils interprètent selon leur propre prisme. Pourquoi certains risques peuvent-ils apparaître comme plus dangereux que d'autres ? Cela peut dépendre de sa « fréquentation ». Un risque pris quotidiennement peut être perçu comme moins dangereux qu'un risque auquel on est moins fréquemment exposé.

De plus, la perception d'un même risque peut différer d'un individu à l'autre en fonction de ses propres préjugés. Un risque dont la réalisation peut nuire à l'ordre social sera perçu comme très menaçant par une personne qui nourrit des idées conservatrices.

Un risque environnemental sera d'autant plus redouté que la personne milite pour la biodiversité. Elle revendiquera avec force l'application du principe de précaution si ce risque fait l'objet de controverses scientifiques.

Des mesures susceptibles d'entraver le libre fonctionnement des marchés seront perçues comme risquées et à ce titre combattues par les personnes adeptes du libéralisme économique.

On pourrait multiplier les exemples à l'infini.

À défaut de maîtriser le calcul des probabilités, les décideurs font appel aux jugements heuristiques en lieu et place de la démarche algorithmique. On ne peut douter que les petits fermiers, peu ou pas du tout habitués à la notion de probabilité, ont dans de nombreuses circonstances recours à une perception du risque fondée sur ses attributs qualitatifs et à leurs propres préjugés.

C'est pourquoi, nous consacrons le prochain chapitre à cette cette question centrale en étudiant l'influence des facteurs psychologiques, culturels et religieux sur les comportements individuel, mais aussi collectifs, face aux risques et aux menaces.

En effet, l'organisation sociale horizontale – solidaire et inclusive – ou verticale – hiérarchique et exclusive –, joue également un rôle important dans les choix stratégiques et le bien-être collectif en protégeant tous ses membres ou au contraire en « excommuniant » certains d'entre eux.

Nous analyserons aussi la relation, présentée trop souvent de façon caricaturale, entre la pauvreté et les préférences intertemporelles, la patience ou l'empressement. Celles-ci dépendent aussi, nous le verrons, de facteurs anthropologiques.

Les stratégies d'adaptation au réchauffement climatique et les conséquences possibles sur l'avenir des petites communautés rurales méritent une attention toute particulière au moment où on redoute pour le futur le déplacement forcé de plusieurs centaines de millions de personnes. Concernant le risque climatique, les jugements heuristiques sont, peut-être plus encore que pour d'autres menaces, à l'origine de la perception que les individus s'en font.

Cependant, anticiper les évènements climatiques futurs à la lumière des évènements passés que le décideur juge analogues peut le conduire à les minimiser car le réchauffement de la planète va changer en profondeur la nature des dangers. *Le futur ne sera pas le prolongement du passé.*

Chapitre 4

Anthropologie et psychologie : la perception du risque et du temps

Nous passons de la dimension quantitative du risque (les probabilités sur les conséquences) à sa dimension qualitative, affective, culturelle et sociale.

Jusqu'à présent, les probabilités intervenaient dans la prise de décision, même si l'intuition du décideur se manifeste au travers des pondérations subjectives qu'il attribue aux évènements ou de son interprétation personnelle des probabilités proches de 0 ou de 1, par exemple.

Nous nous sommes focalisés sur l'étude des comportements individuels dans un contexte donné de risque ou d'incertitude lorsque les individus raisonnent sur la base d'un scénario probabiliste plus ou moins crédible. Dans ce cas, le risque peut faire l'objet d'une interprétation subjective à partir de l'application de certains principes psychologiques qui conduisent à une évaluation probabiliste révélée alors par les choix qui sont faits.

Mais les risques sont souvent, du moins pour les profanes, estimés sans avoir explicitement recours au calcul des probabilités. On ne peut pas toujours assimiler un risque à une simple catégorie statistique. Ce qui n'exclut ni son évaluation ni les réactions qu'il suscite, mais celles-ci dépendent alors de sa perception. Cette perception est influencée par un grand nombre de facteurs personnels ou sociaux. On peut légitimement penser que ce *modus operandi* est aussi à l'œuvre dans les petites communautés rurales dont les membres perçoivent les risques et les menaces autrement qu'au travers des procédures du calcul rationnel auxquelles se substituent des procédures empiriques.

La première section (4.1) est consacrée au jugement heuristique. La perception des risques peut reposer sur une procédure empirique et subjective d'évaluation ou dépendre du vécu, de l'appartenance sociale ou religieuse, du sexe... de la personne. Ces heuristiques peuvent donner naissance à des biais cognitifs, c'est-à-dire à des erreurs de jugement, et donc déboucher sur des décisions inadaptées à la situation.

La deuxième section (4.2) explore le lien entre état de pauvreté et impatience. Si cette dernière guide les choix, le futur est alors sacrifié au présent et tout projet portant l'espoir d'une vie meilleure est susceptible d'être écarté.

La section suivante (4.3) est entièrement consacrée à la perception des risques climatiques liés au réchauffement de la planète. Cette perception conditionne largement les stratégies d'adaptation aux nouvelles conditions environnementales mises en œuvre par les populations pauvres avec l'aide indispensable de la communauté internationale.

Enfin, la dernière section (4.4) propose une synthèse des facteurs de pauvreté et conclut sur quelques propositions en matière de lutte contre la pauvreté rurale.

4.1 Heuristiques de jugement et biais cognitifs

Nous commençons par une définition des heuristiques et de quelques uns des biais cognitifs qu'elles impliquent. Le paradigme psychologique sera également étudié dans cette section (4.1.1).

Nous aborderons dans la section suivante (4.1.2) la question du paradigme culturel et de l'appartenance au groupe comme facteur explicatif de la perception des risques. La section 4.1.3 sera dédiée à l'analyse de l'influence des structures sociétales sur les comportements et à la capacité des petites communautés à faire reculer la pauvreté ou à retrouver le chemin de la résilience après un choc défavorable.

In fine, nous nous attacherons à comprendre pourquoi certains risques peuvent être socialement acceptés tandis que d'autres seront interprétés comme une menace qu'il faut absolument conjurer. Ou pourquoi, certains groupes culturels considèrent le risque comme créatif tandis que d'autres le jugeront à l'inverse lourd de menaces.

Nous insisterons aussi chemin faisant sur le rôle joué par les interrelations sociales sur la perception d'un risque ou d'un danger particulier.

Ces interrelations ont au demeurant une dimension dynamique à travers les différents formes d'apprentissage mises en pratique au sein des communautés (*learning from others*). La perception d'un risque peut alors devenir commune à tous les individus à partir de la diffusion des heuristiques au sein de la société.

Cette convergence des opinions, on s'en doute, peut expliquer les décisions prises dans le contexte de l'agriculture de subsistance où les influences interpersonnelles peuvent être localement très fortes.

4.1.1 Les heuristiques

Les heuristiques regroupent tout un ensemble de règles empiriques simples destinées à une appréciation subjective du risque et de son potentiel de nuisance. À la différence de la méthode algorithmique exigeante en information, en compétences et en capacités de calcul, les heuristiques sont tirées de l'expérience et des analogies.

Leur raison d'être est de simplifier la tâche du décideur en réduisant le degré de complexité des opérations.

Cependant, elles peuvent entraîner des erreurs de jugement et donc des décisions inappropriées.

Dans une perspective dynamique, les études en psychologie expérimentale et en économie du comportement, ainsi que les neurosciences, ont maintes fois montré que les heuristiques violent la règle de Bayes [1]. Le biais de confirmation (*confirmation bias*), par exemple, traduit la tendance de l'individu à privilégier l'information qui confirme ses hypothèses.

Ce faisant, il peut surestimer ses croyances et commettre ainsi une erreur de jugement.

On pourrait citer aussi les biais d'évaluation, tels que la sur-confiance de soi, l'illusion du contrôle du risque ou le sentiment d'invulnérabilité, qui dérogent eux-aussi à la règle de Bayes.

On retient généralement trois catégories d'heuristiques.

1. Nous savons que la règle de Bayes repose sur les probabilités conditionnelles. Soit deux évènements A et B, la règle permet de calculer la probabilité de A sachant B si on connaît la probabilité de A, de B et de B sachant A.

Ce qui suit est étroitement inspiré de Tversky et Kahneman (1974).

• L'heuristique de représentativité (*representativeness*). Elle regroupe un ensemble de règles qui consistent à considérer l'évènement à l'étude comme représentatif d'autres évènements.

L'occurrence d'un évènement dépend donc de son degré de représentativité d'un autre évènement. Par exemple, la vraisemblance qu'un individu exerce une certaine profession est d'autant plus élevée qu'il est représentatif de l'idée que les individus se font de cette fonction, en dépit du fait que celle-ci est peu répandue.

Cette heuristique donne lieu à un grand nombre de biais cognitifs.

– L'insensibilité à la taille de l'échantillon, encore désignée par la loi des petits nombres (*insensitivity to sample size*). Quand les individus évaluent la probabilité d'une conséquence à partir d'un échantillon tiré d'une population donnée, ils généralisent cette probabilité à cette population, même si l'échantillon est de petite taille.

– L'illusion du joueur (*gambler's fallacy*). La chance est interprétée comme un mécanisme auto-correcteur. Un résultat positif sera compensé par un résultat négatif pour rétablir l'équilibre.

Après avoir observé un grand nombre de fois le même résultat (tirer une boule rouge), le joueur anticipe la réalisation d'un résultat différent (tirer une boule noire) parce que celui-ci s'inscrit dans une séquence plus représentative que l'apparition d'une nouvelle boule rouge.

– L'idée fausse de la chance (*misconceptions of chance*). Les personnes qui observent les résultats d'un processus aléatoire pensent que celui-ci va se poursuivre à l'identique. Les résultats observés sont en fait considérés comme représentatifs de l'idée que les personnes se font de ladite expérience aléatoire.

– L'oubli du retour à la moyenne (*misconceptions of regression*). L'idée du retour à la moyenne est la suivante. L'observation de résultats faibles ou élevés convergeront après des épreuves aléatoires répétées vers la moyenne. Par exemple, les personnes mésestiment le fait qu'une performance sportive de haut niveau soit suivie d'une moindre performance et inversement.

• L'heuristique de disponibilité (*availability*). Elle regroupe un ensemble de comportements qui consistent à estimer la vraisemblance d'un évènement en mobilisant des ressources qui viennent le plus rapidement à l'esprit parce que les plus récentes, par exemple. La fréquence estimée de l'évènement dépend donc de la facilité avec laquelle on peut se remémorer des évènements comparables.

– Le biais de récupérabilité (*retrievability bias*). Le fait d'avoir était témoin d'un évènement peut conduire à une surestimation de la probabilité d'un évènement comparable, et ce plus fortement que ne pourrait le faire une simple description plus ou moins abstraite.

– Le biais d'imaginabilité (*imaginability bias*). Lorsque les caractéristiques d'un évènement ne sont pas présentes dans la mémoire, la probabilité d'un évènement donné est estimée à partir d'une reconstruction mentale d'évènements passés comparables.

– L'erreur de conjonction (*conjunction fallacy*). Elle consiste à estimer que la probabilité que deux évènements se réalisent simultanément est au moins aussi élevée que la probabilité que chacun d'eux se réalise indépendamment. Cette erreur vient du fait que le scénario qui vient spontanément à l'esprit établit un lien étroit entre les deux évènements considérés.

• L'heuristique d'ancrage (*anchor*). Elle regroupe un ensemble de comportements qui consistent à ajuster l'estimation de la probabilité d'un évènement donné sur un évènement antérieur pris comme point de référence. En d'autres termes, l'individu détermine sa croyance *a priori*, l'ajuste insuffisamment et aboutit à une sous-estimation de la probabilité de l'évènement. Une des biais résultant de cette heuristique est le biais de conservatisme (*conservatism bias*). Celui-ci amène le décideur à sous-estimer les informations qui lui parviennent et à conserver par conséquent ses croyances *a priori*.

Ces trois heuristiques et les biais cognitifs qu'elles impliquent laissent donc penser que les individus agiraient souvent de manière plus intuitive que logique, ce qui les conduirait à une violation du principe bayésien de révision des probabilités.

Les neurosciences désignent ces mécanismes sous les termes de « processus mentaux automatiques » qui sont réflexifs et inconscients par opposition aux « processus contrôlés » qui sont provoqués et conscients. Ainsi, les neuroscientifiques mettent-ils l'accent sur la dimension affective et les processus automatiques pour expliquer l'attitude des individus face aux menaces (Ferrari, 2011).

Nous donnons à présent une illustration de l'emploi de ces heuristiques par des ménages ruraux habitant dans les pays du Sud.

Quelles influences peuvent-elles avoir sur les comportements face aux menaces qui pèsent sur ces populations ?

4.1.1.1 Heuristiques et comportements des petits fermiers face au risque

La répétition passée de chocs adverses peut expliquer les changements d'attitude vis-à-vis du risque.

• Répétition des chocs et augmentation de l'aversion au risque. Ces chocs sont définis selon leur origine (agricole, sanitaire...), l'importance de leur impact et leur nature (chocs covariés ou idiosyncratiques).

Cette enquête (Gloede et *alii*, 2012) menée auprès de ménages ruraux en Thailande et au Vietnam débouche sur les résultats suivants.

La répétition de chocs adverses subis dans le passé, surtout ceux qui ont eu un fort impact, renforcerait l'aversion au risque. Ces chocs récurrents auraient pour conséquence d'augmenter la vulnérabilité à la pauvreté de façon directe et indirecte.

Ils ont un effet direct sur le bien-être au travers des dommages qu'ils font subir aux personnes et aux actifs qu'elles possèdent et un effet indirect à cause de l'augmentation de l'aversion au risque des victimes qui inhibe leur esprit d'initiative.

Cependant, la sensibilité de l'aversion au risque déclinerait avec le nombre de chocs subis. Un phénomène d'accoutumance aux chocs, la résignation ou la fatalité pourraient expliquer ce constat.

• Dans le cadre d'une étude menée auprès de petits agriculteurs en Éthiopie dans l'État de Amhara, les auteurs (Yesuf et Bluffstone, 2007) arrivent aux mêmes conclusions : le vécu modifierait les attitudes face aux risques.

Si dans le passé les expériences ont été fructueuses, elles contribuent à diminuer le comportement d'évitement du risque. On peut à cet égard mentionner l'heuristique de disponibilité pour expliquer ce phénomène.

Dans le domaine des gains, les personnes interrogées ont une aversion au risque plus élevée quand elles sont face à de gros enjeux se caractérisant par des gains très élevés ou très faibles *versus* des gains qui sont moyennement élevés ou moyennement faibles. Cette attitude peut sans doute s'expliquer par *l'aversion aux pertes* (3.4).

Ce constat suggère un autre argument en faveur du principe de progressivité dans l'adoption de nouvelles technologies. Il faut éviter les gros enjeux impliqués par un « saut technologique » brusque en affectant dans un premier temps une petite partie de la surface arable à de nouvelles semences. Si cette première expérience est couronnée de succès, alors l'heuristique de représentativité peut favoriser l'extension de cette nouvelle culture et l'intensité de la diversification.

• L'objet de cette étude (Reynaud et *alii*, 2013) est de mettre en perspective les processus cognitifs et les mesures de prévention du risque d'inondation.

Pour cela, une enquête a été menée auprès d'un échantillon de personnes habitant dans la Nghe An Province dans la région située au centre nord du Vietnam. Cette région est particulièrement exposée au risque d'inondation et constitue de ce fait un excellent terrain pour l'expérience.

Le risque perçu est défini par ses deux composantes : les probabilités perçues et les conséquences perçues.

Les motivations pour mettre en place les mesures de prévention nécessaires dépendent notamment des chocs adverses passés que les ménages ont pu éprouver.

L'expérience vécue en matière de conséquences matérielles et/ou humaines des chocs et leur intensité (le niveau des eaux) modifie-t-elle les probabilités et les conséquences d'un évènement futur comparable ? Et si oui, dans quel sens ?

Les principaux résultats sont les suivants :

- La perception des probabilités associées à une possible inondation dans le futur diffère selon que les ménages ont subi ou pas un choc dans le passé. Les probabilités estimées augmentent lorsque les sujets de l'expérience en ont été victimes. La perception est plus fortement influencée par l'expérience passée lorsque le choc s'est accompagné de dommages corporels ou d'évacuation des logements inondés.

- Des conséquences semblables peuvent être mises sur le compte de l'intensité du ou des chocs vécus. Plus le choc est intense, plus l'estimation de la probabilité qu'il se renouvelle est élevée.

- La surestimation ou la sous-estimation des dommages potentiels de possibles inondations dans le futur relèvent de la même subjectivité.

On pourrait évoquer l'heuristique de disponibilité pour expliquer ces comportements.

- La confiance accordée aux mesures de prévention mises en place par les Pouvoirs publics a pour conséquence de réduire la probabilité estimée du risque d'inondation.

En transposant avec évidemment beaucoup de précaution ces résultats dans un contexte de choix technologiques agricoles, on peut penser que les jugements heuristiques des petits producteurs et la confiance ou la méfiance que leur inspirent les Agences d'extension, lorsqu'elles sont présentes sur le terrain, ont une influence sur l'adhésion à de nouvelles pratiques agricoles.

Si ces pratiques n'ont pas encore été expérimentées, le risque sur les rendements futurs est perçu en fonction de la description qu'il est possible de faire de l'évènement. Or, nous savons que la perception du risque peut différer selon qu'il est simplement décrit (une abstraction) ou qu'il a déjà été vécu (une réalité) dans le passé. De plus, *le learning by social* et le *learning by doing* peuvent changer la perception du risque lié à l'adoption technologique en incitant les fermiers encore réticents à revoir à la baisse leur probabilité des pertes.

• Cette étude (Völker et *alii*, 2011) a comme la précédente pour objet d'analyser les relations entre des chocs subis dans le passé, la perception des risques et les stratégies de prévention susceptibles d'être mises en place pour en atténuer les conséquences.

L'enquête a été menée auprès d'un échantillon de ménages ruraux vivant au nord est de la Thaïlande et dans le centre du Vietnam. Les chocs météorologiques (inondations, tempêtes...) sont ceux que les ménages de ces deux pays ont le plus souvent subis dans un passé récent.

Cette enquête a conduit les auteurs aux résultats suivants :

- Les ménages qui ont déjà subi des chocs météorologiques de plus ou moins grande intensité sont ceux qui manifestent le plus grand pessimisme quant à l'importance des chocs futurs. L'influence de l'heuristique de disponibilité semble à nouveau être à l'œuvre dans les comportements observés.

- Par ailleurs, la perception des risques ne repose pas uniquement sur la seule expérience personnelle, mais aussi sur l'information partagée au sein du groupe. C'est ainsi que les auteurs relèvent une plus grande disposition des personnes à adhérer à un projet de prévention (digues, canaux d'irrigation...) lorsqu'elles participent à une action collective. L'influence de celle-ci sur la capacité des membres de la communauté à relever le défi de la pauvreté est incontestablement très forte.

L'amélioration de l'efficacité des politiques de lutte contre la pauvreté peut venir en partie de la compréhension des heuristiques employées par les petits fermiers dans leur propre perception des risques et de la correction des biais cognitifs s'ils s'avèrent contre-productifs.

On peut imaginer que les petits fermiers font usage de certaines heuristiques qui se traduisent dans leur propre perception des mutations climatiques. Ces heuristiques, compte tenu du changement d'échelle des risques liés au réchauffement de la planète, peuvent les conduire à en sous-estimer les conséquences (4.3.2.).

4.1.1.2 Le paradigme psychologique : un survol

Les facteurs psychologiques prennent à n'en pas douter leur part dans l'explication des décisions face au risque et à l'incertitude. Le paradigme psychologique permet ainsi de comprendre pourquoi certains risques sont jugés comme indésirables alors que d'autres le sont moins ou pas du tout.

Nous verrons que le paradigme culturel a quant à lui pour objet de comprendre pourquoi un même risque peut être évalué différemment selon l'appartenance de l'individu à un des différents groupes constitutifs de la société civile.

Dans ce qui va suivre, la présentation s'inspire très étroitement de Ferrari (2011).

Le paradigme psychologique permet donc de comprendre pourquoi un aléa qui est la source du risque peut être plus ou moins bien accepté. Cet aléa est binaire dans la mesure où le risque auquel il donne lieu est à la fois créatif et destructif. Il faut donc considérer simultanément les coûts et les avantages d'un produit ou d'une technologie [2].

2. Les nanotechnologies présentent des menaces potentielles, telles que les effets cardiovasculaires ou cancérigènes pressentis, mais également des avantages, comme la réduction des monoxydes de carbone. On pourrait aussi évoquer l'énergie nucléaire ou les

Les facteurs psychologiques interviennent implicitement dans les pondérations subjectives que les individus affectent aux avantages et aux inconvénients pour *in fine* accepter ou refuser le risque.

Dans une étude expérimentale, Slovic (1987) a demandé aux participants – experts et profanes – de proposer une quantification du niveau d'acceptabilité d'un risque associé à un aléa (énergie nucléaire, colorants, transports ...). Le risque est au préalable défini par des attributs qualitatifs (risque volontaire ou contrôlable, nouveau risque, risque à développement long...). Il ressort de cette étude un certain nombre de conclusions intéressantes.

Lorsque l'information est disponible, les experts utilisent le binôme probabilités-conséquences, alors que les profanes définissent le risque par sa dimension qualitative. Un risque est d'autant mieux accepté que l'individu a le sentiment de le contrôler ou de bien le connaître. Il en est de même lorsque la personne est quotidiennement exposée à ce risque.

A contrario, son caractère non avéré, son ambigüité, sa manifestation différée dans le temps, les menaces qu'il fait peser sur les générations futures... en suscitant une vive émotion rendent le risque inacceptable.

Jusqu'ici, nous avons considéré les heuristiques comme une procédure d'estimation du risque propre à chaque décideur. Mais celles-ci peuvent se propager dans le tissu social et conduire *in fine* à une homogénéisation de sa perception.

4.1.1.3 La diffusion sociale des heuristiques

Les heuristiques constituent aussi un produit social. Elles peuvent s'étendre à tout un ensemble d'individus qui auront alors la même perception du risque considéré.

La psychologie expérimentale apporte un éclairage intéressant sur la diffusion et l'amplification sociale des peurs à partir des attributs qualitatifs du risque (Burns et Slovic, 2007). L'amplification sociale des peurs repose sur un processus d'adhésion à un groupe de personnes qui ont d'ores et déjà manifesté leurs craintes à l'égard d'un évènement particulier. On parle d'un *bandwagon effect* (prendre le train en marche). Ce phénomène d'amplification sociale des peurs peut se conjuguer à un phénomène de

---

organismes génétiquement modifiés dont les conséquences positives et négatives doivent aussi être mises en balance.

contagion des peurs par l'association de risques de nature pourtant différente. En détournant le sens premier donné à ce terme par H. Jonas, nous avons parlé à propos de ces phénomènes d'une « heuristique sociale de la peur » (Ferrari, 2011).

Dans une enquête inspirée des travaux de Slovic effectuée auprès de résidents de Santiago au Chili, les auteurs (Bronfman et Cifuentes, 2003) ont comparé les différences entre le risque perçu socialement et le risque perçu individuellement.

En général, les individus qui ont le sentiment d'avoir un contrôle sur le risque et/ou une meilleure connaissance de celui-ci se sentent moins exposés que la moyenne de la population.

Lorsque la perception collective du risque augmente, il en est de même de sa perception individuelle. Si cette perception est fondée sur l'heuristique de disponibilité par exemple, on peut dire que le risque devient « disponible » à un plus grand nombre d'individus. Les mécanismes psychologiques mis en œuvre dans ce cas conduisent les personnes à changer leur perception du risque en question en s'alignant sur celle du plus grand nombre. On pourrait parler à cet égard d'une forme de mimétisme qui conduit à une polarisation de la perception du risque.

Les effets de diffusion et la polarisation de la perception du risque à partir des groupes influents peuvent être importants. La perception d'un risque par certains peut au travers de ces mécanismes s'étendre à beaucoup d'autres personnes.

On mesure tout le parti que l'on peut tirer de cette littérature pour comprendre la défiance collective à l'égard d'un évènement aléatoire au sein d'une communauté de petits fermiers où les relations interpersonnelles peuvent être étroites.

À rebours, si un aléa technologique dont les avantages supposés ont retenu l'attention d'un groupe influent, l'innovation peut être adoptée ensuite par un grand nombre de personnes.

Nous retrouvons ici une idée-force plusieurs fois soulignée, à savoir le rôle joué par les interrelations sociales et l'action collective. L'intensité et l'étendue de ces relations peuvent aider le plus grand nombre de personnes à adhérer à un projet porteur. Cependant, ce processus de diffusion et de polarisation favorable au développement peut se heurter à l'organisation sociale qui peut en freiner le cours. Il ne conduit généralement pas à une perception socialement homogène du risque. Les influences socio-culturelles et religieuses, par exemple, ou les effets d'exclusion sociale peuvent faire obstacle à l'harmonisation des perceptions.

Mais les obstacles à l'innovation, puisqu'il s'agit bien de cela, peuvent aussi provenir de la faiblesse des institutions et des infrastructures, d'un système éducatif inapproprié...

4.1.2 Le paradigme culturel : l'analyse « grid-group »

La théorie culturelle du risque (*cultural theory of risk*) dont nous donnons ici une version simplifiée s'opposerait à la théorie psychométrique à laquelle il est reproché de « dépolitiser » les conflits autour de la perception des menaces. Le paradigme culturel surplomberait en fait l'ensemble des processus cognitifs (heuristiques et biais) mis en œuvre dans la perception des risques.

Les biais culturels (*cultural bias*) s'expliquent par la place que l'individu occupe dans l'organisation sociale. Ils influencent sa perception du risque et les réponses qu'il peut lui apporter.

La théorie culturelle du risque (Douglas et Wildavsky, 1983) repose sur une typologie « *grid-group* » de l'organisation des sociétés occidentales.

• La première dimension (*grid*) renvoie à l'organisation interne du groupe à partir des relations plus ou moins étroites que les individus entretiennent. Un *high grid* (hgi) définit un mode de fonctionnement où les rôles et l'autorité sont durablement attribués, alors qu'*un low grid* (lgi) se définit par un ordre plus égalitariste.

• La deuxième dimension (*group*) désigne la façon dont les groupes se définissent les uns par rapport aux autres au-delà de leurs frontières respectives. Un *high group* (hgo) traduit un fort sentiment d'appartenance au groupe avec une frontière bien étanche, tandis qu'un *low group* (lgo) exhibe un faible contrôle sur le groupe et laisse aux individus une large autonomie vis-à-vis de l'extérieur.

En croisant ces deux critères, quatre groupes émergent : les individualistes (lgo, lgi), les fatalistes (lgo, hgi), les hiérarchistes/élitistes (hgo, hgi) et les égalitaristes (hgo, lgi).

Nous les présentons dans le Tableau 4.1. Chacun de ces groupes interprète les menaces en fonction de ses préjugés culturels sur la Nature malveillante, solide, fragile, capricieuse… On peut se référer à Braman et Kahan (2006).

Ces groupes, par exemple, peuvent avoir une interprétation différente des risques liés au changement climatique.

Pour les hiérarchistes, toute menace sur l'ordre établi étant redoutée, la lutte contre les conséquences du changement climatique s'avère donc nécessaire. Ils incitent les Pouvoirs publics à prendre des engagements pour réduire les émissions de gaz à effet de serre. De façon générale, toute menace pouvant porter atteinte au *statu quo* doit être vivement combattue.

Pour les égalitaristes, il est urgent de modifier les modes de production et de changer radicalement nos habitudes de consommation pour ne pas porter atteinte à l'environnement et aux conditions de vie des générations futures. Le principe de précaution est évidemment largement invoqué par ce groupe lorsque le risque qu'il redoute fait l'objet de controverses scientifiques.

Pour les individualistes, il suffit de faire confiance au marché pour la découverte des innovations technologiques qui permettront de faire face à ce phénomène.

Enfin, pour les fatalistes, comprendre les forces naturelles n'est pas à la portée des individus et de toute façon elles n'ont pas à être combattues au motif qu'elles leur infligent une épreuve méritée. Nul doute qu'une bonne partie des petits fermiers appartiennent à cette catégorie. Au Mozambique par exemple, pays très vulnérable à la montée du niveau des mers, les fermiers interprètent ce phénomène comme une punition divine. Pour ces derniers, la Nature est capricieuse et soumise au bon vouloir des forces divines ou obscures. Le renoncement à peser sur ses conditions d'existence conduit l'individu à ne même pas imaginer qu'il puisse par des mesures appropriées conjurer « le mauvais sort ». Nous pensons tout particulièrement à des méthodes de prévention (l'élévation de digues dans notre exemple précédent) susceptibles d'atténuer les dommages que cette Nature peut causer. Ainsi, pour les fatalistes, le dérèglement climatique peut être perçu comme un phénomène dont l'origine est à rechercher dans le domaine des forces surnaturelles.

Cependant, les groupes qui s'accordent peu ou prou sur l'importance d'une menace peuvent diverger sur l'interprétation qu'ils donnent d'une autre menace.

Les individualistes et les hiérarchistes s'opposent par exemple sur la question des risques de société (drogue, relâchement des mœurs…). Les premiers les minimisent, alors que les seconds y sont très sensibles au nom du maintien de l'ordre établi.

De cette étroite dépendance à l'appartenance au groupe naissent des biais culturels qui peuvent conduire à un déni de certaines menaces ou au contraire à leur exacerbation.

Cette rapide incursion dans la théorie culturelle du risque avait pour seul objectif de montrer que l'appartenance de l'individu à l'un des groupes qui structurent la communauté sociale détermine en partie sa perception des dangers. Elle conditionne *in fine* les réactions que ces menaces peuvent lui inspirer.

Tableau 4.1 – ***La typologie « Grid-Group »***

Rôle prescrit	*Fatalistes*	*Hiérarchiques*
	• Assignation des rôles	• Frontières externes
	• Absence d'autonomie	• Rôles et statuts différenciés et interdépendants
	• Sujétion sociale	• Prédominance du groupe
Rôle construit	*Individualistes*	*Égalitaristes*
	• Concurrence	• Frontières externes
	• Liberté de Choix	• Sujets à la négociation interne
	• Mobilité sociale	• Forte appartenance au groupe

Source : Calvez (2006).

Il est tentant d'élargir cette grille de lecture de la société occidentale en la transposant aux pays en développement et plus spécifiquement aux communautés rurales de ces pays pour donner du sens aux communautés hiérarchiques, fatalistes…

Est-ce que ces communautés peuvent-être identifiées à partir du croisement de ces critères ? Vaste interrogation de nature anthropologique qui nous pousserait vers l'analyse des structures de la parenté, des mythes, des rapports politico-religieux (M. Mauss, M. Godelier, C. Levi-Strauss...) bien au-delà de notre essai. Ce paradigme nous est cependant utile dans la mesure où l'importance des facteurs ethniques et religieux, de la place particulière des femmes et des enfants, des castes, de l'action collective, du mode d'appropriation foncière...font de ces communautés des entités plutôt solidaires ou plutôt hiérachistes, individualistes ou fatalistes. Selon que l'organisation sociale de la communauté est globalement hiérarchique ou solidaire – au travers de l'action collective ou du partage de la foi –, on peut s'attendre à ce que les réactions face aux dangers qui la menacent ou aux innovations technologiques soient contrastées. La faiblesse des infrastructures routières, par exemple, en expliquant le repli de la communauté sur ses membres, peut être culturellement significative (*high group*).

4.1.3 Communautés solidaires et résilience

Au sein des communautés rurales des pays pauvres exposées à des menaces de toute sorte, les arrangements informels doivent nécessairement venir pallier l'absence des marchés de l'assurance et du crédit. Le partage informel de ces risques basé sur la formation d'un plus ou moins grand nombre de coalitions est souvent imparfait à cause de l'hétérogénéité des risques et des comportements (Jaramillo et *alii*, 2015).

Le cadre d'analyse retenu par ces auteurs est celui d'un modèle intertemporel sans production et à horizon fini où les agents (i) ont des dotations initiales exposées à des risques idiosyncratiques.

Soit :

$$y_{it} = w_{it} + \varepsilon_{it} + v_t$$

où y_{it}, w_{it}, ε_{it} *et* v_t indiquent respectivement pour la date t les dotations initiales, la composante déterministe, le risque idiosyncratique et un choc commun. La composante commune normalement distribuée est *iid* entre les agents et dans le temps. Il en est de même pour la composante idiosyncratique supposée *iid* dans le temps. L'information est supposée parfaite dans le sens où les variances idiosyncratiques et les chocs lorsque le risque se réalise sont connus de tous. L'information est publique. Dans ce cadre, les auteurs montrent alors qu'une hétérogénéité dans la variance des risques individuels ou différents niveaux d'aversion au risque conduisent à des coalitions multiples de petite dimension et *in fine* à un partage sous-optimal des risques au sein de la communauté.

Cependant, ces résultats reposent sur l'hypothèse de préférences individuelles de type CARA dont nous avons contesté la validité (3.3).

Une communauté villageoise ne doit donc pas être assimilée à un groupe homogène, mais plutôt à un ensemble de coalitions qui peuvent s'expliquer aussi par l'appartenance à une religion ou une caste, la proximité géographique, l'âge, le niveau de richesse... Cependant avec le temps, certaines différences peuvent s'estomper et les communautés tendre vers une plus grande homogénéité sociale.

Dans une étude menée en Tanzanie rurale, De Weerdt (2005) montre que la solidarité entre les membres, en l'occurrence ici la solidarité pour le partage des risques, dépend d'un grand nombre de facteurs, et notamment de facteurs culturels.

Le fait d'exercer la même activité de production, la confiance partagée, les normes sociales, le partage des croyances religieuses, les liens de parenté, le passé ou une vision commune du futur, ou encore la proximité géographique peuvent cimenter les groupes et participer à la construction d'une communauté plus solidaire.

Il est cependant consternant de voir que cette même étude souligne le fait que les personnes les plus vulnérables, en particulier les femmes et les enfants, sont celles qui sont les moins bien insérées dans les réseaux sociaux, ou pire en sont exclues. Ce que Bourdieu et Champagne nomment « les exclus de l'intérieur » dans un contexte certes différent.

Les « élites » s'approprient ces réseaux dont certaines minorités ethniques ou religieuses peuvent être écartées (Banque mondiale, 2012).

Les influences religieuses, le rôle des femmes dans la communauté et l'action collective ont une influence sur la cohésion sociale et à ce titre peuvent participer à la résilience des personnes victimes d'un choc adverse. *In fine*, elles peuvent contribuer à l'amélioration du bien-être collectif.

Les communautés solidaires ont su mettre en place des structures d'entraide permettant à chacun des membres de faire face collectivement aux chocs adverses.

Dans la communauté rurale de Nyakatoke en Tanzanie, une population de 120 ménages a constitué pas moins de 40 associations différentes, telles que l'assurance décès, l'épargne et le crédit (*rotating savings*), le partage du travail et du bétail. Ces différentes associations d'assistance mutuelle ont des règles écrites ou verbales qui définissent la contribution de chaque adhérent – qui appartient le plus souvent à différentes associations – et les paiements selon les évènements ; mais aussi des sanctions contre les mauvais contributeurs. Néanmoins, ces liens associatifs sont souvent moins forts qu'au sein même de la famille qui reste au centre de l'assistance mutuelle. Dans ces communautés, n'oublions pas que la famille est le support de l'activité agricole.

Les ménages constituent le plus souvent une communauté étroitement soudée dont les membres mettent leurs ressources en commun pour consommer, investir et venir en aide aux plus vulnérables, c'est-à-dire les enfants et les personnes âgées.

Mais pour les ménages les plus pauvres, leur non participation au partage du risque limite en retour les opportunités d'accumulation de capital physique et humain.

Dans le contexte du management des risques, les associations de partage reposent sur deux piliers, souvent imbriqués : la localisation géographique et l'identité culturelle et religieuse. Les communautés solidaires jouent le rôle de filets de sécurité, même si l'assistance en cas de choc est souvent fournie par la famille, les amis et les voisins.

Cependant, les ménages parmi les plus pauvres sont exclus ou dans le meilleur des cas acceptés, mais à des conditions qui leur sont alors très défavorables.

En Éthiopie par exemple, parmi les communautés pastoralistes, les plus pauvres sont exclus du crédit informel, en partie à cause du risque de non remboursement, et en partie parce qu'ils sont socialement invisibles. Or, les plus pauvres sont souvent les plus exposés aux dangers. Prenons un exemple.

Presqu'un tiers de la population du Nicaragua vit dans des zones très exposées aux inondations. Parmi elle, un demi-million de personnes vivent sur ou à proximité de collines où elles sont fortement exposées au risque de glissement de terrain. Celui-ci est 10 fois plus élevé pour les 20% des plus pauvres que pour les 20% des plus riches.

Les communautés unies autour d'un projet commun sont plus efficaces.

L'action collective est source de cohésion sociale et participe de la sorte activement au développement socio-économique.

Dans le village rural de Santa Ana au Paraguay, les habitants ont mis en place l'action collective. Chacun contribue au bien commun en aidant, par exemple, au maintien des infrastructures (routes, ponts, réseau hydraulique, lignes électriques) quand des réparations sont nécessaires. La confiance placée dans les leaders locaux contribue à l'homogénéité du groupe.

Mais l'harmonisation sociale est un processus qui prend beaucoup de temps.

L'État de Kerala en Inde est reconnu aujourd'hui pour avoir su mettre en place des structures éducatives et sanitaires et contribuer ainsi au développement social. Ce ne fut pas toujours le cas dans le passé.

Celui-ci présenta longtemps une forte hétérogénéite ethnique et religieuse. Jusqu'au milieu du XIXème siècle, il était profondément structuré autour de castes qui se rejetaient les unes les autres.

Avec le temps, les différents groupes ethniques convergèrent vers la création d'une identité commune fondée sur le partage de la langue, des valeurs et de la culture. Sur le long terme, cet État a su mettre en place les conditions d'un développement plus harmonieux.

Mais les solidarités locales ne doivent pas exonérer les Institutions gouvernementales et non gouvernementales des aides financières lorsque les dommages excèdent les capacités des communautés.

Ces exemples de communautés solidaires sont empruntés à la Banque mondiale, 2014.

4.1.3.1 Religion, attitude vis-à-vis du risque et résilience

Nous pouvons aborder cette question selon deux approches possibles et au demeurant complémentaires : l'une ayant trait aux comportements individuels inspirés par la foi, et l'autre fondée sur l'organisation sociale en relation avec la religion.

Les biais religieux auxquels l'appartenance à une Église peut donner lieu surdéterminent les comportements individuels. À ce titre, la religion peut avoir une influence significative sur la perception des risques. Par ailleurs, la religion peut être au plan collectif un facteur de cohésion ou à l'inverse de désordre social.

• Les auteures (Gheyssens et Günther, 2012) d'une étude sur les villageois béninois dans le département des Collines au centre du Bénin soulignent l'importance d'un biais cognitif dû à la foi. Dans ce pays multiconfessionnel (catholicisme, islam et vaudou) les personnes dont la foi en leur Église est profonde manifestent une forte tolérance aux dangers. La soumission totale au Divin qui conditionne leur vie quotidienne inspire chez ces personnes une forme de fatalisme.

Les dommages et les épreuves qu'elles peuvent subir ont une cause divine et rien ne peut les convaincre qu'il serait néanmoins possible de s'y soustraire. Au fond, les pratiques religieuses excluent toute forme d'aversion au risque que les croyants pourraient manifester s'ils n'étaient en communion avec leur Dieu.

Au Bangladesh, les personnes croyantes interprètent les chocs naturels (cyclones, inondations...) comme un acte de Dieu dont les sanctions doivent être stoïquement acceptées (Grothmann et Patt, 2005).

Au Mozambique, les fermiers mettent sur le compte de la colère des dieux et des ancêtres l'évolution du régime climatique plutôt que sur l'émission de dioxyde de carbone dont la source leur est évidemment étrangère. Pour eux, les causes du réchauffement climatiques ne sont pas anthropogéniques, mais de l'ordre du divin. Malgré l'arrivée de nouvelles informations, leurs jugements ne seraient pas révisés parce que soumis à un biais culturel qui confirme leurs croyances (dans les deux sens du terme !) (Patt et Schröter, 2007). On pourrait à cet égard évoquer l'heuristique d'ancrage dont découle le biais de conservatisme qui amène le décideur à ne pas faire cas des nouvelles informations et à perpétuer ses croyances *a priori*, en l'occurrence ici celles fondées sur sa foi.

• La religion et les institutions basées sur la foi peuvent jouer un rôle important en rapprochant les membres d'une communauté. Face à l'adversité, ils peuvent compter sur elle pour obtenir une assistance psychologique et matérielle. On peut à ce propos évoquer le zakat, un des cinq piliers de l'islam (Banque mondiale, 2014). Il s'agit d'un système d'entraide fortement ancré dans les sociétés islamiques et dans lequel chacun doit partager ses revenus avec des catégories de personnes spécifiques désignées par le Coran, telles que les pauvres ou les handicapés. Les communautés cimentées par les pratiques religieuses sont souvent les seules à pouvoir aider les personnes à survivre en leur apportant l'aide alimentaire de première nécessité.

Mais la religion peut aussi être source de désagrégation sociale et d'exclusion lorsque plusieurs Églises coexistent. Les tensions inter- et intra-communautaires peuvent être vives et parfois sanglantes. Les exemples ne manquent malheureusement pas dans le monde.

4.1.3.2 La place des femmes : le *gender bias*

La littérature sur la pauvreté rurale s'intéresse beaucoup aux conséquences de ce biais culturel dont l'origine est à rechercher dans les différences de statut qu'une communauté est susceptible d'accorder aux hommes et aux femmes. Il faut noter que ce biais change de nature dans le temps et l'espace ; il n'est évidemment pas le monopole des communautés rurales des pays du Sud.

Par exemple, l'émancipation des femmes en Côte d'ivoire se heurte au droit coutumier. Celles-ci, en vertu du mode de gestion coutumier de la terre, ne peuvent posséder ou hériter de la propriété du mari défunt.

Le lecteur peut se reporter à Croson and Gneezy (2009) pour une revue très documentée de cette littérature.

Ces auteurs retiennent trois thèmes principaux : les préférences pour le risque, les préférences sociales et la réaction à la concurrence.

Sur le thème qui nous concerne tout particulièrement ici, celui des préférences pour le risque, les auteurs mettent en avant le constat selon lequel les femmes seraient plus averses au risque que les hommes.

Ce comportement s'expliquerait par les réactions émotionnelles. On pourrait à cet égard parler d'une « heuristique de l'affect ». Le biais de sur-confiance affecterait plus fortement le comportement des hommes que celui des femmes dans des contextes risqués. De plus, les femmes interprèteraient les situations risquées comme des menaces qu'il faut tenter de conjurer, alors que les hommes les conçoivent plutôt comme des challenges à relever. La promotion sociale des femmes pourrait aider par leur sagesse à apporter des réponses « de bon sens » aux mutations climatiques.

Les différences entre les hommes et les femmes au sein des familles de petits agriculteurs agiraient négativement sur leur bien-être. L'égalité des sexes serait à l'inverse facteur de développement (Banque mondiale, 2012 et FAO, 2011). Le titre du premier et le sous-titre du second ouvrage en disent long : « *Gender equality and development* » et « *Closing the gender gap for development* ». Les femmes participent peu ou pas du tout au processus de décision, n'ont pas le même accès aux services productifs et sont souvent confinées aux tâches ménagères et aux occupations extérieures non rémunérées (transport du bois de chauffage, de l'eau...).

Dans un grand nombre de communautés rurales, l'activité agricole est sous la responsabilité du chef de famille ; les femmes fournissant la force de travail pour la plantation, le sarclage, la cueillette... Leur pouvoir économique au total est inexistant ou presque. Si cette répartition des fonctions est commune à tous les ménages ruraux, il en est nécessairement de même au sein de la communauté. Son organisation, compte tenu de la place dévolue respectivement aux hommes et aux femmes, peut donc sembler inégalitaire et hiérarchique.

Est-ce que cette organisation, lorsqu'elle est présente, pèse *in fine* sur les perspectives d'évolution du bien-être ?

Dans un tout autre contexte, celui du monde occidental, Douglas et Wildavsky (1983) montrent que les hiérarchistes n'apprécient pas les risques qui remettraient en question l'ordre social établi. En conséquence, le refus du changement, en particulier celui des innovations technologiques, qui pourrait porter atteinte à l'organisation sociale, s'accompagne probablement d'une stagnation des moyens d'existence et d'un confinement dans la trappe de pauvreté.

Une enquête (Slootmaker, 2013) portant sur l'adoption technologique menée auprès des ménages agricoles dans le sud du Ghana fournit à cet égard quelques résultats instructifs.

Les inégalités dans la participation aux activités de production [3], l'accès à la connaissance, le partage du risque et dans l'action collective entre les hommes et les femmes peuvent constituer un facteur d'inertie sociale et donc *in fine* un faible niveau de vie. Dès le plus jeune âge, les inégalités apparaissent car les garçons et les filles n'ont pas le même accès à l'éducation. Des inégalités en termes d'autonomie, de pouvoir de décision et d'attribution des fonctions que l'on retrouve évidemment plus tard. L'organisation sociale hiérarchique de la communauté avec des rôles et des statuts différenciés peut bloquer la dynamique à long terme du bien-être.

3. En Côte d'Ivoire, par exemple, l'homme et la femme d'une même famille travaillent sur des parcelles séparées et des cultures différentes. Le revenu de chacun des conjoints est affecté à des besoins de consommation particuliers. Une mutualisation des revenus pourrait à l'évidence lisser la consommation.

L'action collective peut être confisquée par les « élites » qui marginalisent en les excluant les femmes, les pauvres, ainsi que les minorités ethniques et religieuses.

À l'inverse, nous l'avons vu, une micro-société plus égalitaire peut favoriser le partage du risque et de l'innovation, et donc prétendre à terme à une amélioration des moyens d'existence et à une réduction de l'insécurité alimentaire et sanitaire.

Malgré les obstacles persistants, il faudrait que la solidarité au sein du groupe s'étende jusqu'aux ménages les plus démunis. Mais les plus pauvres, nous l'avons dit, sont le plus souvent exclus des réseaux d'entraide, ne serait-ce que parce qu'ils ont tout à recevoir et rien à donner en échange.

En forçant le trait, on peut distinguer les communautés rurales « horizontales » fondées sur l'égalité, la solidarité et l'inclusion et les communautés « verticales » fondées sur la hiérarchie et l'exclusion, même si nous savons bien que les unes et les autres ne sont jamais du point de vue de ces critères parfaitement homogènes.

Les premières fondées sur la confiance partagée disposent potentiellement des moyens pour éviter le piège de la pauvreté chronique en apportant à chacun l'information, les moyens matériels et financiers et l'aide psychologique pour faire face aux chocs adverses. Ainsi, elles peuvent contribuer à la résilience.

Contrairement aux communautés solidaires, les communautés hiérarchiques où les rigidités restent fortes sont globalement vouées à la stagnation ou au déclin. Du moins, jusqu'à ce que les Pouvoirs publics et les Institutions internationales, ou éventuellement les « leaders locaux », favorisent l'action collective qui autour d'un projet d'intérêt général peut fédérer les personnes.

4.1.3.3 L'action collective

L'action collective [4], nous l'avons plusieurs fois évoqué, se réfère aux groupes qui décident d'agir ensemble (ex : l'assurance informelle) ou aux institutions formelles (ex : coopérative agricole) qui gèrent les ressources productives.

---

4. Les interactions entre le *gender bias* et l'action collective (Pandolfelli et *alii*, 2008) ont fait l'objet d'un grand nombre d'études en sciences sociales. Un numéro spécial de la revue *Journal of International Development* leur est consacré (Vol 20, 1, 2008).

Elle est source de développement au travers des réseaux d'information qui permettent la diffusion de la technologie et du savoir.

Cependant, les institutions en charge de l'action collective sont souvent le miroir de l'organisation de la communauté avec une place limitée faite aux femmes, mais aussi aux ménages les plus vulnérables (Pandolfelli et *alii*, 2008).

Si les obstacles empêchant la participation des femmes à l'action publique sont un jour levés, alors l'équité des sexes avec l'autonomisation des femmes dans la communauté (3ème objectif du Millénaire pour le Développement) sera à n'en pas douter source de bénéfices sociaux.

Sacrifier le futur au présent est un choix qui peut faire à son tour obstacle à l'accumulation et au mieux-être. Cette question a déjà été soulevée à propos des stratégies alternatives que les petits fermiers peuvent adopter lorsqu'ils sont confrontés à une perte de leurs actifs productifs (2.1.3.2). Les décisions aux issues aléatoires s'inscrivent dans la temporalité. Le rapport au temps joue un grand rôle sur les potentialités de développement.

4.2 Impatience et pauvreté

L'introduction du temps dans la prise de décision modifie les choix qui sont supposés être faits sur des paris « hors temps ». Les préférences intertemporelles interviennent elles aussi dans l'explication des dynamiques de la pauvreté car un horizon trop proche peut conduire à la stagnation.

Beaucoup d'études, et ce depuis longtemps, ont mis l'accent sur une relation de causalité entre la pauvreté et l'impatience manifestée dans les décisions. Déjà, les premiers économistes néo-classiques (Marschall, Jevons, Böhm-Bawerk, Fischer) s'accordaient à dire que les classes laborieuses et les sociétés primitives (*sic*) exhibent une préférence pour le présent et ce faisant manifestent une faible propension à épargner et donc à investir.

Les raisons seraient à rechercher dans leurs difficultés à imaginer le futur autrement que sombre et la nécessité de subvenir au quotidien.

Mais la relation positive entre pauvreté et impatience soulève deux problèmes. Le premier consiste à s'interroger sur la solidité de cette relation. De nombreux exemples semblent en effet témoigner de la ténuité de cette dépendance. Quelques contre-exemples ont déjà été évoqués dans les parties précédentes, notamment quand les petits bergers sacrifient la consommation courante de la famille pour garder leurs actifs productifs et ainsi préserver les revenus futurs.

Si cette première relation peut être établie, le second problème porte sur le lien de causalité. Est-ce la pauvreté qui explique l'impatience ou l'inverse ?

Grâce aux avancées scientifiques en particulier, la recherche contemporaine sur les préférences intertemporelles a creusé la question en mettant plus particulièrement l'accent sur les mécanismes psychologiques et cognitifs et le rôle du *statu quo* (4.2.1). La section suivante (4.2.2) nous permettra de donner quelques résultats expérimentaux concernant les préférences intertemporelles des petits fermiers des pays du Sud.

4.2.1 Pauvreté et préférences intertemporelles

Nous examinons tout d'abord et sans nous attarder les mécanismes psychologiques et neuroscientifiques susceptibles d'expliquer la relation entre la pauvreté et les comportements vis-à-vis du temps qu'elle induit. Une autre voie de recherche que nous pensons prometteuse pour comprendre les décisions des petits fermiers concerne l'influence du *statu quo* sur les préférences intertemporelles.

4.2.1.1 Les mécanismes psychologiques et cognitifs

De façon générale, ces mécanismes ont en commun l'idée directrice suivante. La pauvreté inspire des sentiments douloureux et épuise presque toutes les capacités mentales laissant peu de place aux capacités résiduelles qui sont insuffisantes pour exercer un contrôle comportemental dont les attributs sont la volonté, la patience, le contrôle de soi, l'auto-régulation... La littérature sur ce sujet met en avant trois sortes de mécanismes qui peuvent au demeurant agir simultanément (Spears, 2011).

• Le premier privilégie la rareté des moyens comme facteur explicatif des comportements. La faiblesse des ressources disponibles peut en effet contraindre les personnes pauvres à se concentrer exclusivement sur leurs besoins immédiats. La rareté limite considérablement l'attention que le pauvre pourrait porter à des choix pouvant à terme apporter un mieux-être. Dans ce cas, son absence de vision à long terme le prive des moyens d'une sortie possible de la pauvreté. La planification améliore en effet la rationalité des décisions économiques, mais elle augmente dans le même temps l'importance accordée à l'utilité anticipée (escomptée).

Laajaj (2013) montre que face à un futur qu'il juge sombre (*gloomy future*), l'individu vulnérable réagit en réduisant son horizon temporel afin de diminuer l'anxiété causée par une pauvreté anticipée. Ce comportement doit probablement le rapprocher un peu plus de la trappe de pauvreté. Une moindre accumulation des actifs réduit son bien-être futur. La pauvreté associée à la préférence pour le présent se renforcent ainsi mutuellement. Ce qui au demeurant ôte au problème de la causalité une bonne partie de sa pertinence.

• Le deuxième mécanisme met en lumière le fait que la prise de décision réduit l'énergie mentale et la volonté. Il en résulte une perte de la maîtrise de soi (*self-control*). Les personnes pauvres qui consomment beaucoup d'énergie mentale pour faire face à l'adversité perdent le contrôle d'elles-mêmes. L'épuisement de l'égo (*ego-depletion*) réduit la capacité de résister à la tentation et augmente l'intensité du ressenti de la tentation.

L'affaiblissement du *self-control* peut expliquer l'impatience. En effet, face à une décision qui implique un délai relativement long entre les coûts immédiats et les bénéfices attendus, les personnes pauvres peuvent ne pas pouvoir résister à la tentation d'une récompense immédiate (Banerjee et Mullainathan, 2010).

Mais l'impatience n'est-elle pas « mauvaise conseillère » ? Celle-ci figure avec le manque de foi, le désespoir, l'orgueil et l'avarice dans la liste des tentations à éviter (Ars moriendi, XVème siècle).

• Le contrôle cognitif est au cœur du troisième mécanisme. Les neuroscientifiques défendent l'idée appuyée sur nombre d'études expérimentales [5] que la pauvreté pourrait avoir des conséquences négatives sur les capacités cognitives des individus (Mani et *alii*, 2013). Les personnes pauvres doivent en effet faire face à des situations difficiles dont la résolution absorbe une grande partie de leurs capacités mentales. La pauvreté consomme toute l'énergie qu'il faudrait notamment pouvoir dépenser à la formation et à l'éducation. Le stress que les choix impliquent conduit les pauvres à éviter de faire des choix difficiles. Ils diffèrent leurs décisions quand différentes options sont en concurrence si bien qu'aucune option *in fine* ne domine l'autre. Ce qui se traduit par une préférence conditionnelle au *statu quo*, dans ce cas jeter son dévolu « sur ce qui est » et non « sur ce qui pourrait être ».

5. À partir d'un examen par résonance magnétique fonctionnelle du cerveau.

Si le processus automatique [6] prend le pas sur le processus contrôlé, les choix peuvent alors être dictés par des sentiments impulsifs d'angoisse, de peur … Les neuroscientifiques ont pu observer que chez les personnes pauvres l'absence de contrôle de l'amygdale est fortement impliquée dans l'apparition de sentiments négatifs.

Ces mécanismes sont sans lien explicite avec les préférences intertemporelles. Mais ils peuvent néanmoins expliquer indirectement du moins pourquoi la pauvreté induit des sentiments insupportables que les pauvres évacuent partiellement par leur préférence pour le présent. Au fond, privilégier le présent atténue la peur, le stress, la crainte… que la projection dans le futur peut susciter.

Une forte préférence pour le présent peut donc conduire les individus à faire en permanence des choix qui n'engagent pas le futur et qui leur causent des dommages irréversibles. Ces comportements liés à la pauvreté renforceraient alors l'état de pauvreté endémique qui en retour nourrit plus d'impatience encore.

Peut-on transposer ces analyses dans les communautés rurales des pays du Sud ? Est-ce que les réactions affectives à la pauvreté sont les mêmes sous tous les cieux ? On peut en douter car bien d'autres facteurs interviennent, tels que les facteurs religieux [7], culturels ou psychologiques. Le concept d'altérité – la reconnaissance de l'autre dans sa différence – peut aussi être convoqué pour relativiser la pauvreté ressentie.

Dans les deux premiers mécanismes en effet, l'auto-perception de la pauvreté associée à la rareté et l'épuisement de l'ego semblent jouer un rôle important. Or, cette pauvreté perçue n'est-elle pas relative, la richesse également. N'est-elle pas plus durement ressentie lorsqu'elle est vécue dans un environnement où les écarts de niveaux de vie sont élevés que lorsque celle-ci est partagée par le plus grand nombre ? Les inégalités sociales exacerbent l'auto-perception de la pauvreté.

Émile Zola dans La Curée (1872) n'a t-il pas écrit « qu'être pauvre à Paris, c'est être pauvre deux fois ».

6. Les processus contrôlés sont source d'efforts, sériels et conscients tandis que les processus automatiques sont réflexifs, inconscients et ne demandent pas d'effort. Fondés sur le vécu, ils peuvent expliquer des sentiments de peur, d'angoisse ou de joie.

7. Dans le Coran, la patience est la vertu la plus sage qu'Allah a attribuée aux humains.

Si l'on s'en tient pour l'instant à l'hypothèse que les choix en situation de pauvreté sont guidés par l'impatience, alors l'effet d'immédiateté limite la prise de risque et partant les moyens à mettre en œuvre pour une hypothétique vie moins sombre. Les pauvres ne seront pas incités à investir aujourd'hui pour des résultats de long terme hypothétiques dès lors que le présent fait l'objet de toute leur attention.

On peut bien sûr évoquer à ce propos l'investissement dans l'éducation des enfants, dans de nouvelles techniques de production et dans des cultures importées dont les résultats aléatoires peuvent au demeurant se faire longtemps attendre.

La préférence pour le présent, par ailleurs, va à l'encontre de la protection de l'écosystème. Si l'on refuse de penser à long terme, la conservation des sols n'étant pas une priorité, l'impatience aurait alors de lourdes conséquences sur la dégradation de l'environnement naturel.

Prises ensemble, l'aversion au risque et l'impatience pourraient alors en partie expliquer la pauvreté intergénérationnelle.

Mais alors comment expliquer pourquoi la jachère [8] est une pratique courante dans les pays du Sud ?

La pauvreté, nous venons de le voir, peut exercer une influence sur les comportements. Mais tous, loin s'en faut, ne sont pas liés au contrôle comportemental. Ne pas avoir accès au crédit par exemple pour amortir les conséquences défavorables possibles d'une décision présente peut inciter la personne à ne pas la prendre.

L'absence d'une couverture assurancielle peut aboutir aux mêmes conséquences dans la mesure où elle prive le preneur de risque d'un filet de sécurité.

Mais les idées reçues ont la vie dure. Les pauvres peuvent aussi manifester de la patience. N'est-ce pas le cas lorsqu'ils conservent aux dépens de leurs besoins immédiats le peu d'actifs que la Nature malveillante leur a laissés pour poursuivre leur activité. Ne pas sacrifier le futur au présent est une attitude alternative que l'on peut aussi retrouver chez les personnes dans le besoin.

---

8. En Afrique tropicale, par exemple, la gestion traditionnelle des sols consiste en une phase de culture de 5 à 15 ans suivie d'une phase de repos. Presque partout, la pression foncière et démographique, la sècheresse et la sédentarisation ont conduit à une diminution des surfaces de jachères.

Moseley (2001) a pu observer en Afrique que dans les périodes de pénurie alimentaire les petits fermiers assument des choix difficiles en privant leur famille des besoins en calories pour préserver leur capital productif (charrue, semences, bétail). Prendre en considération le contexte dans lequel les choix intertertemporels sont faits doit nous amener à desserrer le lien entre pauvreté et impatience trop souvent mis en avant comme allant de soi dans la littérature.

4.2.1.2 *Statu quo* et préférences intertemporelles

Les membres des communautés rurales des pays du Sud manifestent probablement de l'impatience. « À chaque jour suffit sa peine » (Évangile selon saint Matthieu – chapitre VI, verset 34). Mais celle-ci peut être tempérée.

Dans ces communautés villageoises où les symboles culturels et religieux sont très présents, l'influence d'un biais de *statu quo* sur lequel les personnes s'arc-boutent peut expliquer que malgré leur impatience, les petits fermiers n'expriment pas nécessairement une forte préférence pour le présent lorsqu'ils peuvent choisir entre diverses options qui engagent le futur. Ce qui pourrait expliquer que dans certaines circonstances ou contexte particulier, ils ne sacrifient pas le futur au présent malgré la peur du lendemain.

Imaginons une famille de petits fermiers dont la récolte a été en partie décimée par un faible niveau de pluviométrie. Le chef de famille a le choix entre deux options : une consommation immédiate grâce à la vente des semences qu'il a pu néanmoins stocker. Ou une option plus lointaine, conserver les semences pour la saison prochaine aux dépens de la consommation immédiate.

Si la seconde option est le *statu quo* « conserver les semences pour perpétuer l'activité agricole » pour des raisons d'essence anthropologique par exemple[9], alors l'impatience du petit fermier est atténuée par ses préférences intertemporelles ancrées sur le *statu quo.*

De façon plus générale, comment donc peut-on prendre en compte le *statu quo* dans le processus décisionnel ? Parmi toutes les options auxquelles le décideur doit faire face, l'une d'entre elles est le *statu quo*.

9. Pour les petits fermiers mayas, le maïs est une denrée « sacralisée » et le retour des semences à la terre, une offrande faite aux puissances surnaturelles. Comment penser raisonnablement qu'ils puissent déroger à cette pratique ?

La décision intertemporelle dépend alors du contexte. Les individus seraient incités à opter pour le *statu quo* parce que les autres alternatives leur apparaissent plus floues, ou comme dans l'illustration ci-dessus, contraires aux pratiques religieuses que nul n'est en droit d'enfreindre.

Beaucoup d'autres explications du choix du *statu quo* sont naturellement envisageables.

Opter pour le *statu quo* atténue le stress associé à l'importance des choix à faire ou minimise le regret anticipé – pouvant survenir *a posteriori* – associé au choix d'une nouvelle option. Le maintien du *statu quo* peut s'expliquer également par la volonté de justifier les actions précédentes par de nouvelles actions similaires, *a fortiori* lorsque celles-ci correspondent à des pratiques culturelles.

La préférence pour le *statu quo* et son influence sur les choix intertemporels corrigent les préférences normatives (le modèle d'utilité escomptée) lorsque le décideur accorde à ce *statu quo* une forte crédibilité. En conséquence, sa prise en compte modifie le taux d'escompte implicite appliqué dans les choix intertemporels.

Le lecteur peut se reporter entre autres à Prelec (2004), Pejsachowicz (2013), Samuelson et Zeckhauser (1988) et Frederick et *alii* (2002).

4.2.2 Quelques résultats expérimentaux

Le but de cet article (Tanaka et *alii*, 2010) consiste à éliciter les comportements face au risque et les préférences intertemporelles avant d'essayer de les expliquer par des variables socio-économiques.

La procédure d'élicitation des préférences s'inscrit dans le cadre du modèle CPT. En conséquence, il ne s'agit pas seulement de mesurer la courbe de la fonction d'utilité, mais aussi les transformations non linéaires des probabilités et l'aversion aux pertes.

Pour cela, plusieurs enquêtes sur le terrain ont été menées dans plusieurs régions du Vietnam, lesquelles présentent des différences importantes, notamment en termes de revenu moyen.

La fonction valeur s'écrit de la façon suivante :

$$v(x) = x^{\sigma}, \text{ pour } x > 0 \text{ et } \sigma < 1$$
$$v(x) = -\lambda(-x^{\sigma}), \text{ pour } x < 0$$

Le paramètre $\lambda > 0$ mesure le degré d'aversion aux pertes.

La fonction de transformation des probabilités, proposée par Prelec (2000), s'écrit :

$$w(p) = exp(-\beta(-lnp))^{\alpha}, \alpha > 0 \,\text{et}\, \beta > 0$$

Si $\alpha = \beta = 1$, $w(p)$ est linéaire et si $\lambda = 1$, on se situe alors dans le cadre du modèle EU.

Si $\alpha > 1$, $w(p)$ est d'abord convexe, puis concave.

Si $\alpha < 1$, $w(p)$ est d'abord concave, puis convexe. les petites et les grandes probabilités sont respectivement sur-pondérées et sous-pondérées. Nous pouvons rappeler que lorsque la transformation des probabilités est convexe, les poids de décision sur-pondèrent les pires conséquences et sous-pondèrent les meilleures conséquences. Ce qui se traduit alors par du pessimisme probabiliste. C'est l'inverse lorsque la transformation est concave. L'agent manifeste de l'optimisme probabiliste.

Il s'agit donc d'estimer les paramètres σ, λ et α pour mesurer respectivement l'aversion au risque, l'aversion aux pertes et la transformation subjective des probabilités. La plupart des études utilisent la forme exponentielle pour l'actualisation, même si cette hypothèse ne semble pas toujours empiriquement validée.

L'expression du facteur d'actualisation retenue par les auteurs est plus générale. Elle s'écrit :

$$\beta\,(1-(1-\theta)rt)^{\frac{1}{1-\theta}}, t > 0$$

Les trois paramètres β, θ et r indiquent respectivement un *present bias* [10], c'est-à-dire une préférence intertemporelle incohérente, l'actualisation hyperbolique et le taux d'actualisation usuel.

Lorsque $\beta = 1$ et que θ tend vers 1, le coefficient d'actualisation tend vers e^{-rt}. Nous retrouvons l'expression habituelle de l'actualisation exponentielle (impatience stationnaire).

Lorsque $\theta = 2$ et $\beta = 1$, il s'écrit $(1+rt)^{-1}$. Nous avons affaire à l'actualisation hyperbolique (impatience décroissante avec le temps).

---

10. Prenons un exemple. À la question préférez-vous un euro aujourd'hui à trois euros demain ou préférez-vous un euro dans un an ou trois euros dans un an et un jour, les sujets qui préfèrent un euro aujourd'hui, mais qui sont prêts à attendre un jour de plus dans un an pour recevoir la plus forte récompense, exhibent des préférences intertemporelles incohérentes. Ils sont victimes d'un *present bias*.

En appliquant celle-ci, la valeur actualisée diminue très rapidement puis plus lentement ensuite, contrairement à l'actualisation exponentielle où la valeur diminue à taux constant par unité de temps. Enfin, lorsque θ tend vers 1 et que β est quelconque, le coefficient s'écrit βe^{-rt}. Il s'agit de l'actualisation quasi-hyperbolique.

Cette formulation présente donc l'avantage de rassembler les trois expressions des coefficients d'actualisation en une seule.

Les auteurs se sont donnés pour objectif de parvenir à une estimation de ces trois paramètres. Leurs principaux résultats peuvent être résumés ainsi.

À propos de l'aversion au risque (le coefficient σ), les sujets plus éduqués et plus âgés sont plus averses au risque. Pour ce qui concerne l'aversion pour les pertes (le coefficient λ), celle-ci est contrastée selon les échantillons des populations considérées. Celles qui vivent dans des villages plus riches sont moins averses aux pertes, mais aussi moins averses au risque.

L'actualisation exponentielle (le coefficient r) est parmi les trois celle qui bénéficie des meilleures régressions. Ce coefficient est positivement corrélé avec le revenu moyen du village ou le revenu individuel. Par conséquent, plus le revenu est faible, plus les individus sont impatients et inversement.

Ce résultat, observé dans certaines études, mais il faut le dire pas dans d'autres, met l'accent sur le fait que les choix intertemporels peuvent contribuer à faire tomber les ménages en situation de vulnérabilité dans une pauvreté chronique. Ce mécanisme appauvrissant peut être renforcé par le *present bias* que les auteurs décèlent au travers de la valeur du coefficient β ($\beta < 1$) et ce, indépendamment du revenu et de l'environnement socio-économique. Cette valeur révèlerait un fort effet d'immédiateté à cause de la survalorisation des gains présents par rapport aux gains futurs.

Cependant, l'existence d'une relation négative entre impatience et richesse ne revêt pas un caractère général. Nous avons vu dans la préface que les fermiers mayas pourtant très pauvres sont prêts à sacrifier une partie de leur bénéfice courant pour investir dans l'éducation de leurs enfants au travers d'une participation au financement des infrastructures scolaires.

Réfléchir sur l'influence de la conception anthropologique du temps, disons de façon un peu trop caricaturale linéaire dans la culture occidentale et cyclique dans la culture orientale, sur les choix intertemporels constitue incontestablement un thème à creuser.

Enfin, le calcul de α $(\alpha < 1)$ semble confirmer que les prescriptions du modèle CPT se vérifient, à savoir une sur-pondération (concavité de w) des petites probabilités et une sous-pondération (convexité de w) des probabilités intermédiaires ou élevées, et ce aux dépens de EU. Ce qui une fois encore ne peut nous surprendre sachant que le modèle CPT est une généralisation du modèle EU.

4.3 Changement climatique et pauvreté

Les conséquences du réchauffement climatique se font déjà sentir (tempêtes à répétition, fortes inondations et période accrue de sècheresse, pertes des récoltes, pénurie d'eau et dégradation des sols). Il y a urgence à préparer les populations les plus exposées à s'adapter à ces nouvelles conditions, d'autant plus que tout laisse penser qu'elles s'aggraveront dans les prochaines décennies.

La section 4.3.1 est consacrée à la notion de vulnérabilité et aux stratégies de réponse au défi climatique. Si celles-ci sont à la hauteur des périls, il n'est pas irréaliste d'imaginer qu'elles puissent constituer une opportunité à saisir pour orienter les modes de production ancestraux vers des cultures plus robustes aux conditions climatiques et susceptibles de faire reculer la précarité alimentaire. Nous proposons ensuite dans la partie 4.3.2 quelques illustrations d'adaptation au changement climatique qui s'appuient sur des études de terrain menées auprès de certaines petites communautés rurales.

4.3.1 Vulnérabilité et changement climatique

La menace (*hazard*) ici est un évènement d'origine climatique générateur de dommages à fort potentiel, défini par sa fréquence, son intensité, sa temporalité et sa localisation géographique. En relation avec cette menace, nous devons reconsidérer au préalable le concept de vulnérabilité.

Cet exercice n'est pas aisé, chaque discipline scientifique (hydrographie, géographie, économie) ayant sa propre définition (Aulong et Kast, 2012). Ici, nous l'assimilons à la sensibilité du système naturel et humain aux menaces liées au dérèglement climatique. Ainsi, nous restons proches de la définition proposée dans 3.2. À une différence importante près qu'à présent la menace qui pèse sur les populations est beaucoup plus obscure.

Ce qui distingue radicalement le changement climatique du fait de l'action humaine des autres menaces est la dynamique à long terme du phénomène, son hétérogénéité spatiale et l'incertitude quant à ses conséquences.

Les effets du dérèglement climatique dépendent de l'importance des menaces qu'il fait peser sur les écosystèmes (naturel et humain), de l'exposition future de ces écosystèmes à ces menaces et de sa sensibilité future. Celle-ci dépend à la fois de la sensibilité actuelle, des capacités adaptatives présentes et futures et des spécificités régionales. La vulnérabilité du système ne peut être en effet appréhendée qu'au travers de *scénarios temporels à échelle réduite* (Füssel, 2007).

Le réchauffement global de la planète n'a pas et n'aura probablement pas les mêmes conséquences selon les zones géographiques considérées (les systèmes d'irrigation, la déforestation, la nature des sols, la proximité des océans…).

Dans le rapport « Baissons la chaleur » (2013), établi par le Potsdam Institute for Climat Impact Research, les experts soulignent la très forte sur-exposition aux risques climatiques et sanitaires de l'Afrique subsaharienne, de l'Asie du sud et de l'Asie du sud-est. La vulnérabilité de l'Afrique au changement climatique est aggravée par des facteurs humains, tels que la pauvreté endémique.

Une fois reconnues les régions les plus vulnérables, il s'agit d'identifier leurs principales cultures vivrières et leur degré de sensibilité aux variations du climat.

Par exemple, l'utilisation conjointe de modèles de simulation en agronomie et de modèles climatiques qui permettent des projections au niveau d'une zone géographique a pu mettre en relief que la culture du blé et du maïs, indispensable à la sécurité alimentaire en Afrique du sud, est très sensible aux variations du niveau des précipitations et des températures (cité par Collier et *alii*, 2009). Il en est de même en Afrique subsaharienne où l'aggravation et la répétition des épisodes de sècheresse menacent déjà ces mêmes cultures et les moyens de subsistance d'une population particulièrement dans le besoin

C'est à partir de ce travail d'identification – région-attributs (culture vivrière, nature des sols…) – qui permet d'apprécier les vulnérabilités locales que des stratégies d'adaptation ciblées peuvent être envisagées.

4.3.1.1 Adaptation aux mutations climatiques et mitigation de leurs conséquences

Il faudrait un long développement pour rendre compte des risques liés au réchauffement du climat, en particulier les dangers qui menacent les pays pauvres ou en développement (Keane et *alii*, 2009 ; Mendelsohn, 2008 ; Brainard et *alii*, 2009, notamment).

Ce sont les zones tropicales (Afrique, Amérique du sud…) et subtropicales, là où les pays sont les plus pauvres, qui sont les plus exposées à l'augmentation des risques agricoles impliquée par le changement climatique, alors même que l'agriculture est la base de la subsistance et des conditions de survie des populations.

Les climatologues prédisent que les températures devraient augmenter en moyenne de 2% d'ici à la fin du siècle. Ce réchauffement devrait entraîner des périodes de sècheresse plus longues et plus intenses avec des pertes de revenu importantes sur le long terme, celles-ci devant impliquer des risques alimentaires et sanitaires accrus. Or, les petits fermiers ne disposent que de très faibles ressources pour faire face eux-mêmes à ces menaces qu'ils peuvent au demeurant considérer comme inéluctables.

Il faut donc dès à présent que la communauté internationale se mobilise pour aider à la mise en œuvre des stratégies d'adaptation, telles que la diversification des cultures dans de nouvelles variétés plus résistantes aux chocs climatiques et de nouvelles techniques de production mieux adaptées à ces nouvelles conditions.

Mais aussi des politiques de mitigation à la charge des pays pollueurs destinées à réduire globalement les émissions de gaz à effet de serre.

Avec le réchauffement du climat, l'adoption de nouveaux modes de culture s'inscrit dans un environnement où les chocs à fort potentiel de nuisances risquent de se répéter de plus en plus souvent et de devenir de plus en plus destructeurs.

Dans ce même rapport « Baissons la chaleur », les experts de la Banque mondiale tiennent à l'unisson des propos alarmistes qui ne sont malheureusement pas dépourvus de fondements scientifiques. Les conséquences du réchauffement climatique pourraient impliquer une augmentation de la pauvreté par un renforcement des vulnérabilités dans le monde, et en tout premier lieu dans les régions pauvres. Ces mêmes experts redoutent des effets de très grande ampleur sur l'agriculture, les ressources en eau, sur les écosystèmes et *in fine* sur la sécurité alimentaire et sanitaire des plus démunis au premier rang desquels les femmes.

Les risques liés au réchauffement climatique doivent être considérés comme des « risques à développement long », tels que les risques environnementaux. Mais ils sont d'une nature différente et d'une potentialité de nuisance jamais observée jusqu'à présent. Avec le réchauffement climatique, nous avons changé d'échelle dans la mesure des risques.

Par définition, « un risque à développement long » est un risque dont les conséquences peuvent se manifester longtemps après le fait générateur. On peut penser, par exemple, aux organismes génétiquement modifiés qui mobilisent les opinions publiques.

Il en va tout autrement avec les risques liés aux mutations climatiques. Le fait générateur du réchauffement du climat n'est pas ponctuel, il se poursuit continûment et va se renforcer dans le temps si des mesures plus radicales en faveur de la lutte contre les émissions de dioxyde de carbone ne sont pas prises.

Il faut donc distinguer les menaces discrètes (*perturbations*) et les menaces continues *facteurs de stress* qui ont pour origine le changement climatique (Füssel, 2007).

Le principe de précaution qui dans sa version officielle affirme l'obligation de prendre des mesures conservatoires proportionnées n'est pas adapté pour servir de cadre juridique à la résolution des problèmes posés par l'évolution du climat.

La question est ancienne. Déjà en 1992, la Convention cadre des Nations unies sur le changement climatique avait exhorté toutes les parties « à prendre des mesures de précaution pour prévoir, prévenir ou atténuer les causes du changement climatique et d'en limiter les effets néfastes ».

Mais si le principe peut encourager les stratégies de mitigation, il ne répond pas à la nécessité d'augmenter les capacités adaptatives des écosystèmes afin de réduire les vulnérabilités locales, par définition évolutives.

La promotion des modes de production alternatifs, tels que la polyculture, ou de nouvelles cultures mieux adaptées à l'évolution du climat sous la responsabilité des organisations internationales, des agronomes, des ONG, mais aussi et surtout des représentants locaux… doit dès à présent mobiliser toutes les énergies. Tout faire pour éviter des exodes massifs vers les villes, contrairement à ce que certains envisagent comme stratégie d'adaptation au changement climatique.

Avec l'évolution du climat, les moyens qui ont semble-t-il permis un recul sensible de la pauvreté au cours des dernières décennies doivent être renforcés et sans doute repensés en termes de temporalité et d'espace.

4.3.1.2 Une lueur d'espoir

L'adaptation au changement climatique peut être vue comme un ajustement dynamique des systèmes productifs qui réduit les dommages potentiels et exploite si possible des opportunités favorables (Alpizar et *alii*, 2011). Cette adaptation ne peut se faire évidemment sans la participation active des fermiers.

À côté des moyens financiers qui doivent être évidemment mobilisés à l'échelle de la planète, il faut aussi informer les populations rurales sur les dangers climatiques. Il s'agit là d'un travail de longue haleine car les obstacles à cette prise de conscience sont nombreux et de diverses origines.

Les réponses à apporter pour faire face au changement climatique relèvent de la capacité des petits fermiers aidés par la communauté internationale à relever ce défi. Même si l'optimisme n'est pas de mise, on peut néanmoins proposer quelques pistes (dialectiques) encourageantes si l'on parvient à extraire « le meilleur » en s'appuyant sur « le pire ».

La théorie de la décision dans l'incertain que nous avons évoquée dans le chapitre précédent nous a inspiré des hypothèses selon nous plutôt constructives en dépit des propos alarmistes tenus un peu partout.

Nous savons que les freins comportementaux à l'adoption d'une nouvelle technologie agricole dans un contexte de stationnarité météorologique peuvent résulter d'une aversion à l'ambigüité, du refus du changement (préférence pour le *statu quo*), de l'aversion aux pertes, de la préférence pour le présent, pour ne citer que les causes le plus souvent invoquées. Le problème est d'une tout autre nature quand on réfléchit sur l'adaptation au changement climatique car celui-ci modifie en profondeur le mode ancestral de la production agricole. Les conséquences du réchauffement climatique sur les revenus agricoles sont incertaines. Le degré de vraisemblance des évènements extrêmes dus à la hausse des températures est difficile à évaluer de façon précise. Les experts du GIEC (Groupe d'Experts Intergouvernemental sur l'Évolution du Climat) ne sont pas eux-mêmes en mesure d'estimer des probabilités précises, mais seulement des fourchettes de probabilité associées à différentes conséquences du réchauffement.

Dans ce nouveau contexte, le risque sur les cultures endémiques, jusqu'ici à peu près connu des petits fermiers, devient à son tour plus difficile à évaluer. Les dérèglements climatiques donneraient ainsi naissance à deux sources d'incertitude : l'incertitude climatique sur les cultures traditionnelles et l'incertitude sur les nouvelles cultures plus résistantes aux chocs adverses. Nous savons que cette deuxième incertitude peut s'expliquer par le manque d'expérience, la faiblesse des interrelations sociales, le conservatisme, les facteurs culturels...

Entre deux sources d'incertitude, les petits fermiers pourraient choisir la « moins ambigüe » pour peu que sa source leur soit devenue plus familière. Il y a là une opportunité à saisir.

Nous savons en effet que l'aversion à l'ambigüité se traduit par une préférence pour des paris moins incertains. Le changement de *statu quo* (adoption technologique) peut dès lors être considéré comme une option possible. Il ne s'agit plus d'arbitrer comme auparavant entre le risque et l'incertitude, mais entre deux niveaux différents, élevé ou faible, d'incertitude. « Entre deux maux (supposés), il faut choisir le moindre » (roman de Renart, XIIIème siècle).

Dans un contexte radicalement différent, pourquoi ne pas oser conjecturer une synergie entre le réchauffement climatique et une révolution des modes de production dont pourraient bénéficier *in fine* les communautés rurales des pays très exposés au réchauffement du climat. « Le pire n'est pas toujours sûr » (Les souliers de satin, P. Claudel).

Naturellement, lutter contre les inerties est vain sans une forte mobilisation des moyens financiers et sans les aides pédagogiques et l'accompagnement technique mis à disposition par les gouvernements nationaux, les ONG, Les Institutions internationales, les Agences d'extension...

La partie suivante est consacrée à des études expérimentales dont le but est de comprendre comment les petits fermiers pourraient apporter des réponses aux menaces que le changement climatique fait peser sur leur propre existence. Les réponses aux questions suivantes – sont-ils prêts à accepter de nouveaux modes de production et en amont comment perçoivent-ils ce changement – peuvent tempérer ou pas notre petite dose d'optimisme.

4.3.2 Illustrations des stratégies de réponse au changement climatique

Nous prenons l'exemple d'une stratégie d'adaptation fondée sur la conservation des sols, puis quelques illustrations ayant trait au rôle des heuristiques dans les capacités adaptatives au changement climatique des petits fermiers. Constituent-elles un frein aux mesures d'ajustement structurel ou à l'inverse ouvrent-elles une fenêtre d'opportunité ?

4.3.2.1 Changement climatique et technique de conservation des sols

Dans une enquête de terrain menée auprès de petits producteurs de café de qualité supérieure au Tarrazu dans la province de San José au Costa Rica, les auteurs (Alpizar et *alii*, 2011) ont voulu tester leurs capacités d'adaptation au changement climatique.

En 2008, cette région a été frappée par une tempête (Alma) aussi rare que dévastatrice. Elle est peut-être le premier signe avant-coureur des conséquences du réchauffement climatique dans cette région.

Le but de cette enquête était notamment de répondre aux deux questions suivantes :

- Est-ce que les conséquences du risque climatique sur les revenus renforcent la volonté des petits producteurs de s'adapter aux chocs adverses ?

- Est-ce que ces producteurs sont averses à l'ambigüité, et si c'est le cas, l'incertitude est-elle un frein à l'ajustement aux nouvelles conditions météorologiques ?

L'ajustement dans cette étude repose sur l'adoption de nouvelles techniques de conservation des sols [11] dont le coût à supporter est loin d'être négligeable. Il faut noter au passage que ces pratiques ne font pas partie des techniques de production traditionnelles.

Le problème qui se pose est donc le suivant : garder le *statu quo* et accepter une forte incertitude sur les rendements futurs ou changer le point de référence en investissant dans des techniques de conservation des sols et réduire en conséquence l'incertitude.

11. L'augmentation des fréquences et de l'intensité des chocs météorologiques, tels que les tempêtes et les cyclones, mais aussi les périodes de sècheresse durables, ont des effets néfastes sur des sols déjà fragilisés. D'où la nécessité d'investir dans ces techniques.

Un des résultats encourageants de cette étude est que l'aversion à l'ambigüité semble avoir des effets positifs sur l'adoption de nouvelles technologies pour les producteurs qui la refusaient pour de faibles niveaux de risque.

Ces auteurs soulignent également l'importance des externalités sociales positives dans les stratégies d'adaptation au changement climatique. Ils évoquent à cet égard la coordination des décisions individuelles et la communication entre les membres de la communauté comme facteur de réduction des coûts de l'adaptation. Le rôle de l'action collective est essentiel dans le renforcement des capacités adaptatives des petits fermiers. En permettant le partage de l'information, des connaissances..., elle constitue un levier pertinent pour l'adaptation.

La diffusion de l'information sur la nouvelle technologie et son adoption par le plus grand nombre peuvent rendre plus acceptable la source de l'incertitude technologique. Ce qui doit favoriser l'ajustement aux nouvelles conditions climatiques.

Par ailleurs, nous avons déjà souligné à plusieurs reprises la nécessité d'une adaptation technologique graduée.

Un autre résultat de cette étude nous en donne une nouvelle confirmation.

Les sujets de l'expérience qui avaient déjà investi dans des techniques de conservation des sols sont prêts à aller plus loin encore. La transition technologique vers des modes de production mieux adaptés au changement climatique pourrait se faire progressivement en envisageant plusieurs étapes d'ajustement.

Dans un premier temps, le fermier pourrait utiliser une technologie intermédiaire plus efficace aux dépens de la technologie utilisée traditionnellement. La technologie intermédiaire préparerait l'étape suivante en initiant un nouveau sentier d'accumulation qui pourrait à terme conduire vers un choix technologique plus efficace encore. Ce dernier pourrait entraîner à terme la disparition de la technologie intermédiaire. Mais sans elle, le « saut technologique » n'aurait pas pu être possible.

Renforcer la capacité d'adaptation à la vulnérabilité de l'écosystème doit s'inscrire dans un cadre modulable et dynamique. Ce « saut technologique » pourrait d'ailleurs conduire à des activités rurales dérivées de l'agriculture ou non agricoles comme certains praticiens le suggèrent.

Mais ces adaptations aux changements climatiques ne pourront se faire sans une mobilisation des ressources financières à la hauteur des enjeux. Les Nations Unies estiment de 36 à 135 billions de dollars US les dépenses supplémentaires à engager chaque année à l'horizon 2030.

Il faut en effet envisager une politique compensatrice des impacts climatiques que l'on peut concevoir sous la forme de revenus de transfert venant des pays qui contribuent le plus à ces dérèglements.

Si des mesures de prévention des risques climatiques au travers de l'adoption de nouvelles technologies agricoles sont massivement prises, les risques pouvant être atténués, les compagnies d'assurance, du moins celles qui adhèrent à un projet d'innovation sociale, pourraient à leur tour contribuer à réduire les chocs adverses en proposant des tarifs plus accessibles. Ces investissements dans des mesures de prévention pourraient en rendant possible une réduction de la prime faire en sorte que l'assurance commerciale devienne plus attractive (Swiss Re, 2010).

Nous reviendrons sur cette question dans la partie 5.5 où nous aurons l'occasion d'exprimer notre scepticisme quant au rôle que peut jouer une assurance collective – l'assurance indicielle – dans l'atténuation des chocs climatiques extrêmes.

4.3.2.2 Heuristiques et capacité adaptative des fermiers au changement climatique

Il s'agit à présent d'apprécier à partir des résultats de quelques études expérimentales les capacités adaptatives des petits fermiers au changement climatique en présence d'heuristiques de jugement.

Si l'heuristique de disponibilité est effectivement présente dans la perception des risques des petits agriculteurs, il y a tout lieu de penser et de craindre que la sous-estimation des risques climatiques à laquelle elle conduit les amène à ne pas avoir rapidement conscience de la nécessité de prendre les mesures qui s'imposent.

Les chocs observés dans le passé sont vraisemblablement assez peu représentatifs des chocs climatiques qui peuvent survenir dans un futur plus ou moins proche.

Cette heuristique amenant les petites communautés rurales à sous-estimer ces chocs, aussi bien dans leur intensité que dans leur fréquence, pourrait expliquer leur immobilisme.

• L'enquête (Senaratne et Scarborough, 2011) a été menée auprès de petits fermiers dans le district de Anuradhapura au Sri Lanka très fortement exposé au risque de sècheresse à cause de l'absence de systèmes d'irrigation.

Cette étude montre précisément que ces petits agriculteurs savent gérer les variations des précipitations, les écarts saisonniers à la moyenne annuelle. Ils ont su de tout temps composer avec les fluctuations des conditions météorologiques et ajuster ainsi leurs stratégies de production.

Nous savons en effet que beaucoup de décisions qui portent sur les cultures endémiques sont prises à partir de l'expérience acquise sur un grand nombre d'années et la plupart du temps transmise de génération en génération. La papa cultivée depuis des millénaires au Pérou en est un bon exemple.

Mais à côté de ces fluctuations saisonnières, on ne peut exclure des chocs aléatoires intra-saisonniers, tels qu'un niveau anormalement faible des précipitations. La simplification sous la forme d'un calendrier saisonnier d'une réalité plus complexe requiert alors des jugements heuristiques et des biais cognitifs.

Observer et comprendre l'attitude des fermiers face aux risques météorologiques pour anticiper ce que pourrait être leur stratégie face aux effets du changement climatique s'avère utile mais insuffisant. Les conséquences du réchauffement de la planète risquent d'être d'une tout autre nature que les effets des simples variations météorologiques.

Le réchauffement de la terre change radicalement l'échelle du risque climatique.

Les auteurs observent que le modèle saisonnier des prévisions météorologiques est partagé entre les membres de la communauté. En revanche, la perception des risques liés au réchauffement climatique est individualisée à cause de procédures cognitives différentes.

L'atténuation des conséquences du réchauffement général constitue un nouveau chalenge à relever. Livrés à eux-mêmes, les petits fermiers en sont sans doute incapables. Il faut que les décideurs publics fassent en sorte que ces petits fermiers aient une conscience claire des dangers à venir.

Les heuristiques se répandent dans la collectivité par le biais des interrelations sociales. Il faut donc que les décideurs développent un système d'information pour entraver leur généralisation en sensibilisant au plus vite le plus grand nombre des personnes pauvres aux périls climatiques. Si les ajustements du modèle traditionnel de prévisions se font au coup par coup, ils risquent d'être insuffisants en cas de chocs soudains et répétés que les personnes, victimes d'un biais cognitifs, auront sous-estimés.

• Cette enquête (Grothmann et Patt, 2005) a été menée auprès de petits fermiers du Zimbabwe. Ces derniers cultivent de longue date le maïs qu'ils préfèrent au millet (mil) pour différentes raisons d'origine culturelle.

La démarche retenue par les auteurs est en substance la suivante.

Il est communiqué à ces fermiers les probabilités saisonnières associées aux rendements des deux types de culture et estimées par des climatologues et des ingénieurs agronomes. La culture du millet est plus résistante aux effets du changement climatique – le maïs a en effet besoin de beaucoup d'eau – et de plus le millet possède une valeur nutritive supérieure.

Pourtant, les fermiers ne semblent pas avoir l'intention d'opter pour cette culture alors même que les graines sont plus facilement disponibles et moins chères. Cette résistance au changement doit pouvoir s'expliquer par une divergence entre l'information probabiliste qui leur a été transmise par les experts et leur propre perception du risque. En fait, ils ne font pas cas de cette information, ne la comprennent pas ou la mettent en doute [12].

On peut avancer une explication d'ordre psychologique. L'introduction de la culture du millet créerait une incertitude généralisée chez les petits fermiers. Doutant de la parole des « savants », ils peuvent alors manifester une insensibilité aux différences des probabilités objectives en les traitant de façon équivalente. Ce faisant, ils sur-pondèrent les petites probabilités et sous-pondèrent les probabilités plus élevées sur les rendements du millet selon le *principe d'insensibilité aux variations des croyances*.

• Une autre étude empirique (Pratt et Schröter, 2007) menée au Mozambique dans le district de Chokwe à partir d'un échantillon de petits agriculteurs donne quelques explications sur les différences attendues en matière de perception des risques entre des experts du changement climatique et les petits fermiers.

12. Plus qu'aux experts sur le climat, les petits fermiers font confiance à leurs propres indicateurs locaux du niveau anticipé des pluies (observation de la migration des oiseaux, direction des vents, gel en hiver…). *Mais cette information risque d'être parasitée par le changement climatique*

Les auteurs distinguent l'intensité perçue des conséquences du changement climatique et les probabilités perçues assignées à ces conséquences. Ils tentent ensuite de les expliquer par la présence d'heuristiques dans la perception du risque par les fermiers.

Les probabilités perçues par les agriculteurs seraient influencées par les heuristiques de disponibilité et de représentativité.

L'intensité perçue des conséquences serait influencée par l'effet de dotation et le biais d'omission. Ce dernier explique le refus de l'action dont les conséquences sont potentiellement négatives, même si en la choisissant on atténue un risque au moins aussi sévère. L'exemple du refus de la vaccination contre une maladie grave au prétexte qu'elle peut engendrer un « risque collatéral » en est une bonne illustration.

L'effet de dotation et le biais d'omission impliquent le biais de *statu quo*. Celui-ci pourrait alors expliquer le refus supposé de s'adapter au changement climatique parce qu'aux yeux des petits agriculteurs le risque impliqué par ce choix volontaire est jugé plus élevé que le risque associé au *statu quo*. Les petits producteurs ne veulent pas que leur responsabilité soit engagée dans l'apparition d'un nouveau risque ; celui lié, par exemple, à des semences certes plus tolérantes à la sècheresse, mais qui pourraient s'avérer peu fertiles en cas de pluies trop abondantes.

Dans ce puzzle, une idée-force semble néanmoins émerger. L'adaptation des populations pauvres au changement du climat ne va pas se faire sans difficulté. Raison de plus pour que les pays riches s'engagent dès aujourd'hui sur un vaste programme associant à la fois les aides financières [13], les supports pédagogiques et les conseils techniques pour en accélérer la mise en œuvre.

De plus, cette étude montre de façon édifiante que les fermiers estiment les évènements relatifs au dérèglement climatique moins probables dans le futur que certaines menaces d'origine sociale (troubles civils, virus HIV/AIDS…).

Pour finir, nous voudrions réfléchir avec le lecteur sur une question essentielle qui en creux a traversé ces quatre premiers chapitres.

13. Un Fonds climatique, appelé Fonds vert, destiné à apporter des aides financières aux pays pauvres a vu le jour en 2010 lors de la Conférence de Cancun sur le climat. L'objectif est de financer ce Fonds à hauteur de 100 milliards de dollars par an d'ici à 2020.

La réponse que l'on peut lui donner conditionne largement le contenu des politiques du développement.

Est-ce que les personnes restent pauvres parce que leurs comportements vis-à-vis du risque, leurs préférences intertemporelles, les facteurs socio-culturels et les écosystèmes les empêchent de sortir de la pauvreté ?

L'attentisme et la résignation ne semblent pas de nature à expliquer l'état de pauvreté, bien au contraire. Il semblerait que la prise de risque, l'audace et l'ingéniosité répondent aux défis d'un écosystème particulièrement hostile. Ces comportements ne permettent pas de sortir de la pauvreté, mais au moins de prévenir son aggravation.

Et pourtant, un certain nombre d'études expérimentales continuent d'affirmer – à tort, selon nous – que les pauvres sont plus averses au risque et plus impatients si bien qu'ils ne seraient pas pour eux intrinsèquement possible d'accumuler du capital pour améliorer à long terme leur bien-être. Cette « fatalité de la pauvreté », nous n'osons même pas employer le terme de « culture de la pauvreté » produit de l'héritage social (O. Lewis), est humainement inacceptable et scientifiquement très fortement contestée.

Ce que suggèrent avec force d'autres études expérimentales est que l'aversion aux pertes potentielles et à l'ambigüité pourraient constituer un frein à la dynamique du bien-être (Cardenas et Carpenter, 2008). Mais alors, l'obstacle au développement ne serait pas d'origine atavique, mais s'expliquerait par l'état de vulnérabilité des personnes.

Comment en effet ne pas attacher plus d'importance aux pertes qu'aux gains potentiels lorsque l'on se situe au voisinage du seuil de pauvreté ? et donc, comment ne pas éprouver de la crainte lorsqu'il s'agit de « sauter dans l'inconnu » en adoptant une nouvelle technologie ?

Comment ne pas manifester de l'aversion à l'ambigüité quand la Révolution verte a incité, certes avec de bonnes raisons, les petits producteurs de subsistance à adopter des modes de production, des semences ou encore des cultures qui leur étaient inconnus jusque là ?

Un grand nombre d'études expérimentales suggèrent que la présence de risques rémanents (*background risks*) qui sont source des vulnérabilités locales et plus encore l'aversion à l'ambigüité influencent grandement les choix stratégiques des petits producteurs en matière de diversification et d'adaptation aux nouvelles technologies.

Les « savants » dont les préconisations génèrent de l'ambigüité suscitent de la méfiance chez les petits fermiers, lesquels peuvent ignorer jusqu'à l'ambigüité au point d'être dans l'incertitude radicale et l'indécision. La multiplicité des risques est une autre source d'inquiétude pour eux. D'autres facteurs, tels que les contraintes d'accès au marché du crédit et de l'assurance, la ténuité des liens sociaux, ou encore l'organisation sociale hiérarchique, dressent des barrières au développement.

C'est leur état de vulnérabilité et le faible nombre d'options qui s'offrent à eux qui souvent ne permettent pas aux pauvres de prendre des initiatives plus risquées. Alors dans ce cas, la pauvreté d'aujourd'hui ne peut qu'aggraver mécaniquement la pauvreté de demain si rien n'est fait pour atténuer la vulnérabilité.

Réduire la vulnérabilité pour autonomiser les personnes dans le besoin est *l'alpha* et *l'omega* de la politique du développement.

4.4 Un essai de synthèse

Nous résumons de façon schématique dans la partie 4.4.1 la dialectique qui nous a guidés tout au long de ces quatre chapitres (Figure 4.1). La partie suivante (4.4.2) sera consacrée à l'exploration de quelques pistes de réflexion qui nous paraissent utiles pour dessiner les contours des politiques sociales de lutte contre la pauvreté rurale.

4.4.1 Les facteurs explicatifs de la pauvreté rurale

L'analyse des dynamiques du bien-être et de la pauvreté a été organisée autour de trois grands thèmes au demeurant étroitement imbriqués.

Nous les rappelons : les dotations initiales en actifs physiques et en capital humain, les préférences vis-à-vis du risque, mais aussi les préférences intertemporelles, et enfin les institutions prises ici au sens le plus large possible, à savoir les marchés, mais aussi le contexte socio-culturel et religieux générateur d'externalités positives ou négatives.

• La défaillance des marchés du crédit et de l'assurance, mais aussi l'organisation sociale qui structure la communauté, influencent les trajectoires du bien-être. L'absence ou l'étroitesse de ces marchés ont des conséquences sur les dynamiques de la richesse. Une personne qui se sait couverte par d'éventuelles indemnités ou qui peut obtenir un crédit peut avoir une stratégie plus offensive. Ce faisant, elle peut réunir les conditions favorables à son ascension sociale et à son mieux-être.

FIGURE 4.1 – ***Un essai de synthèse***

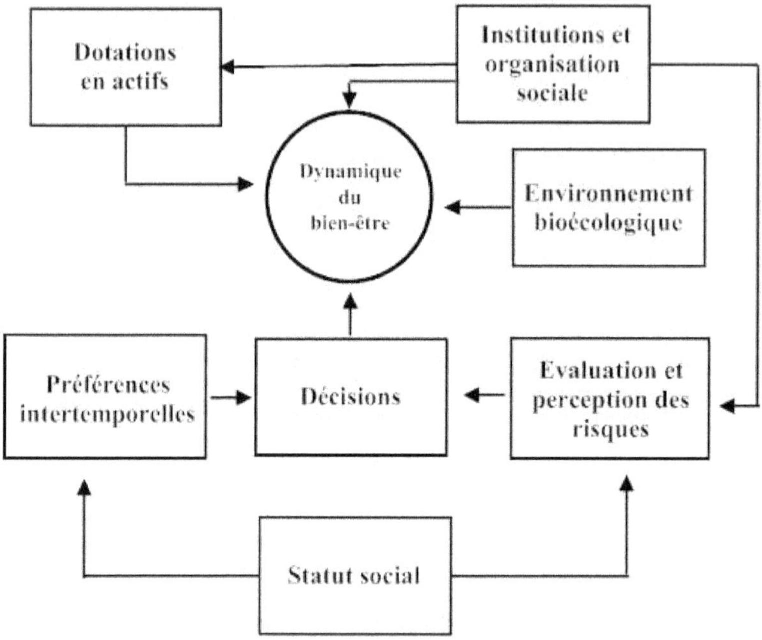

Nous avons vu aussi qu'une communauté organisée hiérarchiquement autour du *gender bias* ou de castes pouvait se réfugier dans des comportements plus frileux qu'une communauté plus solidaire où l'entraide et la confiance partagée favorisent les initiatives et l'action collective ciblée sur des projets innovants.

• Les préférences vis-à-vis du risque et les choix qu'elles motivent fournissent également une part d'explication dans l'évolution de la richesse parce qu'elles expliquent en partie l'adoption ou le refus de l'innovation technologique.

Mais on ne peut se satisfaire de la seule notion d'aversion au risque pour représenter ces préférences. La question de savoir ce qui peut réellement expliquer les choix individuels et collectifs est beaucoup plus complexe. Elle nous renvoie notamment à des ressorts psychologiques propres aux personnes qui sont dans la détresse. Les préférences vis-à-vis d'un risque dans sa dimension qualitative dépendent aussi de la façon dont il est individuellement ou collectivement perçu.

Nous savons que la perception d'un risque ou d'une menace pour le plus grand nombre des êtres humains fait intervenir des heuristiques à l'origine de biais cognitifs, culturels, religieux qui s'accompagnent de décisions pouvant à terme s'avérer contraires à l'intérêt personnel.

Dans des contextes donnés, les individus évaluent le risque sur la base de principes psychologiques, tels que *l'insensibilité des croyances* (aux variations du degré de vraisemblance), la *sensibilité décroissante* (aux variations des probabilités), la *préférence pour la source* (de l'incertitude), la *sensibilité aux pertes* ou l'aversion au « *downside risk* ». Les nouvelles options technologiques créent de l'incertitude sur les rendements, et sans doute un risque écologique à cause de l'utilisation des pesticides, et leur opportunité peut être étudiée à l'aune de ces principes, et *in fine* être retenue ou écartée.

• L'environnement bio-écologique des communautés pèse lourdement sur leur dynamique du bien-être à cause de la faiblesse des ressources naturelles, telles que la rareté, l'aridité et la dégradation des sols ou encore la pénurie de l'eau. Les conditions météorologiques, telles que de longues périodes de sècheresse, ou encore l'empilement des risques, peuvent rendre cet environnement encore plus hostile.

• Enfin, *last but not least*, on doit tenir compte aussi des conséquences du statut social des personnes sur les décisions qu'elles sont amenées à prendre. Celles-ci dépendent étroitement de leurs conditions d'existence, c'est-à-dire de leur place au sein de la communauté et de leurs relations avec les autres membres. Lorsqu'une famille est au voisinage du seuil de subsistance et sans concours extérieur, on comprend qu'elle puisse manifester simultanément une forte aversion au risque et une forte préférence pour le présent à cause de la peur du futur. Alors, le postulat de séparabilité entre les préférences pour le risque et les préférences intertemporelles – la fonction d'utilité espérée – est invalidé. *A contrario*, la personne vulnérable peut aussi faire preuve d'audace dans ses choix pour tenter d'éviter le pire. La prise de risque est souvent réactionnelle ; tout le contraire alors du « risque entrepreneurial » pris sciemment par les fermiers moins défavorisés.

Nous terminons ce chapitre par l'énoncé de quelques principes de base dont nous pensons qu'ils pourraient contribuer à tracer les contours d'une bonne gouvernance locale autour de la notion de développement inclusif. Celle-ci fait référence à un processus participatif auquel toutes les personnes – y compris les personnes exclues et marginalisées – seraient associées.

4.4.2 Développement inclusif et politique sociale

Compte tenu des nombreuses causes de la pauvreté et de leurs interactions dynamiques négatives, toute politique économique se donnant pour objectif l'amélioration du bien-être et l'autonomisation (*capability*, A. Sen) des personnes pauvres [14] doit reposer selon nous sur trois grands principes.

Cette politique doit in *fine* viser un seul objectif sans préjugé d'aucune sorte, à savoir contribuer à ce que les personnes deviennent les sujets de leur propre existence en leur donnant les moyens de prendre leur destin en main. C'est cet objectif ultime, permettre aux individus de choisir librement les différentes options qui s'offrent à eux, qui guide les réflexions menées dans le cadre de l'Agenda post-2015.

Nous souscrivons pleinement à cet objectif de réduction de la « pauvreté humaine » selon les termes mêmes du PNUD.

• La politique sociale doit, avant toute chose, reposer sur une étude approfondie des structures socio-économiques, de la nature des dangers, des dotations en actifs physiques et humains, des ressources naturelles... des communautés auxquelles elle s'adresse pour identifier au mieux les freins au développement. Si le refus de l'adoption technologique s'explique en grande partie par une aversion aux pertes des petits fermiers de la communauté, alors la mise œuvre d'un programme d'assurance commerciale peut, en complément d'autres mesures structurelles, s'avérer utile.

• Elle doit avoir pour objectif de s'attaquer simultanément et de façon coordonnée à tous les facteurs de rigidité pour avoir le maximum d'efficacité. Si la communauté est hiérarchisée traditionnellement autour du *gender bias*, ce qui semble encore être souvent le cas dans de nombreuses communautés, une politique en faveur de l'innovation technologique doit être menée conjointement avec un programme de promotion des femmes dans la société.

Les nombreux programmes de microfinance et de microassurance, ainsi que les mesures en faveur d'une plus grande autonomie des femmes, encouragés par les Institutions internationales et les ONG sont justement destinés à faire reculer ces facteurs d'inertie.

14. On trouve dans Prato et Longo (2012), en plus de ce qu'il est souhaitable de faire en faveur de l'autonomisation des personnes pauvres, de nombreux exemples de programmes d'aide au développement des communautés rurales.

• Enfin, le contenu des programmes d'aide au développement doit aussi tenir compte des seuils de pauvreté. Les mesures prises doivent être différentes selon que les personnes sont depuis longtemps dans l'extrême pauvreté ou dans une situation de vulnérabilité qui explique leur désespérance et leur besoin de concours extérieurs.

Pour les premières, seuls de vastes programmes solidaires peuvent autant que possible limiter les conséquences de l'extrême pauvreté sur la malnutrition et la mortalité infantile. Pour les secondes, un « coup de pouce » sous la forme d'incitations les orientant sans contrainte et sans paternalisme dans la bonne direction peut leur éviter le déclin et l'extrême pauvreté en leur redonnant confiance dans leurs possibilités.

La lutte contre la pauvreté rurale doit être abordée de façon systémique. Il faut en étudier les mécanismes de façon globale, mais aussi en connaître tous les détails par une immersion dans les communautés vulnérables. À partir d'une étude sur le terrain, quelques causes spécifiques de pauvreté, mais aussi *a contrario* des potentialités de développement, peuvent en effet émerger. Lorsque des opportunités locales se présentent, il faut savoir les saisir.

Prenons deux exemples pour illustration.

Le recours au microcrédit permet de répondre favorablement à une des causes générales de la pauvreté : l'absence d'accès à un marché de prêts pour les plus pauvres.

Cependant, si cet emprunt sert au financement d'une extension d'activité fondée sur une nouvelle technique de production entraînant une dégradation des sols, ce prêt, malgré une récolte abondante, est *in fine* contre-productif à long terme. L'écosystème n'a pas été suffisamment pris en compte. La conservation des sols doit être un objectif prioritaire pour toute politique de développement.

Les échecs de la Révolution verte, en particulier en Afrique subsaharienne, s'expliquent en partie par le manque d'adaptation du contenu des programmes aux conditions locales. Pour tirer le meilleur rendement agricole possible, il faudrait que les formules et les différents dosages d'engrais tiennent compte des propriétés du sol qui peuvent changer sur de courtes distances dans cette région du monde. C'est ce double niveau d'analyse qui rend la tâche difficile aux organisations publiques et privées engagées dans l'aide humanitaire et la lutte contre la pauvreté.

Les programmes d'aide humanitaire que les ONG ciblent sur des communautés rurales particulières répondent à la nécessité d'être au plus près des réalités. Elles le font efficacement, même si pour un grand nombre d'entre elles, faute de gros moyens financiers, elles doivent circonscrire dans le temps et l'espace leurs domaines d'intervention.

C'est dans le cadre d'une coordination entre toutes les parties prenantes que sont les Agences d'extension, les ONG, les représentants de la communauté ciblée et d'autres communautés rurales – on parle à ce jour d'une politique en faveur de *la croissance inclusive* –, les gouvernements nationaux et locaux et les experts scientifiques que cette méthodologie peut être mise en pratique dans le cadre « d'une bonne gouvernance territoriale » (Pouw et Baud, 2011).

Les conséquences du dérèglement climatique, notamment les déplacements massifs des « éco-réfugiés », rendent plus pressante encore l'exigence d'une action politique coordonnée et ajustable dans le temps.

La lecture des travaux préparatoires de l'Agenda post-2015 laisse penser que ces principes de base sur lesquels doit reposer toute politique du développement qui se veut efficace soient à l'ordre du jour : lutter contre l'exclusion, cibler les besoins au plus près des bénéficiaires potentiels des transferts sociaux, favoriser la participation active de toutes les personnes dans les processus de décision, garantir un développement durable, agir globalement sur la précarité en intervenant notamment auprès des familles vulnérables pour anticiper une chute éventuelle dans le piège de la pauvreté.

Ces principes valent également pour les communautés de petits pêcheurs. Leur état de pauvreté est en tout point semblable à celui des communautés rurales. Les objectifs – favoriser l'action collective, insérer les femmes dans le tissu social, mettre en place des filets de sécurité (sans jeu de mots !)... – et les moyens de les atteindre – participation active des communautés ou de leurs représentants, ciblage précis des programmes... – sont formellement les mêmes.

L'analyse de la relation entre l'évolution des ressources halieutiques et la dynamique de la pauvreté mérite en effet une attention toute particulière.

En Afrique, par exemple, autour de 150 millions de personnes vivent principalement de l'activité de pêche. Le nombre de personnes dont les moyens d'existence sont tributaires de la pêche est estimé dans le monde à un milliard d'individus dont la plus grande partie vit dans les pays pauvres. Près de 95% des 50 millions de pêcheurs dans le monde, principalement en Asie, vivent dans les pays à faible revenu (OCDE, 2009). La lutte contre la pauvreté passe donc aussi par la préservation des ressources halieutiques. Or, les stocks de poissons – la biomasse qui désigne le poids vif d'un stock de poissons présent à un moment et dans une surface d'eau donnés – sont menacés par la surpêche et l'absence de réglementation.

La pêche artisanale constitue à peu près la moitié de la production mondiale. Cette pêche destinée principalement à l'auto-consommation est un filet de sécurité pour les pauvres lorsque les autres moyens de subsistance font à un moment défaut. De plus, cette activité réduit le risque sanitaire par son apport en protéines. Il faut aussi noter que les activités dérivées de la pêche de subsistance (transformation et commercialisation du produit, fabrication de filets et de bateaux…) sont sources de revenus additionnels.

En complément, ou en remplacement, de la pêche artisanale, il faut évoquer le recours possible au développement de l'aquaculture (« la Révolution bleue ») comme un moyen de réduire la pauvreté. Cependant celle-ci, comme dans l'agriculture de subsistance, se heurte aux coûts de production élevés, au manque de savoir-faire, à l'absence de subventions et au faible accès au crédit.

Comment lutter contre la dégradation des ressources halieutiques menacées par le réchauffement climatique ?

Les réglementations (quotas, accès aux pêcheries…) permettant de protéger la biodiversité sont difficiles à mettre en œuvre car comment peut-on limiter ou différer la production de ceux pour qui la pêche est l'unique moyen de subsistance. La préférence pour le présent peut en effet aussi se manifester chez ces petits pêcheurs qui sont au voisinage du seuil de pauvreté (FAO, 2006 a).

Leur vulnérabilité résulte de l'interaction de trois phénomènes : l'exposition au risque (ex : le tsunami de 2004 dans l'océan indien), la sensibilité à ce risque, c'est-à-dire l'état de dépendance de la communauté vis-à-vis des activités de pêche et enfin leur capacité à prévenir la réalisation du risque et/ou d'en atténuer les conséquences en cas de réalisation. Cette vulnérabilité est en passe de se renforcer avec les conséquences du réchauffement climatique. Ses impacts négatifs portent sur le stress provoqué par l'augmentation de la température des eaux et une acidité croissante des océans. Avec la disparition des récifs coralliens, celle de nombreux coquillages, des mangroves et des herbiers marins, c'est toute la chaîne alimentaire qui est impactée. Elle affecte négativement le stock de poissons, en particulier ceux dont la consommation conditionne largement le niveau de vie des ménages pauvres (FAO, 2009 et WWF, 2015).

Maintenir l'activité de la pêche de capture est pourtant un objectif prioritaire pour des millions d'individus pauvres. Outre les moyens de subsistance qu'elle permet de dégager, elle est bénéfique également au niveau social. Cette activité contribue en effet à l'autonomisation des femmes en leur permettant d'occuper des emplois dérivés de la pêche. Par ailleurs, celle-ci est de nature à promouvoir l'action collective car elle nécessite une coordination des activités individuelles par la mise en commun des outils de production. On peut également espérer sans trop y croire cependant que le regroupement des petits pêcheurs leur permette de se faire entendre pour défendre leurs intérêts contre la pêche industrielle à grande échelle (FAO, 2006 b). Il est donc urgent de vraiment prendre conscience que l'activité de la pêche artisanale est au service de « la croissance pro-pauvre » et de tout mettre en œuvre pour assurer la viabilité des ressources halieutiques en garantissant la biodiversité (FAO, 2007).

La communauté internationale s'est emparée de cette question. À preuve l'Agenda de développement durable post-2015 et le rapport publié très récemment par WWF « Planète vivante, océans : espèces, habitats et bien-être humain (2015) » qui conclut sur l'impérieuse nécessité de « restaurer au plus vite la santé de nos océans ».

L'approche théorique de la modélisation bio-économique des pêcheries développée à partir des années 50 jusqu'à ce jour peut aider à définir des objectifs soutenables et les mesures pour les atteindre.

L'état d'équilibre d'une pêcherie dépend de l'interaction entre les facteurs de production (ressources naturelles, capital et travail) et l'environnement économique (marchés et mécanismes de régulation). Même imparfaite [15], la modélisation bio-économique en prédisant l'évolution du système peut nous aider à comprendre ces interrelations et la dynamique des pêcheries qui conduisent généralement aujourd'hui à des situations de

15. À cet égard, la théorie de la viabilité offre des perspectives intéressantes.

surexploitation des ressources halieutiques et de surinvestissement préjudiciables à la biodiversité.

Qu'il s'agisse de lutter contre la pauvreté des petits fermiers ou celle des petites communautés de pêcheurs, les politiques sociales ne peuvent faire l'impasse sur l'analyse des motivations qui guident le choix de ces décideurs pauvres.

Or, à notre grand regret, la question des paramètres comportementaux qui conditionnent très largement le résultat de ces politiques ne semble pas – pour l'instant – véritablement à l'ordre du jour. Le succès – ou l'échec – de toute politique sociale est largement tributaire de la décision – refus ou acceptation – concernant les recommandations que les décideurs publics ou privés jugent opportunes de faire. Si ces derniers sont en capacité de bien connaître les ressorts de la décision des petits fermiers ou des pêcheurs, ils peuvent adapter le contenu de ces politiques en anticipant leurs réactions suscitées par le projet considéré.

À l'issue de ces deux chapitres, le lecteur peut regretter l'absence de quelques postulats simples sur lesquels pourrait reposer la décision des personnes pauvres. Quel que soit le décideur, les jugements sont souvent le résultat d'un processus combinant les intuitions et les calculs. Nous pouvons cependant affirmer que chez les personnes en situation de détresse quelques « saillances cognitives » semblent émerger. L'importance donnée aux enjeux à travers leur représentation mentale est largement dictée par la crainte de tomber définitivement dans la très grande pauvreté. Ce qui distingue les pauvres des personnes moins défavorisées est la crainte que leurs choix les appauvrissent plus encore. D'où l'influence de l'aversion aux pertes et celle du *statu quo* dans la prise de décision. Mais il est possible d'agir indirectement sur le comportement des individus et ainsi faire en sorte que les mesures proposées soient acceptées. Leur adoption peut être bénéfique aux individus, mais aussi dans bien des cas à la collectivité.

Un crédit personnel accordé pour financer un projet en moyenne plus rentable et préservant l'environnement naturel de tout un chacun en est une illustration. Le développement de la pêche artisanale soutenu par des prêts pouvant générer des activités dérivées en est une autre.

L'assurance des risques a pour vocation première de participer aux réparations des dommages subis, mais elle est aussi susceptible d'influencer les comportements dans un sens favorable lorsqu'elle stimule l'esprit d'initiative et/ou défavorable lorsqu'elle rend moins utiles les efforts de prévention.

L'exportation au bénéfice des ménages pauvres de certains « éléments de la *modernité occidentale* » – institutions de crédit et d'assurance, énergies renouvelables, semences hybrides... – doit être encouragée à la seule condition que ces outils au service du développement préservent les *traditions locales*. La recherche d'un équilibre, certes difficile à trouver, entre le respect des cultures autochtones et la lutte contre la pauvreté par des moyens venus d'ailleurs doit être au cœur des politiques sociales.

Nous avons à plusieurs reprises souligné les sentiments de crainte, d'angoisse et de regret anticipé qu'inspirent au petit fermier des pertes potentielles qui pourraient conduire sa famille dans la déchéance et qui peuvent expliquer son renoncement à une option qui pourrait pourtant s'avérer bénéfique sur le long terme. De plus, nous savons que les systèmes d'entraide, souvent présents dans les communautés rurales, rencontrent leur propre limite lorsque les conséquences de chocs défavorables sont trop lourdes ou se répètent dans le temps.

En répondant pour partie à ces sentiments douloureux et aux limites de la protection informelle, l'assurance commerciale peut participer à la lutte contre la pauvreté en favorisant la prise de risque dans les choix technologiques et le renforcement du *self-control.*

Nous allons consacrer le dernier chapitre à la gestion des risques par l'assurance, et plus particulièrement par l'assurance indicielle. Sa présence dans les communautés rurales est susceptible de modifier le comportement des petits fermiers et leur horizon temporel. En répondant aux dommages subis suite à la réalisation d'un risque sur les rendements agricoles, elle peut les inciter à adopter un mode de production qu'ils peuvent juger plus rentable en moyenne, mais aussi plus sensible aux conditions naturelles. S'ils n'ont aucune idée précise des rendements futurs, la couverture des pertes peut néanmoins les aider à lever les inhibitions dues à l'incertitude. De même, face à un choc défavorable qui les obligerait à vendre des actifs productifs pour garantir leur niveau de consommation, l'assurance peut permettre à ces petits agriculteurs au travers des indemnisations de ne pas compromettre le processus d'accumulation. À ce titre, et combinée par exemple à des contrats contingents de métayage (*sharecropping contracts*), elle peut contribuer à élargir l'horizon temporel des petits fermiers.

Chapitre 5

La gestion des risques par l'assurance commerciale

Les réponses face à un choc adverse sont diverses. Nous avons vu (2.1.3) que les stratégies en autarcie consistent pour un ménage à réduire la consommation courante pour conserver le capital productif ou vendre des actifs pour maintenir le niveau de consommation en l'état.

L'assurance informelle fondée sur le principe de solidarité est très active dans les communautés de petite agriculture et joue à ce titre un rôle d'amortisseur des chocs (4.1.3).

L'assurance commerciale peut prendre le relais de ces dispositifs ou les compléter. Mais l'assurance agricole est très peu présente dans les communautés rurales des pays pauvres. Seulement trois pour cent de la population agricole mondiale est couverte par l'assurance, notamment à cause de son coût (IRI, 2009). L'Afrique, par exemple, ne représente que 2% du total des primes d'assurance agricole.

L'adoption de nouvelles pratiques constitue pour les ménages ruraux un moyen de sortir à terme de la pauvreté et une solution envisageable pour s'adapter aux effets du changement climatique.

En couvrant tout ou partie des pertes, une assurance accessible aux petits agriculteurs pourrait participer à ce double objectif. De ce point de vue, l'assurance indicielle, si elle répond aux problèmes posés par l'assurance agricole traditionnelle, pourrait contribuer à réduire les pertes potentielles et inciter les petits producteurs à investir dans de nouvelles activités.

Toutefois, les membres des communautés rurales n'ont pas attendu l'assurance de marché pour venir en aide aux personnes victimes d'un sinistre. Les solidarités locales sont en effet souvent sollicitées pour couvrir les pertes. Mais elles se heurtent à des obstacles difficilement franchissables.

Tel est le cas lorsque les risques peuvent affecter simultanément un grand nombre de ménages ou lorsque ces derniers sont eux-mêmes victimes de façon récurrente d'évènements contraires. Ou encore, lorsque les victimes sont exclues des réseaux sociaux d'entraide. L'assurance informelle atteint ses propres limites lorsque de nombreuses coalitions font que les risques ne peuvent pas être largement mutualisés et que le principe de diversification devient inopérant. Il faut donc envisager d'autres formes d'assurance qui pourraient, non pas se substituer, mais venir compléter le dispositif traditionnel de couverture des risques agricoles.

Depuis quelques années maintenant, les regards se tournent vers l'assurance basée sur un indice [1]. Celle-ci a d'ores et déjà donné lieu à des programmes initiés dans un grand nombre de pays pauvres ou émergents (Malawi, Inde, Chine, Mexique...).

La première section de ce chapitre (5.1) a pour but de montrer les limites de la gestion informelle et de la gestion commerciale individuelle des risques et conclut sur la nécessité de trouver des solutions innovantes pour engager les petits fermiers sur la voie des changements technologiques.

L'étude des nouveaux produits de transfert des risques basés sur un indice, en particulier l'assurance indicielle, fait l'objet de la section 5.2. Les objectifs qui leur sont assignés sont étudiés dans la section 5.3. Les conditions de leur développement seront analysées dans la section 5.4.

Deux problèmes importants – le calcul de la prime et le risque de base – limitent encore le potentiel de couverture des risques par ces produits. Nous les étudions en détail dans la section 5.5.

Enfin, la dernière section 5.6 sera dédiée à la demande d'assurance indicielle. Les limites à son potentiel d'expansion peuvent alors résulter de l'attitude même des petits fermiers à l'égard de ce produit.

1. Une importante littérature a été consacrée à l'étude des bénéfices de l'assurance, spécialement l'assurance indicielle, pour les ménages pauvres des pays à faible revenu (Alderman and Haque, 2007, Barrett et *alii*, 2007, Collier et *alii*, 2010, Kovacevic and Pflug, 2011, Skees et *alii*, 2007, entre autres).

5.1 Risque et assurance

Nous savons que les risques auxquels sont confrontées les communautés rurales associés à d'autres facteurs de pauvreté entravent leur développement. Le problème d'une gestion efficace de ces menaces est ce faisant au cœur du débat sur la lutte contre la pauvreté rurale.

Souvent dans les pays à faible revenu la protection sociale se résume à l'assurance informelle et aux revenus de transfert lorsque la vie de nombreuses personnes est gravement menacée. Mais les moyens de l'entraide locale sont nécessairement d'une portée limitée et l'assurance commerciale reste pour de nombreuses raisons aujourd'hui encore embryonnaire.

Nous consacrons la partie 5.1.1 aux limites des stratégies informelles de la gestion des risques.

La partie suivante (5.1.2) mettra en relief les obstacles au développement de l'assurance commerciale traditionnelle malgré l'essor récent des programmes de microassurance. Il faut savoir que 88% des cotisations sont collectées dans les pays développés. C'est-à-dire que près de 76% des habitants de la planète qui vivent dans les pays du Sud ne cotisent qu'à hauteur de 12%.

5.1.1 Les limites de la gestion traditionnelle des risques

Les stratégies informelles de gestion des risques mises en œuvre par les ménages ruraux ont pour but de lisser dans le temps les revenus et la consommation et ainsi de faire face à l'adversité. Mais ces stratégies ont un coût élevé et réduisent d'autant les chances de sortir du piège de la pauvreté.

L'ancrage sur des cultures traditionnelles adaptées aux conditions environnementales locales est très souvent l'expression de la crainte des menaces qu'inspirent des modes de production et des semences venus de l'extérieur.

Or, l'évitement du risque engendre des coûts d'opportunité élevés. Ils peuvent être mesurés par l'écart entre le revenu courant et celui que l'on pourrait espérer tirer d'une activité en moyenne plus rentable et pas nécessairement plus risquée (FIDA, 2010).

La diversification, la rotation des cultures, ainsi que l'auto-assurance, c'est-à-dire une épargne de précaution sous la forme d'actifs facilement mobilisables, font partie de l'arsenal des mesures de prévention.

5.1.1.1 La diversification des risques et le gain de bien-être

En appliquant le principe de mutualisation, chaque individu, qu'il soit épargnant, investisseur, assureur ou petit fermier, peut réduire le risque global inhérent à son activité en diversifiant les risques auxquels il s'expose. Mais pour que la mutualisation réduise plus ou moins fortement le risque agrégé – sa variance –, il faut naturellement que les risques individuels ne soient pas positivement et parfaitement dépendants.

La mutualisation/diversification des risques incite donc les individus à mener des projets plus risqués et leur permet ainsi de bénéficier des opportunités de revenus plus élevés qui en retour contribuent à l'augmentation du bien-être collectif (Acemoglu, 2009).

Cependant, la possibilité de diversifier les risques en investissant dans des activités dont les rendements sont peu ou pas corrélés est limitée par le stock des actifs, notamment la taille des parcelles cultivables ou la qualité des sols. Les caractéristiques environnementales, l'absence de compétences et d'accès au marché du crédit ou de l'assurance sont d'autres obstacles à la diversification des cultures.

Plus le stock de capital augmente dans une économie, plus les individus sont incités à participer à la mutualisation des risques et à prendre part à l'activité de production. En conséquence, les décisions deviennent plus risquées, mais les risques individuels sont mieux diversifiés.

La diversification des risques joue un rôle important sur la croissance et le développement et explique en partie les différences de niveau de développement entre les nations (Acemoglu et Zilibotti, 1997 et Azariadis, 2006) ou les petites communautés. Quand la croissance économique est au rendez-vous, la collectivité investit dans un grand nombre de projets dont le financement est assuré par l'émission d'un ensemble d'actifs dont les risques inhérents peuvent être mutualisés ou partagés.

Mais les indivisibilités en limitant la possibilité de diversification des risques que les pays pourraient mettre à leur profit sont un obstacle au développement.

Au cours de la phase initiale du développement économique, la présence d'actifs productifs indivisibles limite le niveau de diversification des risques que les pays peuvent atteindre. Leur choix se porte alors sur des activités peu risquées qui ralentissent, ou pire empêchent, toute forme d'accumulation. Les résultats obtenus dans cette phase sont très fortement volatiles. Cette phase consiste en une longue période « d'accumulation primitive » suivie d'une phase de décollage et d'un approfondissement des marchés. Les pays les mieux lotis, ceux dont les conditions initiales sont plus favorables, passent moins de temps dans cette phase et se développent ainsi plus rapidement.

On peut transposer sans difficulté cette analyse aux communautés villageoises des pays du Sud.

La monoculture – l'indivisibilité de la parcelle – (l'élevage ou la pêche artisanale) en tant que seule activité de subsistance ne permet pas la diversification des risques auxquels l'activité est exposée et rend ainsi improbable toute forme d'accumulation et de sortie de la pauvreté. On pourrait également évoquer dans le même esprit la pêche artisanale comme seule activité de subsistance.

5.1.1.2 Les solidarités locales

Les communautés villageoises ont depuis longtemps imaginé des dispositifs fondés sur la mutualisation des risques destinés à secourir les personnes en détresse. Ces dispositifs se sont avérés relativement efficaces et ont probablement permis aux sociétés rurales de se perpétuer, même dans des environnement très hostiles.

Cependant, les solidarités locales et le secours mutuel doivent arbitrer entre les problèmes posés par l'information asymétrique et la couverture des risques covariés.

Plus les membres de la mutuelle (la famille, les voisins, par exemple) sont proches géographiquement, moins les problèmes liés à l'asymétrie d'information sont aigus. Mais alors l'exposition de la zone considérée à un risque covarié est plus forte et la mutualisation des risques nécessairement moins efficace, voire totalement inopérante. Inversement, si la zone géographique est vaste, la mutualisation des risques peut se faire. Mais le risque de sélection adverse et l'aléa moral qui naissent de l'éloignement entre les membres de la mutuelle deviennent plus élevés.

Le partage informel du risque sur la base d'arrangements locaux peut prendre des formes diverses. Les risques peuvent être mutualisés au sein de la famille, comme en Éthiopie ou au sein même du village, comme en Tanzanie, ou encore dans le cadre de relations contractuelles de crédit qui comportent des éléments de partage du risque, comme au Nigeria. Ces exemples sont dans Dercon (2007).

On peut aussi évoquer la *tontine* qui se définit comme une association de personnes mettant leur épargne en commun en vue d'apporter des solutions aux problèmes posés à l'un de ses membres.

Cependant, le cercle des solidarités locales n'inclut généralement pas les plus pauvres.

Santos et Barrett (2006b) ont pu observer que parmi les ethnies pastoralistes du Boran en Éthiopie du sud les bergers qui ont subi des pertes ont pu bénéficier d'un transfert de bétail. Mais cette solidarité semble s'arrêter à la frontière du seuil critique de pauvreté. Lorsque les bergers sont très pauvres, ils ne bénéficient pas de l'assistance mutuelle.

Banerjee et Duflo (2011) soulignent que la plupart des terres cultivées par les pauvres ne sont pas irriguées. Ce qui rend les cultures très sensibles à la sècheresse ou à un simple retard dans la saison des pluies.

Mais l'assurance informelle s'avère souvent inefficace. En particulier, lorsque les chocs subis par les ménages sont covariés et qu'ils s'accompagnent d'autres conséquences, telles que le décès, les maladies, l'effondrement des cours sur les marchés, ou encore l'augmentation du prix des intrants. En présence de chocs covariés et de dommages collatéraux, les solidarités locales ne peuvent plus faire face aux besoins des populations.

Les ménages ont imaginé d'autres réponses aux dommages qu'ils peuvent subir.

Nous savons que pour faire face à un choc adverse, les ménages ruraux peuvent avoir recours au travail des enfants, à la vente d'actifs, à de nouvelles activités dans le but d'obtenir des revenus de substitution, ou encore à la migration temporaire ou définitive en cas de chocs récurrents.

Mais la gestion des risques, qu'elle soit *ex ante* (la prévention) ou *ex post* (les réparations) a un coût que les pauvres ne peuvent pas supporter.

Dercon (2007) évoque à ce propos les résultats d'un modèle de simulation appliqué à une zone rurale du Zimbabwe. Le risque réduirait le stock de capital de plus de 40%. Deux tiers de ces pertes serait imputable aux stratégies *ex ante* de gestion des risques mises en place pour en atténuer les conséquences potentielles.

La limite des solidarités locales et les coûts monétaires et psychologiques engendrés par les réactions face aux dommages doivent nous amener à réfléchir sur les conditions du développement de l'assurance commerciale destinée aux petits agriculteurs des pays du Sud.

5.1.2 Les limites de l'assurance commerciale « classique »

Les théoriciens du développement sont unanimes à mettre l'accent sur les défaillances d'un marché organisé d'échange des risques pour expliquer avec d'autres facteurs une situation persistante de pauvreté dans un grand nombre de communautés rurales.

L'absence d'assurance est plus problématique encore pour les plus pauvres car ils ne peuvent ni s'auto-assurer, ni bénéficier des réseaux d'entraide. En conséquence, ils sont contraints de choisir des activités et des techniques de production qu'ils jugent moins risquées, mais qui ne peuvent leur laisser espérer une vie moins difficile.

En couvrant les récoltes si un évènement défavorable survient, l'assurance pourrait contribuer à redonner de l'espoir aux petits agriculteurs. Mais lorsque celle-ci est présente, elle leur est la plupart du temps financièrement inaccessible. La covariance des risques, les coûts de transaction supportés par les compagnies et les asymétries informationnelles pèsent en effet trop lourdement sur le montant de la prime.

Ces obstacles à l'assurance commerciale sont très difficiles à surmonter dans le contexte des petites communautés rurales.

Les parcelles cultivées sont souvent exposées à un risque covarié (une sècheresse, par exemple) et les problèmes liés à l'information asymétrique y sont plus aigus.

Les coûts de monitoring sont élevés et l'évaluation des pertes est à la fois souvent difficile, voire impossible, et chronophage. Compte tenu de la récurrence des chocs adverses sur les cultures, l'estimation des pertes s'avère fréquente. Les primes demandées sont en conséquence trop élevées au regard des capacités financières des petits fermiers.

Au coût prohibitif de la couverture, vient s'ajouter la méfiance des petits agriculteurs vis-à-vis de l'assurance qu'ils jugent inéquitable, trop compliquée, voire prohibée ou énigmatique à cause des traditions locales.

Le segment du marché de l'assurance qui pourrait couvrir les pertes sur les récoltes ou la mortalité des troupeaux est de ce fait embryonnaire. On peut se reporter à Swiss Re (2007) pour un panorama détaillé de l'assurance agricole dans les pays émergents.

Il ne faut cependant pas penser que rien n'a été fait pour favoriser la couverture des risques. Les organismes de microfinance en proposant une assurance individuelle à un coût relativement abordable et adaptée aux particularismes locaux ont relevé le défi de la gestion des risques dans les zones rurales des pays du Sud. Les assureurs ont su faire preuve de pédagogie pour gagner la confiance des petits fermiers. Mais la pénétration de la microassurance présente de fortes disparités régionales.

Le développement de la microassurance agricole se heurte à de nombreux obstacles.

Le temps relativement long, parfois plusieurs années, qui s'écoule entre la déclaration du sinistre et son règlement n'incite pas toujours les petits fermiers à souscrire un contrat. Mais les freins à l'assurance ne proviennent pas tous, loin s'en faut, de leur réticence à acheter un produit d'assurance.

Du coté de l'offre, la covariance des risques agricoles et leur évaluation statistique, l'estimation des dommages et les asymétries d'information expliquent la réserve que les compagnies peuvent manifester vis-à-vis de ce segment en dépit d'un possible partage des risques avec le marché mondial de la réassurance.

C'est pourquoi, les regards se tournent aujourd'hui vers des contrats d'assurance d'un type particulier : les instruments de transfert des risques basés sur un indice.

5.2 Les produits de transfert des risques basés sur un indice

Depuis plusieurs années maintenant, les chercheurs et les organisations internationales, en particulier la Banque mondiale, fondent beaucoup d'espoir à tort ou à raison sur le développement d'un nouvel instrument de couverture, à savoir les produits de transfert des risques basés sur un indice (IBRTPs, *Index Based Risk Transfer Products*).

Dans la mesure où ces nouveaux instruments de couverture s'inspirent largement des produits dérivés climatiques, ceux-ci font l'objet d'une étude rapide (5.2.1).

La partie 5.2.2 sera consacrée aux différentes formes que peut prendre cette assurance agricole collective.

Dans la partie 5.2.3, nous présenterons les mécanismes de l'assurance indicielle agricole basée sur un indice météorologique en mettant plus particulièrement l'accent sur les avantages qu'elle offre, sur les limites dont elle doit s'affranchir et sur ses bénéficiaires potentiels.

5.2.1 Les produits dérivés climatiques

Les produits dérivés du climat furent à l'origine négociés de gré à gré. Puis la création en septembre 1999 du CME (*Chicago Mercantile Exchange*) a introduit des contrats standardisés sur les températures de certaines villes américaines.

Celle-ci a été suivie de la création d'Euronext et de l'intégration du Liffe (*London international financial futures and options exchange*) en 2001.

C'est cette nouvelle structure (Euronext-Liffe) qui a lancé en Europe ces produits sur des marchés réglementés.

Les produits dérivés climatiques (*weather-derivates*) ont vu le jour à compter du moment où les entreprises du secteur de l'énergie ont voulu se protéger de l'influence des conditions météorologiques sur leurs résultats financiers [2].

Les producteurs de gaz et d'électricité redoutent des hivers plus doux que la normale (baisse de l'utilisation du chauffage) et des étés moins chauds (moindre recours à la climatisation).

Ces instruments dérivés peuvent être construits comme des *calls* ou des *puts*.

Pour les premiers, le paiement intervient quand la valeur observée de l'indice excède le seuil préétabli, tandis que pour les seconds le paiement intervient quand sa valeur observée tombe en dessous du seuil.

Il existe quatre principaux contrats portant sur des indices météorologiques : le *cap*, le *floor*, le *call-spread*, le *put-spread* et le *swap*. Nous nous limitons ici à l'étude du *cap* et du *floor*.

5.2.1.1 Le *cap*

Le *cap* correspond à une option d'achat (*call*). Une limite supérieure est fixée à l'indice météorologique au-dessus de laquelle le *cap* donne lieu

2. Enron, déclarée en faillite en 2001 pour fraudes, a été l'initiateur de ce marché.

à un paiement (une livraison en espèce, *cash settlement*) au profit de l'acheteur au terme de la période de temps considérée. Ces paiements (P) sont donnés par l'expression suivante :

$$P = \delta max[I - K, 0]$$

où I, K et δ indiquent la valeur de l'indice à la date d'échéance, le prix d'exercice (*stricke price*) fixé contractuellement et la valeur monétaire associée à une unité de mesure pour l'indice (*tick size*). Le prix d'exercice par analogie avec un *call* (*put*) sur action est le prix auquel en théorie pourrait être acheté (vendu) le sous-jacent.

Les schémas de paiements du *cap* sont représentés dans la Figure 5.1 (a) où V indique la prime versée par l'acheteur.

L'option est exercée si la valeur de l'indice à l'échéance est supérieure au prix d'exercice. Si I est supérieur à K, tout se passe comme si l'acheteur exerçait son option « en achetant » l'indice au prix K et en le « vendant » au prix I. Les paiements sont nuls pour I inférieur ou égal à K. Pour $K < I < K + V$, la prime est supérieure au gain.

Mais la prime étant partiellement compensée par les paiements, l'option est néanmoins exercée.

FIGURE 5.1 – ***Le cap et le floor***

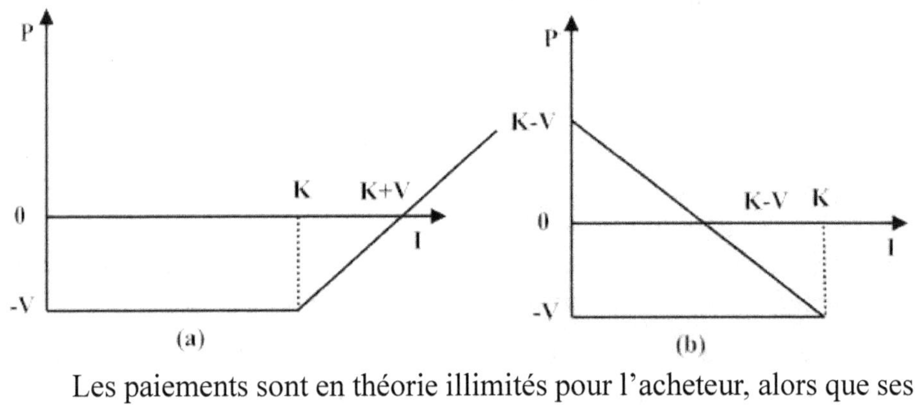

Les paiements sont en théorie illimités pour l'acheteur, alors que ses pertes sont limitées à V. *A contrario,* les pertes potentielles du vendeur du *cap* sont illimitées.

5.2.1.2 Le *floor*

Le *floor* correspond à une option de vente (*put*). Une limite inférieure est fixée pour l'indice en dessous de laquelle le *floor* donne lieu à un paiement au terme de la période de temps considérée au profit de l'acheteur.

L'option est exercée si la valeur de l'indice à l'échéance est inférieure au prix d'exercice. Les schémas de paiements sont les suivants :

$$P = \delta max[K - I, 0]$$

Ils sont représentés dans la Figure 5.1 (b).

Si I est inférieur à K, tout se passe comme si l'option était « achetée » à la valeur I de l'indice et « vendue » à la valeur K. En revanche, si I est supérieur à K, l'option n'est pas réalisée. Le gain $K - V$ est maximal pour I égal à zéro. La perte maximale est V quand I est supérieur à K. Celle-ci est moindre en exerçant l'option lorsque $K - V < I < K$. Le vendeur du *floor*, quant à lui, a un gain correspondant à V ou une perte limitée à $K - V$.

5.2.1.3 Les indices de température

Le sous-jacent n'est pas un actif échangé sur un marché (comme une action, par exemple), mais un indice météorologique.

Une grande partie des *weather-derivates* est basée sur les *Heating Degree Days* (HDD, Degrés-jours de chauffe) et sur les *Cooling Degree Days* (CDD, Degrés-jours de refroidissement).

- Un HDD est le nombre de degrés Fahrenheit (cumulés) de température moyenne quotidienne qui sont sous le seuil de référence – 65° F. – pour l'hiver.

- Un CDD est le nombre de degrés (cumulés) de température moyenne quotidienne qui sont au-dessus du seuil de référence pour l'été.

Ils sont calculés de la façon suivante :

- HDD = Max (température de référence – température moyenne quotidienne, 0)

- CDD = Max (température moyenne quotidienne – température de référence, 0)

Les mesures des HDD et des CDD sont comptabilisées pour une période donnée. Les mesures les plus courantes sont les HDD et les CDD cumulés pour un mois ou une saison.

Ces instruments donnent évidemment lieu à des paiements monétaires. Le *tick size*, par exemple 100$ par degré-jour, multiplié par la différence entre le HDD (CDD) mesurée pendant la période du contrat et le prix d'exercice spécifié dans le contrat définit ce paiement.

Un contrat HDD (CDD) permet d'acheter ou de vendre la valeur de l'indice HDD (CDD).

Un *call* HDD (CDD) donne le droit, mais pas l'obligation, d'acheter un contrat HDD (CDD) à un prix déterminé. Un *put* donne le droit, mais pas l'obligation, de vendre un de ces deux contrats.

Le champ des dérivés climatiques s'élargit à des secteurs d'activité autres que celui de l'énergie. De nouveaux indices climatiques, tels que le gel, la neige... sont aujourd'hui à l'étude. On peut aussi mentionner les dérivés énergétiques dont le lancement est plus ancien.

Un certain nombre d'analogies et de différences existent entre les dérivés climatiques et les contrats d'assurance traditionnels (Marteau et *alii*, 2004 et Skees et *alii*, 2007).

Ces deux types de contrats stipulent le paiement monétaire d'une partie à l'autre, le transfert du risque et la période durant laquelle les deux parties sont liées.

Cependant, ils diffèrent sur un certain nombre de points.

Un contrat d'assurance traditionnel est destiné à compenser les pertes réelles sur l'actif assurable que la personne assurée a subies contre le versement d'une prime. De plus, les dérivés climatiques sont négociables sur un marché organisé ou de gré à gré, alors que les contrats d'assurance ne le sont pas, du moins pour l'acquéreur du contrat.

L'assurance indicielle, laquelle se définit comme un instrument de transfert des risques basé sur un indice météorologique, se situe à mi-chemin de ces deux types de produits. Elle partage les principales caractéristiques d'un contrat d'assurance, à savoir prime, indemnités et durée du contrat, tout en reposant sur les mécanismes d'un dérivé climatique que nous venons d'évoquer.

5.2.2 L'assurance indicielle agricole : un premier aperçu

L'idée d'une assurance agricole basée sur un indice plutôt que l'assurance individuelle basée sur une évaluation des pertes réelles n'est pas récente.

En 1949, Halcrow affirmait déjà que l'assurance agricole individuelle pour être vraiment efficace devait fonctionner sous des conditions tellement exigeantes qu'elle serait nécessairement d'un usage limité (Miranda, 1991).

Ses craintes se sont avérées justifiées.

Ces conditions, symétrie informationnelle et faibles coûts de transactions, ne sont évidemment pas réunies.

Depuis, l'idée a fait son chemin et s'est récemment concrétisée par un certain nombre d'expériences que nous évoquerons plus loin dans ce livre.

En janvier 2013 à Davos, PlaNet Guarantee et Swiss Re ont signé une lettre d'intention pour le développement de l'assurance indicielle dans les domaines de l'agriculture et de l'énergie au profit des populations vulnérables.

Ces deux entreprises[3] sont déjà partenaires dans un projet financé par le GIIF (*Global Index Insurance Fund)* qui est géré par l'IFC (Groupe Banque mondiale) et qui vise à développer l'assurance indicielle récolte dans les pays du Sahel.

Cet engouement pour l'assurance indicielle s'explique par le fait qu'elle peut répondre à une bonne partie des problèmes informationnels (sélection adverse et aléa moral) et financiers (coûts de transaction) auxquels l'assurance agricole individuelle est confrontée. Pour autant, sa mise en œuvre se heurte à de nombreuses obstacles, tant du côté des compagnies que de celui des preneurs d'assurance. Nous reviendrons longuement sur ces questions, notamment dans les sections 5.5 et 5.6.

De façon générale, les instruments de transfert des risques basés sur un indice sont des contrats qui délivrent des paiements (le règlement du sinistre) à partir de la réalisation d'un indice sous-jacent relativement à un seuil (déclencheur) prédéterminé. L'assurance indicielle agricole peut être classée en deux grandes catégories en fonction de la nature même de l'indice.

• L'assurance couvrant le risque sur les rendements agricoles pour une zone géographique donnée (*area-yield crop insurance*) repose sur un indice représentant les rendements moyens de la zone. Cet indice sert d'approximation aux pertes subies individuellement et les fermiers sont

3. Swiss Re est un des leaders mondiaux de la réassurance des risques agricoles et promeut des techniques de transfert des risques adaptées aux besoins des agriculteurs. PlaNet Guarantee, filiale du groupe PlaNet Finance est un courtier de microassurance qui s'est développé dans les domaines de l'assurance indicielle et de l'assurance santé au profit des populations vulnérables.

indemnisés quand le rendement moyen tombe sous le seuil critique (*strike*). On peut voir ce contrat comme un *put option* sur le rendement anticipé de la zone (i). Soit :

$$I = max(K_i - y_i, 0)$$

où I, K et y désignent respectivement les indemnités, le *strike* et les rendements moyens de la zone.

Un programme d'assurance basée sur un indice de mortalité du bétail (IBLI, *Index Based Livestock Insurance*) a été mis en œuvre par le Gouvernement de la Mongolie en 2006 et supporté par la Banque mondiale.

• L'assurance basée sur un indice climatique (*weather based index insurance*) repose sur un indice qui sert d'approximation aux conditions météorologiques, telles que les inondations ou la sècheresse, susceptibles d'entraîner des pertes sur une zone géographique et pour des cultures données.

Les indices utilisés sont nombreux. Ils peuvent porter sur le niveau des précipitations ou les températures cumulées. Celui qui est le plus souvent utilisé repose sur le taux de pluviométrie enregistré par les stations météorologiques locales. Il en existe d'autres.

Un indice mesurant la densité de végétation (NDVI, *Normalized Difference Vegetation Index*) a été utilisé en Chine et au Kenya pour fournir une assurance récolte contre les effets de la sècheresse.

D'autres produits utilisent les températures mesurées à la surface de l'eau comme prédicteur de fortes inondations dans le nord du Pérou. Cet indice est utilisé comme indicateur d'évènements météorologiques extrêmes provoqués dans cette région par El Niño.

Certains contrats ont associé un double déclencheur (le climat et la santé des cultures) pour couvrir la perte des récoltes de blé dans certains États de l'Inde. Le premier est basé sur un indice de précipitations, le second est un NDVI.

Il est aussi possible d'imaginer des contrats d'assurance indicielle multirisques (excès de précipitations, gel, variations de température et vitesses de vent élevées), tels que ceux proposés en Inde pour la culture de la mangue. Ces informations sont extraites de FIDA (2010). Ce document propose en annexes plusieurs projets pilotes d'assurance indicielle très documentés avec de précieux retours d'expérience.

Quel que soit l'indice sous-jacent, il est représenté par une variable aléatoire dont la distribution doit être mesurée de la façon la plus précise et impartiale possible dans l'intérêt bien compris de l'assureur et de l'assuré. Le premier doit être en situation de pouvoir calculer au plus juste la prime en fonction du risque représenté par le versement des indemnités, tandis que le second attend de la compagnie d'assurance de recevoir des indemnités à hauteur des dommages qu'il a subis.

Mais la nécessité de disposer de données historiques fiables et si possible en grande quantité freine sensiblement les ardeurs des assureurs et des réassureurs à investir dans ce segment.

Le calcul des indices sur les rendements moyens agricoles se heurte à la disponibilité des statistiques locales et aux tentatives possibles de falsification.

Dans les pays peu développés, les données météorologiques sont probablement plus facilement disponibles. Mais encore faut-il que les équipements en stations météorologiques soient installés de longue date et en nombre suffisant. Ce qui n'est pas toujours le cas à cause du manque de compétences au niveau local, mais aussi et surtout parce que les infrastructures et la maintenance représentent un coût élevé.

C'est la raison pour laquelle le développement de l'assurance indicielle basée sur un indice météorologique doit aussi s'appuyer sur d'autres méthodes pour recueillir des données, telles que les satellites et d'autres formes de télédétection.

En tout état de cause, l'estimation de la fonction de distribution de l'indice est un des problèmes majeurs que rencontrent les assureurs pour le calcul de la prime. Avec les conséquences du changement climatique, cette estimation est encore plus difficile. Nous y reviendrons.

5.2.3 L'assurance indicielle : mécanismes, avantages et inconvénients

L'assurance indicielle est souvent présentée comme un instrument efficace de gestion des risques covariés et aussi comme un outil au service du développement socio-économique des communautés rurales vulnérables.

En s'affranchissant des procédures d'expertise qui sont longues, compliquées et coûteuses pour évaluer les dommages et en minimisant les problèmes liés à l'information asymétrique, l'assurance indicielle doit pouvoir réduire les coûts et contribuer ainsi à favoriser la pénétration de l'assurance commerciale dans les zones rurales.

Après avoir étudié le mode de fonctionnement de l'assurance indicielle (5.2.3.1), nous présenterons ses atouts et les limites qu'elle rencontre (5.2.3.2).

5.2.3.1 Les mécanismes de l'assurance indicielle et le risque de base

Contrairement à l'assurance classique qui verse des indemnités quand les pertes de l'assuré excèdent un certain montant (la franchise), ces nouveaux produits versent des indemnités quand la valeur réalisée d'un indice sous-jacent passe au-dessus ou au-dessous du seuil de déclenchement fixé contractuellement.

FIGURE 5.2 – ***Un contrat d'assurance indicielle***

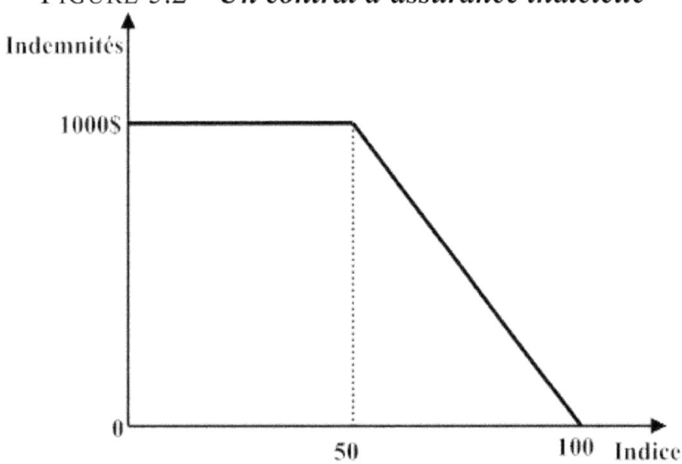

Les paiements n'étant pas individualisés, il est évidemment fortement souhaitable qu'ils soient néanmoins corrélés avec les pertes subies par l'assuré. Un IBRTP fournissant une protection contre les dommages causés par la sècheresse, par exemple, sera basé sur indice de pluviométrie si une forte corrélation a pu être établie entre cet indice et la variation des rendements de la culture couverte par le contrat.

Nous prenons un exemple pour illustrer le fonctionnement de ce contrat.

Nous allons supposer un contrat qui protège contre un niveau de précipitations trop faible, c'est-à-dire contre un risque de sècheresse menaçant la production agricole et donc les revenus tirés de cette activité (Figure 5.2). Le contrat court sur une période de trois mois et les précipitations cumulées sont enregistrées par une station météorologique locale.

Le déclencheur des indemnités est établi à 100mms de pluie et la limite à 50mms. Le coût de la protection est de 1$.

Si les précipitations enregistrées par la station locale sont inférieures à 100mms, disons 75mms, l'assuré reçoit une indemnité de 20$ pour chaque mm en dessous de 100mms, c'est-à-dire 20$×25mms. Il reçoit donc 500$, éventuellement 1000$ si les précipitations enregistrées sont inférieures ou égales à 50mms.

Les indemnités ne dépendent donc pas des pertes réelles subies par l'assuré, mais du niveau de pluviométrie enregistré à la station.

Ces instruments mettent donc en jeu trois variables :

- Les pertes de l'assuré,

- Les indemnités versées,

- et l'indice à partir duquel les indemnités sont déclenchées ;

Chacune d'entre elles est une variable aléatoire (Figure 5.3).

FIGURE 5.3 – ***Basis risk et proxy risk***

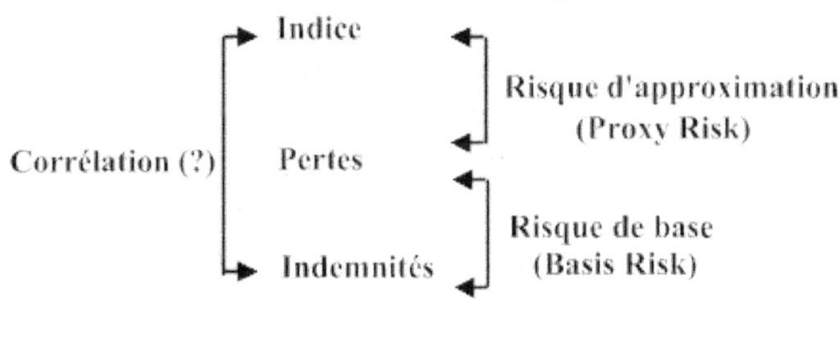

L'assureur souhaite identifier avec précision la relation statistique entre les pertes subies et l'origine de ces pertes. L'indice constitue une approximation (*proxy*) de celle-ci.

En théorie, l'assureur aimerait pouvoir estimer une distribution de probabilité de pertes conditionnellement à différents niveaux de l'indice. En plus des difficultés inhérentes à l'estimation des dommages, un certain niveau de sècheresse n'engendre pas nécessairement pour tous les assurés le même montant de pertes. Celles-ci dépendent des mesures de prévention – un système d'irrigation, par exemple, – qui ont pu être individuellement mises en place et qui atténuent les conséquences de l'épisode météorologique. En pratique, l'assureur se contente donc d'estimer la distribution de l'indice.

Il a ensuite recours à des investigations qualitatives et aux ingénieurs en agronomie pour pouvoir mesurer les répercussions des différents niveaux de l'indice sur les dommages potentiels affectant les récoltes d'une culture donnée.

Les problèmes d'estimation statistique des variables aléatoires concernées sont d'autant plus difficiles à résoudre que les produits d'assurance indicielle peuvent être destinés à couvrir des évènements rares aux conséquences très lourdes pour lesquels les données historiques sont souvent trop peu nombreuses (5.5).

Notons au passage qu'une bonne corrélation entre l'indice et les pertes, d'une part et entre les pertes et les indemnités, d'autre part ne garantit pas une bonne corrélation entre l'indice et les indemnités car la corrélation n'est pas nécessairement transitive.

Pour être attractive aux yeux des petits fermiers, l'assurance indicielle doit minimiser autant qu'il est possible l'écart entre les pertes subies et le montant des indemnités versées. Ce risque de décorrélation est désigné sous le terme générique de risque de base (*basis risk*).

Il faut noter que ce risque de base peut concourir à une sous-assurance (*false negative probability*) ou à une sur-assurance (*false positive probability*) des risques. Ce risque n'est d'ailleurs pas spécifique à l'assurance indicielle. Il est aussi présent dans les contrats d'assurance traditionnels quand des erreurs apparaissent dans l'évaluation des dommages ou dans certains produits dérivés de réassurance (ILW, *Industry Loss Warranties*).

Le risque de base a différentes sources possibles.

• L'hétérogénéité climatique de la zone géographique. L'indice de pluviométrie enregistré par la station peut ne pas traduire l'intensité de la sècheresse vécue par certains assurés. La décorrélation entre l'indice et les indemnités constitue dans ce cas le risque de base spatial (*spatial basis risk*). Pour le réduire, il faudrait donc multiplier le nombre des stations météorologiques dans une zone géographique donnée, mais nous l'avons déjà dit, leur coût d'installation et les coûts d'exploitation et de maintenance sont élevés.

Si une vaste zone géographique est couverte par plusieurs stations météorologiques, la mutualisation des risques au profit de l'assureur peut alors s'opérer, à condition bien évidemment que les enregistrements des différentes stations ne soient pas trop fortement corrélés.

• La gestion du risque par l'assuré. Le seuil de déclenchement des indemnités est calculé à partir d'une mesure de la sensibilité d'un certain type de culture (le maïs, par exemple) à la sècheresse.

Celle-ci n'aura pas nécessairement le même impact sur les revenus selon que le ménage pratique la monoculture ou une activité agricole diversifiée. Pour ce dernier, l'impact du choc météorologique sur son niveau de vie peut être atténué par la diversification. L'assurance indicielle pourrait donc pour la même prime avantager les ménages qui ont adopté des mesures de prévention parce qu'ils ont les moyens de les financer. Mais ce ne sont pas les revenus, mais les récoltes que l'assurance indicielle a pour vocation de couvrir même si *in fine* l'objectif est d'éviter une chute brutale des moyens d'existence.

• Les différentes phases du développement des cultures. Les conséquences d'un évènement météorologique peuvent être plus ou moins sévères selon le stade d'évolution de la plante. C'est la raison pour laquelle, les contrats couvrent toute la période de croissance en utilisant un indice dont le niveau de déclenchement varie en fonction des différents stades de croissance de la plante durant la saison.

• Le réchauffement climatique. Il faut distinguer le risque météorologique qui menace l'activité de production sur le court terme du risque climatique dont la menace est à plus long terme. Mais il peut dès à présent se manifester dans l'évolution des conditions météorologiques. L'activité agricole est très dépendante du premier, mais elle est d'ores et déjà exposée aux conséquences du second. C'est pourquoi, une autre origine de ce risque de base, sans doute en perspective la plus problématique, réside dans le fait que le contrat ne prenne en compte que l'évolution historique de l'indice. Une tendance à la baisse du niveau des précipitations peut révéler les effets du changement climatique. Le plafonnement des indemnités fixé dans notre exemple (Figure 5.2) à 50 points d'indice peut alors s'avérer trop élevé. Des risques jusqu'ici assez rares en deçà de ce seuil peuvent devenir de plus en plus fréquents. Il faudrait alors le réviser à la baisse, mais au prix d'une augmentation de la prime d'assurance.

Il faudrait par exemple passer du seuil de 50 à 20 mms pour tenir compte d'évènements météorologiques devenus moins exceptionnels à cause du réchauffement climatique.

Par ailleurs, le déclencheur des indemnités doit être scientifiquement établi par l'expertise agronomique. Si 120mms de pluie sont préjudiciables aux cultures selon leur stade de croissance (germination et phase végétative, floraison, formation des graines et mûrissement), le déclencheur des indemnités fixé à 100 mms peut s'avérer trop bas. Cette décorrélation possible entre l'indice et les pertes subies par l'assuré fait naître un risque d'approximation (*proxy risk*).

• La multiplicité des risques. Les dommages subis peuvent avoir pour origine un risque, tel que la prolifération des insectes nuisibles, différent de celui mesuré par l'indice spécifié dans le contrat. C'est la raison pour laquelle l'assurance agricole individuelle multirisques est souvent mieux adaptée à la couverture de l'activité agricole. Mais la prime correspondante est dissuasive. Ce risque de base est évidemment limité si l'assurance est proposée dans une zone géographique où le risque le plus menaçant pour les cultures est celui représenté par l'indice (Barnett et Mahul, 2007). Ce qui est souvent le cas en pratique.

Nous reviendrons plus précisément sur le risque de base dans la partie 5.5.1.

5.2.3.2 Avantages et inconvénients

L'assurance agricole basée sur un indice présente des avantages par rapport à l'assurance agricole traditionnelle, mais aussi, nous venons d'évoquer le risque de base, certains inconvénients (Barnett et *alii*, 2008).

Au demeurant, les expériences sont trop récentes pour que l'on puisse dégager un bilan définitif entre le positif et le négatif.

Les avantages

- Les délais entre le moment du choc météorologique et le versement des indemnités sont plus courts et les coûts de transaction sont réduits puisqu'aucune estimation des dommages au cas par cas n'est à faire.

- Les problèmes liés à l'asymétrie informationnelle sont également de moindre importance.

La réalisation de l'indice étant indépendante de l'action de l'assuré, les IBRTPs ne sont pas exposés au problème d'aléa moral.

Le risque d'antisélection est également plus faible. Ce qui réduit les coûts liés à la procédure de segmentation des risques. Néanmoins, le problème de sélection adverse n'est pas totalement absent. Tel est le cas si l'assuré achète une protection uniquement pendant les périodes où ayant observé dans le passé des dérèglements climatiques il anticipe une menace imminente. On cite souvent à ce propos El Niño que les populations concernées sont en mesure de prévoir[4].

Au total, l'absence d'aléa moral, la minimisation des coûts de transaction et un risque de sélection adverse négligeable doivent permettre aux assureurs de proposer une prime d'un montant moins élevée, car moins chargée, que la prime demandée par l'assurance agricole « classique ».

Les inconvénients

- En plus du risque de base dont nous avons déjà parlé, un autre obstacle au développement des IBRTPs concerne la conception du contrat lui-même. Familiariser les petits fermiers, pas du tout rompus aux techniques financières, à ces produits sophistiqués doit constituer la première étape d'un projet de mise en œuvre de l'assurance indicielle, puis mettre à profit les retours d'expérience pour l'adapter au mieux aux besoins des utilisateurs.

- L'assurance indicielle ne peut pas répondre à tous les risques qui menacent la population. Elle est destinée à couvrir des risques covariés. Si les risques sont idiosyncratiques, elle ne peut se substituer à l'assurance sociale que nous connaissons dans les pays développés (maladie, chômage, vieillesse....) ou à l'assurance individuelle contre le vol ou les incendies, par exemple.

- Par ailleurs, dans les pays à faible revenu, l'environnement juridique et réglementaire n'est à ce jour pas toujours assez souple pour accueillir ce type d'instrument.

- En ne considérant qu'un seul facteur de risque, les IBRTPs ne fournissent pas nécessairement une bonne couverture en raison précisément des nombreuses calamités (grêle, gel, précipitations, force du vent, niveau d'ensoleillement, taux d'humidité...) qui sont susceptibles de provoquer une chute brutale des revenus agricoles.

---

4. Il s'agit d'un phénomène météorologique particulier qui se caractérise par des températures anormalement élevées de l'eau dans la partie est de l'océan Pacifique sud. Il peut déplacer les zones de précipitations et de sècheresse, notamment en Afrique.

Des obstacles à une forte pénétration de l'assurance indicielle dans les communautés rurales des pays du Sud se dressent donc, tout autant du côté de l'offre que du côté de la demande.

Du côté de l'offre, on peut évoquer la faiblesse des données historiques sur les évènements météorologiques, les difficultés à recourir à des options de réassurance ou de titrisation et des coûts initiaux d'implémentation élevés.

Du côté de la demande, en plus du risque de base, on peut évoquer les contraintes de revenu, la défiance vis-à-vis du fournisseur d'assurance et l'incompréhension des mécanismes financiers.

Nous verrons aussi (5.6) que la nature probabiliste de l'assurance indicielle et le fait qu'elle puisse être considérée comme un risque à deux étages – le risque agricole et le risque de base – compromettent l'essor de la demande à cause de l'incertitude qu'elle génère auprès des fermiers.

Pour nous résumer, nous pouvons dire que l'assurance collective est dans son principe un instrument de couverture assez simple. Il exonère les compagnies d'assurance de recourir à des expertises longues et coûteuses en amont et en aval du sinistre. Mais corrélativement, ce principe est également à l'origine de la complexité du produit puisqu'il requiert une étude subtile des corrélations d'une part, entre la valeur de l'indice et les pertes et d'autre part, entre ces pertes et le montant des indemnités. Par ailleurs, l'assurance indicielle qui repose sur des mécanismes inspirés des produits dérivés n'est pas spontanément à la portée des petits fermiers. C'est pourquoi, un effort de pédagogie de la part des promoteurs des projets d'assurance indicielle et des assureurs eux-mêmes est absolument nécessaire.

Ces produits de transfert des risques sur indice ont *a priori* une double vocation : ils peuvent contribuer à un lissage des revenus, comme toute assurance commerciale au demeurant, et participer au financement des aides financières d'urgence en cas de crise humanitaire majeure.

5.3 Les objectifs de l'assurance indicielle

Nous allons consacrer cette section à ces deux objectifs. Nous les rappelons. L'assurance indicielle est de façon générale destinée à limiter *in fine* les fluctuations des revenus individuels à la suite d'un choc défavorable. Elle peut aussi en théorie participer à la réparation des dommages lorsqu'un choc de plus grande ampleur affecte toute une population.

Les objectifs qu'il est possible d'assigner à l'assurance indicielle sont donc globalement de deux ordres.

- Conjuguée à d'autres instruments, elle constitue un outil en faveur du développement des communautés rurales. À ce titre, elle peut accompagner ses bénéficiaires dans leur quête d'une vie meilleure en favorisant les initiatives susceptibles d'augmenter les revenus.

- Elle peut aussi être utilisée comme un outil de gestion des risques extrêmes en participant financièrement à la réparation des dommages catastrophiques. À ce titre, elle peut se combiner avec les aides humanitaires d'urgence.

Ces deux objectifs sont associés à différentes tranches des risques naturels. Le découpage est fondé sur leurs fréquences d'apparition et sur leur nuisance potentielle. Mais la réalisation de ces objectifs, tout particulièrement le second, nécessite qu'un certain nombre de conditions soient remplies, en particulier la profondeur du marché mondial de la gestion des risques majeurs auxquels les pays peu développés sont confrontés.

Les deux objectifs assignés à l'assurance indicielle, nous venons de le dire, doivent donc pouvoir s'appuyer sur une stratification des risques naturels.

La partie 5.3.1 est consacrée à ce découpage. La partie 5.3.2 est destinée à l'étude des finalités de l'assurance indicielle en fonction précisément de la nature même des risques qu'elle est amenée à couvrir. Enfin, la partie 5.3.3 met en perspective ces finalités et les dynamiques du bien-être exhibées par les modèles à états stationnaires multiples. L'assurance indicielle est alors destinée tout autant à consolider les dynamiques favorables qu'à prévenir toute chute dans le piège de la pauvreté.

5.3.1 Un découpage des risques naturels

Les risques naturels susceptibles de mettre en péril les cultures sont de fréquence et d'intensité variables : des petits risques aux fréquences relativement élevées et aux dommages relativement de faible importance jusqu'aux risques de très faible fréquence, du moins jusqu'à aujourd'hui, aux conséquences redoutables.

S'agissant des risques extrêmes, il faut donc pouvoir disposer d'une distribution de probabilité, telle que la loi de Pareto, pour pouvoir évaluer ces risques qui sont situés en queue de la distribution.

La théorie des valeurs extrêmes met à la disposition des assureurs et des réassureurs une boite à outils d'une grande utilité pour modéliser et anticiper ces dangers (5.5).

5.3.1.1 Les différentes strates du risque

Au-delà de la tranche de risque où la menace est représentée par de petits risques fréquents aux conséquences peu dommageables, l'assurance indicielle pourrait prendre le relais de l'assurance informelle et de l'auto-assurance en transférant le risque de catastrophe sur les compagnies d'assurance.

Celles-ci pourraient transférer une partie des risques qu'elles couvrent sur le marché mondial de la réassurance si leur risque d'insolvabilité (la probabilité de ruine) devient inquiétant, voire sur le marché financier par le biais des opérations de titrisation. Dans ce but, nous pouvons fractionner le risque en fonction de ses fréquences et de son niveau de dangerosité.

FIGURE 5.4 – ***Tranches de risque et IBRTP***

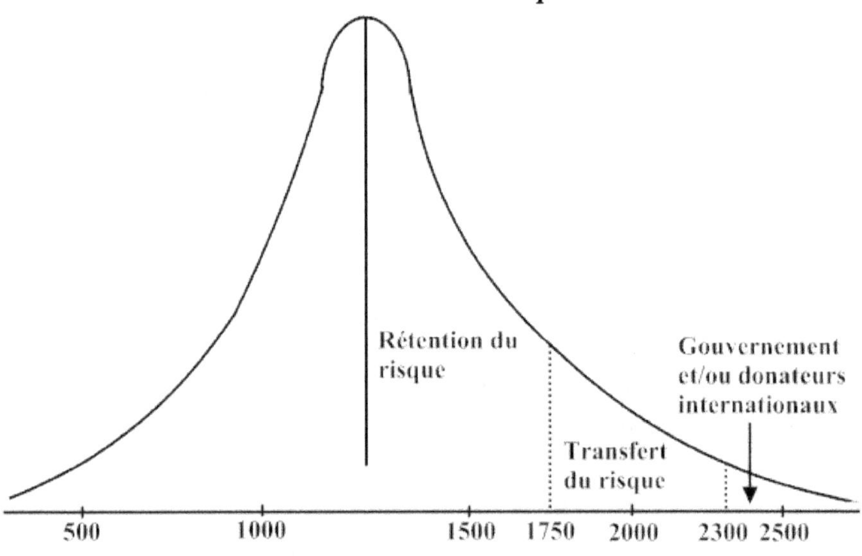

Pour la tranche correspondant à des risques de très faible probabilité aux conséquences extrêmes que ni l'assurance commerciale ni la réassurance ne sont en capacité de couvrir sans mettre en péril leur équilibre financier, l'aide aux victimes ne peut alors provenir que des concours privés et publics extérieurs et de l'État si des lignes de crédit conditionnel lui sont accordées. Notons au passage (pour l'instant) que le changement climatique va élargir cette dernière tranche.

Supposons que l'activité agricole est exposée à un risque de précipitations préjudiciable au rendement des cultures (Figure 5.4).

Pour des précipitations cumulées inférieures à 1,750 mm, l'assuré garde le risque qu'il peut gérer par les moyens traditionnels (solidarités locales, épargne de précaution...).

L'assurance indicielle, quant à elle, pourrait intervenir en versant des indemnités pour des précipitations comprises entre 1,750 mm et 2,300 mms. Au-delà de ce seuil, d'autres mesures d'assistance pourraient être envisagées. Mais alors, nous sortons du domaine de l'assurance pour rentrer dans celui de l'aide humanitaire *ex post.*

- La tranche correspondant à la rétention du risque se caractérise par des menaces associées à des probabilités relativement élevées et des dommages faibles, « le hasard bénin » (Mandelbrot). La microassurance « classique » pourrait s'engager à les couvrir. Mais il est sans doute plus raisonnable de se protéger contre de tels évènements de faible importance en ayant recours à l'auto-assurance ou à des mécanismes informels basés sur des arrangements locaux, tels que ceux que nous avons évoqués dans la partie 4.1.

À cause des nombreuses procédures d'estimation des dommages, les coûts de transaction supportés par l'assurance commerciale seraient en effet trop élevés pour les assurer à faible coût. Cette première tranche serait l'équivalent d'une franchise dont nous savons qu'elle encourage les mesures de prévention.

- La tranche correspondant au transfert du risque pourrait être prise en charge par des IBRTPs que l'on pourrait considérer ici comme une assurance de détail, mais aussi comme une assurance fournie à des intermédiaires, tels que des donateurs, des agences mondiales (WFP et FAO) et des ONG.

- La troisième tranche est caractérisée par des risques de faible, voire de très faible probabilité, qui provoquent en revanche des dommages très élevés, « le hasard sauvage » (Mandelbrot). C'est précisément cette dernière tranche de risques qui fait problème que l'on soit amené à regarder du côté de la victime potentielle ou du côté des assureurs.

La théorie de la décision en économie et sociologie expérimentales nous enseigne que la probabilité de ces évènements rares est souvent ignorée par les victimes potentielles. On évoque à cet égard l'existence d'un biais cognitif (*probability neglect bias*) dans le processus de décision pour rendre compte de l'absence de perception du risque catastrophique et donc de la demande de couverture pour en atténuer les effets.

De l'autre côté du marché, les assureurs manifestent une forte aversion à l'ambigüité vis-à-vis de ces évènements extrêmes situés en queue de distribution. Ce qui les amène le plus souvent à refuser d'endosser le risque ou alors à majorer très fortement leur tarif. Pour cette dernière tranche de risque, le marché de l'assurance peut donc devenir défaillant.

Pour faire face à ces chocs extrêmes, l'aide internationale et les Pouvoirs publics semblent pour l'heure constituer le seul moyen de venir en aide aux victimes.

L'assurance indicielle pourrait cependant avoir un rôle à jouer en pré-finançant les aides d'urgence à la condition *sine qua non* qu'elle puisse s'adosser à un vaste marché mondial de l'assurance des risques de catastrophe naturelle menaçant les pays pauvres et recourir à leur titrisation auprès des investisseurs mondiaux. Cette solution passe obligatoirement par une augmentation de la liquidité du marché mondial des risques extrêmes, c'est-à-dire par un approfondissement des marchés de la réassurance et de la titrisation (5.4.1 et 5.4.2). Il s'agirait donc d'associer habilement les mécanismes de l'assurance et ceux de l'aide humanitaire.

5.3.1.2 L'assurance basée sur un indice de mortalité du bétail

L'assurance basée sur un indice de mortalité du bétail proposée aux bergers en Mongolie illustre parfaitement la stratification du risque et les différentes modalités de couverture (Encadré n°5 à la page suivante).

5.3.2 Les finalités de l'assurance indicielle

L'assurance indicielle, nous l'avons vu, peut cibler diverses catégories d'utilisateurs : des particuliers jusqu'aux Institutions internationales en passant par des coopératives de petits fermiers.

Comme n'importe quelle assurance de détail (*retail insurance*), elle peut être détenue par les petits exploitants eux-mêmes. Elle peut aussi être achetée par des associations ou des institutions, telles que des groupes de producteurs, des gouvernements nationaux ou encore des ONG au profit des petits exploitants (*wholesale insurance*).

En écho aux deux objectifs précités, l'assurance indicielle a une double vocation.

Encadré n°5 : L'assurance basée sur un indice de mortalité du bétail en Mongolie

La Mongolie est très vulnérable aux risques climatiques extrêmes. Le dzud en mongol désigne des épisodes hivernaux d'une très forte sévérité qui se traduisent par des pertes colossales de bétail.
Ce pays a expérimenté un programme d'assurance indicielle basée sur un indice de mortalité du bétail (IBLI).
Celle-ci est vendue aux bergers comme assurance de détail. Elle profite du concours de l'État qui joue un rôle de réassureur et qui bénéficie d'une ligne de crédit conditionnel auprès de la Banque mondiale.
Les différentes tranches de risque mortalité du bétail relèvent d'une couverture spécifique : auto-assurance, assurance commerciale et filets sociaux de sécurité (Skees et *alii*, 2007).
- En dessous de 6% de taux de mortalité, les bergers absorbent eux-mêmes les pertes de leur bétail.
- Entre 6% et 30%, les pertes sont à la charge de l'assurance commerciale qui propose une tarification actuarielle.
- La tranche la plus élevée (>30%) est couverte par le Gouvernement du pays.
Étant donné que les compagnies d'assurance vendent les mêmes polices, elles peuvent mutualiser leurs risques au sein d'une structure (LIIP, *Livestock Insurance Indemnity Pool*).

Elle peut être conçue comme un outil au service du développement économique en contribuant à la réduction de la pauvreté et aussi participer à la gestion *ex post* des situations de crises humanitaires.

Détenue par des organisations internationales, elle permet de financer des programmes d'assistance humanitaire en faveur des populations les plus démunies qui ont été victimes d'un choc adverse.

Nous reviendrons un peu plus loin sur les réponses que peut apporter l'assurance indicielle à la question de la gestion des risques sanitaire et alimentaire. Des programmes d'aide humanitaire ont d'ores et déjà été expérimentés. Ils peuvent apporter un secours d'urgence dans l'attente de l'aide humanitaire traditionnelle. Mais compte tenu de l'importance des indemnités, seul un partage des risques peut accréditer cet objectif (5.4).

Le nouveau paradigme de la protection sociale qui a depuis peu de temps émergé dans les pays intermédiaires ou pauvres met particulièrement l'accent sur la nécessité de protéger les personnes vulnérables des conséquences du risque. À ce titre, l'assurance indicielle peut aider à la mise en place des dispositifs visant la protection sociale.

5.3.2.1 L'assurance comme outil du développement

L'assurance indicielle des petits risques et des risques modérés peut contribuer à lever les obstacles au développement des petites communautés agricoles. À condition évidemment que cette assurance leur soit accessible. C'est la raison pour laquelle, les primes sont le plus souvent subventionnées par les Pouvoirs publics.

Nous étudierons la question de l'assurance subventionnée un peu plus loin dans cette section.

Assurance indicielle et accès au marché du crédit

Cette assurance concerne tout particulièrement les tranches de risques de faible ou moyenne intensité et de fréquences élevées ou modérées.

Nous savons que ces risques associés au manque d'accès au marché du crédit expliquent en grande partie les obstacles au développement des communautés rurales.

- L'assurance indicielle peut contribuer à desserrer les contraintes de rationnement du crédit en limitant le risque d'impayés auquel les créanciers s'exposent, mais aussi en permettant aux petits fermiers d'accéder aux marchés des produits agricoles et des intrants (semences, engrais...). En liant l'emprunt à l'assurance indicielle, il est possible de favoriser l'accès au marché du microcrédit (Skees et *alii*, 2006). En pratique, l'assurance indicielle couvre alors le montant du prêt et le créancier peut bénéficier des indemnités si l'emprunt n'est pas remboursé. L'assurance indicielle dans ce cas est assimilable à un dépôt de garantie qui ne peut que rassurer le prêteur.

En Mongolie par exemple, sous l'égide de la Banque mondiale, un prêt d'urgence peut être accordé aux bergers dans le cadre général d'une assurance du bétail à un taux d'intérêt plus faible.

En Inde, une assurance indicielle contre la sècheresse et les inondations proposée directement aux fermiers est également liée à l'octroi d'un crédit.

Il en est de même au Malawi où une assurance indicielle contre les précipitations est offerte aux petits fermiers qui cultivent l'arachide (Collier et *alii*, 2010). Elle couvre les crédits de campagne (intrants...).

Au demeurant, les institutions de microfinance (IMF) participant elles-mêmes à la distribution de l'assurance indicielle contribuent à l'intégration du métier de banquier et de celui d'assureur.

• On peut aussi concevoir que l'assurance indicielle soit directement achetée par une IMF et ainsi contribuer à la consolidation de ce secteur. Quand les pertes subies par les emprunteurs sont fortement corrélées, les risques de défaut le sont également. Pour se protéger contre ces risques, une IMF peut acheter un IBRTP basé sur un indice de précipitations pour un mois ou une saison si par exemple le risque de défaut des emprunteurs est fortement lié à la sècheresse.

Encadré n°6 : Le ENSO (El Niño Index Insurance) au Pérou

Dans la région côtière de Piura au Pérou, les saisons à très fortes précipitations sont souvent associées à des phénomènes de l'oscillation australe El Niño (ENSO, *El Niño-Southern Oscillations*) qui se caractérisent par un réchauffement du Pacifique sud pouvant être observé et mesuré de longs mois à l'avance.

Ce phénomène météorologique s'accompagne de pertes agricoles importantes et représente pour les prêteurs ruraux une menace sur leurs portefeuilles de créances.

Ces oscillations sont utilisées comme variable *proxy*. Un IBRTP a ainsi pu être proposé pour couvrir les pertes agricoles dues aux fortes précipitations.

Cette assurance indicielle permet de couvrir les risques du portefeuille des prêteurs et donc d'améliorer l'accès au marché du crédit des petits fermiers tout en consolidant le secteur de la microfinance.

Du fait des informations apportées par ENSO, les paiements sont versés avant même le déclenchement du phénomène, favorisant ainsi le financement des mesures de prévention et des stratégies d'adaptation (Skees et *alii*, 2007).

En résumé, en favorisant l'accès au marché du crédit et en prenant à sa charge les risques agricoles que les petits fermiers jugeront désormais plus cléments, l'assurance indicielle peut contribuer à sa place au recul de la misère. Pour le dire autrement, elle peut concourir ainsi à une contraction du bassin d'attraction de la pauvreté et à un recul de la vulnérabilité.

Les primes subventionnées

Comme pour l'assurance agricole « classique », les primes de l'assurance indicielle doivent être largement subventionnées afin de rendre la couverture accessible aux personnes à faible revenu. À ce titre, les subventions peuvent contribuer à renforcer l'équité à condition d'être ciblées avec précision.

Elles peuvent aussi corriger les défaillances du marché de l'assurance en réduisant les coûts fixes des compagnies et ainsi contribuer à une augmentation de la demande d'assurance.

Mais l'assurance subventionnée fait débat parce qu'elle présente à la fois des avantages et des inconvénients.

Comme sur n'importe quel marché, les distorsions introduites dans les prix relatifs par la subvention peuvent conduire à une allocation sous-optimale des risques.

En théorie, l'assurance « classique » conduit à une allocation d'équilibre des risques qui vérifie la pareto-optimalité de second rang en raison des stratégies mises en œuvre (*screening* et *deductible*) par les compagnies pour réduire le risque de sélection adverse, d'une part et l'aléa moral, d'autre part. Les « bons risques » ne peuvent acheter le contrat qu'ils souhaiteraient, celui qui leur garantirait une couverture à 100%.

En revanche, l'assurance indicielle qui est assez largement épargnée par ces problèmes d'asymétrie informationnelle devrait donc en théorie déboucher sur une amélioration de l'allocation des risques au sens de Pareto (*Improvement Pareto*).

C'est du reste une conséquence positive de l'assurance indicielle qui n'a pas été souvent soulignée à notre connaissance dans la littérature économique.

Cependant, les primes subventionnées ne reflètent pas l'importance des pertes potentielles et peuvent faire naître un risque moral. Les ménages qui bénéficient d'un prix unitaire de l'assurance très faible du fait de la subvention peuvent en effet ne pas être incités à faire les efforts de prévention nécessaires.

Mais sans doute plus important, les subventions peuvent donner lieu à un risque de sélection adverse dans la mesure où les « mauvais risques » peuvent se couvrir à moindre coût. Dans ce cas, l'aide publique peut devenir contre-productive car l'assurance va protéger en priorité les ménages qui ont un comportement aventureux.

Les primes subventionnées ne devraient donc pas concerner la tranche du risque où la prévention peut avoir un impact non négligeable sur sa réduction (Barrett et *alii*, 2007). Les subventions publiques des primes d'assurance, en plus d'une couverture sous-optimale des risques, peuvent *in fine* conduire à des programmes d'assurance déficitaires dont la viabilité peut être remise en question.

Encadré n°7 : Les programmes gouvernementaux d'assurance subventionnée en Inde

Cette étude de cas illustre les conséquences négatives des subventions sur l'état des finances publiques.

Le Gouvernement indien a initié en 1999-2000 un vaste programme destiné à protéger les fermiers des pertes subies sur les récoltes (NAIS, *National Agricultural Insurance Scheme*).

Le produit d'assurance est commercialisé par un assureur public. De plus, ce produit est obligatoire pour les fermiers qui souhaitent emprunter.

Le programme couvre les cultures vivrières (céréales, millet...). Les indemnités sont versées lorsque le rendement des cultures sur une zone géographique donnée est estimé inférieur au rendement moyen des cinq dernières années précédentes (*area-yiels crop insurance*).

Les primes d'assurance sont largement subventionnées dans le but d'améliorer l'accès au crédit. La prime équivaut à 1,5% à 2,5% de la somme assurée qui serait environ de 8% sans la subvention.

Ce programme d'assurance agricole est largement déficitaire car le Gouvernement en tant que réassureur couvre les pertes de l'assureur sans en avoir une estimation précise *ex ante.*

Le budget de l'État peut en souffrir ; ce qui peut ensuite expliquer des retards de paiements dans le versement des indemnités.

En 2007, ce même Gouvernement, en collaboration avec la Banque mondiale, a lancé un projet pilote d'assurance basée sur un indice météorologique, le WBCIS, *Weather Based Crop Insurance Scheme.*

Encadré n°7 (suite)

L'indice est conçu pour estimer le lien entre les conditions météorologiques et le rendement des cultures couvertes par l'assurance.
Ce nouveau produit était initialement distribué par le même assureur public que précédemment, puis sa distribution a été étendue aux assureurs privés pour favoriser le taux de pénétration de l'assurance par la concurrence.
Les Pouvoirs publics subventionnent le produit dans les mêmes proportions que le programme précédent.
Mais contrairement à NAIS, ce programme fonctionne sur la base d'un régime actuariel.
Celui-ci limite la responsabilité financière de l'État au seul montant destiné à financer les subventions, et non plus les indemnités.
Il connaît approximativement le nombre de polices qui seront vendues et verse au préalable aux assureurs privés et publics le complément des primes perçues.
Les Pouvoirs publics ne sont plus exposés au risque de devoir verser des indemnités très élevées. Les délais de paiement peuvent en conséquence être raccourcis.
Les assureurs collectent les primes augmentées des subventions reçues de l'État et jouent le rôle habituel d'assureur
Mais le taux de sinistralité de ce programme, c'est à-dire le rapport des indemnités versées sur le montant des primes perçues, reste néanmoins très élevé.
Le mNAIS, *modified National Agricultural Insurance Scheme*, expérimenté depuis 2010 fonctionne sur ce même régime. Il est destiné à remplacer à terme le NAIS (Mahul et Stutley, 2010).

Par ailleurs, des subventions définitivement acquises pourraient engendrer un phénomène d'accoutumance à l'aide publique qui à terme dédouanerait les individus de leur propre responsabilité dans le domaine de la gestion des risques. En d'autres termes, les subventions pourraient aggraver le risque moral et mettre en péril les équilibres financiers au travers des indemnités reçues pour financer des dommages résultant de négligences.

Comme en témoigne l'évolution du contenu des programmes d'assurance subventionnée en Inde, il s'agirait bien d'inciter les populations pauvres à s'assurer en proposant une prime réduite, mais sans pour autant déroger aux principes fondamentaux de l'assurance commerciale fondés sur le calcul actuariel de la prime.

Nous allons illustrer concrètement tout ce qui vient d'être dit dans cette première moitié de la partie 5.3 (les risques couverts, les seuils de déclenchement, la subvention des primes, les bénéficiaires de la couverture et les indices utilisés) en prenant l'exemple de l'assurance indicielle en Chine parmi un grand nombre de programmes développés au bénéfice des populations rurales des pays pauvres ou émergents.

Au passage, nous verrons quels sont les aspects concrets que les promoteurs de l'assurance indicielle doivent améliorer. On peut trouver une liste détaillée et un contenu précis des programmes d'assurance indicielle en cours dans Burke et alÏï (2010), FIDA (2010) et Skees (2008), notamment.

Encadré n°8 : Un projet pilote d'assurance indicielle en Chine

Ce projet a été initié par le WRMF, *Weather Risk Management Facility*, un mécanisme de gestion des risques climatiques du FIDA et par le Programme Alimentaire Mondial (PAM) des Nations unies.
Dans ce pays, le riz, le blé, le maïs et le soja sont les principales cultures vivrières et représentent 64% de la superficie totale ensemencée.
L'agriculture est principalement le fait de petits exploitants. Plus de la moitié de la population chinoise vit en milieu rural et 1/5 environ vit avec moins de 157$ par an. La production agricole est très exposée aux risques météorologiques : sècheresse, inondations, grêle, gel.... Les agriculteurs chinois ont recours à des stratégies traditionnelles de gestion des risques, telles que la diversification des cultures ou des emprunts contractés auprès de la famille ou des amis.
Après quelques tentatives dans les années 30, l'assurance agricole « classique » a vraiment décollé en Chine à partir de 1982. Compte tenu du faible taux de souscription, des contrats d'assurance subventionnée ont alors été proposés en 2003, le Gouvernement chinois privilégiant l'assurance comme outil du développement agricole.
Dès lors, un programme d'assurance récolte multirisques subventionné par le Gouvernement central et les gouvernements des provinces a été mis en place en 1998. Il est destiné à couvrir plusieurs types de culture contre

Encadré n°8 (suite)

différents risques (orages, inondations, gel, nuisibles...). Certaines assurances sont obligatoires (le bétail), d'autres sont facultatives (récoltes).
Mais il a montré ses limites : estimation chronophage des pertes, prime relativement trop élevée et mauvais règlements des sinistres.
Pour repousser les limites de l'assurance individuelle, plusieurs projets d'assurance récolte indicielle concernant diverses cultures, telles que la pastèque ou le riz, ont été mis en œuvre. Mais ces derniers tardent à se généraliser.
L'un d'entre, le premier en Chine, lancé en 2008, concerne la culture du riz.
• Le projet. Celui-ci couvre l'ensemble de la culture du riz des 482 ménages du village de Yanhu situé dans le district de Changfeng pour une valeur totale assurée de 56000$.

Programme	Projet pilote d'assurance indicielle
Clients	Producteurs de riz du district de Changfeng
Assureur	Compagnie chinoise locale
Station météorologique	Dans la province de l'Anhui
Culture	Riz paddy (brut, non décortiqué)
Risques	Sècheresse et températures élevées
Indices	Météorologiques
Prime	2$ par 0,07 ha
Assurés	482 agriculteurs en 2009

Ce produit de transfert des risques couvre les vagues de chaleur (températures >35°C) et la sècheresse.
Il utilise des seuils de déclenchement différents (*cf.* tableau ci-après) et des montants maximaux d'indemnités.
Ce programme a pu bénéficier de 40 à 50 années de données météorologiques historiques de bonne qualité.
La zone géographique pilote, le village de Yanhu, est située seulement à quelques kms de distance de la principale station météorologique. Ce qui réduit d'autant les possibilités de diversification des risques couverts par l'assurance.

Encadré n°8 (suite)

Indices	Périodes	Déclencheurs
Indice I des précipitations cumulées	15 mai-31août	Cumul <230mms
Indice II des précipitations cumulées	1 septembre-15 octobre	Cumul <15mms
Indice de températures cumulées	30 juillet-15 aout	différentiel >8°C

Cela explique l'utilisation de la *burn analysis* (5.5.2) – complétée par des entretiens avec les agriculteurs – pour le calcul de l'indice et la détermination actuarielle de la prime.

• La prime.

Celle-ci est fixée à 2$ pour 0,07 ha. Le pourcentage de la prime est donc de 4% de la somme assurée (2$/50$×100).

Les agriculteurs ont payé 8,3% du coût de l'assurance, soit 0,17$ (2$/100×8,3 = 0,166). Le reste, soit 91,7%, est subventionné.

La somme assurée couvre le coût des facteurs de production à l'exception de la main d'œuvre.

La couverture de 50$ par 0,07 ha porte en effet sur les seuls inputs matériels. Les agriculteurs ont trouvé que cette couverture était trop faible.

Néanmoins, pour la même somme assurée, l'assurance indicielle était sensiblement moins chère que l'assurance agricole classique, mais elle couvrait moins de risques. Aucune indemnité n'a été versée compte tenu des conditions météorologiques observées sur la période considérée.

• Perspectives. Les retours d'expérience se sont révélés assez peu concluants. La plupart des agriculteurs interrogés ne comprennent pas le produit auquel ils sont peu familiarisés. De plus, ils manifestent une confiance très limitée dans les compagnies d'assurance. Dans le futur, l'alternative pourrait consister à proposer différentes options de couverture aux exploitants.

De plus, en étendant l'assurance indicielle sur un plus vaste périmètre, la mutualisation des risques permettrait de réduire la variance des indemnités par l'application de la loi des grands nombres, et donc de limiter la marge de sécurité intégrée dans la tarification (5.5.2). Il conviendrait également de déployer des efforts de pédagogie en direction des agriculteurs.

Encadré n°8 (suite)

Par ailleurs, la *burn analysis* ne peut pas tenir compte des évènements futurs qui n'ont pas été observés pendant la période historique considérée. Elle devrait donc être complétée par une modélisation et une simulation des précipitations pour améliorer le calcul de la prime (*historical distribution analysis* – 5.5.2 –).

L'assurance des risques naturels majeurs est extrêmement peu développée en Chine. La couverture par l'assurance indicielle des dommages impliqués par des évènements extrêmes devrait donc être encouragée.

Plutôt que d'agir au coup par coup comme les réponses apportées par l'aide humanitaire, celle-ci souscrite par le Gouvernement central et/ou les gouvernements des provinces permettrait de donner une réponse plus rapide à l'urgence de la situation.

Source : FIDA (2010).

5.3.2.2 L'assurance comme outil de gestion des crises humanitaires

Nous l'avons déjà dit, les produits de transfert des risques basés sur un indice peuvent être utilisés pour répondre à l'urgence des situations de crise alimentaire à côté de ceux dont l'objectif est de verser des indemnités en cas de réalisation d'un risque de moyenne fréquence. Dans les deux cas, néanmoins, l'assurance participe à la résilience des victimes en versant des indemnités compensatrices.

Ces risques humanitaires sont formalisés par une variable aléatoire dont la distribution est dite « à queue épaisse » [5]. Nul doute que ces risques, des épisodes de forte sècheresse, vont devenir plus fréquents avec le réchauffement du climat.

En substance, la probabilité que les pertes excèdent un certain montant décroit lentement avec celui-ci. Avec la loi de Pareto par exemple, cette décroissance est polynomiale, alors qu'avec la loi normale elle est exponentielle. Ces distributions sont le cauchemar des assureurs et des réassureurs et expliquent pourquoi ils sont réservés quant à la prise en charge

5. La queue d'une distribution de probabilité traduit le comportement de cette loi pour des valeurs fort éloignées de sa valeur centrale. L'occurrence de ces évènements est donc mesurée par l'épaisseur de cette queue. La difficulté de l'estimation vient du fait que l'on ne dispose que de très peu d'observations dans cette zone, voire aucune.

de ces risques extrêmes qui se caractérisent par une très faible fréquence – du moins, jusqu'à aujourd'hui – et des pertes considérables. Par exemple, un évènement qui se produit une fois par siècle a une probabilité de 0,01 de survenir dans l'année.

Nonobstant ce qui vient d'être dit, basés sur un indice d'insécurité alimentaire, les produits d'assurance peuvent permettre de pré-financer une partie de l'aide humanitaire d'urgence. À ce titre, Chantarat et *alii* (2008) proposent un nouveau type d'assurance indicielle basée sur un indice de famine (FIWDs, *Famine Indexed Weather Derivates*) pour protéger les personnes qui vivent dans les zones arides du nord du Kenya des conséquences associées à des épisodes de grande sècheresse.

Il faut savoir qu'environ 140 millions de personnes habitant en Afrique sub-saharienne sont exposées à une menace de famine à cause des risques météorologiques de forte intensité.

Pour que la couverture proposée par ce produit soit efficace, deux conditions doivent être remplies.

Premièrement, il faut établir une relation statistique précise entre les fréquences et la sévérité des chocs naturels et leurs conséquences sur l'insécurité alimentaire des populations concernées afin de minimiser le risque de base. Les épisodes de sècheresse sont en effet fortement corrélés avec la malnutrition et donc avec un problème sanitaire grave, en particulier chez les plus jeunes. On pourrait à cet égard parler de « risque à développement long » car des épisodes de sècheresse extrêmement sévères peuvent avoir des conséquences à long terme sur la santé si celles-ci ne sont pas très rapidement amorties.

Secondement, le *timing* des indemnités versées doit répondre à l'urgence de la situation.

Si ces deux conditions sont remplies, les FIWDs peuvent répondre avec efficacité et sans délai à l'insécurité alimentaire des populations démunies.

Ce type de produit présente un autre avantage. Le déclenchement des indemnités auxquelles il donne lieu peut servir de signal, participer à une levée des fonds internationaux plus réactive et favoriser ainsi une intervention plus rapide de l'aide humanitaire. Or, nous savons qu'en cas de crise majeure, la rapidité des secours peut limiter la durée pendant laquelle celle-ci fait sentir ses effets.

Le financement de l'aide humanitaire par l'assurance indicielle a été expérimenté au Mexique, en Éthiopie et dans les Caraïbes (CCRIF, *Carribbean Catastrophe Risk Insurance Facility*).

Nous retraçons une de ces expériences dans l'Encadré n°9.

Encadré n° 9 : Le CCRIF

Le CCRIF a été créé à l'initiative de l'espace des Caraïbes et de la Banque mondiale pour couvrir les risques d'ouragans et de tremblements de terre.
Chaque pays verse une prime en fonction du risque paramétrique sous-jacent propre à celui-ci.
Les déclencheurs(*triggers*) paramétriques, une fois activés, donnent lieu à des indemnités rapidement versées dans la limite du plafond de la couverture retenue par chaque pays.
Les pays impliqués dans ce programme mutualisent leurs risques.
Cette mutualisation a pour conséquence de réduire la variance totale des indemnités.
À condition que les risques ne présentent pas un niveau élevé de corrélation.
Ce qui doit faciliter le transfert du risque sur un réassureur mondial qui en conséquence peut de son côté proposer à son tour une prime moins élevée.
Par ailleurs, cette gestion mutualisée du risque catastrophique peut favoriser les opérations de titrisation auprès des investisseurs institutionnels au travers de l'émission de *cat bonds*.
En Éthiopie, un programme d'assurance indicielle NISCO, *Nyala Insurance Company*, a pour finalité de protéger les petits exploitants pauvres des conséquences des risques climatiques graves, en particulier de la sècheresse (FIDA, 2010).

5.3.2.3 Protection sociale *versus* assurance indicielle

Quel peut être le rôle dévolu à l'assurance indicielle en ce qui concerne la protection sociale des ménages ruraux ? Doit-elle devenir à terme un complément ou un substitut aux revenus de transfert ? (Alderman et Haque, 2007).

Les recherches menées sur la pauvreté et sa dynamique dont nous nous sommes fait l'écho jusqu'ici ont nourri le débat sur la question du contenu de la protection sociale dans les pays du Sud.

La protection sociale est constituée d'un ensemble de politiques et de programmes publics et privés destinés à pallier l'absence ou compenser la réduction substantielle des revenus du travail, ainsi qu'à fournir une assistance pour satisfaire les besoins élémentaires en matière de santé et de logement (Nations unies).

La protection sociale peut être scindée en trois branches (Barrientos, 2010).

• L'assurance sociale. Elle consiste à fournir une protection contre les évènements de la vie (vieillesse, chômage...). Contrairement aux pays développés, cette assurance ne concerne qu'un tout petit nombre d'individus dans les pays pauvres ou en développement.

• L'assistance sociale. Elle est souvent le seul instrument disponible pour faire face à la pauvreté. Ses objectifs sont nombreux et visent à renforcer les capacités productives individuelles, à favoriser l'accès aux services de base et à réduire l'exclusion sociale en encourageant l'insertion des plus pauvres dans les réseaux sociaux. Cette assurance peut prendre la forme de transferts purs de revenus, de transferts conditionnels au travail et à l'investissement en capital humain et de programmes intégrés de réduction de la pauvreté (Barrientos et Hulme, 2009 et Barrientos, 2010).

• La régulation du marché du travail. La protection sociale passe également par la fixation d'un cadre juridique destiné à définir un certain nombre de règles (code du travail) concernant les droits des travailleurs, et en particulier des femmes.

Nous ajoutons explicitement un quatrième volet : la protection sociale contre les risques covariés.

Celle-ci doit répondre à un besoin d'autant plus urgent que le changement climatique va sans doute se traduire dans les prochaines années par une augmentation de l'occurrence de ces évènements jusqu'alors relativement rares et une amplification de leur capacité de nuisance.

Les réponses humanitaires en situation de crise aigüe peuvent prendre en pratique la forme de revenus de transfert ou, nous venons de le voir, de paiements versés par les compagnies d'assurance.

Les transferts de revenu ayant pour vocation de venir en aide aux victimes doivent pour être efficaces remplir trois conditions (Alderman et Haque, 2007).

- Ils nécessitent des moyens de financement aisément mobilisables,

- Ils doivent être ciblés,

- Ils requièrent une grande souplesse qui doit permettre une réponse rapide à la situation ;

De ce point de vue, l'assurance basée sur un indice semble mieux à même de remplir ces trois conditions.

Mais la coexistence de ces deux modes de financement des aides humanitaires d'urgence ne va pas de soi. Elle soulève le problème bien connu en théorie du développement de l'effet désincitatif des aides extérieures sur la gouvernance nationale. Si l'assurance collective devait venir en complément des revenus de transfert, les gouvernements nationaux pourraient ne pas être incités à faire appel à elle pour financer les réparations.

L'exemple suivant peut en témoigner. La production céréalière est au Nicaragua fortement exposée aux risques de sècheresse et d'inondations.

Sous l'égide de la Banque mondiale, un projet d'assurance basée sur un indice de pluviométrie a donc été lancé. Les discussions progressaient jusqu'au moment où l'ouragan Mitch s'est abattu en 1998 sur l'Amérique centrale causant des dommages considérables. Alors même que le contrat allait être conclu, le Gouvernement de ce pays rejeta le projet au motif que l'assurance était inutile dans la mesure où il pouvait compter sur l'aide internationale si un évènement majeur de nature comparable à Mitch venait à survenir (Banque mondiale, 2005).

On pourrait interpréter un tel comportement sous l'angle du « dilemme du samaritain », bien connu en théories des jeux et du développement.

En théorie, le bénéficiaire a deux stratégies possibles : faire un effort faible, celui de s'en remettre à l'aide internationale, ou faire un effort important, celui d'acquérir un contrat d'assurance.

Si les gouvernements ont le sentiment que le montant des transferts baissera en proportion égale des indemnités versées par l'assurance, ils peuvent ne pas souhaiter s'engager dans un projet d'assurance indicielle nécessairement coûteux. L'équilibre du jeu est alors celui où le samaritain accorde son aide sans que le bénéficiaire y réponde par un effort correspondant.

L'autre équilibre du jeu serait que le bénéficiaire utilise les aides qu'il a reçues de l'extérieur pour investir dans des systèmes de protection *ex ante* de la population. Si *l'effet d'exclusion* de l'assurance commerciale par l'aide humanitaire n'a pas lieu, les pays pauvres pourraient à terme devenir plus autonomes en matière de gestion des risques.

Les diverses affectations des produits d'assurance indicielle que nous venons d'évoquer peuvent dépendre des différentes dynamiques de la pauvreté. À ce titre, en exhibant différentes trajectoires possibles, le modèle à états stationnaires multiples que nous avons étudié dans la section 2.1 peut être revisité à cette fin.

5.3.3 Dynamiques de la pauvreté et assurance indicielle

Afin d'être utilisée avec le plus d'efficacité possible, l'assurance indicielle doit pouvoir répondre aux besoins spécifiques des personnes et des groupes sociaux. Pour cela, elle doit cibler les différents groupes d'individus identifiés à partir de leur propre dynamique du bien-être. Prévenir la chute dans le piège de la pauvreté ou consolider l'élévation vers un standard de vie plus acceptable nécessitent en effet des réponses assurancielles nuancées et adaptées à ces objectifs.

Les modèles à équilibres multiples avec effets de seuil constituent de ce point de vue un cadre *ad hoc* pour calibrer l'assurance indicielle selon ses destinataires potentiels.

La partie 5.3.3.1 rappelle brièvement les conséquences d'un choc adverse sur la dynamique à long terme des ménages ruraux selon leur situation définie par leur proximité (vulnérabilité) avec le piège de la pauvreté ou à l'inverse leur éloignement. La partie suivante (5.3.3.2) sera consacrée à une typologie des produits de transfert des risques fondée sur les dynamiques multiples de la pauvreté.

Nous nous sommes pour cela inspirés de Barrett et Carter (2007), Barrett et alii (2008), Janzen et alii (2012), notamment.

5.3.3.1 Choc adverse et dynamiques du bien-être

En détruisant tout ou partie des actifs productifs, un choc adverse peut contribuer à faire sortir les ménages de leur sentier d'accumulation de long terme. Pour ces derniers, les *upwardly mobile*, ce choc peut retarder le moment où ils atteindront un état stationnaire de niveau élevé, voire les ramener à un niveau de vie plus faible.

Sans couverture, le retour aux conditions d'existence qui prévalaient avant le choc adverse nécessite en effet une période plus ou moins longue d'épargne et de réaccumulation. À ce titre, l'assurance peut accélérer le processus qui conduit à la résilience.

Pour les ménages qui sont sur le chemin de la pauvreté structurelle, les *downwardly mobile*, un choc sur les actifs peut avoir des conséquences encore plus sévères.

Au voisinage de la trappe de pauvreté, un choc adverse, pas nécessairement de très forte intensité, peut en effet les propulser brutalement dans la misère endémique.

L'assurance indicielle peut contrarier ces dynamiques qui après un choc pourraient *in fine* conduire sans sa contribution à un appauvrissement général.

5.3.3.2 Une typologie des « IBRTPs »

Sur la base de ces dynamiques, il est possible de construire une typologie des IBRTPs.

• Les IBRTPs de type I s'adressent aux ménages en situation de détresse. Ils sont destinés à anticiper les désastres humanitaires résultant d'un choc très violent (une crise alimentaire, par exemple). Ce sont des filets de sécurité pour des situations de crise sévère (*crisis safety nets*). Ils ont pour vocation d'être achetés par les gouvernements nationaux, les organisations humanitaires ou encore les Institutions internationales. Ces produits sont dans ce cas conçus comme un préfinancement des aides humanitaires. Une solution alternative serait la distribution de « bons d'assurance » aux ménages qui pourraient alors les utiliser en situation de crise.

En 2006, le WFP (World Food Program) a assuré une partie de ses aides d'urgence en Éthiopie auprès de Axa Re. Ce contrat payé 930000$ fournit un paiement maximum de 7,1 millions de $ à 67000 ménages dans le cas de fortes précipitations conduisant à un désastre humanitaire. Le risque météorologique est mesuré à partir de l'espérance des pertes de revenu subies par la population. Elle est calculée en tenant compte de la sensibilité aux précipitations de la production agricole à différents stades de croissance des cultures. Le contrat couvre la saison des pluies allant de mars à octobre. Les paiements sont déclenchés fin octobre si l'enregistrement des données pendant la période du contrat indique que les précipitations ont été significativement au-dessus des moyennes historiques.

Cet écart à la moyenne signifie que la probabilité d'une très mauvaise récolte et en conséquence l'occurrence d'une crise alimentaire aigüe sont alors élevées.

• Les IBRTPs de type II s'adressent aux ménages dits « à équilibres multiples » (*upwardly ou downwardly mobile*).

Ils ont pour vocation d'encourager les investissements et l'accumulation afin de faciliter une dynamique de long terme conduisant vers un état stationnaire de niveau plus élevé. Ces produits sont assimilés à des filets d'élévation (*cargo nets*) destinés à favoriser l'ascension sociale et à prévenir une chute dans la trappe de pauvreté.

On peut imaginer deux sortes d'instruments de ce type.

- Les IBRTPs qui répondent aux défaillances du marché du crédit en étant combiné à un contrat de prêt. En permettant aux ménages d'emprunter pour investir et accumuler, ils peuvent contribuer ainsi à les placer sur une trajectoire vertueuse. Ils participent à étendre le marché du crédit aux ménages pauvres qui souhaiteraient adopter une technique de production plus efficace.

- Les IBRTPs qui atténuent les conséquences potentielles du risque. Si les ménages pauvres ont accès à ce marché, ils peuvent être incités à investir dans des techniques plus risquées et plus rentables en moyenne. Ces produits ciblent aussi bien les entreprises, telles que les institutions de microfinance, les fournisseurs d'intrants agricoles, les transformateurs de produits agricoles de base… que des associations coopératives de petits fermiers.

• Les IBRTPs de type III s'adressent aux ménages dits *upwardly mobile*. Ils sont destinés à les protéger des conséquences financières d'un choc adverse. Ils peuvent leur éviter de bifurquer vers une trajectoire les conduisant vers un état de pauvreté transitoire, voire chronique. Ils permettent ainsi aux ménages de retrouver plus rapidement leur standard de vie antérieur en amortissant les conséquences du sinistre. Il s'agit de filets de sécurité productive (*productive safety nets*), c'est-à-dire des produits de transfert des risques qui permettent de sauvegarder les bénéfices de l'accumulation passée.

Les promoteurs de l'assurance indicielle attendent beaucoup de ces produits car ils peuvent permettre de répondre de façon spécifique aux besoins des différents groupes constitutifs de la communauté rurale.

Résumons nous. Ils favorisent l'accès au marché du crédit en couplant le prêt à un contrat d'assurance. En couvrant les pertes agricoles, ils rendent les risques météorologiques moins rédhibitoires aux yeux des petits fermiers. Bref, ils contribuent de la sorte à abaisser certains obstacles à l'amélioration des conditions de vie. Enfin, ces produits peuvent participer au financement de l'aide humanitaire.

On peut illustrer le rôle de ces différents produits d'assurance collective dans la Figure 5.5.

FIGURE 5.5 – ***Dynamiques multiples et IBRTPs***

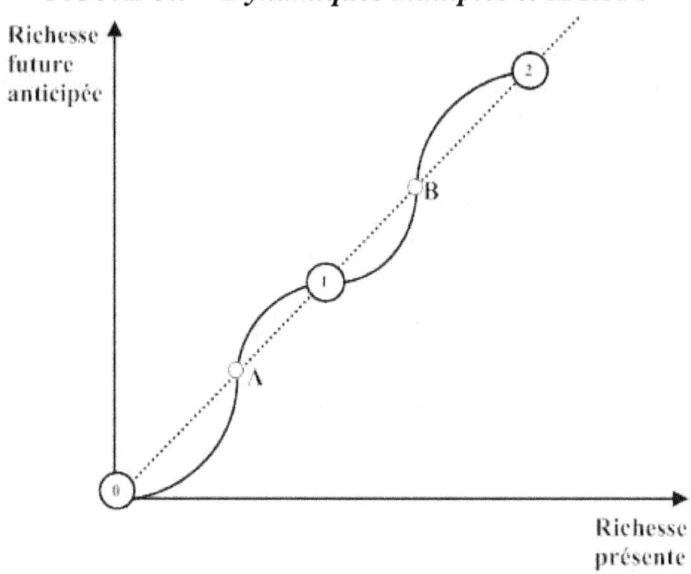

Source : Barrett et alii, 2007.

Les produits de type I doivent être utilisés pour éviter toute transition en dessous de l'équilibre instable A, et ainsi faire en sorte qu'un désastre humanitaire ne fasse tomber ces ménages vulnérables dans un état critique de pauvreté, le point 0.

Les produits de type II sont destinés à promouvoir les ménages de l'équilibre 1 vers l'équilibre 2. Pour cela, ils doivent contribuer à ce que ces derniers puissent s'élever au-dessus de l'équilibre instable B.

Enfin, les produits de type III ont pour but d'empêcher que les ménages *upwardly mobile* évoluent vers l'état instable B en deçà duquel ils pourraient converger vers l'équilibre 1.

Mais pour être efficace, l'assurance commerciale doit se conjuguer avec les réformes structurelles, telles que la redistribution des terres agricoles, la consolidation des IMF, les subventions accordées aux activités de production, les investissements dans les infrastructures de transport et d'électricité, dans l'éducation, la formation et la promotion des femmes.

Dans un environnement rural particulièrement exposé aux risques, éviter le piège de la pauvreté chronique, promouvoir la résilience, améliorer la sécurité alimentaire, ralentir l'exode rural en favorisant l'accumulation locale et contribuer au lissage des revenus sont les principaux objectifs que l'on peut raisonnablement assigner aux IBRTPs.

Les publications consacrées à l'assurance indicielle sont très abondantes [6].

L'assurance indicielle est certes porteuse d'espoir pour les populations pauvres, mais son potentiel de développement dépend de la capacité des compagnies à trouver des partenariats pour partager les risques. Par sa nature même, elle a pour vocation de couvrir des risques collectifs souvent de grande ampleur. La mutualisation géographique de ces risques étant à tout le moins problématique, leur partage avec d'autres institutions est indispensable pour que les assureurs locaux puissent réduire au minimum leur probabilité de ruine.

5.4 Les conditions d'extension de l'assurance indicielle

À présent, nous devons porter notre attention sur la façon dont l'assurance indicielle peut remplir sa mission auprès des populations défavorisées lorsque les risques sont fortement corrélés et que leurs conséquences potentielles sont importantes.

Pour gérer ces risques non mutualisables, seul leur partage peut faire en sorte qu'ils soient néanmoins assurables. Pour renforcer son développement dans les pays du Sud et confirmer les espoirs qu'elle porte en elle, l'assurance indicielle doit donc pouvoir compter sur le réseau mondial de la réassurance des sinistres à grande échelle (5.4.1) et sur le marché financier mondial au travers des opérations de titrisation (5.4.2).

6. On peut se reporter en complément des références précédentes citées dans cette partie à GlobalAgR (2010), à Skees et *alii* (2007), Skees (2008) et à Burke et *alii* (2010).

Les problèmes techniques plus spécifiques à l'assurance indicielle, à savoir le risque de base et le calcul de la prime, feront l'objet de la prochaine section 5.5.

Dans les pays pauvres ou en développement, les compagnies d'assurance locales ne disposent pas des ressources financières suffisantes pour offrir une assurance indicielle à bas coût. Le montant des indemnités à verser peut en effet s'avérer très élevé. *A fortiori*, si les risques mesurés par les différentes stations météorologiques présentent entre eux une corrélation élevée. Lorsque les chocs météorologiques sont de grande ampleur, cette hypothèse ne peut pas être écartée.

On parle dans ce cas d'un phénomène de contagion spatiale des conditions météorologiques (5.5.2.5).

Pour se couvrir contre ce risque de souscription, l'assureur doit pouvoir partager une partie du risque avec les réassureurs internationaux.

5.4.1 La réassurance de l'assurance indicielle

Contrairement à l'assurance des petits risques (IARD, Incendie, Accidents et Risques Divers), pour lesquels la loi des grands nombres réduit la variance des indemnités, l'assurance indicielle par définition couvre des risques covariés.

Lorsque le risque pris en charge par la compagnie d'assurance présente pour elle un risque de souscription du fait de ses caractéristiques (faible probabilité et dommages covariés importants), elle peut partager ce risque avec d'autres institutions.

L'assurance indicielle doit pouvoir bénéficier de cette possibilité pour être attractive, voire pour offrir tout simplement une couverture. Les assureurs primaires sont dans l'obligation de consolider leur réseau au niveau mondial en s'appuyant sur les compagnies de réassurance.

5.4.1.1 Mutualisation des risques et partage

En amont, les compagnies primaires doivent si possible mutualiser leurs risques. Pour cela, elles doivent constituer un pool des compagnies locales au niveau national. En étant engagées sur différentes régions du territoire, leurs expositions respectives au risque devraient être de ce fait différentes et donc pouvoir se compenser (Skees et *alii*, 2006).

À condition, comme déjà dit, que les différentes stations météorologiques qui mesurent l'indice ne présentent pas une corrélation élevée.

Le développement de « l'assurance indicielle de proximité » dépend de sa capacité à transférer une partie de son portefeuille mutualisé sur le marché mondial de la réassurance. Pour renforcer et inscrire ces produits dans la durée, le secteur de l'assurance collective dans les pays pauvres doit nécessairement développer des partenariats avec le secteur de la réassurance mondiale.

Mais bien qu'en phase de croissance depuis quelques années, le marché de la réassurance des contrats sur indice reste encore relativement étroit.

Au-delà d'un certain plafond, il faudrait faire appel à l'État comme « réassureur en dernier ressort » à l'instar de ce qui est fait dans certains pays développés pour la gestion des risques extrêmes, notamment les régimes d'assurance contre les catastrophes naturelles (CATNAT) et GAREAT [7] en France.

Le recours à l'État peut s'avérer indispensable pour les tranches les plus élevées des risques. Le fait de pouvoir procéder à une diversification intertemporelle des risques, de lever des fonds à un coût relativement faible et de faire appel à la solidarité nationale, s'il le faut, permet à l'État de couvrir en principe les « mega-risques » à un coût plus faible que la prime demandée par les compagnies de réassurance. Les risques en queue de distribution seraient donc à la charge des Pouvoirs publics. La contribution des compagnies de réassurance privées serait plafonnée et l'État prendrait à sa charge la différence entre les pertes observées et ce plafond.

Ces dispositifs reposent sur un vaste marché de l'assurance et de la réassurance et sur les capacités financières des États. Mais la pauvreté est d'autant plus difficile à faire reculer qu'elle sévit dans des pays globalement pauvres.

Ces derniers ne remplissent aucune de ces conditions. Il faudrait donc supposer que les organisations internationales de développement accordent des lignes de crédits conditionnels aux gouvernements qui en feraient la demande.

En dépit des limites fixées par la nature même des risques couverts, le partage des risques entre les compagnies primaires et les sociétés de réassurance a fait l'objet de partenariats (Encadré n°10).

7. Gestion de l'Assurance et de la Réassurance des Risques Attentats et Actes de Terrorisme

Les dispositifs d'un partage des risques existent donc bien dans les pays du Sud, mais ces expériences restent en nombre limité. Le marché reste relativement étroit et limité à quelques sociétés de niveau international (FIDA, 2010).

Encadré n° 10 : La réassurance mondiale de l'assurance indicielle

• En Éthiopie, le PAM a proposé une assurance sècheresse réassurée auprès de AXA Re pour faire face aux crises alimentaires.
Le contrat d'assurance sur indice pluviométrique repose sur les enregistrements de 26 stations météorologiques réparties sur tout le territoire national.
Les indemnités sont déclenchées si les observations météorologiques indiquent que le niveau des précipitations est significativement en dessous des moyennes historiques et qu'il a un impact sur les récoltes.
Le PAM reçoit alors les indemnités en contrepartie de la prime versée à AXA Re.
Les pays africains restent cependant dépendants de l'endettement et de l'aide humanitaire parce que l'insolvabilité de leurs États ne leur permet pas de souscrire une assurance indicielle, contrairement à l'Inde et au Mexique.
• En Inde, les risques météorologiques sont aujourd'hui réassurés ; ce qui permet aux assureurs locaux de proposer depuis 2002 une assurance indicielle sècheresse aux petits fermiers.
• Au Mexique, la compagnie de réassurance publique (Agroasemex) propose depuis 2001 une assurance indicielle aux gouvernements des États pour protéger les fermiers de la sècheresse dans la plupart des zones arides.
• La Banque mondiale propose un nouvel instrument de réassurance (GIIF, *Global Index Insurance Facilities*) pour renforcer la diffusion de l'assurance indicielle dans les pays en développement. Le but est d'abaisser les barrières pour favoriser le partage à l'échelle internationale des risques naturels auxquels sont confrontés les pays à faible revenu.

5.4.1.2 Le traité de réassurance en excédent de pertes par risque agrégé

Les auteurs Skees et *alii* (2006) suggèrent que les compagnies d'assurance locales aient au préalable mutualisé les risques qu'elles gèrent dans une structure *ad hoc* avant de recourir au marché de la réassurance afin de minimiser les primes de réassurance. Le partage des risques se ferait alors sur la base d'un « traité en excèdent de perte par risque agrégé » (*stop-loss*[8]).

Encadré n°11 : Le contrat stop-loss

Soit X un risque qui se partage entre X_1, la part du risque qui reste à la charge de l'assurance et X_2, celle qui est transférée sur la réassurance au-delà d'un seuil d.

Nous avons donc :

$$X_1 = \begin{cases} X, si X \leq d \\ d, si X > d \end{cases} \text{et} X_2 = \begin{cases} 0, si X \leq d \\ X - d, si X > d \end{cases}$$

Au passage, on peut constater que les variables aléatoires X_1 et X_2 sont comonotones.
Ces variables ne pouvant se couvrir mutuellement, les charges financières augmentent simultanément pour l'assureur et le réassureur lorsque les dommages associés au risque X qu'ils se partagent augmentent.

Les réassureurs mondiaux ne peuvent s'engager à couvrir sans aucune limite les risques extrêmes qui pèsent sur les pays émergents ou peu développés. Leur crainte est aujourd'hui sans doute renforcée par les conséquences du réchauffement climatique qu'ils ne peuvent évaluer avec précision malgré les outils statistiques dont ils disposent. De plus, le calcul de la prime pour ces risques réassurés pourrait suivre une logique financière. Le traité en excédent de perte agrégée (*stop-loss*) nous paraît de nature à répondre à cette double préoccupation.

Soit I, K, C et δ qui désignent respectivement l'indice météorologique, le seuil du déclenchement, le Cap et le *tick size*.

Si $I < K$, le paiement du traité est nul.

Si $K < I < C$, le paiement du traité est égal à $\delta(I - K)$.

8. Pour un évènement donné, le réassureur finance la partie du sinistre au-delà d'un seuil préétabli.

Enfin, si $K < C < I$, le paiement du traité est égal à $\delta(C-K)$.

Le schéma des paiements P peut donc s'écrire de la façon suivante :

$$P = max[0, min(\delta(I-K), \delta(C-K)], \text{ soit :}$$
$$P = max[0, \delta(I-K)] - max[0, \delta(I-C)]$$

Ce traité de réassurance peut s'interpréter comme un *call spread.*

Il correspond à l'achat d'un *call* « en position longue » qui paye lorsque le seuil est dépassé combiné à la vente d'un *call* « en position courte » de même maturité de telle sorte que les pertes en excès du plafond restent à la charge de la cédante, avec des prix d'exercice K et C respectivement et $K < C$.

Ce traité présente le double avantage de limiter les risques de pertes de la société de réassurance sur des évènements de très forte amplitude et de lui permettre de calculer la prime correspondant à la tranche de risque qu'elle couvre en utilisant les méthodes d'évaluation par arbitrage des produits dérivés.

Nous pouvons ajouter que les compagnies de réassurance peuvent procéder à une diversification de leurs portefeuilles au moyen des *swaps catastrophe* pour réduire leur exposition aux risques.

Pour ce qui concerne la couverture de la tranche la plus élevée du risque, nous avons déjà répondu.

Seul un financement de la couverture par les États et garanti par les Institutions internationales nous semble possible, sauf à imaginer un transfert de cette tranche de risque sur le marché financier mondial.

Nous allons donc étudier les possibilités que peut offrir le marché financier mondial pour favoriser le transfert d'une partie des risques détenus par le secteur de l'assurance.

5.4.2 La titrisation de l'assurance indicielle dans les pays du Sud

La titrisation des risques naturels affectant les pays du Sud pourrait être un moyen à terme de renforcer le développement de l'assurance et de la réassurance indicielle dans ces pays. Mais les coûts de transaction qui sont associés à la titrisation et l'absence d'une législation adaptée peuvent constituer un frein à sa généralisation dans les pays peu développés.

5.4.2.1 Le montage financier

La titrisation pour une compagnie d'assurance ou de réassurance consiste à céder une partie de son portefeuille de risques de souscription aux investisseurs institutionnels.

Les différentes étapes du montage financier sont représentées dans la Figure 5.6.

FIGURE 5.6 – ***Le montage financier des cat bonds***

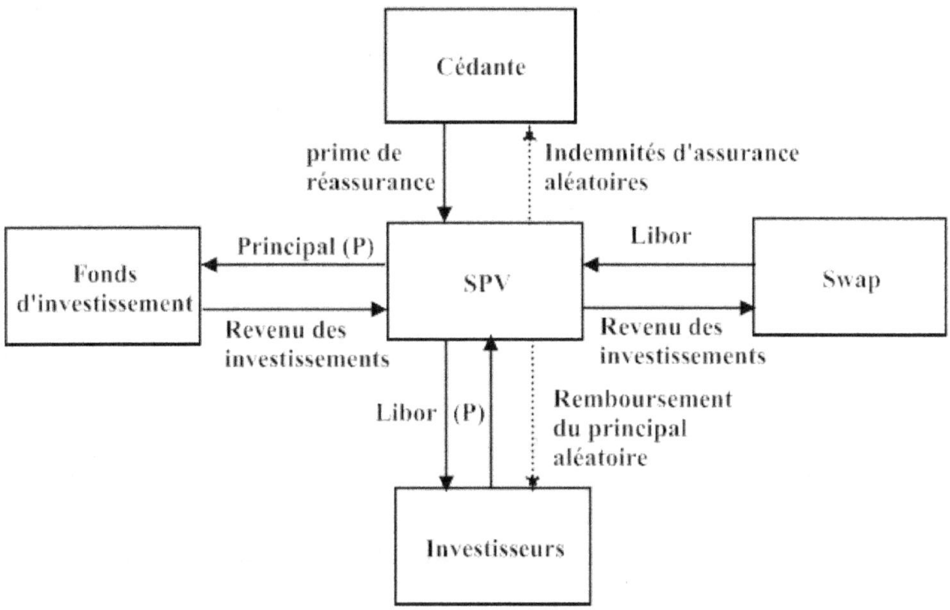

- Une compagnie d'assurance, la cédante ou le sponsor, crée une institution intermédiaire (SPV, *Special Purpose Vehicle*), c'est-à-dire un fonds commun de créances.

- Les investisseurs institutionnels désireux de diversifier leurs placements versent un principal au SPV en échange de titres assuranciels rémunérés au LIBOR +X.

- Le SPV investit le principal dans un fonds d'investissement et reçoit en conséquence des revenus.

- Le SPV conclut un swap et échange les revenus de ses investissements contre le LIBOR -Y.

- Le SPV conclut un contrat de réassurance classique avec le sponsor en échange d'une prime.

- Le principal et/ou les intérêts sont versés par les investisseurs au titre des indemnités d'assurance si le déclencheur est activé, sinon ils reçoivent le montant du principal et les intérêts.

Comment un programme d'assurance indicielle, en l'occurrence le IPLI, pourrait-il être étendu à la titrisation pour la tranche supérieure du risque ? Les auteurs Skees et *alii* (2008) nous apportent des éléments de réponse.

5.4.2.2 Assurance indicielle et titrisation : le projet IPLI en Mongolie

Dans la mesure où les compagnies d'assurance proposent la même police, elles peuvent mutualiser leurs risques au sein d'une structure, le LIIP, *Livestock Insurance Indemnity Pool*. Cette structure reçoit les primes perçues par les compagnies en contrepartie de la vente de leur produit d'assurance de base. Le LIIP qui regroupe les indemnités pré-financées pourrait ainsi jouer le rôle du SPV.

Jusqu'à présent, le Gouvernement et la Banque mondiale sont intervenus lorsque les pertes excèdent les disponibilités du LIIP. Ils jouent à ce titre le rôle du « réassureur en dernier ressort ».

Mais on peut envisager que cette tranche la plus élevée du risque soit transférée sur le marché financier mondial *via* l'émission de titres que les auteurs appellent des *micro-cat bonds* eu égard à l'étroitesse du marché de transfert alternatif des risques naturels menaçant les communautés des pays du Sud.

Mais il ne faut pas se voiler la face, les obstacles à la titrisation de ces « méga-risques » restent nombreux.

Il faudrait qu'un grand nombre de programmes d'assurance indicielle disposent d'une structure similaire à celle du LIPP pour que le marché de ces *cat bonds* soit plus profond.

Évidemment, ce transfert ne peut être envisagé que si le risque peut faire l'objet d'une évaluation précise ; ce qui suppose des données historiques en nombre suffisant et une information actualisée sur les pertes potentielles au regard de l'indice sous-jacent. Le partage du risque avec un investisseur institutionnel ne peut en effet se concevoir en l'absence d'un *rating* impartial et crédible l'informant sur la qualité du risque qu'il achète. Les organismes de régulation des marchés et de contrôle devraient être créés à cet effet.

Ces mêmes auteurs, conscients de ces limites, conviennent que ce nouveau dispositif ne peut fonctionner que si les investisseurs se montrent socialement responsables à l'image des nombreuses grandes firmes qui dans les années récentes ont construit des projets d'innovation sociale. Ils se montrent néanmoins confiants en invoquant le succès de la titrisation opérée ces dernières années par certains organismes de microfinance.

La titrisation est aussi la solution proposée par Chantarat et *alii* (2008). Nous avons déjà vu (5.3.2.2) que ces auteurs conceptualisent une assurance indicielle basée sur un indice de famine (FIWDs, *Famine Indexed Weather Derivates*).

La titrisation concernerait la tranche la plus élevée du risque de sècheresse susceptible d'entraîner une crise alimentaire dès lors que le marché de l'assurance ne pourrait pas faire face à un tel choc.

Les gouvernements ou les organisations internationales émettraient des *micro-cat bonds* qui pourraient être achetés par la communauté internationale des bailleurs de fonds. Jouissant d'une popularité croissante, le secteur de la microassurance a pu au demeurant bénéficier du concours financier de ces derniers.

Au risque de jouer les Cassandre, nous ne croyons pas vraiment aux solutions de marché, *a fortiori* celui des capitaux, pour la couverture des risques extrêmes, d'autant plus que le dérèglement climatique devrait entraîner une augmentation de leur fréquence et de leurs impacts à court et plus encore à moyen-long terme. Les investisseurs institutionnels ont besoin d'un horizon lisible que ce phénomène ne peut qu'obscurcir.

De notre point de vue, la réflexion pourrait porter sur la création d'un Fonds de Sécurité International (FSI). Celui-ci serait financé par les pays riches et émergents en fonction de leurs capacités contributives. On peut aussi imaginer la participation des sociétés de réassurance dès lors que ce fonds les exonèrerait de l'obligation morale de la couverture de ces risques extrêmes.

Il serait accordé aux pays pauvres et intermédiaires des droits de tirage spéciaux sur le FSI dont le montant pourrait varier en fonction d'un certain nombre de critères. Au rang desquels, on pourrait citer le niveau d'exposition aux risques naturels, en particulier les épisodes de sècheresse à l'origine des crises alimentaires et sanitaires, la nature des cultures et leur sensibilité aux conditions météorologiques, le taux de vulnérabilité de la population, notamment celui des ménages ruraux, l'état des finances publiques...

L'exercice de ces droits de tirage spéciaux offrirait l'avantage d'un secours rapide aux populations, contrairement à l'aide internationale d'urgence qui tarde parfois à venir.

Se pose cependant la délicate question du moment où les droits de tirage spéciaux seraient exercés.

Chantarat et *alii* (2008) nous fournissent un début de réponse à partir de l'assurance basée sur un indice de famine (FIWDs) qui a été expérimentée au Kenya. Il s'agirait de s'en inspirer pour construire un indice pour des groupes de pays exposés aux mêmes risques naturels, en particulier le risque de sècheresse.

Si l'indice atteint ou dépasse le seuil critique, il déclenche alors l'exercice des droits de tirage spéciaux. Le montant de ces prélèvements dépendrait de la plus ou moins grande sévérité de la crise qui serait révélée par la valeur de l'indice.

Un indice mesurant la densité de végétation (NDVI, *Normalized Difference Vegetation Index*) nous semble tout particulièrement bien adapté [9].

Cette solution n'exclurait pas celles de marché, c'est-à-dire les transferts alternatifs des risques (ART, *Alternative Risk Transfer*) pour les menaces de moindre importance.

Globalement, il s'agirait de concevoir une structure pyramidale où « l'État réassureur en dernier ressort » dans les systèmes occidentaux de couverture des « méga-risques » serait ici remplacé par le FSI.

Ainsi, le Fonds vert et le FSI pourraient-ils se partager les rôles en matière de gestion des risques catastrophiques. Le premier, en amont, destiné au financement des stratégies de mitigation des risques climatiques, le second, en aval, destiné ponctuellement à apporter l'aide humanitaire d'urgence.

Nous sommes conscients que ce dispositif ferait peser de lourdes contraintes sur les finances publiques des pays développés et émergents.

---

9. Le calcul de cet indice est basé sur la télédétection satellitaire à haute résolution spatiale. Il semblerait qu'il ne puisse pas mesurer avec précision des situations locales. En revanche, il est mieux adapté aux sècheresses extrêmes, celles précisément qui s'accompagnent de crises humanitaires graves.

Mais compte tenu de leur responsabilité dans l'évolution du climat [10], cette proposition nous semble frappée au coin du bon sens.

Nous revenons dans la partie suivante plus spécifiquement sur les deux problèmes majeurs que rencontre l'assurance indicielle : le risque de base et le calcul de la prime. Le potentiel d'expansion de l'assurance indicielle dépend largement des réponses apportées à ces deux questions.

5.5 La prime et le risque de base : le problème des valeurs extrêmes

Les valeurs extrêmes que les risques peuvent prendre posent des problèmes tant au niveau de l'évaluation du risque de base que du calcul de la prime d'assurance. Le réchauffement climatique rend ces problèmes encore plus difficiles à résoudre.

Cependant, les actuaires ne manquent pas des outils statistiques sophistiqués sur lesquels ils peuvent compter. Nous pensons à la théorie des valeurs extrêmes et à la théorie des copules ; cette dernière permettant de mesurer la dépendance des valeurs situées en queue de distribution.

L'étude en profondeur de ces théories suppose en amont des connaissances en statistiques qui dépassent largement le simple cadre de cet ouvrage.

Nous ne ferons donc que les évoquer tout en donnant aux lecteurs quelques références bibliographiques qui leur permettront s'ils le souhaitent d'approfondir leurs connaissances dans un domaine très largement réservé aux spécialistes.

Nous étudions dans la partie 5.5.1 le risque de base et les conséquences des valeurs extrêmes sur son éventuelle augmentation. À cet égard, anticiper au mieux les conséquences à court terme du dérèglement climatique constitue un véritable challenge pour les promoteurs de l'assurance indicielle.

La partie 5.5.2 est consacrée au calcul de la prime d'assurance indicielle et au problème qu'il pose aux actuaires dans un contexte où les effets du réchauffement climatique rendent les prévisions plus hasardeuses.

10. On chiffre aujourd'hui à 27% la part de la Chine dans l'ensemble des émissions de gaz à effet de serre. Elle est suivie des États-Unis (14%), de l'Union européenne (10%), de l'Inde (6%) et de la Russie (5%).

5.5.1 Le risque de base

Nous proposons tout d'abord une formalisation simple du risque de base avant de voir comment les compagnies d'assurance peuvent s'y prendre – du moins, en théorie – pour le minimiser ; c'est-à-dire, faire en sorte de rapprocher au plus près possible le montant des dommages subis et celui des indemnités versées.

5.5.1.1 Une approche pédagogique du risque de base

Nous raisonnons tout d'abord dans le cadre d'une assurance couvrant le risque sur les rendements agricoles pour une zone géographique donnée (*area-yield crop insurance*).

Nous savons que cette assurance collective repose sur un indice qui estime les rendements moyens sur une zone géographique donnée (5.2.2). Celui-ci sert ainsi d'approximation aux pertes subies individuellement s'il chute en dessous d'un seuil préétabli. Il s'accompagne donc d'un risque de base.

La problématique que nous avons choisie pour une présentation simple du risque de base est la suivante (Collier et *alii*, 2010).

À partir des enseignements tirés du CAPM (*Capital Asset Pricing Model*), il s'agit d'expliquer les rendements individuels, notés y_i, par le rendement Y de la zone géographique couverte par l'assurance, ou plus précisément ici leurs écarts à la moyenne. Soit :

$$y_i - E(y_i) = \beta_i (Y - E(Y)) + \varepsilon_i \tag{5.1}$$

Le terme ε_i capture la part de $y_i - E(y_i)$ qui n'est pas expliquée par $Y - E(Y)$. On pose $E(\varepsilon_i) = 0$. Ce terme représente le risque idiosyncratique supposé de moyenne nulle auquel le fermier i est personnellement exposé.

Par ailleurs, nous faisons les deux hypothèses habituelles suivantes :

$$Cov(\varepsilon_i, Y) = 0,\ \forall i \,\text{et}\, Cov(\varepsilon_i, \varepsilon_j) = 0,\ \forall i \neq j$$

Le coefficient β_i :

$$\beta_i = \frac{Cov(y_i, Y)}{Var(Y)}$$

mesure la sensibilité des rendements individuels aux rendements de la zone.

Par conséquent, les rendements individuels ont une composante commune (covariance spatiale) et une composante idiosyncratique.

L'efficacité de l'assurance des récoltes dépendra *in fine* de la valeur de β, c'est à dire de la covariance entre les rendements individuels et les rendements de la zone rapportée à la variance de ces derniers. Si par exemple $\beta = 0,8$, y_i a varié en moyenne de 0,8% quand Y variait de 1%. Plus β est élevé, plus le risque de base est faible et inversement.

Nous avons étendu cette approche au second type d'assurance agricole : les produits de transfert des risques basés sur un indice météorologique. Il suffit de remplacer dans 5.1 le terme de droite par un indice météorologique et le terme de gauche par les pertes agricoles subies par les fermiers.

En appliquant la loi de la covariance totale entre les pertes et l'indice,

$$Cov(L,I) = E[Cov(L,I \mid S] + Cov(E[L \mid S], E[I \mid S])$$

on peut succinctement montrer que l'inadéquation entre les pertes (L) et l'indice (I) dépend d'un risque d'expertise agronomique et d'un *proxy risk*.

Ils sont formalisés par l'expression $Cov(E[L \mid S], E[I \mid S])$ et « corrigent » l'espérance de la covariance conditionnelle entre les pertes et l'indice, à savoir : $E[Cov(L,I \mid S]$.

Le « risque de décorrélation » est donc d'autant plus faible que l'espérance des pertes, d'une part et l'espérance de l'indice, d'autre part, calculées toutes deux conditionnellement à l'origine des pertes, la sècheresse (S), présentent une covariance élevée.

Cela signifie premièrement que le rendement des cultures est très sensible à ces conditions météorologiques et secondement que l'indice est une variable substitutive pertinente à la sècheresse considérée comme responsable des pertes. L'assurance indicielle repose sur un principe simple, mais son efficacité dépend de la qualité de l'expertise. *A contrario*, si d'autres causes que la sècheresse expliquent les pertes agricoles, les insectes nuisibles ou la grêle, par exemple, et/ou que l'indice ne reflète pas correctement l'origine des pertes, la covariance sera plus faible.

5.5.1.2 Un challenge à relever : réduire le risque de base

En théorie, si les promoteurs de l'assurance indicielle disposent des données météorologiques en quantité suffisante et des informations agronomiques précises sur les conséquences des conditions météorologiques sur la santé des plantes aux différents stades de leur croissance, ils ont les moyens de réduire au minimum le risque de base.

Mais les évaluations se heurtent souvent à la difficulté d'observer des fréquences passées pour quantifier les risques futurs. *A fortiori*, lorsque les risques à l'étude peuvent être des évènements rares qui n'ont pas été nécessairement observés par le passé.

FIGURE 5.7 – ***Une illustration du risque de base***

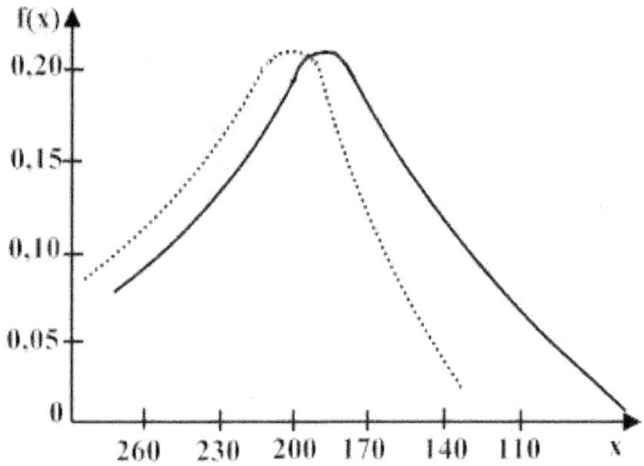

Sur l'axe des abscisses de la Figure 5.7, nous avons porté le cumul des précipitations en mm et sur l'axe des ordonnées la densité.

Nous avons tracé en trait plein la « vraie » distribution de l'indice et en pointillés la distribution estimée (cf : 5.5.2).

Supposons que l'assureur propose un contrat où les indemnités contre le risque de sècheresse sont versées lorsque $x \in (140\,\text{mms}, 170\,\text{mms})$.

Deux éléments sont ici pris en considération par l'assureur pour établir le contrat : d'une part, un niveau de précipitations supérieur à 170 mms n'est pas jugé susceptible d'entraîner des pertes sur les cultures et d'autre part, à défaut d'évènements comparables dans les données historiques, il considère qu'une valeur de l'indice inférieure à 140 et située en queue de distribution est improbable.

L'efficacité du contrat au regard de l'objectif de minimisation du risque de base n'est pas garantie. La performance du contrat a toutes les chances d'être surévaluée (*overfitting*).

Si l'on dispose d'observations portant sur des niveaux de précipitations supérieurs ou égaux à 140 mms dans une région donnée, est-il néanmoins possible pour réduire le risque de base de calculer la probabilité qu'un niveau de précipitations inférieur à 140 mms se produise dans la même région ?

Pour répondre à cette question, les actuaires peuvent mettre à profit la théorie des valeurs extrêmes [11]qui doit les aider à établir avec précision leurs prévisions.

Ses applications sont nombreuses. la prévision des crues et des inondations, le cours des titres sur les marchés financiers, mais aussi l'assurance.

Mais les évènements extrêmes ne se prêtent cependant pas aisément à la modélisation. Les difficultés à estimer les distributions « à queue épaisse » peuvent ainsi être à l'origine du risque de base puisque les pertes sur le rendement des cultures ne seront pas couvertes dans le cas d'une sècheresse extrêmement sévère et non anticipée par les assureurs. Les conséquences du réchauffement climatique vont sans doute rendre ce problème encore plus compliqué.

Par ailleurs, se pose la question de la zone géographique optimale. Le risque de base spatial et la profondeur du marché s'opposent. Couvrir au mieux les pertes agricoles suppose le calcul d'un indice sur la base d'un périmètre géographique relativement étroit alors que la liquidité du marché exige à l'inverse que la zone soit relativement large. En conséquence, la réduction du risque de base et l'opportunité de la mutualisation-diversification se contrarient.

Mais il faut nuancer ces propos car un phénomène de contagion spatiale (5.5.2.5) des conditions météorologiques peut limiter les effets de la diversification géographique, même sur un périmètre relativement étendu si le choc est de grande ampleur.

---

11. Dans le cas où le risque peut prendre des valeurs extrêmes, il est pertinent de s'interroger sur le comportement asymptotique de ces seules grandes valeurs. C'est l'objet de la théorie des valeurs extrêmes. Il est possible au moyen d'un théorème central limite appliqué aux seules grandes valeurs d'identifier la loi limite de ces maxima (Gnedenko, 1943). Si on raisonne en termes de pertes potentielles, il est particulièrement utile de savoir ce qui se passe au-delà d'un certain seuil u que l'on suppose élevé. Quelle est la loi de X, sachant $X > u$? En d'autres termes, quelle est la probabilité qu'une perte excède le seuil u pour un montant supérieur à x, sachant que $X > u$. Soit :

$$Pr[X - u > x | X > u]$$

Embrecht et *alii* (1999) proposent un exemple numérique très instructif appliqué au marché financier à partir de l'utilisation des statistiques de différents ordres k.

Les valeurs extrêmes posent un problème commun à tous les contrats d'assurance indicielle : celui du risque de base. Mais comme pour n'importe qu'elle assurance, et donc aussi pour l'assurance indicielle, elles rendent nécessairement plus compliquée l'évaluation de la prime.

5.5.2 Le *pricing* de l'assurance indicielle

Malgré les avancées théoriques relativement récentes qui touchent à l'évaluation des produits financiers, les techniques financières habituelles fondées sur l'absence d'opportunité d'arbitrage et le principe de réplication ne sont pas d'un grand secours pour le *pricing* à cause de la nature même des dérivés climatiques et des produits de transfert des risques basés sur un indice.

Leur valorisation requiert des méthodes plus proches des techniques actuarielles (Geman, 2000).

En pratique, l'évaluation de la prime fait appel à deux approches, l'une qu'on peut qualifier d'empirique et l'autre fondée sur le calcul actuariel.

Il s'agit tout d'abord pour l'actuaire de calculer la prime pure, puis de la réviser (détermination de la charge de l'assureur) pour réduire au minimum la probabilité de ruine de la compagnie. Pour calculer la prime définitive, l'assureur doit donc calculer l'espérance mathématique des paiements du contrat, puis un taux de chargement.

5.5.2.1 La prime pure

La prime pure est définie comme l'espérance mathématique des indemnités. Ce calcul nécessite évidemment de connaître la distribution de probabilité sur le montant des indemnisation possibles.

En indiquant par P la prime pure et par I les indemnités , nous avons donc :

$$P = E[I]$$

Il existe deux méthodes pour calculer la prime pure et le chargement : l'*Historical Burn Analysis* (HBA) et l'*Historical Distribution Analysis* (HDA). Dans les deux cas, il s'agit d'exploiter les données historiques météorologiques.

Ces méthodes utilisent aussi, comme nous allons le voir, des informations sur l'écart-type des indemnités potentielles et sur la VaR (*Value at Risk*).

L'une ou l'autre de ces deux statistiques, généralement la seconde pour l'assurance indicielle, permettront ainsi de calculer la marge de l'assureur.

• La *Burn Analysis*. Elle consiste à calculer les indemnités directement pour chacune des années disponibles en fonction de la nature du contrat, et en particulier du seuil de déclenchement des paiements.

Cette méthode permet de déterminer, pour un contrat donné, la fréquence et le montant des indemnités qui auraient été versées. Ces données permettent alors de fournir des informations plus ou moins précises sur les futures indemnisations possibles en convertissant les fréquences en probabilités.

Cette méthode est simple à mettre en œuvre, mais elle rencontre un obstacle de taille : la faiblesse des données historiques sur l'indice dont les assureurs disposent. Pour anticiper la probabilité d'un évènement rare donnant lieu à des indemnités élevées, il faut pouvoir disposer des données statistiques sur une longue période au cours de laquelle on a par définition plus de chance d'observer un tel phénomène [12].

• La *Distribution Analysis*. Elle consiste à estimer une loi de probabilité, telle que la loi normale, la loi de Pareto... qui s'ajuste au mieux aux valeurs historiques de l'indice.

Ensuite, il est possible d'anticiper les réalisations futures de l'indice en utilisant une méthode de simulation probabiliste des données de type Monte-Carlo.

La prime est alors calculée à partir de la densité estimée de cette distribution et des indemnités potentielles à verser en fonction du contrat. Contrairement à la méthode précédente, elle permet notamment d'évaluer la performance du contrat par rapport à des risques extrêmes. Bien évidemment, sa fragilité tient au fait qu'elle est très sensible au choix de la distribution pour représenter le risque météorologique.

Le lecteur peut consulter Hartell et *alii* (2006) pour approfondir cette question.

12. Depuis le tremblement de terre de Lisbonne en 1755, aucun séisme de cette ampleur ne s'est produit dans cette région. Si on veut recourir au calcul des fréquences des tremblements de terre dans cette région, il faut prendre une période de référence d'au moins 250 ans pour ne disposer en fait que d'une seule information (Kessler, 2008)

5.5.2.2 Le calcul de la prime commerciale

En pratique, les compagnies d'assurance ajoutent à la prime pure un chargement de sécurité qui, comme son nom l'indique, est destiné à prévenir la solvabilité de l'entreprise.

Le calcul de cette prime – la prime nette – fait intervenir des mesures statistiques mentionnées ci-dessus, à savoir l'écart-type des indemnités et la Va*R* calculée à un certain niveau de confiance de l'assureur.

Il tombe sous le sens que le mode de calcul du chargement de sécurité est très important pour la survie de l'entreprise. Il conditionne en effet le calcul de la probabilité de ruine, c'est-à-dire la probabilité que la charge totale des sinistres excède le montant des primes encaissées au cours de la période d'exercice.

Ce chargement de sécurité tient compte de la diversification possible entre les risques nouvellement acquis et ceux déjà présents au sein du portefeuille. Il faut aussi tenir compte, s'agissant de l'assurance indicielle, de la corrélation spatiale des indemnités.

Il faut savoir que lorsque les risques sont dépendants, même si la prime est supérieure à la charge moyenne espérée, la probabilité de ruine tend vers une limite non nulle, alors même que lorsque les risques sont indépendants, cette probabilité de ruine tend vers 0 avec la taille du portefeuille.

On obtient *in fine* la prime commerciale en ajoutant à la prime nette les coûts de transaction inhérents à tout transfert de risque (frais d'expertise, de gestion…).

5.5.2.3 Le chargement de la prime

L'actuaire dispose de deux méthodes pour calculer le chargement de la prime : le ratio de Sharpe et la Va*R*.

• La mesure du risque par le ratio de Sharpe. En finance, ce ratio est défini par l'excès du rendement d'un portefeuille d'actifs risqués sur le rendement sans risque rapporté à l'écart-type du portefeuille. Il mesure sa performance.

Comme la diversification du portefeuille réduit son risque total, mesuré ici par l'écart-type, le ratio doit augmenter avec cette diversification (Ferrari, 2002).

En désignant respectivement par *P'*, *I* et σ_I la prime nette, le montant des indemnités et leur écart-type, appliqué à l'assurance, ce ratio s'écrit :

$$\alpha = \frac{P' - E(I)}{\sigma_I}$$

Le paramètre α mesure en quelque sorte la performance nette du portefeuille de souscription rapportée à l'écart-type des indemnités.

Cette méthode consiste donc à ajouter à l'espérance mathématique des indemnités une marge proportionnelle à son écart-type pour calculer la prime nette *P'*, Soit :

$$P' = E(I) + \alpha\sigma_I$$

Pour le calcul du chargement de la prime d'assurance indicielle, cette méthode est cependant assez peu convaincante. La distribution des indemnités n'est généralement pas symétrique et l'assureur s'intéresse tout particulièrement aux pertes importantes.

Pour les IBRTPs, seule la méthode Va*R* semble être utilisée, avec un taux de chargement compris entre 5% et 7 % selon Hartell et *alii* (2006) et Osgood et *alii* (2007).

On peut calculer la prime de la façon suivante.

• La mesure du risque par la Va*R*. La valeur à risque est particulièrement bien adaptée à l'évaluation des risques de pertes (Ferrari, 2011), et plus précisément des risques de pertes importantes associées à de petites probabilités.

En prenant la valeur absolue des pertes, la $VaR_p(X)$ nous renseigne sur le montant des pertes qui ne peuvent être dépassées dans p% des cas, et en conséquence le montant des pertes qui le seront dans (1-p)% des cas.

Par exemple, la $VaR_{95\%}$ (10000 €) signifie que le portefeuille de risques ne peut dépasser 10000 € de pertes que dans 0,5% des cas.

Plus formellement, la $VaR_p(X)$ vérifie l'expression suivante :

$$F_X\left(VaR_p(X)\right) = Pr\left[X \leq VaR_p(X)\right] = p$$
$$\Longrightarrow VaR_p(X) = F_X^{-1}(p)$$

où F_X désigne la fonction de répartition continue et strictement croissante de X et F_X^{-1} la fonction inverse.

Cette méthode est mieux adaptée que le ratio de Sharpe pour évaluer la prime des contrats qui couvrent des évènements rares aux conséquences très sévères.

Cependant, contrairement à la première, elle est plus difficile à appliquer à cause des données historiques qui peuvent ne pas inclure de tels évènements.

Le « rendement » sur la Va*R* à 99%, par exemple, peut s'écrire ainsi :

$$\beta = \frac{P' - E(I)}{VaR_{0,99}(I) - E(I)}$$

L'actuaire considère ici que dans 99 cas sur 100 le montant des pertes n'excèdera pas *I*.

Nous avons donc :

$$P' = E(I) + \beta\left[VaR_{0,99}(I) - E(I)\right]$$

Le chargement est ici est proportionnel aux pertes nettes que l'assureur peut subir dans 0,01 des cas.

Le calcul de la prime nette inclut ainsi la couverture des risques de très petite probabilité qui pourraient néanmoins se réaliser et justifier le versement de paiements réparateurs élevés. En se fixant un montant maximal de pertes, la fonction de répartition $F_X\left(VaR_p(X)\right) = p$ nous renseigne sur la probabilité que ce montant ne sera pas dépassé.

Mais si la queue de la distribution devient plus épaisse, ce même montant de pertes peut être dépassé avec une probabilité plus élevée. Le prix du risque augmente et doit se traduire par une hausse de la prime. L'assurance indicielle, comme tout instrument de couverture, nécessite donc des ré-ajustements fréquents.

La stationnarité [13] des processus météorologiques a pour des raisons pratiques et sans doute climatologiques longtemps été postulée.

Si les données font apparaître une nouvelle tendance de l'exposition au risque, les distributions de probabilité sur l'indice et la prime doivent être révisées en conséquence. Les données météorologiques, en particulier, peuvent révéler une tendance lourde à la sècheresse à cause du réchauffement du climat.

13. Un processus aléatoire $X_{t=O,\ldots T}(t)$ est stationnaire si les variables aléatoires $X(t)$ sont indépendantes entre elles et de même loi.

Au Maroc, par exemple, un projet d'assurance collective en faveur des producteurs d'orge, de tournesol et de blé n'a pas abouti à cause d'une tendance à la baisse des précipitations qui a découragé les assureurs (cité par Leblois et Quirion, 2012).

Au passage, nous invitons le lecteur à se reporter à cet article qui fournit un panorama synthétique, mais très complet, de l'assurance indicielle.

À cause des conséquences du changement climatique, les évènements extrêmes peuvent devenir sensiblement plus fréquents et amener les compagnies à augmenter le chargement de la prime.

Il faut noter que ces conséquences peuvent aussi déplacer « du mauvais côté » la tendance centrale de la distribution des variables météorologiques. On peut imaginer un déplacement vers la droite du mode de la distribution à partir de l'origine des axes si nous prenons par exemple le niveau des précipitations (Figure 5.7). Les évènements les plus fréquents peuvent à leur tour devenir sensiblement plus sévères. À partir d'un modèle de simulation, Collier et *alii* (2010) observent que dans la région du Sahel la tendance centrale est passée en moyenne de 510 mms de précipitations entre 1900-1961 à 328 mms entre les années 1982 et 1989.

5.5.2.4 La dépendance des valeurs extrêmes et la prime

L'analyse de la dépendance entre les valeurs extrêmes de l'indice et celles des indemnités (*tail dependence*) est cruciale pour l'évaluation de la prime. L'assureur doit arbitrer entre augmenter son risque de souscription (ou la prime) en versant des indemnités (élevées) à partir d'un seuil très faible de précipitations en cas de dépendance statistique ou réduire ce risque en augmentant le seuil du déclenchement avec pour conséquence une prime plus faible, mais des pertes potentielles non couvertes pour les assurés, c'est-à-dire au prix d'une augmentation du risque de base. Cette dépendance entre ces valeurs extrêmes vient du fait que les variations des valeurs de l'indice enregistrées par plusieurs stations météorologiques locales sont concomitantes : un phénomène de contagion spatiale des conditions météorologiques.

Nous savons que le coefficient de corrélation est une mesure globale de la dépendance linéaire entre deux variables aléatoires dans la mesure où son calcul prend en compte l'ensemble de la distribution de chacune d'entre elles.

Or, l'assureur s'intéresse tout particulièrement à une mesure de la « concordance [14] » entre les valeurs extrêmes des distributions.

Pour cela, il a à sa disposition des outils lui permettant une modélisation des dépendances complexes existant entre les valeurs extrêmes des distributions jointes de variables aléatoires.

Ces outils lui sont fournis par la théorie des copules. Mais il semblerait qu'elle soit pour l'heure encore assez peu utilisée dans le calcul actuariel de l'assurance collective basée sur un indice (Miranda dans Collier et *alii*, 2010).

5.5.2.5 Contagion spatiale et valeurs extrêmes

La contagion spatiale des conditions météorologiques peut expliquer les valeurs extrêmes des pertes.

La littérature sur les phénomènes de contagion a été initiée assez récemment en finance de marché pour répondre à la question de savoir si les rendements des actions étaient plus fortement corrélés en situation de crise que dans des périodes dites « normales » (Bradley et Taqqu, 2004 et 2005). Cette littérature a été étendue depuis peu au domaine de l'assurance indicielle.

Nous donnons simplement une idée du problème de la contagion spatiale en assurance qui traité en profondeur exigerait des développements plus techniques. Imaginons pour cela que des niveaux de précipitations sont enregistrés par plusieurs stations météorologiques situées dans une région donnée du territoire national.

---

14. Des mesures plus informatives que le coefficient de Pearson sont possibles en calculant le coefficient de corrélation des rangs de Kendall qui permet d'estimer une forme de dépendance désignée sous le terme de « concordance ».
Il s'écrit :

$$\tau(X_i,X_j) = Pr\left[(x_{k,i}-x_{l,i})(x_{k,j}-x_{l,j})>0\right] - Pr\left[(x_{k,i}-x_{l,i})(x_{kj}-x_{lj})<0\right]$$

pour des observations k et l.
Ce coefficient est défini par la probabilité d'obtenir simultanément $x_{k,i} > (<) x_{l,i}$ et $x_{k,j} > (<) x_{l,j}$ moins la probabilité d'obtenir $x_{k,i} > (<) x_{l,i}$et $x_{k,j} < (>) x_{l,j}$. De grandes (petites) valeurs de l'une sont associées à de grandes (petites) valeurs de l'autre des deux variables aléatoires X_i et X_j. Pour étudier la « concordance », on peut trier les couples d'observations selon leur rang, puis éliminer les valeurs situées au milieu du support. Les valeurs sélectionnées font alors l'objet du calcul des coefficients de Kendall pour chaque sous-ensemble d'observations.

Le portefeuille de la firme est composé d'un ensemble de contrats répartis par zone géographique sur l'ensemble de la région. Le déclenchement des indemnités dépend de la valeur de l'indice enregistrée par chacune des stations locales. Si le facteur météorologique systémique qui influence le niveau des précipitations dans toutes les zones est de faible importance, la diversification géographique des risques peut s'opérer.

En revanche, si les variables météorologiques exhibent une contagion spatiale à cause d'un choc très sévère, l'assureur peut sous-estimer le risque global de son portefeuille s'il ne prend pas la mesure de ce phénomène. En présence d'évènements potentiellement extrêmes, le facteur systémique devient prépondérant.

La question est donc de savoir si les variables aléatoires présentent une forte « concordance » en queue de distribution. En clair, les indices de précipitations pour chaque zone exhibent-ils une forte dépendance statistique en période de très forte sècheresse, par exemple ?

Nous proposons une formalisation très simple du phénomène de contagion spatiale des dommages en supposant simplement que le niveau local des précipitations est généré de la façon suivante :

$$y_{it} = \alpha_i + \beta_i Y_t + \varepsilon_{it}$$

où y_{it}, Y_t et ε_{it} désignent respectivement le niveau des précipitations dans la zone i à la date t, le facteur systémique qui affecte le niveau des précipitations dans toute la région et un risque local de moyenne nulle et *iid*.

Nous pouvons postuler que la covariance des risques locaux entre les zones géographiques i et j dépend de la distance $d(i, j)$ entre elles et du risque systémique, soit :

$$Cov(\varepsilon_{it}, \varepsilon_{jt}) = f(d(i, j), Y_t))$$

En écrivant que $f'_{d(i,j)} < 0$ et $f'_{Y_t} > 0$, nous voulons simplement dire que la covariance augmente quand les zones sont proches et/ou quand le risque systémique augmente, c'est-à-dire quand l'épisode de sècheresse au niveau régional devient très sévère.

Ce facteur systémique pour de grandes valeurs va contaminer l'ensemble de la région. La diversification géographique du risque ne peut plus être efficace. À de très faibles valeurs de l'indice du niveau des précipitations correspondent alors des indemnités très élevées.

Nous venons de passer en revue les principes généraux qui guident la tarification de l'assurance indicielle.

La réalisation des valeurs extrêmes dont l'occurrence est aujourd'hui non négligeable dans le contexte général du réchauffement climatique ne peut qu'entraîner une augmentation de la prime non subventionnée. Ou alors, l'assurance indicielle doit assumer le risque de base en limitant son concours à des dommages collectifs d'importance modérée.

Mais alors, comme nous l'avons déjà dit, il faut que la tranche supérieure du risque soit prise en charge par les Pouvoirs publics à condition qu'ils puissent bénéficier de lignes de crédits conditionnels accordées par les Institutions internationales.

Il s'agit à présent de passer de l'autre côté du marché et de s'interroger sur le consentement des particuliers ou des associations à payer le prix de la couverture indicielle.

Nous allons voir qu'en raison de ses modalités d'application l'assurance indicielle ne présente pas toutes les garanties pour être adoptée par le plus grand nombre de personnes, d'Institutions ou de coopératives.

5.6 La demande d'assurance indicielle

Nous commençons par le *benchmark*. En utilisant le critère de l'utilité espérée de vNM pour le preneur d'assurance et en supposant que l'assureur est neutre au risque, il est possible en appliquant les développements en série de démontrer que la prime maximale acceptée par le demandeur, son consentement à payer pour se débarrasser du risque, est d'autant plus élevée que son degré d'aversion absolue au risque est élevé et que la variance de la distribution du risque l'est également.

La contrat choisi est un contrat de pleine assurance qui couvre les pertes (estimées) à 100%.

Le montant minimal de la prime que l'assureur, quant à lui, est prêt à accepter correspond à la prime pure que nous indiquons par P (Ferrari, 2011).

La prime commerciale doit donc être comprise entre la prime pure et le consentement à payer du particulier. Soit :

$$P \leq \text{Prime commerciale} \leq P + \frac{1}{2}\sigma_X^2 ARA$$

où σ_X^2 et ARA indiquent respectivement la variance [15] des pertes et le coefficient d'aversion absolue au risque de Arrow-Pratt.

Or, dans le contexte de l'assurance indicielle, il est permis de douter que les préférences vis-à-vis du risque du demandeur d'assurance puissent être simplement capturées par EU et que, par ailleurs, la compagnie d'assurance manifeste une indifférence aux risques qu'elle s'engage à couvrir.

5.6.1 L'assurance indicielle vue comme une assurance probabiliste

Compte tenu de l'existence d'un risque de base, l'assurance indicielle peut être considérée comme une assurance probabiliste [16]. En substance, les personnes se défieraient de l'assurance probabiliste et opteraient pour un contrat dont les payements sont certains quand le risque se réalise lorsque leur comportement n'est pas dicté par le critère standard de l'utilité espérée.

En prolongeant l'article séminal de Kahneman et Tversky (1979), Wakker et *alii* (1997) confirment cette hypothèse, à savoir le peu d'intérêt que les personnes trouvent dans l'assurance probabiliste (AP).

Le contrat d'assurance probabiliste (Figure 5.8) que les auteurs soumettent à l'appréciation des sujets de l'expérience est sensiblement différent de celui que les auteurs de la PT avaient initialement et également proposé à des étudiants de l'Université de Stanford.

Nous désignons respectivement par P et X la prime et les pertes subies par l'assuré.

L'évènement A correspond à la réalisation du risque météorologique et son complémentaire A^C à sa non réalisation. Dans l'évènement B, le risque de base se réalise et dans B^C, les indemnités sont versées.

Si les évènement A et B^C se sont réalisés, l'acheteur du contrat reçoit les indemnités moyennant le paiement d'une prime de pleine assurance. Si A^C se réalise, il acquitte la prime. Il ne perçoit aucune indemnité si B se réalise malgré les dommages qu'il a subis.

15. Compte tenu de la méthode utilisée pour le calcul de ARA, il faut supposer qu'il s'agit de « petits risques ».

16. Il faut distinguer la notion d'assurance probabiliste qui ne garantit pas des indemnités en cas de sinistre de l'assurance contingente qui garantit la couverture du risque s'il se réalise, même si les estimations des dommages peuvent être erronées.

FIGURE 5.8 – ***L'assurance probabiliste***

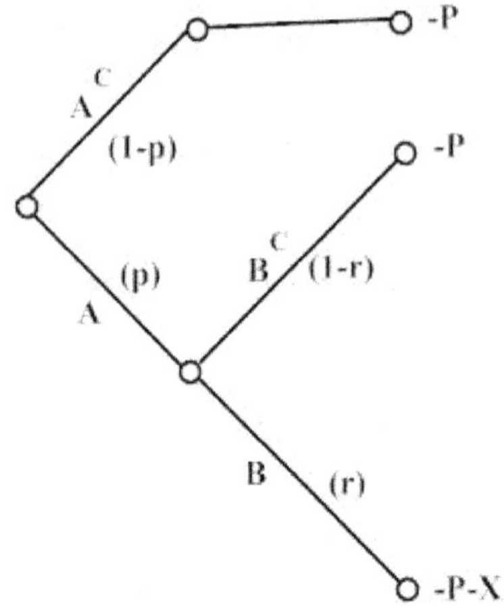

source : Wakker et alii, 1997.

Il s'agit bien d'un contrat d'assurance probabiliste puisque l'assuré a r% de « chances » de ne pas être indemnisé malgré les dommages assurés qu'il a subis. Comme nous l'avons laissé entendre *a contrario* un peu avant, il serait possible de démontrer qu'un agent averse au risque au sens de EU peut préférer l'assurance probabiliste à l'assurance contingente à condition que la prime correspondante soit assez faible.

L'utilité espérée de AP peut s'écrire après simplification :

$$prV(-X-P)+(1-pr)V(-P) \tag{5.2}$$

où V désigne la fonction valeur.

Nous appliquons à présent la théorie des prospects en calculant l'évaluation du contrat en deux étapes.

Nous évaluons la branche A de l'arbre (Figure 5.8), soit :

$$w(r)V(-X-P)+(1-w(r))V(-P)$$

Ensuite, nous évaluons l'arbre dans sa totalité, soit :

$$\begin{aligned}&p\left[w(r)V(-X-P)+(1-w(r))V(-P)\right]+(1-p)V(-P)=\\&pw(r)V(-X-P)+(1-pw(r))V(-P)\end{aligned}$$

où $w(r)$ désigne le poids accordé à l'évènement B et $1-w(r)$ le poids accordé à B^C.

En posant $w(r) = r$, nous retrouvons 5.2

Dans la mesure où l'assuré a $(1-r)\%$ de chances d'être indemnisé, on peut calculer le prix de réservation de l'assurance probabiliste comme une « prime actuarielle ajustée », soit :

$$P = (1-r)\pi$$

où π désigne la prime de l'assurance contingente (classique).

Nous réécrivons l'expression précédente en tenant compte à présent des poids de décision, soit :

$$P' = ((1-w(r))\,\pi = (1-r)\pi - (w(r)-r)\,\pi$$

Le prix de réservation P' (le consentement à payer) de l'assurance probabiliste est égal à la « prime actuarielle ajustée » moins l'expression $(w(r)-r)\,\pi$, où $w(r)-r$ mesure l'écart entre la probabilité transformée et la probabilité (objective).

Or, nous savons que la concavité à gauche de w implique que les petites probabilités sont sur-pondérées.

En conséquence, $w(r)$ sera plus élevé que r pour des évènements peu probables [17] ; ce qui est le cas de l'évènement B.

L'aversion vis-à-vis de l'assurance probabiliste s'expliquerait par la sur-pondération des petites probabilités associées aux plus mauvaises conséquences.

Un décideur manifestant donc du pessimisme probabiliste ne sera pas incité à acheter un contrat d'assurance collective.

Dans un cadre théorique différent [18] et à partir d'un contrat d'assurance « classique », on pourrait démontrer que lorsque le montant exact des indemnités est aléatoire (sous-estimation potentielle des pertes), un agent manifestant de la prudence (3.3.4) est incité à augmenter sa couverture au-delà de celle motivée par sa seule volonté de réduire le risque (aversion au risque). La prudence l'incite en effet à réduire le risque affectant les mauvais résultats par un surcroît d'assurance au prix d'un accroissement du risque dans les bons (Crainich et Eeckhoudt, 2005). Le risque sur l'évaluation des pertes est en effet transféré dans le bon état *via* l'assurance.

17. En conséquence, $P' < P$. La plupart des sujets de l'expérience demandaient une réduction de P' de plus de 20% pour compenser 1% de risque de défaut.

18. Le décideur utilise le critère de vNM.

L'attitude vis-à-vis de l'assurance probabiliste dépend donc dans les deux cas des ressorts psychologiques de la prise de décision, *le principe de sensibilité décroissante* dans un cas et l'aversion au *downside risk* dans l'autre cas, que le *benchmark* ignore.

Si les individus interprètent l'assurance indicielle comme un risque composé non réductible à un risque simple, ils peuvent, comme les sujets qui transforment les probabilités, manifester de l'aversion à l'assurance probabiliste.

5.6.2 L'assurance indicielle vue comme un risque composé

Le point de départ de cette étude (Elabed et Carter, 2013) repose sur l'idée que l'assurance indicielle peut s'interpréter comme un risque à deux étages (3.5.2.6).

FIGURE 5.9 – ***Basis risk et loterie composée***

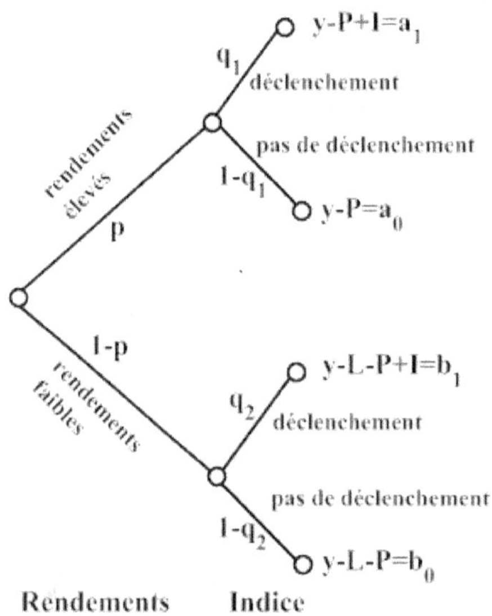

Source : Elabed et Carter, 2013.

5.6.2.1 Assurance indicielle et risque composé

Les auteurs raisonnent à partir d'un contrat d'assurance basé sur un indice de rendement moyen de la région considérée (*area-yield crop insurance*, 5.2.2).

Le risque d'une variation des rendements agricoles, d'une part et le risque d'une mauvaise corrélation entre les indemnités reçues et les dommages subis, d'autre part font courir à l'assuré un double risque.

On peut alors interpréter l'assurance indicielle comme une loterie composée, une loterie de loteries.

Nous savons qu'en présence d'un empilement des risques les décideurs peuvent exhiber une aversion à l'ambigüité (3.5.2.6).

Nous représentons l'assurance indicielle vue sous l'angle d'une loterie composée dans la Figure 5.9.

À des rendements agricoles élevés associés à la probabilité p correspondent deux situations possibles.

- Le revenu est égal à y-P+I si le déclenchement des indemnités associé à la probabilité q_1 a lieu malgré l'absence de pertes. Il y a sur-assurance (*false positive probability*).

Le revenu, la prime d'assurance et les indemnités sont indiqués respectivement par y, P et I.

- Le revenu est égal à y-P si aucune indemnité n'est versée.

À des rendements faibles, correspondent ici aussi deux situations possibles.

- Le revenu est égal à y-L-P+I si le déclenchement des indemnités associé à la probabilité q_2 a lieu. Dans cette expression, L indique le montant des pertes agricoles.

- Le revenu est égal à y-L-P si aucune indemnité n'est versée (*false negative probability*). La probabilité du risque de base est 1-q_2.

La présence d'un risque de base rend aléatoire (ici, « tout ou rien ») le versement des indemnités.

L'assurance est donc ici aussi probabiliste.

Même si les probabilités sont connues sur l'ensemble de la structure arborescente de l'assurance indicielle, l'incapacité cognitive à appliquer le principe logique de réduction des loteries composées en loteries simples génère de l'incertitude. Le choix de l'assurance indicielle se fait alors dans ce contexte et les preneurs d'assurance peuvent exhiber une aversion pour l'ambigüité (3.5.2.6).

Encadré n° 12 : Le Smooth model (un survol)

Le décideur fait son choix en deux étapes et utilise pour cela deux fonctions d'utilité : une fonction d'utilité u de VNM qui transforme subjectivement les résultats et une fonction ϕ qui transforme l'espérance d'utilité des résultats en fonction du scénario considéré.
Dans un premier temps, le décideur calcule l'espérance (du premier ordre) de l'utilité de son revenu y à partir d'un *prior* π qui peut être considéré comme une probabilité objective. Soit :

$$E_{\pi}u(y)$$

Dans un second temps, en utilisant le critère SEU, il calcule l'espérance (du second ordre) de la fonction φ qui traduit l'incertitude que le décideur peut avoir sur le choix de la « bonne » probabilité π .
Soit deux actes X et Y. L'acte X est alors préféré à l'acte Y si et seulement si :

$$V(X) = E_p\left[\varphi\left(E_{\pi}u(X)\right)\right] \geq V(y) = E_p\left[\varphi\left(E_{\pi}u(Y)\right)\right]$$

La concavité de u traduit l'aversion au risque du décideur.
La fonction φ que l'on pourrait qualifier de fonction d'ambigüité est monotone croissante. Quand elle est concave, elle traduit de l'aversion à l'ambigüité. Quand φ est linéaire, nous sommes ramenés au modèle vNM.

$$E_p\left[E_{\pi}u(.)\right]$$

Outre le fait d'exhiber des courbes d'indifférence lisses en ne faisant pas intervenir le critère maxmin, ce critère se prête à une analyse de statique comparative en proposant une notion de « plus ou moins averse à l'ambigüité ».
Soit deux individus ayant la même aversion au risque (la même fonction u). Nous dirons qu'un individu A est plus averse à l'ambigüité qu'un individu B si et seulement si :

$$-\frac{\varphi_A''}{\varphi_A'} \geq -\frac{\varphi_B''}{\varphi_B'}$$

Il est possible de calculer une prime d'ambigüité comme le montant maximal auquel l'individu est prêt à renoncer pour éliminer l'incertitude.

Nous savons en effet que le critère de vNM ne peut être retenu que si les décideurs sont en mesure d'appliquer le principe de réduction des loteries composées en loteries simples. Ils n'attachent alors de l'importance qu'aux conséquences finales et aux probabilités qui leur sont associées sans se soucier de la structure.

Or, si cet axiome « conséquentialiste » n'est pas vérifié, comme beaucoup d'études empiriques en témoignent à la suite des travaux de M. Allais, les petits exploitants peuvent ne pas souhaiter acheter l'assurance indicielle. Ou alors, la prime doit être nettement revue à la baisse pour tenir compte de l'ambigüité qu'ils ressentent. Ce qui en un sens justifie les subventions versées aux clients de l'assurance, même si nous savons qu'elles peuvent avoir des effets indésirables.

5.6.2.2 Le cadre d'analyse

Pour éliciter les préférences vis-à-vis du risque et de l'ambigüité des petits cultivateurs, les auteurs ont opté pour un modèle de décision dans un contexte d'incertitude, le *smooth model* (Klibanoff et *alii*, 2005). On peut se référer à l'Encadré n°12. La décision prise en deux temps par le décideur dans le *smooth model* suggère l'existence d'un risque composé qu'on peut rapprocher de l'assurance indicielle.

L'hypothèse selon laquelle l'incertitude porte sur la « vraie » probabilité de l'indice, alors que la distribution sur les rendements agricoles est subjective, capture assez bien le comportement des petits fermiers vis-à-vis de ce contrat d'assurance et des rendements de leur activité.

Une des raisons souvent évoquée pour expliquer leur réserve vis-à-vis de l'assurance indicielle porte en effet sur la sophistication du produit dont les mécanismes leur sont étrangers. En revanche, ils sont en mesure de faire une estimation des rendements futurs de leur activité si les variétés qu'ils cultivent appartiennent à leur histoire.

Nous indiquons respectivement par w, y et X la richesse finale nette du fermier, le rendement et l'indice.

Le critère de décision peut s'écrire :

$$V(w) = E_p \left[\varphi \left(E_{X|y} u(w) \right) \right]$$

où $E_{X|y}$ désigne la valeur espérée de l'indice conditionnellement au rendement des cultures.

Dans un premier temps, le fermier évalue l'utilité espérée de sa richesse finale à partir des probabilités sur la valeur de l'indice conditionnellement au rendement.

Dans un second temps, l'incertitude générée par l'indice est capturée par la fonction φ. L'espérance de cette fonction est ensuite calculée à partir d'une distribution de probabilité subjective p sur les rendements.

À partir de la Figure 5.9, on peut facilement voir que l'évaluation de la richesse finale nette s'écrit :

$$V(w) = p\varphi\left(q_1 u(a_1) + (1-q_1)u(a_0)\right) + \\ (1-p)\varphi\left(q_2 u(b_1) + (1-q_2)u(b_0)\right)$$

Si le décideur applique le principe de réduction des loteries composées, il est neutre à l'ambigüité. L'évaluation de sa richesse finale est alors donnée par l'expression :

$$V(w) = p\left(q_1 u(a_1) + (1-q_1)u(a_0)\right) + \\ (1-p)\left(q_2 u(b_1) + (1-q_2)u(b_0)\right) = E_p[E_q u(\cdot)]$$

qui représente le critère VNM.

Dans le prolongement du *smooth model*, une notion de prime d'ambigüité ou de risque composé a été proposée par Maccheroni et *alii* (2013).

Dans ce cadre, la prime de risque composé P_X s'écrit :

$$P_X = -\frac{1}{2}\sigma_w^2 \frac{u''(w)}{u'(w)} - \frac{1}{2}\sigma_{w^*}^2 \frac{\varphi''\left(u(w)\right)u'(w)}{\varphi'\left(u(w)\right)} > 0$$

Dans cette expression σ_w^2 indique la variance de la richesse finale et $\sigma_{w^*}^2$ la variance de cette même richesse, mais calculée avec une fonction d'ambigüité φ concave.

Le deuxième terme de cette prime (la prime additionnelle) dépend positivement du degré d'aversion à l'ambigüité et de $\sigma_{w^*}^2$.

Si l'individu est neutre à l'ambigüité (φ est linéaire), la prime de risque est donnée par l'expression :

$$P_X^{AP} = -\frac{1}{2}\sigma_w^2 \frac{u''(w)}{u'(w)} > 0$$

Celle-ci désigne la prime de Arrow-Pratt (*AP*).

On observe que $P_X > P_X^{AP}$ puisque pour un agent averse à l'ambigüité la fonction φ est monotone croissante et concave.

Pour éliminer l'incertitude sur les résultats, un décideur averse à l'ambigüité est donc prêt à renoncer à une somme plus élevée qu'un décideur neutre à l'ambigüité ayant le même degré d'aversion au risque.

Les notions d'équivalent certain sont utilisées pour l'étude expérimentale dont nous nous faisons l'écho ci-dessous.

L'équivalent certain EC_{AI} du contrat d'assurance indicielle (AI) est défini par :

$$EC_{AI} = E_{AI}[w^*] - P_X$$

L'équivalent certain de l'assurance indicielle est égal à la différence entre le revenu espéré avec l'assurance indicielle et la somme des deux primes.

L'équivalent certain EC_{AC} correspondant à l'assurance conventionnelle (AC) est donné par l'expression habituelle suivante.

Soit :

$$EC_{AC} = E_{AC}[w] - P_X^{AP}$$

C'est-à-dire, l'espérance mathématique de la richesse finale obtenue avec une assurance conventionnelle à laquelle est retranchée la prime de Arrow-Pratt.

Les auteurs de cette étude définissent le consentement à payer (WTP, *Willingness to Pay*) du fermier pour éliminer le risque de base de la façon suivante. Il s'agit de la quantité de monnaie maximale que l'individu serait prêt à donner pour être indifférent entre l'assurance indicielle et l'assurance conventionnelle que l'on suppose ici à l'abri d'une décorrélation entre les dommages subis et les indemnités reçues. Pour le dire autrement, il s'agit du montant que l'individu, selon son attitude vis-à-vis de l'incertitude, serait prêt à verser pour éliminer le risque de base. Il est défini par la différence entre EC_{AI} et EC_{AC}.

À rebours, il aurait été instructif d'estimer le montant des subventions à partir de la somme minimum que les sujets seraient prêts à recevoir (*willingness to accept*) en déduction de la prime pour accepter le risque de base auquel ils sont exposés. Cette estimation pourrait donner une idée assez précise du taux de subvention de la prime qui pourrait rendre l'assurance indicielle plus attractive.

5.6.2.3 Les résultats expérimentaux

Les expériences de terrain ont été menées auprès des petits cultivateurs de coton dans la commune de Bougouni au Mali.

Comme nous l'avons déjà souvent souligné, les préférences vis-à-vis du risque des sujets de l'expérience ne valident pas la théorie standard de l'utilité espérée. Ce qui n'est pas surprenant, les petits fermiers étant réfractaires à la « sophistication probabiliste ». En revanche, 57% d'entre eux se sont révélés averses au risque composé à des degrés différents. Parmi eux, la plupart sont peu averses au risque.

Cette aversion au risque composé a comme cela était prévu pour conséquence de réduire la demande d'assurance indicielle par comparaison à ce qu'elle serait si les individus exhibaient une neutralité vis-à-vis de l'ambigüité.

Pour un risque composé donné, le WTP d'un individu averse à l'ambigüité est plus élevé que le WTP d'un individu neutre à l'ambigüité. Le premier est prêt à payer plus cher pour éliminer le risque de base. En présence d'une aversion à l'ambigüité, la demande d'assurance décline fortement quand le risque de base augmente. Tout semble donc indiquer, en tout cas au regard des résultats de cette expérience, que la demande d'assurance indicielle est guidée par un principe psychologique de *sensibilité croissante à une augmentation de la probabilité de décorrélation entre les pertes agricoles et les indemnités*. La présence d'un risque composé générée par le contrat d'assurance indicielle crée de l'incertitude. Si les personnes manifestent à son égard de l'aversion, ils seront peu désireux d'y souscrire.

Les praticiens ont pu observer sur le terrain à l'occasion des retours d'expérience de différents projets que les petits fermiers qui ont acheté un contrat d'assurance indicielle considèrent que la protection qu'elle leur offre est insuffisante. Certes, à cause d'une couverture limitée le plus souvent à un seul risque, mais aussi à cause de l'incertitude qui pèse sur le montant des indemnités.

5.6.2.4 L'assurance indicielle multi-échelle

L'objectif à l'origine de ce travail (Elabed et *alii*, 2013) est la recherche d'un contrat d'assurance d'un type particulier permettant de réduire le risque de base en considérant deux niveaux géographiques pour le calcul de l'indice.

Pour cela, les auteurs ont expérimenté un contrat d'assurance indicielle multi-échelle, un contrat à double détente en quelque sorte. Il s'agit d'un contrat de type *area yield-based index.*

En réduisant le risque de base spatial, ce nouveau contrat favoriserait la demande d'assurance indicielle. Il est en fait fondé sur l'existence de deux contrats imbriqués correspondant à deux seuils de déclenchement. Le premier concerne une zone géographique donnée (z), le second est défini au niveau d'une coopérative (cz) de petits fermiers. Soit :

$$P_{cz} = \begin{cases} 0, \text{ si } \bar{y}_z \geq K_z \text{ ou } y_{cz} \geq K_{cz} \\ I, \text{ si } \bar{y}_z \gtreqless K_z \text{ et } y_{cz} < K_{cz} \end{cases} \quad \text{avec } K_{cz} < K_z$$

où P_{cz}, $\bar{y}_z$, y_{cz}, K_z, K_{cz} et I indiquent respectivement les paiements du contrat, le rendement moyen de la zone, le rendement de la coopérative, ainsi que le *strike* du premier contrat, le *strike* du second et le montant des indemnités versées aux membres de la coopérative.

Si le rendement moyen de la zone et celui de la coopérative sont respectivement supérieurs à K_z et K_{cz}, l'assurance ne verse alors aucune indemnité.

En revanche, si les rendements moyens de la zone et ceux observés au niveau de la coopérative sont tous les deux inférieurs aux *strike* des deux contrats, les indemnités sont déclenchées.

Les paiements du second sont destinés à réduire le risque de base spatial du premier contrat.

En effet, si $\bar{y}_z > K_z$ et $y_{cz} < K_z$, le contrat avec un seul déclencheur au niveau de la zone ne verse aucune indemnité à la coopérative. Mais si $y_{cz} < K_{cz}$, le risque de base est réduit puisque les membres de la coopérative seront alors indemnisés.

Ce contrat avec un double déclenchement éliminerait donc la sous-assurance (*false negative probability*).

Si $\bar{y}_z < K_z < y_{cz}$, la coopérative recevrait indûment des indemnités.

Mais dans la mesure où on a posé $K_{cz} < K_z$, nous avons nécessairement $K_{cz} < y_{cz}$. Les indemnités au profit de la coopérative ne sont pas déclenchées. Ce contrat d'assurance à double détente éliminerait donc aussi la sur-assurance (*false positive probability*).

Cependant, même si les rendements moyens de la zone peuvent donner une indication plus ou moins précise sur les rendements de la coopérative, on ne peut pas totalement exclure la manipulation des informations à son profit.

Le projet pilote mené au Mali donne à penser aux auteurs de cette étude que l'existence de deux seuils de déclenchement pourrait rendre l'assurance indicielle plus attractive. Mais qu'en est-il alors du calcul de la prime ? Celui-ci soulève, nous semble-t-il, d'autres questions.

Dans un article récent, Jensen et *alii* (2014) désignent le risque de base comme le « talon d'Achille » de l'assurance indicielle. Cette étude s'appuie sur de vastes données longitudinales pour étudier le risque de base engendré par une assurance du bétail basée sur un indice de mortalité (IBLI) et proposée aux bergers vivant au nord du Kenya.

Les auteurs, en dépit de la qualité du contrat qu'ils considèrent comme un exemple à suivre, soulignent que les résultats sont moyennement encourageants.

Une grande partie des risques demeure non assurée parce que l'indice ne fournit pas une mesure suffisamment précise des chocs covariés qui affectent le bétail. Ils soulignent également la présence des risques idiosyncratiques comme l'une des causes principales du risque de base.

Ils concluent sur la complexité de la mise en œuvre de l'assurance indicielle et appellent à une complémentarité avec d'autres méthodes de gestion des risques, telles que l'assurance informelle.

Nous partageons ce constat.

Il faut rester prudent en la matière et ne pas tout attendre de l'assurance indicielle comme semblent le penser beaucoup de spécialistes du développement. Il appert en effet que de sérieux obstacles limitent encore l'essor du marché de l'assurance indicielle dans les pays du Sud, tant du côté de l'offre que du côté de la demande.

Les assureurs sont très sensibles à l'incertitude qui caractérise les évènements rares à fort potentiel de nuisances et répondent à cette inquiétude par un chargement substantiel de la prime. Subventionner le prix de l'assurance collective allège certes son coût, mais engendre, nous l'avons vu, d'autres problèmes, au rang desquels l'aléa moral tient une place importante.

À cause du risque de base et donc de l'aversion à l'ambigüité ou de l'aversion aux pertes que leur inspire l'assurance indicielle, les petits fermiers ne se sentent pas réellement protégés et jugent en conséquence ces contrats assez peu attractifs.

Les tendances lourdes du dérèglement climatique ne peuvent qu'élever un peu plus encore les obstacles au développement des produits d'assurance basés sur un indice parce qu'aux yeux des assureurs le futur devient imprédictible. Mais ces obstacles ne doivent pas dissuader les bonnes volontés. Tout ce que la recherche académique et les Institutions internationales peuvent proposer pour réduire la pauvreté mérite d'être regardé avec le plus grand intérêt.

L'assurance indicielle en atténuant, par exemple, le degré d'aversion aux pertes ou le stress provoqué par le regret anticipé d'une mauvaise décision peut participer au recul de la précarité. En libérant les énergies et en contribuant à une plus large autonomie des petits fermiers, elle peut soutenir, certes avec bien d'autres initiatives, le développement humain dans les communautés rurales des pays du Sud.

La couverture des risques par le marché doit être encouragée pour deux raisons. D'une part, parce qu'en atténuant *ex post* les conséquences défavorables, elle peut éviter le traumatisme des pertes subies. D'autre part, parce qu'en garantissant *ex ante* des indemnités en cas d'échec, elle peut favoriser des options plus offensives si celles-ci sont mises à la disposition des personnes vulnérables grâce aux concours extérieurs. L'assurance commerciale peut à sa place participer à la promotion du développement inclusif.

Elle peut en effet à terme contribuer avec beaucoup d'autres dispositifs structurels à ce que les petites communautés rurales puissent disposer d'une plus large autonomie dans leur quête d'une amélioration de leurs conditions d'existence.

Conclusion générale : pauvreté et changement climatique

La pauvreté rurale représente environ 63% de la pauvreté dans le monde. Elle atteint 90% dans certains pays, comme le Bangladesh, et entre 65% et 90% en Afrique subsaharienne. Pour la faire reculer de façon significative, il faut évidemment en identifier les causes. Elles sont, nous l'avons vu, nombreuses et interconnectées. On peut citer, sans être exhaustif, les discriminations sur la base du sexe, de la race, de la religion…et en matière de droits d'accès aux terres agricoles ou aux systèmes d'irrigation. On peut aussi évoquer la faiblesse des marchés, ou encore le faible niveau du capital productif. À ces causes s'ajoutent en amplifiant leurs effets les chocs défavorables d'origine naturelle.

Par souci d'aborder le problème dans sa globalité, mais aussi dans ses spécificités locales, nous avons recherché les facteurs explicatifs de la pauvreté rurale en les regroupant en trois grands thèmes :

1. Les institutions, à savoir les marchés, mais aussi l'organisation sociale génératrice d'externalités positives (l'action collective) ou négatives (l'exclusion) et les dotations en actifs productifs (capital physique, humain et foncier),
2. Les facteurs régionaux ou locaux d'origine anthropologique et environnementale,
3. Et enfin, les facteurs d'origine comportementale vis-à-vis du risque, de l'incertitude, des dangers et du temps ;

Entendons-nous bien. Si nous avons consacré une large place à ce dernier thème en relation avec la pauvreté, c'est précisément parce que nous affirmons que les pauvres ne sont pas par nature frileux et impatients. Ces attitudes vis-à-vis du risque et du temps, si elles se manifestent ici ou là, s'expliquent *exclusivement* par un environnement particulièrement dégradé, la faiblesse des infrastructures, par le poids du passé, ou encore par des politiques d'accompagnement mal ajustées ou incomprises. C'est la raison pour laquelle nous nous sommes efforcés d'analyser les relations entre tous ces éléments et les comportements individuels ou collectifs qui peuvent mener à la pauvreté ou la renforcer.

Les pauvres ne sont pas ontologiquement parlant différents des non-pauvres, mais contrairement à ces derniers, ils ne bénéficient pas des conditions externes favorables à leur épanouissement. La pauvreté n'est évidemment pas un attribut génétique ou biologique, elle est un *état,* qui caractérise les individus qui sont « nés sous une mauvaise étoile ».

Chemin faisant, nous nous sommes éloignés des stéréotypes qui présentent les petits fermiers pauvres comme des personnes manifestant en toutes circonstances de l'aversion au risque et une forte préférence pour le présent.

À l'inverse de tels comportements, ils peuvent faire preuve d'audace, et malgré un avenir qu'ils jugent sombre concevoir des projets aux conséquences aléatoires et plus ou moins différées dans le temps. C'est plutôt du coté des marchés, de l'organisation sociale, des dotations en actifs, des conditions écosystémiques et des infrastructures (scolaires, sanitaires, de transport...) qu'il faut se tourner pour comprendre pourquoi ces communautés restent pauvres. Ces facteurs de rigidité sociale, qui ne sont pas au niveau local nécessairement tous présents, sont la cause des pauvretés géographiques d'aujourd'hui, de demain et d'après-demain si des réponses efficaces ne sont pas apportées.

Mais on ne peut plus aujourd'hui étudier la pauvreté rurale sans la mettre en perspective avec l'évolution à long terme du climat.

Il y a urgence à traiter les problèmes de court terme, mais aussi à prévenir à plus long terme et de façon séquentielle les conséquences du changement climatique, tout en sachant que ces deux agendas s'organisent autour de la nécessité de réduire les vulnérabilités présentes pour améliorer les capacités adaptatives et atténuer les vulnérabilités futures, ou mieux encore, promouvoir la résilience. Le traitement de la vulnérabilité est en effet dynamique dans la mesure où il doit se traduire dans les faits par une succession de procédures adaptatives en fonction des changements en cours (Aulong et Kast, 2012).

Les inondations à répétition au Mozambique dans la vallée du Zambèse, pour ne prendre qu'un exemple, reflètent la vulnérabilité des écosystèmes aux chocs climatiques extrêmes. Le réchauffement climatique explique le déplacement forcé des personnes. Ces migrations climatiques sont transitoires ou définitives selon la nature et la récurrence des chocs.

On peut redouter que les changements climatiques que nous observons amplifient les courants migratoires définitifs. Si des terres venaient à disparaître [19] sous les flots, comme cela pourrait être le cas pour l'État de Tuvalu en Polynésie à l'horizon d'une cinquantaine d'années, les migrations climatiques pourraient devenir massives et définitives. Ajoutées aux migrations forcées des personnes qui fuient les guerres au Proche-Orient, les déplacements massifs des populations du Sud vers le Nord pourraient constituer, on l'observe d'ores et déjà, un défi majeur pour les pays avancés dans un contexte général chargé de toutes les incertitudes (géo-politique et climatique) au sens donné à ce terme dans notre essai.

Devant l'importance des problèmes qui nous attendent si les prévisions sur le réchauffement climatique se confirment, il est urgent de redoubler d'effort et de renforcer les capacités d'adaptation en réduisant la vulnérabilité des écosystèmes par une consolidation des institutions (marchés du crédit, de l'assurance...), des structures (politique, administrative, informelle...) et des infrastructures (routes, digues, terres arables...).

Un des moyens, comme les organisations mondiales le répètent à l'envi, consiste dans le choix de cultures et de modes de production moins sensibles aux conditions climatiques et plus respectueux de l'environnement.

Pour qu'il en soit ainsi, il faut tout mettre en œuvre pour que les innovations agro-technologiques s'ajustent dans le temps à ces nouvelles données climatiques. Cependant, ces innovations ne sont souhaitables que si elles préservent le patrimoine culturel et environnemental des communautés rurales qui est le fondement même de leur existence.

En d'autres termes, l'action politique elle-même doit s'adapter aux conditions anthropologiques locales tout en favorisant l'émergence de nouvelles forces qui consolident les capacités adaptatives.

---

19. L'objectif de limiter la hausse des températures à 1,5°C. à l'horizon 2100 fixé par la COP 21 qui s'est tenue à Paris en décembre 2015 pourrait s'il est atteint sauver de la disparition ces petites îles seulement situées à quelques mètres du niveau de la mer.

Pour cela, les fermiers doivent certes pouvoir disposer des ressources financières, mais aussi de nouvelles compétences pour pouvoir mettre à profit les nouvelles technologies qui leur sont proposées. Mais les mesures permettant d'atteindre ces objectifs peuvent s'avérer assez peu efficaces si elles n'emportent pas l'adhésion des fermiers.

Comprendre leurs propres perceptions du risque, des menaces et du temps est en effet indispensable si on veut les convaincre de la nécessité de s'adapter aux conséquences du dérèglement climatique.

Il faut aussi tenir compte du contexte social et des interrelations dynamiques qui peuvent favoriser le renoncement au *statu quo* et inciter le plus grand nombre de personnes à accepter les changements technologiques qui préservent leur identité.

Il faut rassurer les petits fermiers en atténuant les pertes si leur choix a une issue défavorable. L'assurance des risques, si elle parvient à repousser les limites qui font obstacle à son développement, peut à cet égard jouer un rôle d'anxiolytique. Associée à un prêt, elle peut accompagner les petits fermiers dans leur lente évolution vers des activités mieux adaptées aux nouvelles conditions climatiques.

Elle peut aussi participer à la résilience des personnes victimes de chocs adverses, et si la prime n'est pas trop largement subventionnée, faire prendre conscience des dangers qui menacent les cultures et les revenus, et ainsi inciter les petits producteurs à adopter de nouvelles stratégies de prévention. Cependant, et contrairement à la recherche académique, nous doutons des potentialités de son développement au bénéfice des victimes de chocs adverses extrêmes aggravant le risque de malnutrition.

L'assurance indicielle a fait l'objet d'un assez grand nombre de projets pilotes dont quelques uns semblent avoir emporté l'adhésion des petits fermiers. Mais elle doit, nous l'avons vu, relever un certain nombre de challenges pour consolider sa présence, *a fortiori* dans le contexte du réchauffement climatique. Nous les avons évoqués dans ce livre et la liste est longue.

Carter et *alii* (2015) regroupent autour de six principaux axes les moyens qu'ils jugent essentiels pour augmenter le taux de souscription :

- Réduire le risque de base par des innovations technologiques, institutionnelles et contractuelles,

• Stratifier les risques en associant l'assurance, le crédit, l'épargne et les investissements,

• Faire appel à l'intervention des États pour la certification des normes publiques concernant le risque de base maximal acceptable et pour favoriser l'apprentissage et la collecte des données météorologiques par des capteurs *in situ* ou la télédétection,

• Adopter une double approche associant la souscription de contrats sur indice par les Institutions internationales et les ONG et la répartition des indemnités entre les bénéficiaires par lesdites Institutions dans le but d'améliorer l'efficacité et l'équité de l'assurance collective,

• Réfléchir sur la conception de ces produits d'assurance en relation avec d'autres instruments de couverture des risques et tirer les leçons de l'étude de l'impact des programmes en cours d'exécution,

• Approfondir les recherches en ce qui concerne les déterminants des comportements individuels vis-à-vis du risque et de l'assurance, nous y ajoutons et vis-à-vis du temps ;

Ce dernier thème doit occuper une grande place dans les recherches contemporaines. Nous lui avons d'ailleurs consacré les 3 derniers chapitres en soulignant la multiplicité de ces motifs comportementaux.

Des recommandations, telles que l'adoption de nouvelles semences, la diversité biologique des cultures, l'utilisation de systèmes de production, d'irrigation et l'usage des énergies renouvelables préservant l'environnement naturel (eau, sols, forêts...) *a priori* profitables à long terme, ne seront pas suivies d'effets si elles ne rencontrent pas un écho favorable auprès des petits fermiers.

Leur réaction vis-à-vis de ces innovations dépend étroitement de leur attitude vis-à-vis de leurs résultats qu'ils peuvent estimer aléatoires, voire incertains. La transformation en profondeur des modes de production ancestraux impliquée par la transition énergétique (éoliennes, énergies solaire et hydraulique) peut soulever de leur part des interrogations. Il en est de même des produits assuranciels innovants qui peuvent susciter au mieux de l'indifférence, au pire de l'hostilité.

La couverture par l'assurance commerciale des pertes subies sur les rendements agricoles est devenue aujourd'hui un des grands enjeux pour les organisations internationales qui espèrent que son accessibilité pourra conjurer le sort de centaines de millions de personnes pauvres. Mais les effets du climat risquent de rendre plus fragile l'espoir que les solutions passant par les marchés puissent largement contribuer à l'amélioration des moyens d'existence et faire en conséquence reculer la pauvreté.

Les tendances à long terme du climat créent beaucoup d'incertitude parce que les modèles climatiques fournissent des estimations différentes, voire contradictoires. Ils sont concordants pour ce qui concerne l'augmentation moyenne des températures, mais pas son amplitude qui varie entre un peu moins de 0,5° C. et 2° C.

Les projections[20] concernant le niveau des précipitations sont encore moins fiables. Les modèles utilisés prévoient des tendances positives ou négatives en fonction des régions sélectionnées (cité par Collier et *alii*, 2009).

Le métier d'assureur est de prévoir le pire pour calculer la prime en conséquence tout en espérant le meilleur. C'est pourquoi, les menaces que fait naître l'évolution à long terme du climat vont sans doute impacter le coût de l'assurance parce qu'il est à redouter que les risques climatiques de forte intensité deviennent plus fréquents. Pire, l'existence même d'une assurance collective est sous la menace des changements climatiques qui s'annoncent[21].

Le réchauffement de la planète exige un changement en profondeur de la façon de penser et lutter contre la pauvreté. C'est pourquoi les Objectifs du Millénaire pour le Développement durable (OMD) ont été révisés dans le cadre d'un nouveau paragdime. C'est l'ambition du nouvel Agenda post-2015.

Face à des menaces météorologiques jamais imaginées jusqu'à maintenant, il faut redoubler d'imagination et renforcer les stratégies d'adaptation aux dangers qui menacent la planète, et tout particulièrement les pays du Sud, car le passé ne représente plus désormais le futur possible. Il faut anticiper sans s'inspirer des évènements passés.

---

20. Vingt modèles de simulation de la circulation générale de l'atmosphère (GCMs) ont été appliqués à douze régions où menace l'insécurité alimentaire (l'Afrique du sud et l'Asie du sud-est).

21. Les épisodes récurrents d'inondations qui ont frappé le sud de la France ont amené les assureurs à annoncer une hausse de leurs primes. Qu'en serait-il si la couverture des risques naturels n'était pas garantie comme c'est le cas dans ce pays par les Pouvoirs publics ?

Il faut surtout éviter d'anticiper que le réchauffement de la planète va tout simplement se traduire par une variation de la moyenne et de la variance des variables climatiques régionales. Avec le changement climatique, nous n'avons peut-être pas encore réalisé qu'il s'agit d'un véritable changement d'échelle des dangers qui nous menacent. Les dérèglements climatiques nécessitent un changement radical de nos modes de pensée.

Mais le pire n'étant jamais sûr, comme on se plaît à le dire, on peut conjecturer qu'une forte prise de conscience des risques climatiques conduise à un engagement général sur les mesures de mitigation à prendre. L'objectif à long terme de 1,5°C. fixé par la COP 21 avec la promesse des aides financières en faveur des pays du Sud peuvent éviter le pire. Il faut que les pays riches et émergents s'engagent à réduire plus fortement qu'ils ne l'ont fait jusqu'à aujourd'hui leurs émissions de CO2 [22], tout en accompagnant la mutation des pays pauvres et des communautés rurales vers des activités moins dépendantes des conditions naturelles par la promotion de variétés de culture et de modes de production plus résistants. La coopération internationale doit être encore renforcée pour atteindre simultanément ce double objectif.

Les personnes qui peuplent les régions du monde où les prévisions sur les conséquences du réchauffement climatique sont alarmantes pourraient trouver dans un changement maitrisé et librement consenti de leur mode de vie des opportunités pour changer leur destin en prenant les rênes de leur propre histoire. Il faut tout faire pour que les plus démunis, et notamment les femmes [23], n'aient pas d'autres recours que les migrations climatiques pour échapper à leurs conditions d'existence.

Il faut que cet objectif ambitieux anime toutes les personnes qui à différents niveaux, international, national et local œuvrent pour faire reculer la pauvreté partout dans le monde.

Mais il faut bien être conscient que l'adaptation au changement climatique ne peut se faire que progressivement et dans l'harmonie. Nous avons souligné que les mesures en faveur du développement économique ne pouvaient être envisagées que dans le respect des normes culturelles, religieuses et sociales.

---

22. Il faut tout mettre en œuvre pour éviter une trop forte hausse des températures qui produirait à terme des effets ingérables et irréversibles sur les écosystèmes.

23. Même si la féminisation des courants migratoires à partir des pays pauvres est très contrastée.

Les communautés rurales étant fortement imprégnées de leur propre Histoire, nous l'avons vu en particulier à propos des petits paysans mayas, ne pourront facilement se plier à des recommandations qui les amèneraient à un reniement de leur patrimoine identitaire. Confrontés à une mutation climatique qui ne leur permettrait plus de récolter le maïs, culture endémique et « sacrée », les petits paysans mayas des montagnes n'auraient pas d'autres solutions que de se replier sur un nouveau type de culture vivrière plus résistante ou sur la monoculture de rente de la cardamone, peut-être moins sensible aux conditions climatiques. Resterait la dernière solution de la migration urbaine.

Aucune de ces solutions n'est satisfaisante. La première se heurterait frontalement aux normes socio-culturelles et la deuxième, impliquant une exposition aux fluctuations du cours des marchés, ferait peser sur ces communautés privées de leur culture endémique une menace accrue sur leurs moyens d'existence et leur santé. Par ailleurs, l'imprévisibilité des recettes pourrait expliquer le refus de s'aventurer dans une monoculture de rente.

Enfin, la troisième solution, indépendamment de la dissolution des liens sociaux et de l'immersion dans l'inconnu qu'elle engendrerait, nécessiterait une qualification professionnelle autre que celle ancestrale d'agriculteur. En l'absence de cette qualification, les migrants pourraient se tourner vers la délinquance ou d'autres expédients.

On le voit, concilier la nécessité de lutter contre une augmentation anticipée de la pauvreté et des inégalités et le respect, non seulement des fondamentaux idéologiques et de la dignité humaine, mais aussi des écosystèmes, est un exercice de haute voltige.

Cependant, ces difficultés ne doivent pas décourager les acteurs engagés dans la lutte contre les inégalités à poursuivre leurs efforts en vue de promouvoir le développement humain de toutes les personnes en situation de plus ou moins grande pauvreté. Le titre du dernier rapport du PNUD (2014) « Pérenniser le progrès humain : réduire les vulnérabilités et renforcer la résilience » est à ce égard évocateur.

Les vulnérabilités, nous l'avons vu, ont des causes diverses, notamment l'exclusion par le sexe ou la religion, l'appartenance ethnique…

Au-delà de la pauvreté monétaire, il s'agit donc de lutter contre ces vulnérabilités, par définition évolutives, en mettant tout particulièrement l'accent sur la formation, la santé, la protection sociale et l'inclusion des marginalisés. Lutter contre l'exclusion passe par la promotion des femmes et des plus démunis. Dans ce but, il faut soutenir partout les actions collectives et favoriser la participation de l'ensemble des membres des communautés aux processus de décision.

Pour atteindre ces objectifs, les deux éléments cardinaux sont le temps et l'espace. Il faut évidemment que les politiques visant *in fine* à lever les obstacles au progrès humain s'inscrivent dans la durée.

Mais le recul de la pauvreté dans le monde nécessite aussi une politique de terrain adaptée aux spécificités locales ou régionales. Les conditions climatiques (*ex* : l'Afghanistan), le relief (*ex* : les Andes), la pauvreté des sols (*ex* : le Sahel), les catastrophes naturelles (*ex* : le Bangladesh), le manque d'accès aux marchés... sont autant de facteurs qui aggravent les vulnérabilités géographiques.

Naturellement, chaque personne doit pouvoir bénéficier de tous les éléments constitutifs de la dignité humaine, mais les moyens à mettre en œuvre pour les réunir exigent un ciblage précis et révisable des politiques sociales dans le temps et l'espace car les sources des vulnérabilités locales peuvent différer selon les zones géographiques et les périodes considérées.

S'inspirant des travaux d'A. Sen, le PNUD a récemment proposé un indice de développement humain (IDH) reposant sur le principe que toute population doit pouvoir prétendre à une espérance de vie élevée, à l'obtention d'un bon niveau d'éducation et à des conditions de vie décentes (*cf* : Introduction).

Le paradigme a changé de nature. Il faut en effet aller au-delà de la vision réductrice associant la pauvreté au seul niveau de revenu pour mettre au cœur des dispositifs de lutte contre la misère les moyens d'accroître les capacités (*capabilities*) de l'individu. Il s'agit au travers d'un processus d'élargissement de la palette des options possibles de promouvoir un ensemble de « libertés réelles » lui permettant de peser favorablement sur son existence.

POSTFACE

Vous venez de lire un livre original et fort enrichissant sur l'économie de la pauvreté rurale.

Il a pour objet d'origine les pays à dominante agricole non industrialisés, mais sa portée s'étend à tous les pays où les cultivateurs, preneurs de risque de par leur métier, font face à des vulnérabilités et des trappes de pauvreté. Celles-ci proviennent autant des aléas négatifs dus au climat qu'à ceux dus aux marchés mondiaux sur lesquels les agriculteurs n'ont aucun contrôle.

À partir des modèles classiques en économie définis dans le cadre trop étroit de l'aversion pour le risque, bien présentés dans le premiers tiers du livre, l'auteur arrive à cerner la généralité des problèmes qui se posent lorsque ces modèles ne peuvent s'appliquer du fait de leurs restrictions théoriques ou tout simplement à cause de leur inadaptation au sujet abordé dans ce livre.

Il faut alors recourir à d'autres contributions théoriques, y compris les approches psycho-sociologiques et culturelles, pour comprendre les comportements dans un contexte d'incertitude où dans le pire des cas le décideur est incapable de discerner les conséquences possibles d'un aléa. Ce qui peut être à n'en pas douter le cas des petits fermiers dans bien des situations.

Il ouvre ainsi la voie à un enseignement rarement rencontré dans les universités, ainsi qu'à des pistes de recherche qu'il semble urgent de suivre.

Nous pouvons en citer trois ou quatre pour illustration. Comment favoriser l'action collective et aider à la promotion de communautés solidaires plus résistantes aux menaces et plus promptes à la résilience ? Comment lutter contre la pauvreté endémique au-delà des seules aides humanitaires pour mettre les personnes dans la misère en situation de prendre en main leur propre destin ? Comment contribuer à l'essor de l'assurance indicielle en levant les obstacles financiers et techniques qu'elle rencontre ? Ou encore, comment les heuristiques de jugement des aléas se propagent-elles au sein des communautés rurales pour aboutir, soit à des attitudes collectives conservatrices, soit à l'inverse à une posture sociale plus volontariste ?

Ce livre offre de solides bases théoriques aux problèmes pratiques posés par la pauvreté, de ses facteurs aléatoires considérés par la macro et la microéconomie, jusqu'aux tout récents modèles de décision dans l'incertain pour finir sur une réflexion portant sur l'extension de l'assurance commerciale dans des champs où elle reste « balbutiante ».

Entre-temps, l'auteur tente d'expliquer l'existence de trappes de pauvreté géographiques en invoquant des causes anthropologiques et écosystémiques propres aux communautés rurales à l'étude.

Il en ressort différentes dynamiques à long terme de la pauvreté. Des dynamiques qui peuvent bifurquer laissant supposer que la pauvreté peut être transitoire ; d'autres où les personnes sont liées par une communauté de destin qui les conduit vers une trappe de pauvreté stagnante. D'autres encore dans des communautés hiérarchiques où les groupes antagonistes qui les composent ne partagent pas le même sort. Certains peuvent prétendre à un mieux-être pendant que d'autres s'enfoncent lentement dans la pauvreté chronique. Enfin, dans ces communautés globalement pauvres, on ne doit pas ignorer l'existence de trajectoires personnelles qui pour différentes raisons – la qualité des sols mis en culture, l'esprit d'initiative, une « bonne étoile »... – conduisent vers un statut social un peu plus enviable.

La prise en compte de ces différentes dynamiques anticipées de la pauvreté doit pouvoir contribuer à la définition de politiques d'aide sociale plus en phase avec la nature des problèmes auxquels elles tentent d'apporter des solutions durables.

Robert Kast

Directeur de recherche émérite
au CNRS
Lameta (Montpellier)

Bibliographie

Abdellaoui M., Vossman F. and Weber M., 2005, « Choice-based elicitation and decomposition of decision weights for gains and losses under uncertainty », *Management Science*, Vol. 51, 9, p. 1384-1399.

Abdellaoui M., Baillon A., Placido L. and Wakker, P., 2011, « The rich domain of uncertainty : Source functions and their experimental implementation », *American Economic Review*, Vol.101, N°2, p. 695–723.

Abdellaoui M., Klibanoff P. and Placido J., 2014, « Experiments on compound risk in relation to simple risk and to ambiguity », *Management Science* (Forthcoming), 31 p.

Abdoulaye T. and Sanders J., 2006, « New technologie, marketing strategies and public policy for traditional food crops : millet in Niger », *Agricultural Systems*, 90, 1-3, p. 272-292.

Acemoglu D. and Zilibotti F., 1997, « Was prometheus unbound by chance ? Risk, diversification and growth », *The Journal of Political Economy*, Vol. 105, Issue 4, p. 709-751.

Acemoglu D., 2009, *Introduction to modern economic growth*, Princeton University Press.

Adato M., Carter M. and May J., 2006 « Exploring poverty traps and social exclusion in south Africa using qualitative and quantitative data », *Journal of Development Studies*, Vol.42, N°2, p. 226-247.

Akay A., Martinsson P., Medhin H. and Trautmann ST., 2012, « Attitudes toward uncertainty among the poor : evidence from rural Ethiopia », *Theory and Decision*, 73, p. 453-464.

Alderman H. and Haque T., 2007, « Insurance against covariate shocks : the role of index-based insurance in social protection in low-income countries of Africa », World bank, *Working Paper*, N°95, 48 p.

Alpizar F., Carlsson F. and Naranjo M., 2011, « The effect of risk, ambiguity, and coordination on farmers' adaptation to climate change : a framed field experiment », *Ecological Economics*, 70, 12, p. 2317-2326.

Aulong S. and Kast R., 2012, « A conceptual framework for vulnerability assessment : application to global change stressors among South Indian farmers », in *Vulnérabilié, équité et créativité en Méditerranée*, Lazzeri Y. et Moustier E., éds., Presses Universitaires de Provence et Presses Universitaires d'Aix-Marseille, p. 85-98.

Azariadis C. and Drazen A., 1990, « Treshold externalities in economic development », *The Quaterly Journal of Economics*, Vol. 105, N°2, p. 501-526.

Azariadis C., 1996, « The economics of poverty traps. Part one : complete markets », *Journal of Economic Growth,* 1, p. 449-486.

Azariadis C. and Stachurski J., 2005, « Poverty traps », in *Handbook of Economic Growth*, Vol. 1A, Alghion P. and Durlauf S., éds., Elsevier, The Netherlands, p. 295-384.

Azariadis C., 2006, « The theory of poverty traps : what have we learned ? », in *Poverty traps*, Bowles S. and Durlauf S., Hoff K., éds., Princeton University Press, p. 18-40.

Baillon A. and Bleichrodt H., 2012, « Testing ambiguity models through the measurement of probabilities for gains and losses », *Working Paper, Erasmus University*, 50 p.

Banerjiee A. and Duflo E., 2005, « Growth theory through the lens of development economies », in *Handbook of Economic Growth*, Vol. 1A, Alghion Ph. and Durlauf S., éds., Elsevier, The Netherlands, p. 473-552.

Banerjee A., 2005, « The two poverties », in *Insurance against poverty*, Dercon S., éd., Oxford University Press, p. 59-75.

Banerjee A. and Mullainathan S., 2010, « The shape of temptation : implication for the economic lives of the poor », *Working Paper* 15973, NBER, 46 p.

Banerjee A. and Duflo E, 2011, *Poor economics : a radical rethinking of the way to fight global poverty*, PublicsAffairs, New York.

Banque mondiale, 2005, *Managing agricultural production risk innovations in developing countries*, Report N° 32727, 129 p.

Banque mondiale, 2008, *Agriculture for development*, World Development Report, 386 p.

Banque mondiale, 2009, *Développement et changement climatique*, 32 p.

Banque mondiale, 2012, *Living through crises how the food, fuel, and financial shocks affect the poor*, Heltberg R., Hossain N. and Reva A., éds, 306 p.

Banque mondiale, 2012, *Gender equality and development*, World Development Report, 458 p.

Banque mondiale, 2012, *Managing risk for development*, World Development Report, 64 p.

Banque mondiale, 2013, *Risk and opportunity*, World Development Report : 362 p.

Banque mondiale, 2013, *Baissons la chaleur* : *phénomènes climatiques extrêmes, impacts régionaux et plaidoyer en faveur de l'adaptation*, 39 p.

Banque mondiale, 2014, *Risk and opportunity : managing risk for development*, World Development Report, 362 p.

Barnett B. and Skees J., 2006, « Enhancing microfinance using Index-Based Risk-Transfer Products » , *Agricultural Finance Review*, Vol. 66,2, p.235-250.

Barnett B., Barrett C. and Skees J., 2008, « Poverty traps and Index-Based Risk Transfer Products », *World Development*, Vol. 36, N°10, p. 1766–1785.

Barnett B. and Mahul O., 2007, « Weather index insurance for agriculture and rural areas in lower-income countries », *American Journal of Agricultural Economics*, Vol. 80, N°5, p. 1241-1247.

Barrett C., Marenya P. and McPeak J., 2004, « Welfare dynamics in rural Kenya and Madagascar », *Working Paper SAGA*, 49 p.

Barrett C., 2005, « Rural poverty dynamics : development policy implications », *Agricultural Economics*, Vol. 32, p. 45-60.

Barrett C. and Peak J., 2006, « Poverty traps and safety nets », in *Poverty, Inequality and Development*, Thorbecke E. , De janvry A. and Ravi Kanbur S., éds, Springer, p. 131-154.

Barrett C. and Swallow B., 2006, « Fractal poverty trap », *World Development*, Vol 34, N°1, 2006, p. 1-15.

Barrett C. and Carter M., 2007, « Asset tresholds and social protection ; a think-piece », *IDS Bulletin,* Vol. 38, p. 34-38.

Barrett C., Barnett B., Carter M., Chantarat S., Hansen J., Mude A., Osgood D., Skees J., Turvey C. and Ward M., 2007, « Poverty traps and climate risk : limitations and opportunities of Index-Based Risk financing », IRI, Technical Report, *Working Paper*, 57 p.

Barrett C., Carter M. and Ikegami M., 2008, « Poverty traps and social protection », World Bank, *Working Paper*, N° 0804, 36 p.

Barrett C and Carter M, 2013, « The economics of poverty traps and persistent poverty : empirical and policy implications », *The Journal of Development Studies*, Vol. 49, N°7, p. 976-990.

Barrientos A, 2007, « Does vulnerability create poverty traps ? », *Working Paper* CPRC 76, 22 p.

Barrientos A. and Hulme D., 2009, « Social protection for the poor and poorest in developing countries : reflections on a quiet revolution », *Oxford Development Studies*, 37(4), p. 439-456.

Barrientos A, 2010, « Social protection and poverty », *Working Paper*, N° 42,. UNIRSD, 49 p.

Binswanger H., 1980, « Attitudes toward risk : experimental measurement in rural India », *American Journal of Agricultural Economics*, Vol.62, N°3, p. 395-407.

Binswanger H. and Sillers D., 1983, « risk aversion and credit constraints in farmers' decision making : a reinterpretation », *Journal of Develoment Studies*, Vol. 20, N°1, p. 5-21.

Bowles S, Durlauf S. and Hoff K., 2006, « Introduction », in *Poverty traps*, Bowles S., Durlauf S. and Hoff K., éds., Princeton University Press, p. 1-13.

Bradley B. and Taqqu S., 2004, « Framework for analyzing spatial contagion between financial markets », *Finance Letters*, 2 (6), p. 8-15.

Bradley B. and Taqqu S., 2005, « Empirical evidence on spatial contagion between financial markets », *Finance Letters*, 3 (1), p. 77-86

Brainard L., Jones A. and Purvis N., 2009, éds., *Climate change and global poverty : a billion lives in balance ?*, The Brookings Institution.

Braman D. and Kahan D., 2006, « Cultural cognition and public policy », *Yale Law and Policy Review*, Vol. 24, p. 147-169.

Bronfman N. and Cifuentes L., 2003, « Risk perception in a developing country : the case of Chile », *Risk Analysis*, Vol. 23, N°. 6, p. 1309-1323.

Burke M., de Janvry A. and Quintero J., 2010, *Providing indexbased agricultural insurance to smallholders : recent progress and future promise*, CEGA 38 p.

Burns W. and Slovic P., 2007, « The diffusion of fear : modeling community response to a terrorist strike », *Journal of Defense Modeling and Simulation*, 4, p. 1-21.

Calvez M., 2006, « L'analyse culturelle de Mary Douglas : une contribution à la sociologie des institutions », *SociologieS, Théories et Recherches*, p. 1-15.

Cardenas J. and Carpenter J., 2008, « Behavioural development economics : lessons from field labs in the developing world », *The Journal of Development Studies*, Vol. 44, N°3, p. 311–338.

Carter M. and Barrett C, 2006, « The economics of poverty traps and persistent poverty : an asset-based approach », *The Journal of Development Studies*, Vol. 42, N°2, p. 178-199.

Carter M. and Ikegami M., 2007, « Looking forward : theory-based measures of chronic poverty and vulnerability : concepts and application to South Africa », CPRC *Working Paper* No. 94, 20 p.

Carter M., Little P., Mogues T. and Negatu W., 2007, « The long-term impacts of short-term shocks : poverty traps and environmental disasters in Ethiopia and Honduras », *World Development*, Vol.35, N°5, p. 835-856.

Carter M. and Lybbert T., 2012, « Consumption *versus* asset smoothing : testing the implications of poverty trap theory in Burkina Faso », *The Journal of Development Economics*, Vol 99, N°2, p. 255-264.

Carter M., de Janvry A., Sadoulet E. et Sarris A., 2015, « Assurance climatique indicielle pour les pays en développement : examen des faits et propositions visant à augmenter le taux de souscription », *Revue d'Économie du Développement*, Vol. 23, p. 5-57.

Cavatorta E. and Pieroni L., 2013, « Background risk of food insecurity and insurance behaviour » : evidence from the West Bank, *Food Policy*, Vol. 43, p. 278-290.

Cetorelli N., 1998, « Could prometheus be bound again ? a contribution to the convergence controversy », *Federal Reserve Bank of Chicago,* 39 p.

Chantarat S., Turvey C., Mude A. and Barrett C., 2008**,** « Improving humanitarian response to slow-onset disasters using famine indexed weather derivates », *Agricultural Finance Review*, Vol.68, 1, p. 169-195.

Chantarat S. and Barrett C., 2012, « Social network capital, economic mobility and poverty traps », *Journal of Economic Inequality*, 10, p. 299–342.

Chantarat S., Mude A., Barrett C. and Carter M., 2012, « Designing index based livestock insurance for managing asset risk in northern Kenya », *Journal of Risk and Insurance*, Vol. 80 (1), p. 205-237.

Collier B., Barnett B. and Skees J., 2010, *Innovation in catastrophic weather insurance to improve the livelihoods of rural households*, State of Knowledge Report, Data Requirements for the Design of Weather Index Insurance, 153 p.

Crainich D. et Eeckhoudt L**.,** 2005, « La notion économique de prudence », *Revue économique*, Vol. 56, 5, p. 1021-1032.

Crainich D., Eeckhoudt L. and Le Courtois O., 2014, « Decreasing downside risk aversion and background risk », *Journal of Mathematical Economics* (Forthcoming), 12 p.

Croson R. and Gneezy U., 2009, « Gender differences in preferences », *Journal of Economic Literature*, Vol.47, 2, p. 1-27.

Dana R-A. and Riedel F., 2013, « Intertemporal equilibria with knightian uncertainty », *Journal of Economic Theory*, 148, p. 1582-1605.

De Brauw A., Eozenou P., Gilligan D. and Meenakshi J., 2011, « Measuring risk attitudes among mozambican farmers », Harvest Plus, *Working Paper* 6, IFPRI, 28 p.

Demange G. et Rochet J-C., 1992, *Méthodes mathématiques de la finance*, Economica.

Denant-Boèmont L. et L'Haridon O., 2013, « La rationalité à l'épreuve de l'économie comportementale », Revue Française d'Économie, Vol. XXVIII, n°2, p. 35-89.

Dercon S., 2004, « Analyse micro-économique de la pauvreté et des inégalités : l'arbitrage équité-efficacité revisité », *Afrique contemporaine*, n°211, p. 73-97.

Dercon S, 2005, « Risk, insurance and poverty : a review », in *Insurance against poverty*, Dercon S., éd., Oxford University Press, p. 9-37.

Dercon S., 2006, « Growth and poverty : what do we know, what do we need to know ? », *QEHWPS* 148, *Working Paper*, University of Oxford, 27 p.

Dercon S., 2007, « Comment on poverty traps and social protection policy », *IDS Bulletin*, Vol. 38, p. 39-42.

Dercon S, 2007, *Fate and fear : risk and its consequences in Africa,* GPRG-WPS-074 Global Poverty Research Group, 30 p.

Dercon S. and Christiaensen L., 2011, « Consumption risk, technology adoption and poverty traps : evidence from Ethiopia », *Journal of Development Economics*, Vol.96, N°2, p. 159–173.

De Weerdt J., 2005, « Risk-Sharing and Endogenous Network Formation », in *Insurance against poverty*, Dercon S., éd., Oxford University Press, p. 197-216

Diamond P., 1965, « National debt in a neoclassical growth model », *American Economic Review*, Vol. 55, N°5, p. 1126-1150.

Dimmock G., Kouwenberg R. and Wakker P., 2015, « Ambiguity attitudes in a large representative sample », *Management Science*, 34 p. forthcoming.

Douglas M. and Wildavsky A., 1983, *Risk and culture : an essay on the selection of technological and environmental dangers,* University of California Press.

Duflo E., Kremer M. and Robinson J., 2006, « Understanding technology adoption : fertilizer in western Kenya », IPA, *Working Paper*, 32 p.

Duflo E., Kremer M. and Robinson J., 2008, « How high are rates of return to fertilizer ? evidence from field experiments in Kenya », *American Economic Review*, Vol.98, N°2, p. 482-488.

Eeckhoudt L. et Gollier C., 1992, *Les risques financiers : Evaluation, Gestion, Partage*, Ediscience, 1992.

Elabed G. and Carter M., 2013, « Basis risk and compound-risk aversion : evidence from a WPT experiment in Mali », *Agricultural and Applied Economics Association*, 29 p.

Elabed G., Bellemare M., Carter M. and Guirkinger C., 2013, « Managing basis risk with multi-scale index insurance », *Agricultural Economics*, Vol. 44, N° 4-5, p. 419-431.

Embrechts P, Resnick S. and Samorodnitsky G., 1999, « Extreme value theory as a risk management tool », *North American Actuarial Journal*, Vol. 3, n°2, p. 30-41

Engle-Warnick J., Escobal J., and Laszlo S., 2007, « Risk preference, ambiguity aversion and technology choice : experimental and survey evidence from Peru », CIRANO, *Working P*aper, 33 p.

Engle-Warnick J., Escobal J., and Laszlo S., 2008, « Ambiguity aversion and portfolio choice in small-scale peruvian farming », CIRANO, *Working P*aper, 42 p.

Etner J., Jeleva M. and Tallon J-M., 2012, « Decision theory under ambiguity », *Journal of Economic Surveys*, Vol. 26, N°2, p. 234-270.

Fafchamps M., 2010, « Vulnerability, risk and agricultural development », *African Journal of Agricultural and Resource Economics*, Vol 5, 1, p. 243-260.

FAO, 2006 (a), *Accroissement de la contribution des pêches artisanales à la lutte contre la pauvreté et à la sécurité alimentaire*, 109 p.

FAO, 2006 (b), *Small-scale fisheries : assessing their contribution to rural livelihood in developing countries*, 57 p.

FAO, 2007, *Increasing the contribution of small-scale fisheries to poverty and food security*, 140 p.

FAO, 2009, *Climate change implications for fisheries and aquaculture*, 221 p.

FAO, 2011, *The State of food and agriculture*, 160 p.

Ferrari J-B., 2002, *Économie du risque : applications à la finance et à l'assurance*, Bréal, Collection Amphi Économie.

Ferrari J-B., 2011, *Économie de la prévention et de l'assurance : des risques bénins aux risques majeurs*, L'Harmattan, Collection Emploi, Industrie et Territoire.

FIDA, 2010, *L'assurance basée sur un indice climatique : potentiel d'expansion et de durabilité pour l'agriculture et les moyens de subsistance en milieu rural*, 156 p.

FIDA, 2012, *La petite agriculture durable : nourrir le monde, protéger la planète*, 12 p.

Frederick S., Loewenstein G. and O'Donoghue T., 2002, « Time discounting and time preference : a critical review », *Journal of Economic Literature*, Vol. 40, 2, p. 351-401.

Füssel H-M., 2007, « Vulnerability : a generally applicable conceptual framework for climate change research », *Global Environmental Change*, 17, p. 155-167.

Gallor O. and Zeira J., 1993, « Income distribution and macroeconomics », *Review of Economic Studies*, 60, p. 35-52.

Gayant J-P., 1998, « L'apport des modèles non-additifs en théorie de la décision dans le risque et l'incertain », Revue Française d'Économie, Vol. XIII, n°1, p. 199-227.

Geman H., 2000, « From Bachelier and Lundberg to insurance and wheather derivates », in *Mathematical Physics Studies*, Vol 1, Dito G. and Sternheimer D., éds, p.81-96.

Gheyssens J. and Günther I., 2012, « Risk experiments in gains and losses : a case study for Benin », UNI-WIDER, *Working Paper* 38, 24 p.

Ghirardato P., Maccheroni F. and Marinacci M, 2004, « Differentiating ambiguity and ambiguity attitude », *Journal of Economic Theory*, 118, p. 133-173.

Gilboa I. and Schmeidler D., 1989, « Maxmin expected utility with non-unique prior », *Journal of Mathematical Economics*, 18, p. 141-153.

Giesbert L. and Schindler K., 2012, « Assets, shocks and poverty traps in rural Mozambique », *World Development*, Vol. 40, N°8, p. 1594-1609.

Gloede O., Menkhoff L. and Waibel H., 2012, « Shocks, individual risk attitude, and vulnerability to poverty among rural households in Thailand and Vietnam », Leibniz University Hannover, *Discussion Paper* No. 508, 52 p.

Gollier C. and Pratt J., 1996, « Weak proper risk aversion and the tempering effect of background risk », *Econometrica*, Vol.64, N°5, p. 1109-1123.

Gonzales R. and Wu G., 1999, « On the shape of the probability weighting function » , *Cognitive Psychology* 38, p. 129–166.

Grothmann T. and Patt A., 2005, « Adaptive capacity and human cognition : the process of individual adaptation to climate change », *Global Environmental Change* 15, p. 199–213.

Guiso L. and Paiella M., 2008, « Risk aversion, wealth, and background risk », *Journal of the European Economic Association*, 6, p. 1109–1150.

Hartell J., Ibarra H., Skees J. and Syroka J., 2006, « Risk management in agriculture for natural hazard », *ISMEA*, 201 p.

Hoddinott J. 2006, « Shocks and their consequences across and within households in rural Zimbabwe », *Journal of Development Studies*, Vol. 42, N° 2, p. 301-321.

Hurley T., 2010, *A review of agricultural production risk in the developing world*, Technical report, International Food Policy Research Institute (IFPRI), 56 p.

Hyman G., Fujisaka S., Jones P., Wood S., Vicente M. and Dixon J., 2008, « Strategic approaches to targeting technology generation : assessing the coincidence of poverty and drought-prone crop production », *Agricultural Systems*, 98,1, p. 50-61.

IRI, 2009, *Index insurance and climate risk : prospects for development and disaster management*, 122 p.

Islam N., 2003, « What have we learnt from the convergence debate ? », *Journal of Economic Survey*, Vol. 17, N°3, p. 309-362.

Jalan J. and Ravallion M., 2002, « Geographic poverty trap ? a micro model of consumption growth in rural China », *Journal of Applied Econometrics*, 17, p. 329-346.

Janzen S., Carter M. and Ikegami M., 2012, « Valuing asset insurance in the presence of poverty traps : a dynamic approach », *Working Paper*, University of California, 31 p.

Jaramillo F., Kempf H. and Moizeau F., 2015, « Heterogeneity and the formation of risk-sharing coaltions », *Journal of Development Economics*, 114, p. 79-96.

Jensen N., Barrett C. and Mude A., 2014, « Basis risk and the welfare gains from index insurance : evidence from northern Kenya », *MPRA Paper*, 52 p.

Kahneman D. and Tversky A., 1979, « Prospect theory : an analysis of decision under risk », *Econometrica*, Vol. 47, No. 2, p. 263-292.

Kahneman D. and Tversky A., 1981, « The framing of decisions and the psychology of choice », *Science*, Vol. 211, n°4481, p. 453-458.

Kahneman D., Knetsch J. and Thaler R., 1991, « The endowment effect, loss aversion, and status quo bias », *Journal of Economic Perspectives*, Vol. 5, 1, p. 193–206.

Kahneman D. and Tversky A., 2000, « Advances in prospect theory : cumulative representation of uncertainty », in Kahneman and Tversky, éds, *Choices, Values and Frames*, Cambridge University Press, p. 44-65.

Kast R. and Lapied A., 2006, *Economics of risks and of the future*, Willey, collection Finance.

Keane J., Page S., Kergna A. and Kennan J., 2009, « Climate change and developing country agriculture : an overview of expected impacts, adaptation and mitigation challenges, and funding requierements », *Issue Brief* N°2, ICTSD and IPC, 61 p.

Kessler D., 2008, « Les sociétés modernes face aux risques extrêmes », *Risques, les cahiers de l'assurance*, n°76.

Khalil A., Kwon H-H., Lall U., Miranda M. and Skess J., 2007, « El Niño-Southern Oscillation-based index insurance for flood : statistical risk analyses and application to Peru », *Water Resources Research*, Vol 43(10), p. 1316-1328.

Kimball M., 1993, « Standard risk aversion », *Econometrica*, Vol.61, N°3, p. 589-611.

Klibanoff P., Marinacci M. and Mukerjy S., 2005, « A smooth model of decision making under ambiguity », *Econometrica*, Vol. 73, N° 6, p. 1849–1892.

Kovacevic R. and Pflug G, 2011, « Does insurance help to escape the poverty trap ? a ruin theoretic approach », *Journal of risk and insurance*, Vol. 78, (4), p. 1003-1028.

Kraay and McKenzie, 2014, « Do poverty trap exist ? », *Working Paper*, World Bank, 27 p.

Kumbamu, A. 2010, « La rencontre du savoir mondial : déqualification des agriculteurs, crise socioécologique et diffusion des semences génétiquement modifiées à Warangal (Inde) », *Revue internationale des sciences sociales*, n°195, p. 31-45.

Kwak S. and Smith S., 2013, « Regional agricultural endowments and shifts of poverty trap equilibria : evidence from ethiopian panel data », *Journal of Development Studies*, Vol. 49, N°7, p. 955-975.

Laajaj, R., 2013, « Closing the eyes on a gloomy future : psychological causes and economic consequences », *Working Paper,* 43 p.

Leblois A. et Quirion P., 2012, « Les assurances agricoles basées sur des indices météorologiques : bilan des connaissances et agenda de recherche », in *Agir en situation d'incertitude*, Lang P. éd., col. Eco Polis.

Liu P. and Miranda M., 2010, « Tail dependence among agricultural insurance indices : the case of Iowa county-level rainfalls », *Agricultural and Applied Economics Association*, 23 p.

Liu E., 2013, « Time to change what to sow : risk preferences and technology adoption decisions of cotton farmers in China », *The Review of Economics and Statistics*, Vol. 95, 4, p. 1386-1403.

Lybbert J., Barrett C., Desta S. and Coppock D., 2004, « Stochastic wealth dynamics and risk management among a poor population », *The Economic Journal*, 114, p. 750-777.

Lybbert J, 2006, « Indian farmers' valuation of crop yield distributions : will poor farmers value pro-poor », *Food Policy*, vol. 31, 5, p. 415-441.

Lybbert J. and Barrett C., 2007, « Risk responses to dynamic asset tresholds », *Review of Agricultural Economics*, vol. 29, p. 412-418.

Lybbert J. and Barrett C., 2010, « Risk-taking behavior in the presence of nonconvex asset dynamics », *Economic Inquiry*, Vol. 29/4, p. 982-988.

Maccheroni F., Marinacci M. and Rustichini A., 2006, (a), « Ambiguity aversion, robustness, and the variational representation of preferences », *Econometrica*, Vol. 74, p. 1447-1498.

Maccheroni F., Marinacci M. and Rustichini A., 2006, (b), « Dynamic variational preferences », *Journal of Economic Theory*, 128, p. 4-44.

Maccheroni F., Marinacci M. and Ruffino D., 2013, « Alpha as ambiguity : robust mean-variance portfolio analysis », *Econometrica*, Vol. 81, N°3, p. 1075-1113.

Mahul O. and Stutley C., 2010, « Government support to agricultural insurance : challenges and options for developing countries », *World Bank*, 250 p.

Mani A., Mullainathan S., Shafir E. and Zhao J., 2013, « Poverty impedes cognitive function », *Science*, Vol. 341, n°6149, p. 976-980.

Marenya P. and Barrett C., 2009a, « State-conditional fertilizer yield response on western kenyan farms », *American Journal of Agricultural Economics*, Vol.91, N°4, p. 991–1006.

Marenya P. and Barrett C., 2009b, « Soil quality and fertilizer use among smallholder farmers in western Kenya », *Agricultural Economics*, Vol.40, N°5, p. 561–572.

Marteau D., Carle J., Fourneaux S., Holz R. et Moreno M., 2004, *La gestion du risque climatique*, Economica.

Masatlioglu Y., 2005, « Rational choice with status quo bias », *Journal of Economic Theory*, 121 p. 1-29.

Mendelsohn R., 2008, « The impact of climate change on agriculture in developing countries », *Journal of Natural Resources Policy Research*, 1 :1, p. 5-19.

Mendola M., 2007, « Farmhousehold production theories : a review of institutional and behavourial responses », *Asian Development Review*, vol. 24, 1, p. 49-68.

Menezes C., Geiss C. and Tressler J., 1980, « Increasing downside risk », *American Economic Review*, Vol. 70, N°5, p. 921-932.

Miranda M., 1991, « Area-yield crop insurance reconsidered », *American Journal of Agricultural Economics*, Vol. 73, No. 2, p. 233-242.

Moseley W., 2001, « African evidence on the relation of poverty, time preference and the environment », *Ecological Economics*, 38, p. 317-326.

Moya A., 2012, « Violence, emotional distress and induced changes in risk aversion among the displaced population in Colombia », *Working Paper*, n°105, Latin American Center for Rural Development, 75 p.

Myers R., 1989, « Econometric testing for risk averse behavior in agriculture », *Applied Economics*, 21(4), p. 541-552.

Naschold F., 2012, « Poor stays poor : household asset poverty traps in rural semi-arid India », *World Development*, Vol. 40, N°10, p. 2033–2043.

Nations Unies, 2013, *Objectifs du Millénaire pour le Développement*, 63 p.

OCDE, 2009, *Ressources naturelles et croissance pro-pauvres, enjeux économiques et politiques*, 189 p.

Ortoleva P., 2010, « Status quo bias, multiple priors and uncertainty aversion », *Games and Economic Behavior*, Vol. 69, 2, p. 411-424.

Osgood D., McLaurin M., Carriquiry M., Mishra A., Fiondella F., Hansen J., Peterson N. and Ward N., 2007, « Designing weather insurance contracts for farmers in Malawi, Tanzania and Kenya », IRI, *World bank*, 100 p.

Pandolfelli L., Meinzen-Dick R. and Dohrn S., 2008, « Gender and collective action : motivations, effectiveness and impact », *Journal of International Development*, Vol. 20, 1, p. 1-11.

Parente S. and Prescott E., 2005, « A unified theory of the evolution of international income levels », in *Handbook of Economic Growth*, Vol. 1B, Alghion Ph. and Durlauf S. éds., Elsevier, The Netherlands, p. 1371-1418.

Patt A. and Schröter D., 2007, « Perceptions of environmental risks in Mozambique : implications for the success of adaptation and coping strategies », *World Bank*, 23 p.

Pejsachowicz L., 2013, « Dynamic choice with status-quo bias », *WP*, Department of Economics, New York University, 40 p.

PNUD, 2014, *Pérenniser le développement humain : réduire les vulnérabilités et renforcer la résilience*, Rapport sur le développement humain, 259 p.

Pouw N. and Baud I., (éds), 2011, *Local governance and poverty in developing nations*, Routledge

Prato B. and Longo R., 2012, « Empowerment of poor rural people through initiatives in agriculture and natural resource management », *OCDE*, 29 p.

Pratt J. and Zeckhauser R., 1987 « Proper risk aversion », *Econometrica,* Vol. 55, N°1, p. 143-154.

Prelec D, 2000, « Compound invariant weighting functions in prospect theory », in Kahneman and Tversky, éds, *Choices, Values and Frames*, Cambridge University Press, p. 67-92

Prelec D., 2004, « Decreasing impatience : a non-stationary time preference and hyperbolic discounting », *Scandinavian Journal of Economics*, 106 (3), p. 511-532.

Pritchett L., Suryahad A. and Sumarto S, 2000, « Quantifying vulnerability to poverty : a proposed measure applied to Indonesia », *World Bank*, 32 p.

Quisumbing A. and Baulch R., 2013, « Assets and poverty traps in rural Bangladesh », *Journal of Development Studies*, Vol. 49, N°7, p. 898-916

Rabin M. and Thaler R, 2001, « Anomalies risk aversion », *Journal of Economic Perspectives*, Vol. 15, 1, p. 219-232.

Reynaud A., Aubert C. and Nguyen M-H., 2013, « Living with floods : protective behaviours and risk perception of vietnamese households », *The Geneva Papers*, 38, p. 547–579.

Roca M., Hogarth R. and Maule A., 2006, « Ambiguity seeking as a result of the status quo bias », *Journal of Risk and Uncertainty*, Vol. 32, 3, p. 175-194.

Ross N., Santos P. and Capon T., 2012, « Risk, ambiguity and the adoption of new technologies : experimental evidence from a developing economy », *International Association of Agricultural Economist*, 40 p.

Sagi J., 2006, « Anchored preference relations », *Journal of Economic Theory*, 130, p. 283-295.

Samuelson W. and Zeckhauser R., 1988, « Status-quo bias in decision making », *Journal of Risk and Uncertainty,* 1, p 7-59.

Santos P. and Barrett C., 2006*a,* « Heterogeneous wealth dynamics : on the roles of risk and ability », *Working Paper* SAGA, 53 p.

Santos P. and Barrett C., 2006b, « Informal insurance in the presence of poverty traps : evidence from southern Ethiopia », *Working Paper*, SAGA, 51 p.

Santos P and Barrett C., 2011, « Persistent poverty and informal credit », *Journal of Development Economics*, Vol. 96, N°2, p. 337-347.

Senaratne A. and Scarborough H., 2011, « Coping with climatic variability by rain-fed farmers in dry zone, Sri Lanka : towards understanding adaptation to climate change, *AARES*, 23 p.

Shah A., Mullainathan S. and Eldar Shafir E., 2012, « Some consequences of having too little », *Science* Vol. 338, n°6107, p. 682-685.

Skees J., Barnett B. and Hartell J., 2006, « Innovations in government responses to catastrophic risk sharing for agriculture in developing countries », *International Association of Agricultural Economists*, 26 p.

Skees J, Murphy A., Collier B., McCord M. and Roth J., 2007, *Scaling up index insurance : what is needed for the next big step forward ?*, Microinsurance Center and GlobalAgrisk, 71 p.

Skees J, 2008, « Innovations in index insurance for the poor in lower countries », *Agricultural and Resource Economics Review*, Vol 37/1, p. 1-15.

Skees J., 2008, « Challenges for use of Index-Based Weather Insurance in lower countries », *Agricultural Finance Review*, Vol 68, 1, p. 197-217.

Skees J., Barnett B. and Murphy A., 2008, « Creating insurance markets for natural disaster risk in lower income countries : the potential role for securitization », *Agricultural Finance Review*, Vol. 68, 1, p.151-167.

Slootmaker C., 2013 « Technology adoption, risk, and intrahousehold bargaining in subsistence agriculture », *Working Paper*, Colorado State University, 40 p.

Slovic P., 1987, « Perception of risk », *Sciences*, Vol. 236, n°4799, p. 280-285

Solow R., 1956, « A contribution to the theory of economic growth », *The Quartely Journal of Economics*, Vol. 70, n°1, p. 65-94.

Spears D., 2011, « Economic decision-making in poverty depletes behavioral control », The B.E. Journal of Economic Analysis and Policy Contributions, Volume 11, 1, Article 72, p.1-44.

Stephens E., Nicholson C., Brown D., Parsons D., Barrett C., Lehmann J., Mbugua D., Ngoze S., Pell A. and Riha S., 2012, « Modeling the impact of natural resource-based poverty traps on food security in Kenya : the crops, livestock and soils in smallholder economic systems (CLASSES) model ». *Food Security*, 4, p. 423–439.

Stokey N. and Lucas R., 1989, *Recursive Methods in Economics Dynamics*, Harvard University Press.

Swiss Re, 2007, « L'assurance sur les marchés émergents », *Sigma,* N° 1, 52 p.

Swiss Re, 2010, « Weathering Climate Change : Insurance Solutions for More Resilient Communities », *Swiss Re publication*, 16 p.

Swiss Re, 2013, « Partnering for food security in emerging markets », *Sigma*, N°1, 44 p.

Tanaka T., Camerer C. and Nguyen Q., 2010, « Risk and time preferences : linking experimental and household survey data from Vietnam », *American Economic Review*, Vol.100, N°1, p. 557–571.

Thaler R. and Sunstein C., 2008, *Nudge : Improving Decisions About Health, Wealth, and Happiness,* Yale University Press.

Tversky A. and Kahneman D., 1974, « Judgment under uncertainty : heuristics and biases », *Science, New Series*, Vol. 185, n° 4157, p. 1124-1131.

Tversky A. and Kahneman D., 1986, « Rational choices and the framing of decisions », *The Journal of Business*, vol. 59, N°4, p. 251-278.

Tversky A. and Kahneman D., 1991, « Loss aversion in riskless choice : a reference-dependent model », *Quartely Journal of Economics*, Vol. 106, 4, p. 1039-1061.

Tversky A. and Fox C., 1995, « Ambiguity aversion and comparative ignorance », *The quaterly Journal of Economics*, Vol. 110, N°3, p. 585-603.

Tversky A. and Fox C., 2000, « weighing risk and uncertainty », in Kahneman and Tversky, éds, *Choices, Values and Frames*, Cambridge University Press, p. 93-117.

Tversky A. and Fox C., 2000, « A belief-based account of decision under uncertainty », in Kahneman and Tversky, éds, *Choices, Values and Frames*, Cambridge University Press, p. 118-142.

Völker M., Tongruksawattana S., Hardeweg B. and Waibel H., 2011, « Climate risk perception and ex-ante mitigation strategies of rural households in Thailand and Vietnam » , *Working Paper,* Proceedings of the German Development Economics Conference, n° 79, 26 p.

Wakker P., Thaler R. and Tversky A., 1997, « Probabilistic insurance », *Journal of Risk and Uncertainty*, 15, N°1, p. 7-28.

Willinger M., Bchir M. and Heitz C., 2013, « Risk and time preferences under the threat of background risk : a case-study of lahars risk in Central Java », *Working Paper*, LAMETA, 44 p.

Xie D., 2000, « Power risk aversion utility functions », *Annals of Economics and Finance*, 1, p. 265-282.

Yesuf M. and Bluffstone R., 2007, « Risk aversion in low income countries experimental : evidence from Ethiopia », IFPRI *Discussion Paper*, 715, 36 p.

Zimmermann F. and Carter M., 2003, « asset smoothing, consumption smoothing and reproduction of inequality under risk and subsistence constraints », *Journal of Development Economics*, Vol.71, N°2, p. 233-260.

Liste des acronymes

AP, Assurance probabiliste

ARA, Absolute Risk Aversion

ART, Alternative Risk Transfer

BCI, Barrett, Carter et Ikegami

BRAC, Bangladesh Rural Advencement Committee

CAPM, Capital Asset Pricing Model

CCRA, Constant Relative Risk Aversion

CCRIF, Carribbean Catastrophe Risk Insurance Facility

CME, Chicago Mercantile Exchange

DARA, Decreasing Absolute Risk Aversion

ENSO, El Niño-Southern Oscillations

EU, Expected Utility

FAO, Food and Agriculture Organization

FIWDs, Famine Indexed Weather Derivates

FIDA, Fonds International de Développement Agricole

FSI, Fonds de Sécurité International

GIEC, Groupe d'Experts Intergouvernemental sur l'Évolution du Climat

GIIF, Global Index Insurance Fund

IBLI, Index Based Livestock Insurance

IBRTP, Index Based Risk Transfert Product

ICRISAT, International Crop Research Institute for the Semi-Arid Tropics

IDH, Indice de développement humain

IMF, Institutions de Microfinance

IPH, Indice de pauvreté humaine

IPM, Indice de pauvreté multidimensionnelle

Liffe, London international financial futures and options exchange

LIIP, Livestock Insurance Indemnity Pool

MDG post-2015, Millennium Development Goals

MFMF, Multiple Financial Market Failures

NAIS, National Agricultural Insurance Scheme

mNAIS, modified National Agricultural Insurance Scheme

NDVI, Normalized Difference Vegetation Index

NISCO, Nyala Insurance Company

ONG, Organisation Non Gouvernementale

OMD, Ojectifs du Millénaire pour le Développement

PNUD, Programme des Nations Unies pour le Développement

PRA, Power Risk Aversion

RRA, Relative Risk Aversion

SEU, Subjective Expected Utility

SPV, Special Purpose Vehicle

VNM, von Neumann et Morgenstern

WBCIS, Weather Based Crop Insurance Scheme

WFP, World Food Program

WRMF, Weather Risk Management Facility

WTP, Willingness to Pay

Table des figures

Liste des Encadrés et des Tableaux

Table des matières

L'HARMATTAN

Collection Emploi, Industrie et Territoire

dirigée par Gilbert BENHAYOUN, Maurice CATIN et Bernard PLANQUE

Gilbert BENHAYOUN et Steve BAZEN (sous la dir. de), **Salaire minimum et bas salaires**, 1995, 400 p.

Christel ALVERGNE, **Vingt-cinq ans d'évolution de l'industrie et des territoires français**, 1997, 208 p.

Antje BURMEISTER et Guy JOIGNAUX (sous la dir. de), **Infrastructures de transport et territoires - Approches de quelques grands projets**, 1997, 320 p.

Gilbert BENHAYOUN, Maurice CATIN et Henri REGNAULT (sous la dir. de), **L'Europe et la Méditerranée : intégration économique et libre-échange**, 1997, 192 p.

Jean BERNARD et Maurice CATIN (sous la dir. de), **Les conditions économiques du changement technologique**, 1998, 302 p.

Gilbert BENHAYOUN, Nathalie GAUSSIER et Bernard PLANQUE (sous la dir. de), **L'ancrage territorial du développement durable : de nouvelles perspectives**, 1999, 352 p.

Maurice CATIN, Jean-Yves LESUEUR et Yves ZENOU (sous la dir. de), **Stratégies, concurrence et mutations industrielles**, 1999, 304 p.

Gilbert BENHAYOUN, Nathalie GAUSSIER et Bernard PLANQUE (sous la dir. de), **Économie des régions méditerranéennes et développement durable**, 1999, 208 p.

Jean-Pierre GILLY et André TORRE (sous la dir. de), **Dynamique de proximité**, 2000, 304 p.

Pierre-Henri DERYCKE (sous la dir. de), **Structure des villes, entreprises et marchés urbains**, 2000, 240 p.

Olivier GUYADER, **L'évaluation économique de la régulation des pêches**, 2000, 366 p.

Raphael BAR-EL, Gilbert BENHAYOUN et Ehud MENIPAZ, **Regional Cooperation in a Regional Context**, 2000, 320 p.

Jean BROT et Hubert GÉRARDIN (sous la dir. de), **Infrastructures et développement**, 2001, 300 p.

Henri REGNAULT et Bernard ROUX, (sous la dir. de), **Relations euro-méditerranéennes et libéralisation agricole**, 2002, 296 p.

Henri REGNAULT, (sous la dir. de), **Intégration euro-méditerranéenne et stratégies économiques**, 2003, 352 p.

Jun LU, **S'implanter en Chine : un enjeu pour le développement des entreprises françaises**, 2003, 192 p.

René TEBOUL (sous la dir. de), **Les mutations technologiques, institutionnelles et sociales dans l'économie de la culture**, 2004, 288 p.

Placide KEZA, **Valeurs culturelles et échec de l'aide au développement - Application à l'Afrique Subsaharienne**, 2005, 304 p.

Maurice CATIN et Henri REGNAULT, **Le Sud de la Méditerranée face aux défis du libre-échange**, 2006, 308 p.

Jacques GARNIER (sous la dir. de), **Des anciens tissus productifs aux nouveaux clusters : quelle transition ? Un regard comparatif : Provence-Alpes-Côte-d'Azur, Piémont, Comunitat Valenciana,** 2008, 236 p.

Jean-Baptiste FERRARI, **Économie de la prévention et de l'assurance - Des risques bénins aux risques majeurs,** 2011, 372 p.

Ouvrages parus hors collection

Maurice CATIN, Bernard GUILHON et Christian LEBAS (sous la dir. de), **Activités technologiques, connaissances et organisation**, 2001, 236 p.

Raphael BAR-EL, Gilbert BENHAYOUN, Muriel LHÉRITIER, Ehud MENIPAZ (sous la dir. de), **La coopération régionale dans le Bassin Méditerranéen, Vol. 1 : Enjeux et perspectives économiques**, 2001, 224 p.

Raphael BAR-EL, Gilbert BENHAYOUN, Muriel LHÉRITIER, Ehud MENIPAZ (sous la dir. de), **La coopération régionale dans le Bassin Méditerranéen,** Vol. 2 : Intégration et relations commerciales. Concepts et application, 2001, 272 p.

Gilbert BENHAYOUN, Raphael BAR-EL, Emmanuelle MOUSTIER (eds.), **Unimed-Forum Network : Regional Cooperation Perspectives**, 2005, 272 p.

Raphael BAR-EL, Gilbert BENHAYOUN, Emmanuelle MOUSTIER (eds.), **Unimed-Forum Network : Regional Economic Policy**, 2006, 304 p.

Yvette LAZZERI, **Les indicateurs territoriaux de développement durable. Questionnements et expériences**, 2006, 324 p.

Gilbert BENHAYOUN et Yvette LAZZERI, **L'olivier en Méditerranée : du symbole à l'économie**, 2007, 140 p.

Yvette LAZZERI et Emmanuelle MOUSTIER, **Le développement durable dans l'espace méditerranéen : une gouvernance à inventer – Enjeux et propositions,** 2010, 300 p.

L'HARMATTAN ITALIA
Via Degli Artisti 15; 10124 Torino
harmattan.italia@gmail.com

L'HARMATTAN HONGRIE
Könyvesbolt ; Kossuth L. u. 14-16
1053 Budapest

L'HARMATTAN KINSHASA
185, avenue Nyangwe
Commune de Lingwala
Kinshasa, R.D. Congo
(00243) 998697603 ou (00243) 999229662

L'HARMATTAN CONGO
67, av. E. P. Lumumba
Bât. – Congo Pharmacie (Bib. Nat.)
BP2874 Brazzaville
harmattan.congo@yahoo.fr

L'HARMATTAN GUINÉE
Almamya Rue KA 028, en face
du restaurant Le Cèdre
OKB agency BP 3470 Conakry
(00224) 657 20 85 08 / 664 28 91 96
harmattanguinee@yahoo.fr

L'HARMATTAN MALI
Rue 73, Porte 536, Niamakoro,
Cité Unicef, Bamako
Tél. 00 (223) 20205724 / +(223) 76378082
poudiougopaul@yahoo.fr
pp.harmattan@gmail.com

L'HARMATTAN CAMEROUN
BP 11486
Face à la SNI, immeuble Don Bosco
Yaoundé
(00237) 99 76 61 66
harmattancam@yahoo.fr

L'HARMATTAN CÔTE D'IVOIRE
Résidence Karl / cité des arts
Abidjan-Cocody 03 BP 1588 Abidjan 03
(00225) 05 77 87 31
etien_nda@yahoo.fr

L'HARMATTAN BURKINA
Penou Achille Some
Ouagadougou
(+226) 70 26 88 27

L'HARMATTAN SÉNÉGAL
10 VDN en face Mermoz, après le pont de Fann
BP 45034 Dakar Fann
33 825 98 58 / 33 860 9858
senharmattan@gmail.com / senlibraire@gmail.com
www.harmattansenegal.com

L'HARMATTAN BÉNIN
ISOR-BENIN
01 BP 359 COTONOU-RP
Quartier Gbèdjromèdé,
Rue Agbélenco, Lot 1247 I
Tél : 00 229 21 32 53 79
christian_dablaka123@yahoo.fr

Achevé d'imprimer par Corlet Numérique - 14110 Condé-sur-Noireau
N° d'Imprimeur : 127135 - Dépôt légal : mars 2016 - *Imprimé en France*